KB142104

임원경제지
권28-29

전공지 展功志 1

林園經濟志

임원경제지
권28-29

전공지 展功志 1

직물농사 백과사전

권1·누에치기와 길쌈(상)
권2·누에치기와 길쌈(하)

풍석 서유구 지음 추담 서우보 교정 도올 김용옥 서문

임원경제연구소 정정기, 정명현, 김수연 옮김

풍석문화재단

이 책은 ㈜DYB교육 송오현 대표와 ㈜우리문화 백경기 대표 외 수많은 개인의 기부 및 문화체육관광부의
지원으로 완역 출판되었습니다.

임원경제지 전공지1

지은이	풍석 서유구
교 정	추담 서우보
옮기고 쓴 이	🌱 **임원경제연구소** [정정기, 정명현, 김수연]
	교감·교열 : 민철기, 최시남, 김용미, 김광명, 김현진
	서문 : 도올 김용옥
	감수 : 심연옥(한국전통문화학교 전통미술공예학과 교수)
펴낸 곳	🌍 **풍석문화재단**
	펴낸 이 : 신정수
	진행 : 박시현, 박소해
	전화 : 02)6959-9921 E-mail : pungseok@naver.com
일러스트	임원경제연구소
편집디자인	아트퍼블리케이션 디자인 고흐
인 쇄	상지사피앤비
펴낸 날	초판 1쇄 2022년 03월 21일
ISBN	979-11-89801-53-3

* 표지그림 : 농사짓기와 누에치기(미상, 국립중앙박물관), 풍속도 10폭 병풍(김윤보, 국립민속박물관),
 베 매는 모양 《기산풍속화》(김준근, 국립민속박물관)
* 사진 사용을 허락해주신 국립민속박물관, 국립중앙도서관, 문화재청, 국립수목원, 국립중앙박물관,
 산림청, 한국전통문화학교 심연옥 교수님, 예천 곤충연구소, 풀꽃누리천연염색 박영진 대표님, 도서
 출판 선인, 서울대학교 규장각 한국학연구원 여러분께 감사드립니다.

《임원경제지·전공지》를 출간하며

《임원경제지(林園經濟志)》 총 16지(志) 중에서 10개 지(志)를 출간하여 이제 절반을 넘어섰습니다. 올해 출간한 〈전공지(展功志)〉는 조선 후기 의생활에 필요한 비단, 삼베, 면 등 의류 소재를 만들기 위한 내용을 담고 있습니다. 한마디로 "길쌈[績] 백과사전"이라고 할 수 있습니다. 〈전공지〉 서문에서 서유구 선생은 당시 방적의 문제점을 신랄하게 비판하였습니다. 비판의 핵심은 "사용하는 기구는 날이 갈수록 간편해지지만 우리는 먼 옛날의 법을 고수하여 백 배로 힘들면서도 깨닫지 못한다. 무릇 목화는 한 나라 의복 중 가장 중요한데도, 도리어 정밀한 방도를 강구하지 않고, 좋아라고 조악한 방법으로 돌아가고 만다. …온 나라가 궁핍해진 데는 바로 이런 것들에서 연유한다. 그러므로 옷감을 만드는 방법들은 서둘러 중국을 본받아야 할 것이다."라는 데 있습니다.

18세기 후반 서유럽에서는 방적을 핵심으로 하는 산업혁명에 성공하여 인류의 의생활에서 혁명적 전환을 이루고 있었습니다. 서유럽과는 다른 궤를 걸어왔지만, 동아시아에서도 이 시기 의생활에서 혁신을 가져올 다양한 방적 기계들이 만들어져 활용되고 있었습니다. 서유구 선생은 이런 세계적 변화 속에서 조악한 우리나라 방적 현실을 안타까워하여 이를 개선하기 위해 당시 청나라에서 사용되던 다양한 방적 기계의 도입과 방적 과정의 분업화를 모색하였고 그 결과가 바로 이 책 〈전공지〉인 셈입니다.

서유구 선생은 《임원경제지》 각 분야에 도감을 넣을 계획을 세우고 있었으나, 여러 가지 생활 도구를 다루고 있는 〈섬용지(贍用志)〉 외에 상세한 도감이 함께 기록된 지는 〈본리지(本利志)〉와 이번의 〈전공지〉뿐입니다. 먹는 문제와 입는 문제가 가장 중요하였던 전통사회의 시대적 고민과 서유구 선생의 사상이 맞닿고 있음을 알 수 있습니다.

지금은 우리나라의 산업발전으로 방적 분야는 이미 쇠락하였습니다. 세계

분업화 구조 속에서 새롭게 시대를 거슬러 올라가 방적 산업을 되살리기는 어렵기도 하고 그 의미도 약하다고 생각합니다. 그러나 〈전공지〉의 출간을 계기로 우리 전통 의복문화의 원형복원 및 현대화를 통해 문화산업으로서의 성장 가능성은 충분히 기대해 볼 만하다고 생각합니다.

BTS의 한복 입은 모습이 전 세계인들에게 감동을 주고 있습니다. 한 나라가 세계를 선도하기 위해서는 그 나라만의 고유의 문화적 정체성이 필수적입니다. 우리 풍석문화재단에서는 《임원경제지》를 중심으로 19세기 초엽의 우리 전통 생활문화의 원형을 복원하고 현대화하는 일에 전력을 기울이고 있습니다. 내년(2023년)에는 서유구 선생의 형수인 빙허각 이씨가 남긴 《규합총서(閨閣叢書)》의 전모를 밝혀낼 소중한 자료도 나올 예정입니다. 《규합총서》는 여성생활백과로서 음식과 의복 분야에 있어서 풍부한 전통생활문화의 원형을 담고 있습니다. 특히 길쌈 부분은 권2 봉임칙(縫紝則) 편에서 상세하게 다루고 있습니다. 우리 재단에서 이미 출간한 〈섬용지〉 권3 복식도구 편에도 의복과 관한 내용이 담겨 있습니다. 이번에 펴내는 〈전공지〉와 〈섬용지〉 그리고 《규합총서》의 자료들은 우리 전통 의생활문화를 복원하고 현대화하는 데 큰 도움이 될 것입니다.

매 지가 나올 때마다 항상 감동과 감사가 가슴 깊이 올라옵니다.
다시 한번 조선 후기 참된 민생 민본을 위해 온 정성과 노력을 다하셨던 서유구 선생님께 존경의 말씀을 드립니다. 힘들게 시작하였고, 힘든 고비를 넘겨가면서 애를 쓰고 있고, 지금도 온 힘을 다해 노력하고 있는 임원경제연구소 연구원 여러분들에게 진심으로 감사드립니다. 이 책을 펼치는 모든 분들이 이 책을 통해 우리 선조의 지혜를 찾아내고, 숭고한 정신을 되살려 기릴 수 있기를 기원하며 독자 여러분들께도 뜨거운 감사의 말씀 전합니다.

2022년 2월
풍석문화재단 이사장 신정수

우리 민족은 고단한 삶 속에서도 멋을 유지하였는데, 특히 의(衣) 생활에서 더욱 그러하였습니다. "하루 굶은 것은 티가 안 나도 옷을 헐하게 입은 것은 바로 드러난다."라고 하여, "식(食)"보다 "의"를 중시하였다는 것은 삶의 기본인 의식주(衣食住)라는 말에서 "의"가 가장 선두에 섰음에서도 짐작할 수 있습니다.

우리 전통문화는 일제강점기, 한국전쟁, 급격한 산업화를 거치면서 단절되거나 왜곡 변형되었습니다. 우리의 정체성을 한눈에 보여 줄 수 있는 복식분야도 예외가 아닙니다. 옷을 구성하는 3대 요소는 원단·디자인·입는 사람으로, 이중 원단은 옷의 아름다움을 결정짓는 핵심입니다. 따라서 우리 전통복식의 원형을 찾는 일의 시작은 전통원단의 원형을 찾는 일에서 비롯되어야 할 것입니다. 전통방식의 원단으로 만든 한복을 입는 일은 이제 어려운 일이 되었습니다. 만드는 사람이 없으니 가격은 비싸 입기 어려워지고 우리는 한복의 진짜 매력을 알기 어렵게 되었습니다. 현대 전통복식 문화의 복원은 디자인에 치우쳐 있는데 전통원단 원형복원의 선행이 없이는 사상누각과 같은 일이라 생각합니다.

〈전공지〉는 전통원단의 소재가 되는 마, 삼베, 모시 등의 작물을 키우는 일, 누에가 먹는 뽕나무를 키우는 일과 원단을 염색하는 방법 등 전통원단의 원형을 복원하는 데 필요한 다양하고 풍부한 지식을 체계적이고 심도 있게 다루고 있는 책으로, 우리 전통 한복 연구에 큰 도움이 될 것으로 기대하고 있습니다.

저는 2021년 우리 한식을 세계에 알리기 위한 다양한 다큐멘터리 영상 제작에 참여하면서 한식의 원형복원과 현대화와 함께 요리하고 먹는 과정에서 우리 전통 한복의 아름다움을 표현하려고 무던히 애를 써 왔습니다.

임원경제연구소에서 번역하고 풍석문화재단에서 출간하는 《임원경제지》의 10번째 지인 〈전공지〉가 출간된다는 소식은 우리 전통생활문화를 사랑하고 그 원형을 찾고자 하는 사람들에게는 참으로 귀한 선물이 될 것입니다.

이 귀한 책이 우리 한복의 원형을 복원하고 현대화하는 데 크게 이바지할 것으로 기대하면서 임원경제연구소와 풍석문화재단 여러분께 감사드립니다.

차례

전공지 권제1 展功志 卷第一 임원십육지 28 林園十六志二十八

누에치기와 길쌈(상) 蠶績(上)

전공지 권제2 展功志 卷第二   임원십육지 29 林園十六志二十九

누에치기와 길쌈(하) 蠶績(下)

1. 누에치기 養蠶

일러두기

- 이 책은 풍석 서유구의 《임원경제지》를 표점, 교감, 번역, 주석, 도해한 것이다.

- 저본은 정사(正寫) 상태, 내용의 완성도, 전질의 구성 등을 고려하여 고려대학교 도서관 소장본으로 했다.
  단, 《전공지》 권4, 권5는 고대본이 없어 규장각본을 저본으로 했다. 이 책의 권4와 권5에 실은 원도는
  보경문화사(1983)에서 펴낸 《전공지》 규장각본의 영인본을 사용했다.

- 현재 남아 있는 이본 가운데 서울대학교 규장각한국학연구원, 일본 오사카 나카노시마부립도서관본을
  교감하고, 교감 사항은 각주로 처리했으며, 각각 규장각본, 오사카본으로 약칭했다.

- 교감은 본교(本校) 및 대교(對校)와 타교(他校)를 중심으로 하고, 필요에 따라서는 이교(理校)를
  반영했으며 교감 사항은 각주로 밝혔다.

- 번역주석의 번호는 일반 숫자(9)로, 교감주석의 번호는 네모 숫자(⑨)로 구별했다.

- 원문에 네모 칸이 쳐진 注와 서유구의 의견을 나타내는 案, 又案 등은 원문의 표기와 유사하게 네모를
  둘러 표기했다.

- 원문의 주석은 【 】로 표기했고, 주석 안의 주석은 〔 〕로 표기했다.

- 서명과 편명은 번역문에만 각각 《 》 및 〈 〉로 표시했다.

- 표점 부호는 마침표(.), 쉼표(,), 물음표(?), 느낌표(!), 쌍점(:), 쌍반점(;), 인용부호(" ", ' '), 가운뎃점(·),
  모점(、), 괄호(( )), 서명 부호(《 》)를 사용했고 인명, 지명 등 고유명사에는 밑줄을 그었다.

- 字, 號, 諡號 등으로 표기된 인명은 성명으로 바꿔서 옮겼다.

서문

백의민족의 역사, 그 속에 감춰진 고통

백의민족, 우리 민족의 별칭이다. 《삼국지 위지 동이전》에는 부여와 신라 사람들이 흰옷을 즐겨 입었다는 기사가 실려 있다. 이중 예를 들어 부여에 대해서는 "나라 안에 있을 때 의복은 흰옷을 숭상하여, 흰 베로 만든 큰 소매의 도포와 바지를 입고 가죽신을 신는다(在國衣尚白, 白布大袂袍,袴, 履革鞜)."고 했다. 변진(弁辰, 백제)의 "의복정결(衣服淨潔)"이라는 표현도 이를 방증한다.

하지만 흰옷 입는 풍속은 장구한 기간에 걸쳐 자연스럽게 이루어진 것이다. 결코 지배자들이 조장해서 만들어진 것은 아니다. 고려 말의 충렬왕을 비롯해, 조선의 태조, 태종, 세종, 연산군, 인조, 현종 때도 백의 대신 파란 옷을 권장했다. 숙종은 아예 파란 옷을 입으라고 국명을 내리기까지 했으나 백성은 따르지 않았다. 영조 때 역시 마찬가지였고 고종의 광무개혁 때도 변복은 이루어지지 않았다. 이런 풍속의 강고한 전통이 있었기에, 19세기 말 외국인 선교사들이 조선을 방문했을 때 보았던 조선인의 모습은 매우 이색적인 광경이었을 것이다. 일제강점기 때는 백의가 화려한 키모노를 입는 일본과 차별화되는 조선인의 의복이라 하여, 항일정신의 상징이 되기도 했다. 백의민족이라는 인식은 백의를 만들고 유지해왔던, 이 땅의 무수한 여성들의 헌신의 결과였다.

의식주는 인간 생활에 꼭 필요한 세 가지이다. 여기서 더욱 중요한 것은 '의(衣)와 식(食)'이다. 집 없이는 그럭저럭 살 수 있겠지만, 집 없는 사람도 먹고 입어야 살 수 있다. 먹을거리에 대한 이야기는 이미 출간된 《정조지》에 자세하다. 여기서는 의복을 만드는 데 필요한 옷감을 직조하는 길쌈을 살펴보려 한다.

베틀가 중 다음의 노래가 지금까지 전한다.

하날우에 옥황선녀 천시강 내려와서
심심하여 할 일이 없어 세폭 한 필을 잦으려니
세폭 한 필을 짤라꼬 하니 베틀이 없어서 못짜겠네
뒷동산 치여달여 달 속에 계수나무
동에 동창 뻗은 가지 베틀 한 쌍을 놓겠구나
(경북 영주시 평은면 평은리)

하늘나라의 선녀가 지상에 내려와 심심해서 베를 짠다는 줄거리이다. 유람을 한다거나, 맛있는 음식을 먹는다거나, 이성과의 데이트를 하지 않고 베를 짠다. 이는 선녀가 할 만한 뭔가 중요한 일일 것만 같다. 그런데 이 일은 힘들어도 너무 힘들다. 씨 뿌리고 피땀으로 농사지어 입에 밥 들어가는 모든 과정이 힘들 듯이, 길쌈도 하나에서 열까지 고되고 빈틈없는 노동의 집약인 것이다.

호랑 계모 어린 신랑
날 가라고 하네
삼베 질쌈 못한다고
날 가라고 하네

아리랑 아리랑 아라리요

아리랑 고개 고개로 날 넘겨주세

(정선아리랑)

길쌈 못 하는 아낙은 쫓겨나도 할 말이 없었던 시대가 있었다. 고된 시집살이의 상당 부분은 길쌈의 과정을 통해서 나오는 고된 노동과 시댁 식구들의 구박에서 왔다. 조선의 여인들은 쫓겨나지 않기 위해 죽을 둥 살 둥 길쌈에 매진해야 했다.

옷감은 설화에서 신화적인 상징을 띠기도 한다. 예를 들어 연오랑세오녀(延烏郎細烏女) 설화에서는 사라진 신라의 해를 다시 뜨도록 하기 위해 세초(細綃)라는 고급 비단을 제천의식에 사용했다. 가락국기(駕洛國記)에서는 김수로왕의 비(妃)인 허황후(許皇后, 본명 許黃玉, ?~188)가 배를 타고 와 육지에 내린 후 처음 했던 행동이 입고 있었던 비단바지[綾袴, 능고]를 선물로 바쳐 산신령께 제사를 지낸 것이었다(《삼국유사》). 견우(牽牛)와 직녀(織女) 설화의 직녀도 천제(天帝)의 손녀로, 길쌈을 잘하는 여인이라는 뜻의 이름이다. 이렇듯 베나 비단은 하늘과 연관된 신성한 대상이기도 했다. 길쌈과 관련된 신화와, 설화와, 역사적 사실은 셀 수 없이 많은 이야기로 확대재생산 되었다. 그만큼 길쌈은 인간 삶의, 그리고 인류문명의 필수불가결한 요소였던 것이다.

《전공지》는 거대 담론을 거부했다

《임원경제지》에서는 선비의 향촌생활을 위한 지식을 16개 분야로 풀어놓으면서, 여성의 영역으로 확고하게 인식된 두 영역을 다뤘다. 음식(《정조지》)과 옷감이 그것이다. 옷감을 다룬 이 《전공지》는 그래서 더 조명을 받을 필요가 있다. 남성인 저자가 여성 전유의 분야를 다루었다는 점이 우선 특기되어야 한다. 그런데 이 《전공지》에서는 앞에서 내가 언급한, 의복과 관련된 역사적, 신화적 설정들과는 다소 거리가 있다. 그 설정들은 이 책에서 다룬 작업의 결과물이 문화적으로 신화적으로 어떻게 형성되었는지를 보여주었을 뿐이다. 백의민족이니, 신화적 상징으로서 직물이니 하는 논의들은, 실제로 이 땅에서 살고 간 수 많은 여인네들이 피와 땀으로 이루어낸 의복이 어떻게 신화적 의미를 지니고 우리민족의 삶의 저변에 침투했는지를 보여주는 담론이다. 그 핵심은 신화적 의미체계라기보다는 옷감짜기라는 사실에 있다.

서유구가 《전공지》에서 다루고자 했던 옷감짜기 이야기는, 말 그대로 옷감을 짜기 위해 필요한 현장의 실제 지식에만 집중했다. 지금까지 나는 길쌈이라는 표현을 주로 썼기 때문에, 독자들은 이 《전공지》가 베틀, 삼베, 모시, 비단, 무명, 이런 대상들을 소개하리라 짐작할 것이다. 맞다. 하지만 여기서 좀 더 본질적인 데로 들어가야 한다.

비단으로 대표되는 견직물을 짜기 위해서는 두 가지를 떼놓고 생각할 수 없다. 바로 뽕과 누에다. 마찬가지로 삼베를 짜기 위해서는 그 원료인 삼, 즉 대마(大麻)를, 모시를 짜기 위해서는 역시 모시풀을, 무명을 짜기 위해서는 목화를 떼놓을 수 없다. 옷감짜기 전문서인 《전공지》가 바로 원재료를 생산하는 농사부터 시작해야 하는 이유이다.

뽕나무 재배법, 양잠법, 삼·모시·목화 재배법을, 효율적인 도구를 활용하여 제대로 실행하지 않고서는 좋은 섬유원료가 나올 수 없다. 이것이 풍석의 지론이다. 섬유원료 농사를 통해 좋은 섬유를 확보한 뒤에는, 노동력을 줄이면서도 효율성이 높은 기구나 기계들을 사용하지 않고서는 좋은 옷감을 직조할 수 없다. 이 역시 풍석이 역설해온 바다.

그렇기에 베틀이 직조(織造)의 대명사가 될 수 있을지언정, 직조의 모든 것이 결코 될 수 없다. 베틀은 직조 전 과정의 마지막 단계일 뿐이다. 이 과정을 한번이라도 경험해본 사람이라면, 베틀에 앉기 전에 해결해야 할 일이 산더미같다라는 사실 또한 금방 이해할 것이다. 아마 직녀도 예외는 아니었을 것이다.

비단을 짜기 위해서는, 무엇보다도 적당한 시기에 뽕나무의 좋은 종자를 골라 심거나, 접붙이기나 휘묻이 그리고 옮겨심기 같은 인위적인 작업을 통해 뽕나무를 잘 재배해야 한다. 뽕잎이 무성해질 때에 맞추어 개미누에(새끼누에)가 부화하도록 살펴 주어야 한다. 이때부터 개미누에가 1만 배로 성장할 때까지 선녀든 부인이든 하녀든, 모든 아녀자들은 불면 날아갈세라, 쥐면 터질세라, 잠도 제대로 못 자고 밥도 제때 먹지 못하면서 육잠(育蠶)을 해야 한다.

누에똥을 치워 주고, 뽕잎은 먹기 쉽도록 가늘게 썰어 준다. 누에의 덩치가 커지면 넓은 방으로 옮겨 주고, 실컷 먹은 누에가 잘 때는 지나가는 개도 짖지 못하게 한다. 이렇게 성장한 누에는 거의 60시간 동안 1.5킬로미터의 실을 뱉어내어 고치를 짓는다. 이 고치에서 실을 뽑고 여러 과정을 거쳐 실타래를 지으면 베틀에 올릴 수 있는 명주실이 되는 것이다.

여인들의 노고는 계속된다. 도투마리(베를 짜기 위해 날실을 감아 놓은 틀)에 날실(피륙 짤 때 세로 방향으로 놓인 실)을 감아 베틀에 앉히고, 바디¹에 실을 꿰고, 말코(길쌈을 할 때 베가 짜여 나오면 피륙을 감는 대)에 부티끈(베틀의 말코 두 끝과 부티 사

---

1 바디 : 베틀, 가마니틀, 방직기 따위에 딸린 기구의 하나. 베틀의 경우는 가늘고 얇은 대오리를 참빗살같이 세워, 두 끝을 앞뒤로 대오리를 대고 단단하게 실로 얽어 만든다. 살의 틈마다 날실을 꿰어 베의 날을 고르며 북의 통로를 만들어 주고 씨실을 쳐서 베를 짜는 구실을 한다. 이 설명을 포함하여, 같은 단락의 괄호 속 설명은 《표준국어대사전》 참조.

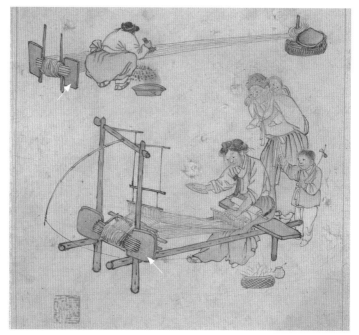

김홍도 〈길쌈〉. 왼쪽 아래의 흰 화살표가 '도투마리'를 가리킴.

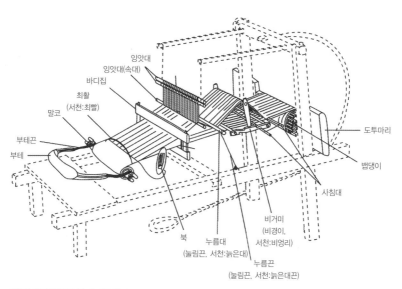

베틀의 구조(《한산모시짜기》, 185쪽)

이에 맨 끈)을 묶어 허리에 두른다. 한쪽 발은 베틀신(베틀신대 끝에 줄을 달고 그 끝에 동인 외짝 신)을 신는다. 두 손은 북(날실의 틈으로 왔다 갔다 하면서 씨실을 푸는 기구)에서 풀려나오는 씨실(피륙을 짤 때 가로 방향으로 놓인 실)을 좌로 우로 교직 (交織)하면서 바디를 힘껏 당긴다.

이러한 손놀림을 수천 수만 번을 반복해야 겨우 한 필(疋)의 옷감을 얻는 다. 한 필의 길이와 폭은 시대에 따라 달랐으나, 세종 때를 기준으로 하면, 삼베 한 필의 길이가 35척이라 했으니, 길이는 약 16미터, 폭은 약 0.3미터 정도가 된다. 16미터면 야구에서 투수와 포수 사이의 거리(18.44미터)보다도 짧다. 조선의 여인네들은 한올 한올 짜야 하는 이 베틀과 평생 운명을 함 께 해야 했다. 뽕이나 누에, 모시나 삼, 목화 같은 원재료는 가공되기 때문 에 유물로 남아 있을 수 없다. 이 때문에 길쌈이라고 하면 베틀에 앉아서 반복되는 직조를 하는 여인의 모습만을 떠올리는 것이다. 연약한 여인들이 온몸을 으스러뜨리며 만든 이 옷감이 나라에 바치는 세금으로도 쓰이고, 화폐 대용이 되기도 했으며, 가족의 의복에 사용되었던 것이다.

길쌈의 유구한 역사

《삼국지 위지 동이전》·《고려도경》 등 중국 문헌과 《삼국사기》·《삼국 유사》 등 우리 문헌을 통해, 삼한시대부터 여러 종류의 견직물과 삼베, 모 시 등이 생산되었음을 확인할 수 있다. 고려시대에는 활발한 국제 교류를 통해 새로운 직조술을 흡수하기도 했다. 그 결과 여러 종류의 견직물과 삼 베, 모시는 국제 교역의 주요 품목에 들어갔다(심연옥, 《한국직물오천년》).

모시의 경우 매우 고운 모시를 짰음을 확인할 수 있는 기록이 있다. 신 라 경문왕 9년(869년) 당나라에 '30승(升) 저삼단(紵衫段)'을 보냈다는 기록이 《삼국사기》에 있다. 승(升)은 베의 밀도 단위로, 1승은 날실 80올이다. 그러므로 30승 저삼단은 날실 2,400올을 사용한 직물이라는 뜻이다. 현재 한산 모시를 가장 곱게 짤 경우 13승까지 짤 수 있다고 한다. 고대의 베 폭은 주척(周尺, 1척 약 23cm) 2.2척으로, 약 51cm이고, 현재 한산 모시의 폭은 약 35cm이다. 경문왕 당시의 베를, 오늘날의 베 폭으로 환산하면 20.5승의 베가 된다. 정교한 한산 모시 13승의 1.5배가 넘을 정도인 것이다(국립무형유산원 특별전《한국과 일본의 인류무형유산, 모시짜기》(전시안내 도록, 2017) 중 최연우, 〈매미 날개를 입다: 한국의 모시옷〉.

찬물 끼얹는 조선 길쌈 비판

이렇게 성대했던 직물기술은 시대가 변하면서 성쇠를 거듭했다. 조선에 들어와 임진·병자 양난을 겪으면서 경제가 피폐해졌기 때문에 사치를 금하는 정책으로 인해 정교한 무늬의 직물이 감소하고 기술도 그에 따라 변할 수밖에 없었다. 그로부터 200여 년 뒤 풍석이 《전공지》를 저술했다. 변모한 직조 기술의 시대 분위기를 반영하듯, 풍석은 당시 조선의 직조술이 전반적으로 수준이 낮다는 평가를 시종일관 표출한다.

"우리나라 사람들의 누에 길쌈은 매우 형편없다."라거나, "우리나라 사람들이 사(紗)와 단(緞) 같은 무늬비단을 짤 수 없는 이유는 오로지 누에 기르기에 제대로 된 방법이 없는 데서 기인할 뿐이다. 우리나라 실로는 겨우 민무늬인 명주만 짤 수 있다."라고 언급한 데에서 서유구가 감지한 비단 길쌈의 당시 수준을 가늠할 수 있다.

"우리나라 사람들은 단지 목화씨를 제거하고, 목화솜을 활줄에 튕기고, 실마리로 실꾸리를 만든 뒤에 바로 실에 풀을 솔질하면서 먹이고 베틀에 올리기만 할 뿐이다. 여기에 다시 발차(撥車)·광상(軖床)·선가(線架) 등의 중국 기구를 쓰지 않는다. 중국의 제도를 빨리 본뜸으로써 기구를 편리하게 해서 쓰임을 이롭게 해야 하는 것이 옳다[便器利用]."라고 하여, 우리의 길쌈법을 버리고 중국 길쌈법을 본받아야 한다고 했다. 당시 목화재배가 안 되는 함경도를 제외한 전역에서 성행했던 무명 길쌈에 대해서 얼마나 박한 평가를 했는지 알 수 있는 대목이다. 그래도 조선 인민들은 서유구가 조악하다 했던 무명에 전적으로 의지해 살았는데 말이다.

"중국의 무명베에는 간혹 운화(雲花, 구름·꽃 무늬)·사문(斜文, 비스듬한 모양의 무늬)·상안(象眼, 마름모꼴 사각형 내부에 눈과 같은 형태의 원형이 있는 무늬) 등의 무늬가 있다. 하지만 우리나라 사람들에게는 이런 무늬를 짤 만한 정교한 솜씨가 없다."라는 평가도 역시 조선 직조술의 낮은 수준에 대한 우려 속에 나온 언급이다.

전공(展功)의 의미, 베짜기를 풀어 놓다

《임원경제지 전공지》에서 전공(展功)은 부공(婦紅, 부녀자의 베짜기. 홍[紅]이 여기서는 방직의 뜻으로, 공으로 읽는다)을 풀어 놓는다[展]는 뜻이다. 뽕나무 재배법을 풀어 놓고, 누에치기와 고치 고르기, 실켜기, 길쌈하기를 풀어 놓는다. 삼베·모시·갈포·무명의 직조법도 풀어 놓았다. 이어서 염색하는 법도 풀어 놓고 심지어는 빨래하는 46가지 방법도 풀어 놓았다. 양잠 도구 30가지 그림과 해설, 길쌈 도구 45가지의 그림과 해설도 풀어 놓고 있다. 풍석은 중국과 조선과 일본의 책 75종을 반영하여 직조 기술을 발전시키고 생산량을 늘리고자 했다. 조선에 길쌈하는 법과 도구가 없다고 하여, 백성들이 아예 헐벗고 산 것은 아니었지만, 중국과의 기술 격차는 엄청나서 차마 두고 볼 수가 없을 지경이었기 때문이다.

본받자! 중국을 본받자! 중국의 기계를 본받아 만들자! 중국 견직물을 수입하지만 말고 우리 기술로 우리 고유의 무늬를 담은 옷감을 생산하자!

《전공지》에서 그 방법을 모두 보여주겠다! 눈썰미와 솜씨 좋은 사람은 바로 좋은 기계를 만들자. 누에고, 견직물이고, 모시·삼베고 간에《전공지》의 내용을 실천하면 옷감의 품질을 향상시키고 생산량도 늘릴 수 있으리라! 이것이 18년 방폐(放廢) 기간(1806~1823) 동안 임진강 주변에서 농사짓고 물고기 잡으며 자연을 경전으로 삼던 서유구의 생활감각이었다.

산업혁명 이후 풍속, 그리고 또 하나의 안타까움

영국에서는 방적 기계의 개량이 발단이 되어 풍석 서유구의 생평 (1764~1845)과 거의 같은 기간(대략 1760~1840년)에 발생한 사건을 우리는 산업혁명(the Industrial Revolution)이라고 부른다. 이로 인해 자본주의 경제가 확립되었다. 물산이 풍부해지고 돈이 많아지면서 대부분의 사람이 의식(衣食)의 확보에 매달리지 않아도 되는 세상이 되었다. 동양과 서양의 격차가 크게 벌어지고 모든 '근대'의 불행도 싹이 텄다. 그로부터 150여 년이 지나면서 서양에서 누리던 풍요를 우리도 누리게 되었다. 그 과정에서 조선 팔도에 흔했던, 베틀에 앉은 여인네는 무형문화재가 될 정도로 전멸했다. 그에 따라 백의도 사라졌다.

한평생 백의와 베틀로 짠 흰 무명 두루마기를 애용해온 나로서는《전공지》를 접하는 감회가 남다르다. 내가 1982년 고려대학교 철학과 교수로 부임할 때만 해도, 고려대학교에는 외국에서 박사학위를 끝낸 교수가 거의 없었다. 더구나 고려대학교 출신으로서 모교에 미국대학 Ph.D. 훈장을 달고 귀국하는 교수는 전무했다. 그만큼 고려대학교 학생들은 민족대학으로서의 자부감이 강했고 외국유학을 가지 않았다. 그러한 풍토에서, 갑자기 모교출신인 내가 국립대만대학, 동경대학, 미 하바드대학의 학위를 휘몰고 나타난다는 사실은 경악의 대상이었다. 서구의 첨단을 휘몰아 나타나는 젊은 교수(불과 34세의 나이였다)에게로 학생들의 관심이 쏠리지 않을 수 없었다. 더구나 그때는 "철학개론"이 전교생 필수과목이었기에 대단위 강의실에 넘실넘실 교복 입은 학생들이 내 강의를 경청했다. 그런데 매서츄세츠 캠브 릿지로부터 온 젊은 교수는 두루마기 차림으로 교단에 섰던 것이다.

이 충격적 사실로부터 파생되는 재미난 얘기들은 끝없이 이어질 수가 있 겠으나 여기 그런 고사들을 피력할 자리는 아니다. 단지 나의 한복고집이 80년대로부터 오늘날까지 우리나라에 한복을 부활시키는 데 큰 공헌을 했 다는 것은 확실히 말할 수 있다. 한복의 격조를 일상화시켰다.

그런데 이 나의 한복사랑을 주시한 분이 두 분이 있었다. 한 분은 한복 의 명장 예정(藝丁) 허영(許英, 1947~2000) 선생이었고, 또 한 분은 《뿌리깊은 나무》사의 한창기(韓彰璂, 1936~1997) 선생이었다. 허영의 조카 김혜순 명장 은 오늘까지 내가 입는 모든 한복을 지어주고 있다. 그런데 한창기 선생은 한국의 민속 각 분야에 조예가 깊으실 뿐 아니라, 그것을 정리하고 기록하 고 문자나 사진, 음반으로 담아내는 데 선구적 역할을 해오신 분이었다. 그런데 한 선생님은 나 보고 한산에 같이 가서 한산모시를 만드는 과정만 은 꼭 보여주고 싶다고 말씀하시는 것이었다:

"김 선생! 실제로 당신이 입는 옷이 어떻게 만들어지는지 그 전체과정을 한번 볼 필요가 있어요. 그 재료부터 기구들, 그리고 아낙들의 손놀림 그 모든 것이 지고의 예술이라오. 진짜 한국의 철학을 하고 싶으면 한산세모 시 옥색치마가 어떻게 탄생되는지 그 전 과정을 한번 체험해볼 필요가 있 어요."

모시가 만들어지는 과정이 곧 한국의 철학이라고 말씀하시는 한창기 선 생의 권유를 내가 무시하거나 새겨듣지 않았던 것은 아니다. 그러나 그 말씀을 절박하게 느끼고 같이 여행을 기획하기에는 너무도 나는 일상에 갇혀 대충 지나쳐 버리고 말았다. 한 선생님이 그 말씀을 하셨을 때는 한산모시의 현장, 분위기, 그 문화가 살아있던 최후의 시점이었다. 나는 그 카이로스를 유실하고 말았다. 한산모시의 문화는 사라지고 한창기 선생도 돌아가시고 말았다.

내가 대학교 때 읽은 언어학 교과서에서 이런 말을 읽은 적이 있다: "인간이 이 지구상에서 만들어낸 수많은 다양한 언어가 지금 매일 하나씩 사라지고 있다." 연평균 360개의 언어가 소멸되고 있다는 것이다. 그만큼 급격하게 인종이 멸망하고 공동체가 소멸하고 문화가 사라지는 격변의 시대를 우리는 이 지구 위에서 경험하고 있었던 것이다. 오늘 벌써 이 서문을 쓰고 있는 2022년에는 사라질 언어조차 남지 않았을지도 모른다. 언어가 사라지고 문화가 사라지고 고귀한 자연의 삶의 방식이 사라지는 것이 과연 문명의 진보일까? 인류의 발전일까?

최초의 《전공지》 완역서 출간을 앞두고서, 안타까움이 하나 있다. 번역이 안 된 곳이 보였기 때문이다. 임원경제연구소에서 번역을 안 한 게 아니라 못한 곳이다. 권제4의 말미를 보면, 다음과 같이 문장을 채 끝내지 못한 대목이 나온다.

"그러나 국토가 협소하고 견문이 그에 따라 국한되니 목화를 심어(이하 결락됨)"

임원경제연구소가 확보한 필사본에서는 이후의 어떤 내용도 기록되지 않았기 때문에 번역을 할 수도 없었다. 대신 북한에 있다고 알려진 《임원경제지》 필사본에 혹시라도 이 결락된 부분이 확인된다면, 내용을 온전하게 옮길 수 있으리라는 희망을 내비쳤다. 분단은 이렇게 조선 문명을 온전하게 복원하기 위한 부절(符節)의 상실에 대한 통한이기도 하다.

서유구는 문명의 진보를 갈망하였을지 모른다. 중국의 화려한 문양에 감탄하고 보다 경쟁력 있는 생산방식에 의하여 제품을 생산하는 것이 민중의 삶에 큰 도움이 된다고 생각했을 것이다. 그러나 서유구가 갈망한 "개선"은 오늘과 같이 "자본"이라는 거대체제에 의한 무제한적인 확대를 의미하지 않았다. 서유구가 오늘 살아있다면 고집스러운 조선민중의 길쌈을 매우 고귀한 것으로 바라보고 평가할지 모른다. 중국식의 화려한 문양보다 소색(素色)의 무명이나 명주의 담박미를 더 사랑했을지도 모른다. 나의 흰 두루마기는 이미 40년 전에 단절된 안동포 무명으로 지어졌다. 이 소박하고 단아한 질감은 이 지구상의 어떠한 천의 질감도 그에 미치지 못한다. 간난의 삶의 환경 속에서도 고집스럽게 백의를 고집하며, 동학의 전투를 치른 조선인의 고매함은 영원한 고조선의 유산이리라. 한산세모시가 만들어지는 과정을 두눈으로 보아야만 조선의 철학자가 될 수 있다고 말씀하신 한창기 형의 여유로운 미소가, 지금도 나의 모든 원고를 맴돌고 있는 혼불이다.

2022년 1월 22일
낙송암(駱松菴)에서 철학자 도올 김용옥 쓰다

《전공지》 해제[1]

1) 제목 풀이

《전공지(展功志)》는 의류 백과사전으로, 5권 2책, 총 58,564자이다.

'전공(展功)'이라는 말은 '부공(婦紅)[2]을 펼친다'는 뜻이다. 부공은 여성 노동력에 의한 고치와 삼, 모시와 칡, 면의 길쌈활동을 말한다. 인간의 기본적인 생존을 확보하는 과정에서 석유가 아닌 땅의 산물로 우리 몸을 감쌀 의류를 생산하는 일은 인류 역사 이래 계속된 지난한 작업이었다. 이 작업은 주로 여성에게 부과되면서 부공(婦紅)이라고 불렸으며, 먹을 것을 생산하는 일 못잖은 고되고 강한 노동을 요구했다.

방적은 재료에 따라 누에에서 나오는 비단, 삼에서 나오는 삼베, 모시에서 나오는 모시, 칡에서 나오는 갈포, 목화에서 나오는 면을 들 수 있다. 그중 동물성 섬유인 비단을 생산하는 양잠은 뽕나무 가꾸기와 누에치기, 고치켜기와 비단 직조 및 염색으로 이어지는 세심한 공정의 어려운 작업이다. 그렇다고 삼·모시·칡·면화를 이용하는 길쌈이 쉬운 작업일 리 없다.

풍석(楓石) 서유구(徐有榘, 1764~1845)보다 한 세대 선배인 이덕무(李德懋, 1741~1793)는 《사소절(士小節)》에서 "길쌈하고 누에치는 일이 원래 부인의 본업"[3]이며, "부인으로서 바느질하고 길쌈하고 음식을 만들 줄 모르면, 마치

---

1 《전공지》 해제 2012년 본을 개정, 증보한 것이다.
2 부공(婦紅): '홍(紅)'이 베짜는 일의 뜻으로 쓰일 때는 음이 공(工)이다.
3 "士人之妻, 家計貧乏, 稍營生理, 未爲不可. 紡績蠶繭, 固是本業." 《靑莊館全書》卷30 〈士小節〉 '婦儀'.

장부로서 시서(詩書)와 육예(六藝)를 알지 못하는 것과 같다."⁴고 했다. 당시 부녀자의 직분 중에서 가장 중요한 일이 의식(衣食)을 마련하는 일임을 알 수 있다.

또 당시의 세태를 비판하며 "서울의 부인들은 베 짜는 일을 알지 못하고, 사대부의 부인들은 밥 짓는 일을 알지 못하니, 모두 비루한 풍습이다. 베 짜고 밥 짓는 일을 수치로 생각하니, 이들을 부인이라 할 수 있겠는가?"⁵라고 했다. 또한 "똑똑한 부인은 아무리 작은 생선과 마른 나물이라도 삶고 자르는 일을 정결하게 하여 모두 입에 맞는 반찬을 만들고, 아무리 낡은 비단과 묵은 솜이라도 곱게 재봉하여 모두 몸에 맞는 옷을 만든다. 그러나 어리석은 부인은 살진 어육도 어그러지게 삶고, 좋은 쌀과 차조로도 밥을 잘못 짓고, 찬란한 비단도 거칠게 손질하고, 좋은 실과 솜으로도 누추하게 길쌈을 한다. 그러므로 음식에 관한 책과 바느질에 관한 기록을 짓지 않을 수 없다"⁶고 했다. 이덕무의 이러한 지적과, 이후 풍석이《임원경제지》라는 방대한 생활 백과사전을 편찬할 때《전공지》와《정조지》를 16지의 하나로 포함시킨 사실은 일맥상통한다.

《전공지》에서는 길쌈의 방도를 자세하게 서술하고 나서 도보(圖譜)를 두어 그 공정을 보다 분명하게 보여주고 있다. 풍석은《전공지》의 저술 목적이 길쌈의 방도를 본받아 실천하도록 하기 위해서라고 했다. 본받는다 함은 좋은 것을 선택함에 있고, 그 좋은 것은 중화(中華)에서 구해야 한다고 말했다. 우리에게도 고유의 방식이 있지만 우리가 아직 잘하지 못하기 때문에 잘하고 있는 중화의 기술을 본받아야 한다고 강조한 것이다. 풍석은

---

4 "婦人而不識縫織,烹飪, 是猶丈夫而不知詩書,六藝."《靑莊館全書》卷30〈士小節〉'婦儀'.

5 "今之俗, 京婦人不解織布, 士婦人不解炊飯, 皆陋習也. 織布炊飯, 視以爲羞恥, 是可謂之婦人乎!"《靑莊館全書》卷30〈士小節〉'婦儀'.

6 "精敏之婦, 雖小鮮枯菜, 烹割齊潔, 皆適口也. 雖爛帛陳絮, 縫裁新整, 皆便體也. 庸拙之婦, 魚肉之肥焉而煮爛之乖焉, 稻粱之馨焉而蒸炊之違焉, 綺羅之燦焉而砑熨之麤焉, 絲綿之良焉而紉裝之陋焉. 膳書鍼史, 不可不著."《靑莊館全書》卷30〈士小節〉'婦儀'.

다른 분야에서와 마찬가지로 양잠 영역에서도 우리나라의 기술 수준이 저열하다고 보고 중국의 제도와 방법을 본받기를 요구했다. 우리나라는 누에치기부터 실켜기와 비단짜기까지 모두 잘하지 못한다고 했다. 게다가 목화조차도 발전된 중국의 제도를 돌보지 않고 뒤떨어진 전통만을 고수기 때문에 문제가 많으며 삼과 칡에서도 마찬가지[7]라고 했다.

풍석은 잠사(蠶事)의 기술도 부족하다고 지적했다. 누에를 칠 때는 따로 누에방을 마련하여 바람으로 식혀 주고, 불로 따뜻하게 해 주며, 누에발에 펴서 기르고, 누에그물을 만들어 먹이며, 석 잠 넉 잠의 기미에 잘 맞춰주고, 봄 먹이기와 가을 먹이기의 나눔을 잘 따르는 방식이 정석인데, 우리나라의 형편은 그렇지 못하다고 했다. 사람이 살던 방에다 그대로 누에를 기르며, 누에그물이나 누에발의 제도를 알지 못하고, 누에를 함부로 다뤄 그 본성을 해치고 진을 빼놓으니, 좋은 고치를 바랄 수 없다는 것이다. 그럼에도 불구하고 좋지도 않은 자기 방법만을 고집하고 변화를 꾀하지 않으니, 누에가 번성할 수도 없다[8]는 것이다.

중국의 고치켜기는 소차(繅車)를 만들어 운용하고 광(軖, 실켜는 바퀴)을 만들어 감기 때문에 스스로 뽑아지는 것에 맡기는 방식이고, 비단짜기는 발끝을 살짝 움직여 저절로 열렸다 닫혔다 하고 여러 사람들이 실을 배급하니 비단무늬가 어긋나지 않는데, 우리나라는 힘만 많이 소비하고 질은 낮은 비단을 양산하고 있다고 했다. 녹로(轆轤, 자새)가 조악하여 억지로 손으로 고치실을 풀어 내 대충 뭉쳐 두고, 또 억지로 손으로 비벼야 한다는 것이다. 온갖 고생은 다하면서도 연약한 명주를 겨우 얻어 낮은 기술로 비단을 짜므로 중국처럼 때깔 나는 비단옷을 볼 수 없다는 조선의 현실[9]을 안타

---

7 〈전공지 서문〉
8 〈전공지 서문〉
9 〈전공지 서문〉

까워했다.

무명짜기에서 중국의 발달된 기술의 경우 씨아와 솜 터는 활은 순식간에 광주리를 다 채우며, 물레에는 꾸리를 3개에서 5개까지 앉힌다. 베를 짤 때도 편하게 앉아서 하고 돌기구로 평평하게 한다. 반면 태고 시절의 방법을 그대로 답습하고 있는 조선의 실정[10]을 풍석은 차마 볼 수 없었다.

풍석은 "나는 농사짓는 도구와 옷감 짜는 물품 분야에서 우리나라의 제조법 가운데 여러가지가 뒤떨어짐을 이전에 논한 적이 있다"[11]고 하였으며 "베 짜는 이는 방법에 어둡고 목수는 적절한 기술을 잃었으니, 복식이나 기거의 일상생활이 어찌 편하겠는가?"[12]라고 했다. 풍석은 일관되게 조선의 후진적인 기술을 지적하고, 중국의 선진적인 기술을 받아들여 이를 개변시키고자 했다.

조선 사람들의 의복 수요는 목화에 주로 기대고, 삼베와 모시는 그 다음이며, 누에는 그 다음이라고 풍석은 인식했다. 그리고 조선의 땅이 좁고 사람들의 견문이 국한된 것에 대하여 문제의식을 드러내었다.[13] 목화라는 것은 우리나라의 의피 중에서 가장 비중이 큰 부분인데도 정밀하고 세세한 제도를 궁구하지 않고 거칠고 소략한 방향으로 돌아가려고 하니, 삼과 칡 같은 다른 분야는 오죽하겠느냐고 탄식했다.[14] 이러한 내용들을 종합해서 본다면, 풍석이 《전공지》에서 하고자 하는 이야기는 그가 명료하게 인식했던 조선의 열악한 상황과, 이를 타개하기 위한 선진적인 중국 기술의 시급한 도입임이 더욱 분명해 보인다.

---

10 〈전공지 서문〉
11 〈섬용지 서문〉
12 〈섬용지 서문〉
13 "大抵我人衣被之需專尙木棉, 麻·苧次之, 蠶又次之. 然壤地旣褊, 見聞隨局, 植棉(이후 결락)." 《전공지》권4 〈그림으로 보는 누에치기와 뽕나무 재배〉 '저증방'.
14 〈전공지 서문〉

2) 목차 내용에 대한 설명

《전공지》는 모두 5권인데, 권1은 〈누에치기와 길쌈(상)〉이고, 권2는 〈누에치기와 길쌈(하)〉, 권3은 〈삼베류 길쌈〉과 〈목화 길쌈〉, 권4는 〈그림으로 보는 누에치기와 뽕나무 재배〉, 권5는 〈그림으로 보는 길쌈〉이다.

권1에서는 누에치기의 기본이 되는 "뽕나무 재배"와 "꾸지뽕나무 재배"에 대하여 다루고 있다. 뽕나무에 대하여 '알맞은 토양', '파종 시기', '종자 고르기', '오디 심기', '옮겨심기', '휘묻이와 꺾꽂이', '접붙이기', '지상(나지막하게 가꾸는 뽕나무)', '뽕나무밭 관리하기', '가지치기', '의상법(뽕나무 협동 재배법)', '황폐해진 뽕나무 관리법', '부가사항' 등 뽕나무와 뽕을 얻기 위한 전 과정을 자세히 다루었다. 여기서 우리는 모든 공정의 기저에는 농사가 있음을 알 수 있다. 밥이 백성의 하늘이듯 뽕은 누에에게 전부이다. 양잠의 근본에는 뽕나무의 안정적인 성장과 재생산이 필수적이기에, 《전공지》에서는 이를 잘 수행하도록 필요한 모든 지식을 망라하고 있다.

또한 '부가사항'에 뽕나무껍질로 종이를 뜰 수 있다는 내용이 나온다. 종이를 뜨려면 초봄에 뽕나무의 번다한 가지를 베어 낼 때 싹이 난 껍질을 벗긴 재료가 가장 좋고 나머지 달에 벗긴 껍질은 그 다음이라고 한다.[15]

꾸지뽕나무에 대해서는, '알맞은 토양', '파종과 가꾸기', '잎 따거나 쳐내기', '쓰임새', '부가사항' 등에 대해 간략하게 설명했다. '부가사항'에서는 꾸지뽕잎을 누에에게 먹이면 실이 좋아서, 그 실로 금(琴)이나 비파 등의 현(絃)을 만들면 맑은 울림이 메아리쳐 퍼지므로 보통의 실보다 훨씬 낫다고 했다.[16]

---

15 "桑皮抄紙. 春初剗斫繁枝, 剝芽皮爲上, 餘月次之."《전공지》권1〈누에치기와 길쌈(상)〉"뽕나무" '부가사항'.

16 "柘葉飼蠶, 絲好, 作琴瑟等絃, 淸鳴響徹, 勝於凡絲遠矣."《전공지》권1〈누에치기와 길쌈(상)〉"꾸지뽕나무" '부가사항'.

권2에서는 "누에치기"의 실제로 들어가서 누에씨, 잠실, 누에발 등의 제도와 누에의 생리에 기반한 바른 양잠 방법에 대해 상세히 설명했다. 누에가 고치가 되어 비단으로 거듭나기 위해서는 우선 고치를 잘 가려 좋은 고치에서 실을 자아내야 한다. 자아낸 실로 비단을 짜는 길쌈의 과정은 다시 염색 과정을 거쳐야 복식의 최고급 재료로 거듭나게 된다.

누에를 칠 때는 누에씨 거두기와 누에알받이종이 씻기, 잠실의 설치와 관리(온도 및 습도 등의 조절), 누에의 상태에 대한 세심한 관찰과 그에 따른 조치들이 이어져야 한다.

'누에'는 실을 품고 있는 벌레로, 크기, 색깔, 무늬 등에 따라 종류가 매우 다양하다. 누에는 양(陽)에 속해서 건조한 곳을 좋아하고 습기를 싫어한다. 먹되 마시지 않고, 3번 자고 3번 일어나며, 27일 만에 익는다. 알[卵]에서 나와 누에유충[蚴]이 되고, 누에유충에서 탈피하여 누에[蠶]가 된다. 누에는 고치[繭]가 되고, 고치는 번데기[蛹]가 되고, 번데기는 누에나방[蛾]이 되고, 누에나방은 알을 낳고, 알은 다시 누에유충이 된다. 또한 모체 안에서 자라는 유충은 어미와 함께 익으니, 대개 신령한 벌레로 알려져 있다.[17]

누에씨 빛깔의 변화와 더불어 드디어 개미누에가 부화하면 누에발로 내리게 된다. 생육 온도와 뽕먹이, 성장에 따라 적절하게 밀도를 유지할 수 있도록 누에발에 나누고 똥갈이에 신경 써야 좋다. 개미누에에게 처음 뽕을 먹일 때는 첫날에 49회, 이튿날에 30회, 사흗날에는 20회로, 먹이는 횟수를 줄이면서 뽕은 점점 두껍게 먹인다. 누에를 적절한 시점에 잠재우는 일은 누에의 생장에 큰 영향을 끼치는 핵심적인 사안이므로 세밀하게 살펴야 한다. 세 잠을 재운 뒤에는 누에를 누에섶에 올려야 한다. 누에의 빛깔

---

17 "蠶, 孕絲蟲也. 種類甚多, 有大·小·白·烏, 班色之異. 其蟲屬陽, 喜燥惡濕, 食而不飲, 三眠三起, 二十七日而老. 自卵出而爲蚴, 自蚴蛻而爲蠶, 蠶而繭, 繭而蛹, 蛹而蛾, 蛾而卵, 卵而復蚴, 亦有胎生者, 與母同老, 蓋神蟲也." 《전공지》 권2 〈누에치기와 길쌈(하)〉 "누에치기" '누에'.

은 백·청·황의 세 가지로 구분되는데, 이에 따라 먹이는 양을 조절해야 한다. 흰 빛깔은 먹을 것을 찾는 때이고, 푸른 빛깔은 넉넉히 먹여야 하는 때이다. 주름이 지는 것은 못 먹어서 그렇다. 누런 빛깔은 점차 먹이기를 줄이고 이후 중지해야 한다는 것을 알리는 신호이다.

풍석은 임산부나 상중에 있는 사람의 출입을 금하는 등의 금기사항도 열거하면서, 습하거나 열이 있는 뽕잎을 먹이지 말아야 하며, 개미누에가 처음에 나왔을 때는 방 안의 먼지를 쓸지 않도록 유념해야 한다고 했다. 비교적 이해하기 쉬운 사례를 포함해서 누에칠 때 삼가야 할 일들을 낱낱이 지적하며, 누에농사 풍년을 기원하는 양법(禳法)도 다양하게 보여주고 있다.

"고치에서 실켜기"에서는 고치 고르기와 찌기와 실켜기로 이어지는 공정을 상세히 설명하고, 따뜻한 가마솥으로 실을 켜는 열부소법(熱釜繅法)과 차가운 동이로 실을 켜는 냉분소법(冷盆繅法)을 언급하고 있다. 고치를 켜는 데는 열부법과 냉분법 2가지가 있다. 쉽고 간편함에서는 열부법이 앞서지만 제품의 질에서는 냉분법이 우수하다면서 이에 대한 설명을 아주 자세하게 하고 있다. 열부법으로 하면 실이 거칠어 단교(單繳)[18]이거나 쌍교(雙繳) 정도가 된다. 다만 냉분법으로 켠 깨끗하고 빛나는 실이 나오기는 어렵다. 냉분법으로 하면 가늘게 전교(全繳) 실을 켤 수 있고, 중등(中等)의 고치라면 쌍교(雙繳)를 켤 수 있다. 열부(熱釜)에 비해 생기가 있으며 또한 실이 질기다. 냉분이라고 해서 차갑지 않으며, 매우 따뜻하다.

"비단 길쌈"에서는, 우리나라에는 사(紗)·라(羅)·능(綾)·단(緞)이 없는데, 직조법에 어두워서도 그렇지만 고치실의 품질이 떨어져 중국의 실 품질과 크게 다르기 때문이라고 했다. 그래서 국왕의 의복을 담당하는 상의원(尙衣

---

18 단교(單繳) : 여러 가닥의 고치실을 모아 주는 장치인 아미장(蛾眉杖)에서 실을 1번 꼬는 일. 실을 2번 꼬면 쌍교(雙繳), 2번 이상 다양한 장치를 거치면 전교(全繳)라 한다. 이에 따라 실의 품질이 나뉘는데, 전교가 가장 우수하며 쌍교가 그 다음이고 단교가 가장 질이 낮다.

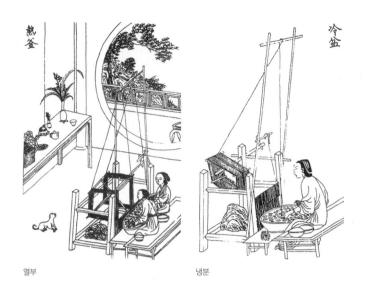

열부   냉분

院)의 장인이 자색비단을 본떠 만들더라도 중국 실을 쓸 수밖에 없다는 것
이다.[19] 《고려도경》에 따르면 고려 사람들은 양잠에 서툴러서 명주실과 비
단을 모두 상인에게 의존하는데, 산동이나 절강·복건 등지에서 구했다고
한다.[20] 700년 뒤에 나온 풍석의 저술에서도 여전히 조선 비단의 품질이 떨
어진다는 표현이 등장하는 것으로 보아 그 연원이 오래되었음을 짐작할 수
있다. 풍석은 우리나라 명주 짜는 법에서 그나마 우리나라에서 명주를 짤
수 있는 실로는 관서 지방에서 난 실이 가장 좋고, 영변이나 성천에서 난
실도 빛깔이나 질기기가 나으며, 호남의 나주에서도 가격은 배나 나가지만
좋은 물건이 난다고 했다.

　"염색"은 옷감의 질을 결정짓는 결정적인 공정이며, 다양한 색상과 방법

19　"我東無紗.羅.綾.緞, 不但素昧織法, 亦由繭絲薄劣, 大異中國絲品. 故今向方工人或有做造紫色緞
　　帛者, 亦用中國絲耳."《전공지》권2〈누에치기와 길쌈(하)〉"비단 길쌈"'사·라·능·단 짜는 전체
　　적인 법'.
20　"不善蠶桑, 其絲綾織紝, 皆仰賈人, 自山東.閩.浙來."《高麗圖經》卷23〈雜俗〉'土産'.

으로 구성된다. 풍석은 염색에 대한 서술을 시작하면서 명주와 비단, 무명과 삼베를 모두 염색할 수 있지만 색을 받아들이기에는 명주와 비단이 무명과 삼베보다 나으므로 누에치기와 길쌈 다음에 내용들을 위치시킨다고 했다.

44개의 표제어 아래《천공개물》(19회)과《경솔지》(12회),《산림경제보》(7회)와《거가필용》(7회) 등에서 내용을 인용하여, 총 49가지 색깔을 내는 염색 재료와 과정을 상세히 설명하고 있다. 서유구 자신의《경솔지(鵙蟀志)》를 통해 대홍색 염색에 대해 잠시 알아보자. 우선 홍화병(紅花餠)[21]을 찧어 물에 담갔다가 걸러서 베주머니에 담고, 깨끗한 물속에서 황색즙을 빨아내되, 이와 같은 작업을 여러 차례 하여 황색즙을 말끔히 짜 낸다. 이어서 콩깍지 태운 재 내린 물에 베주머니를 적셔 힘껏 주무르면 선홍색의 물이 나온다. 이렇게 4~5회 반복하고 깨끗한 그릇에 거둔 다음, 그 양을 헤아려 오미자 즙을 넣고 염색한다. 염색의 농도는 물들이는 시간에 달려 있다.[22]

쪽밭 위에 전시된 천연염색 작품들(박영진)

청색과 홍색의 대비(박영진)

---

21 홍화병(紅花餠) : 홍화를 넣은 염료덩이.
22 "東法 : 紅花餠擣浸水, 移時漉盛布囊. 淨水中漂去黃汁, 如是數度, 絞去黃汁盡, 乃用豆莢灰淋汁, 澆囊痛挼, 則鮮紅出矣. 如是四五度, 收淨器中, 量入五味子汁, 染之深淺, 惟在浸染久暫."《전공지》권2〈누에치기와 길쌈(하)〉"염색" '대홍색'.

'경솔(鶊蟀)'은 꾀꼬리를 뜻하는 '경(鶊)'과 귀뚜라미를 뜻하는 '솔(蟀)'이 알려주는 봄과 가을의 시령(時令)에 따라 하는 누에치기와 길쌈을 나타내는 말로 쓰인다. 《십국춘추(十國春秋)》에 따르면 "봄에 꾀꼬리가 처음 지저귀면 대광주리를 갖추고, 귀뚜라미가 울기 시작하면 베틀의 북이 운다."고 했다.[23] 풍석은 이 춘경추솔(春鶊秋蟀)에서 《경솔지》라는 서명을 가져온 것으로 보인다. 《이운지》에도 '춘경료(春鶊寮)'·'추솔와(秋蟀窩)'라는 이름의 누에방(잠실)과 길쌈방 짓는 법이 소개되어 있는데, 풍석의 《금화경독기》에서 인용한 문장이다.

권3은 〈삼베류 길쌈〉과 〈목화 길쌈〉을 소개한다. 〈삼베류 길쌈〉에는 삼과 모시, 어저귀와 칡 등 목화 이외의 식물성 섬유 재배와 방직을 다루며, 〈목화 길쌈〉에서는 목화 재배에서부터 방직에 이르기까지를 다루고 우리나라의 길쌈법으로 마무리하고 있다.

'삼' 즉 대마(大麻)는 화마(火麻)·황마(黃麻)·한마(漢麻)로도 불리며, 수그루는 시마(枲麻)·모마(牡麻)라고 하고 암그루는 저마(苴麻)라고 한다. 삼은 대략 2척마다 한 그루씩 남기고, 김매기를 항상 깨끗이 하며, 꽃이 피고 나면 삼수그루는 뽑아 제거한다. 밭 가장자리에 참깨나 삼씨를 심어 가축의 피해를 줄이는 용도로도 쓴다.

'모시' 즉 저마(苧麻)는 한 그루가 수십 줄기로 이루어지며 묵은 뿌리가 땅속에 있다가 봄이 되면 스스로 나므로 따로 씨를 뿌릴 필요가 없다. 한 해에 세 번 베는데, 1묘당 20~30근을 생산해 베를 많이 얻을 수 있고, 품질이 부드럽고 질기며 깨끗하고 고와서 다른 포에 비해 값이 곱절이나 된

---

23 "十二月頒勸農桑詔曰：刺守縣令, 其務出入阡陌, 勞來三農. 望杏敦耕, 瞻蒲勸穡. 春鶊始轉, 便具籠筐. 蟋蟀載吟,卽鳴機杼."《十國春秋》卷49〈後蜀〉'後主本紀'. "春鶊始囀, 必具龍筐. 秋蟀載吟, 必鳴機杼."《山堂肆考》卷144〈民業〉'望杏瞻蒲'.

다. 게다가 한번 심어 성공하면 묵은 뿌리가 형성되므로 잠시 수고하고 이득은 오래가는 좋은 작물이다.

'어저귀'는 모시와 비슷한 작물로, 기름지고 습한 땅에서 잘 자란다. 줄기가 가볍고 비어 있어 북쪽 사람들은 껍질로 베를 짠다. 줄기를 유황에 담가 등의 심지로 만들면 불이 빨리 붙는다.

'칡'은 황근(黃斤)·녹곽(鹿藿)·계제(鷄齊)로도 불리며, 야생도 있지만 집에서 심기도 한다. 봄에 싹이 자라 덩굴을 뻗어 늘어지면 채취하여 고운 갈포와 거친 갈포를 만들 수 있다.

길쌈의 방법에 대해서는 '첨사룡(詹士龍, 1261~1313)의 베 짜는 법'을 인용하여 설명했고, '우리나라의 베 짜는 법'에서는 남북의 지리적 차이에 따른 품질의 격차에 대해 언급했다. 남과 북이 모두 베를 짤 줄 알지만 남쪽에서 난 베의 품질이 북쪽 것보다 대체로 못하며, 북으로 갈수록 질이 좋아져 회령이나 종성 등지로 가면 가볍고 고운 베가 나와 서울의 귀한 사람들의 수요를 충당한다. 다만 모시는 한산이나 임천 등지에서 하는 방법이 첨사룡의 모시(毛絁) 짜는 법과 유사하고, 종류로는 반저모시[斑紵]로 짠 유문저포(有紋苧布)와 영남에서 생산된 황색 염색의 황저포(黃苧布)가 있다고 했다. 영

베틀

문익점 목화시배유지

남에서 나는, 올이 가늘고 빛깔이 고운 베는 부유한 권세가들이 여름옷으로 해 입는데, 이는 대개 갈포를 짜서 만든 베라고 한다.

"목화 재배"는 '알맞은 토양', '파종 시기', '종자 고르기', '파종과 가꾸기', '거름주기', '그루 간의 거리', '병폐와 요점', '장마나 가뭄 대비', '사이짓기는 금물이다', '구덩이에 재배하는 법', '거두기', '쓰임새'로 이루어져 있다.

우리나라 역사책에 전하기로 목화를 우리나라에 처음으로 들여온 사람은 문익점(文益漸)이다. 문익점이 공민왕 때에 원나라에 사신으로 갔다가 목화씨를 얻어 와서 장인인 정천익(鄭天益)에게 주어서 심으니, 3년 만에 크게 번성했다고 한다.[24] 이후 우리나라의 의복에서 목화는 가장 큰 비중을 차지하며 관북 지역을 제외한 칠도로 퍼져나갔다. 풍석에 따르면 우리나라의 경우 영호남의 해안가는 청명을 전후하여 목면을 심고, 호서와 경기도 한강 이남은 곡우를 전후하여 심으며, 경기 한강 이북과 해서 및 관서는 입하를 전후하여 심는다.

도천서원 삼우사 목화 문양

도천서원 삼우사(문익점 사당)

24 "文益漸, 晋州江城縣人. 恭愍朝登第, 累遷正言. 奉使如元, 因留附德興君, 及德興敗乃還. 得木縣種, 歸屬其舅鄭天益種之. 初不曉培養之術, 幾槁止一莖在, 比三年, 遂大蕃衍. 其取子車, 繰絲車, 皆天益創之."《高麗史》111〈列傳〉卷24 "諸臣" '文益漸'.

중국 목화의 품종에는 강화(江花)·북화(北花)·절화(浙花)·황체(黃蔕)·청핵(靑核)·흑핵(黑核)·관대의(寬大衣)·자화(紫花) 등이 있는데, 처음에는 모두 남방의 해외 여러 나라에서 전파되었다. 우리나라의 경우 문익점으로부터 풍석의 시대까지 단지 한 품종만이 전해졌는데, 오래되어 대가 약해져 땅이 비옥하고 풍년이 들어도 20근의 목화송이에서 겨우 5근의 목화를 얻고, 7~9근의 목화를 얻는 경우는 나라를 통틀어도 전혀 없었다. 매년 해외에서 청핵 등의 3~4품종만 사들여도 목화솜의 무게가 무거워 갑절이나 수확하는 효과가 있을 것이라고 제안한다. 《화한삼재도회》에 따르면 일본 목화는 중국 목화보다 더 희고 깨끗하며 그 품종에는 하수면(蝦手棉)·신약면(神樂棉)·연초면(烟草棉) 등이 있다고 한다. 중국의 좋은 품종을 구할 수 없다면 대마도를 통해 일본 품종이라도 구하는 편이 우리나라의 품종보다는 낫다고 지적했다. 다른 농사와 마찬가지로 목화 재배에도 씨앗이 중요하며 중국과 일본을 통해 더 좋은 씨앗을 구해서 생산량과 품질을 높이려는 노력이 엿보인다.

목화 재배법 중에 특기할 만한 사례로는 산골짜기나 평원의 황폐해진 농지에 구덩이를 파서 목화를 재배하고 그 구덩이를 하나씩 늘려 가면서 결과적으로는 개간을 하게 되는 감종법(坎種法)이다. 정강이가 잠길 정도로 방석 너비의 구덩이를 파고, 심을 때가 되면 요회(尿灰) 및 소똥이나 말똥을 구덩이에 메꾸고 새 흙을 더해 준다. 목화씨를 소오줌과 잘 삭인 재와 섞고 밤알크기로 만든 덩이를 구덩이마다 5~6개 넣는다. 적당하게 자랐을 때 줄기 한가운데의 끝눈을 떼어 내 가지가 무성하고 열매가 번성하도록 하는데, 이런 구덩이를 매년 늘려 가면 재배한 지 3년 만에 밭이 기름져져 자연스럽게 개간되는 효과를 노릴 수 있다.[25]

---

25 "山谷或平原荒田, 解氷後, 掘坎沒脛廣闊如方席. 種木棉, 臨時以尿灰及牛馬糞塡坑, 又加新土棉種. 轉拌牛尿.熟灰如栗子大. 每坑種五六箇, 待長成約七八寸, 去其中心梢, 則枝茂實繁, 所摘倍多. 明年鑿旁坑, 又如是三年後, 便成饒田而無墾荒之勞."《전공지》권3〈목화 길쌈〉"목화재배" '구덩이에 재배하는 법(감종법)'.

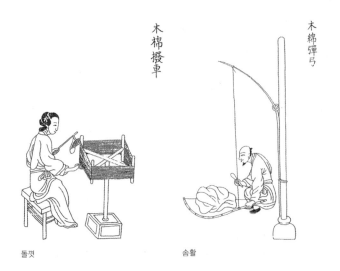

木棉撥車

木綿彈弓

돌껏

솜활

"목화 길쌈"은 '목화씨 제거하고 솜 타는 법', '땅광 만들어 길쌈하는 법', '길쌈법', '우리나라 길쌈법'으로 구성되어 있다.

문익점이 목화씨를 들여와 재배에 성공한 뒤, 씨아와 물레, 무명활[彈機, 탄기]과 사추(絲樞, 가락으로 추정)를 새롭게 만들어, 솜을 만들어 솜옷을 만들고 실을 뽑아 베를 짠 것이 우리나라 무명베의 유래이다. 하지만 풍석은, 우리나라 역사책에 따르면 솜 타고 베 짜는 기구가 문익점과 정천익에 의해 만들어졌다고 하는데, 풍석 당대에 쓰던 씨아와 물레 등의 기구가 중국의 기구와 하등 다를 것이 없으므로, 우연인지 문익점이 중국에서 얻어다 전했다고 보아야 할지 판단을 유보했다.

목화로 매우 곱게 짠 무명은 가볍고 따뜻하며 편하고 부드럽기가 고운 비단에 버금간다. 관서 지방에서 난 무명은 가볍고 고우며 조금 부드럽고, 영호남에서 난 무명은 질기고 조금 둔하다. 경기에서는 고양이나 개성에서 난 무명을 최고로 친다. 방직의 방법은 중국과 대동소이하다. 우리나라에서는 씨를 빼고 면화를 타고 실을 뽑아 얼레에 감은 뒤에 풀을 발라 직기에 앉힌다. 그러나 이후 작업에서는 발차(撥車, 돌껏)·광상(軖床)·선가(線架, 물레의 일종) 등의 기구를 쓰지 않는데, 이 경우는 마땅히 중국의 제도를 시급히 도입하여 편리하게 이용하여야 한다.

풍석은 빨래하는 방법도 여러 가지 소개하여 의생활을 보다 지혜롭게 영위할 수 있도록 배려했다. 옷감별 빨래 방법과 오염의 종류에 따른 다양한 빨래 방법 46가지가 소개되었다. 이덕무의 《이목구심서(耳目口心書)》에서는 비단을 빨 때 생선물로 하면 광채가 나고, 유중림의 《증보산림경제》에서는 홍현채(紅莧菜, 붉은 비름)에 생마포를 삶으면 모시처럼 희어지며, 서유구의 《경솔지》에서는 담배 진액에 물든 옷을 살구씨나 복숭아씨의 가루를 젖에 타서 씻으면 바로 가시며, 벼룩똥이 묻은 옷을 뜨물에 담가서 측간에 두면 저절로 없어진다고 했다.

권4에서는 〈그림으로 보는 누에치기와 뽕나무 재배〉, 그리고 모시 재배 내용을 수록하여 사람들이 그림을 통해 중국의 발달된 제도를 쉽게 본받을 수 있도록 배려했다. 《왕정농서》의 그림(27회)을 근간으로 하여 《농정전서》(1회)와 《경솔지》(3회)의 내용으로 보완했다.

풍석은 첫머리에 나오는 '잠실(蠶室)'에서, 조선 양잠의 후진성으로 누누이 지적해온, 사람 기운이 있는 데서 누에를 기르는 습속에 대한 대안으로 잠실 제도의 확립과 '공원치족(空院置簇)'을 들었다. 공원치족이란 집 안 공터에 누에섶을 두는 방법이다. 또한 풍석은 조선의 고유한 풍속으로 '증석(蒸石)'과 '저증방(苧蒸房)'을 들고 있다. 마를 쪄서 가공하는 단계에서 대량으로 작업을 할 때 필요한 증석은 중국의 서적에는 없고 조선의 풍속에만 존재한다고 한다. 중국에서는 삼을 가공할 때에 먼저 물에 담갔다가 또 잿물로 불려 삶는 공정이 있는 반면, 조선에서는 먼저 찌고 나서 물에 빨고 잿물에 담그는 공정이 있다. 방법은 다르지만 나오는 결과물은 동일하고 기교에 차이가 있을 뿐이라고 평가했다.[25] 삼의 가공에 증석이 있듯이 모시의 가공

잠실　　　　　　　　　집 안 공터에 누에섶을 설치하다[空院置簇]

에도 중국과는 다른 독특한 방법인 저증방이 있다. 하지만 안타깝게도 이 두 사안에 대해서는 설명만 있고, 도보임에도 불구하고 그림은 실려 있지 않다.[26]

권5에서는 〈그림으로 보는 길쌈〉을 수록하여, 중국의 발달된 기계들을 본받아 태고 시절의 제도를 인습하고 있는 조선의 제도를 변혁시키고자 했다. 박지원(朴趾源, 1737~1805)도 조선과는 달리 기계의 힘을 빌려 고치를 켜는 중국의 소차를 본받아야 한다고 했다.[27] 또한 유수원(柳壽垣, 1694~1755)은 소방차(小紡車)나 대방차(大紡車)를 이용하는 중국의 방직술이 우리나라의

---

26 "今考諸書, 但有漚池, 無蒸法也. 然華俗先漚而後, 又有灰凍水煮之節. 我俗先蒸而後, 又有水濯灰淋之序. 法雖不同, 製造則一. 但手法有工拙耳."《전공지》권4〈그림으로 보는 누에치기와 뽕나무 재배〉'증석'.
27 "繅車尤妙, 宜可效也."《燕巖集》卷12《熱河日記》〈馹汛隨筆〉'車制'(《韓國文集叢刊》252, 176쪽).

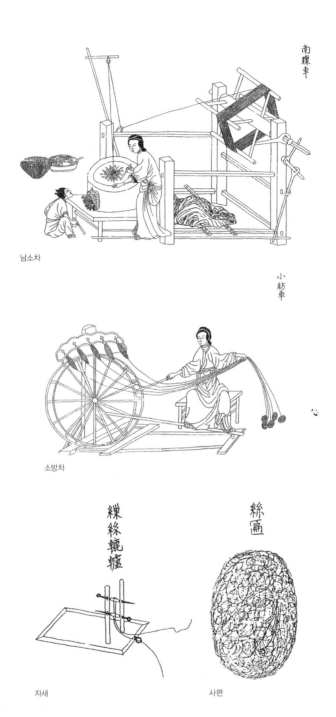

南繰車

남소차

小紡車

소방차

繰絲輀轤

자새

絲扁

사편

방직술에 비교하여 우수하다고 했다.[28] 중국의 《왕정농서》(24회)를 위주로 조선의 제도는 《경솔지》(17회)를, 일본의 제도는 《화한삼재도회》(12회)를 폭넓게 참조하여 서술했다. 특히 권5에 상당 부분 인용된 《경솔지》에는 조선 기술의 문제점을 지적한 부분이 한두 곳이 아니다. 인력으로 고치실을 켜는 소사녹로(繅絲轆轤)에 대해서는 손으로 견사를 잡아당기는 데다 물이 끓는 속도가 균일하지 못하여 힘은 너무 많이 드는 반면, 능률은 그에 미치지 못함을 안타까워했다. 소사녹로를 통해 나온 실뭉치인 사편(絲匾)의 제도에 대해서는 천하에 둘도 없는 나쁜 방식이라고 극언했다. 애초부터 중국 고치는 고급으로 나고 조선 고치는 못하게 날 리가 없는데도, 조선의 실이 중국의 실에 결코 미치지 못하는 까닭은 조선의 기술이 뒤쳐졌기 때문이라고 판단했다.

3) 편집 체제[29]

《전공지》는 총 5권으로, 대제목이 6개, 소제목이 13개, 표제어가 211개, 소표제어가 46개, 기사 수는 648개, 인용문헌 수는 80개(중복 제외)이다. 대제목이 2개인 3권을 제외하고 각 권마다 1개의 대제목이 배치되어 있고, 소제목은 1·2·3권 순서대로 각각 2개, 4개, 7개이다. 그러나 권4·5는 도보로 구성되어 있기 때문에 소제목이 없다. 표제어는 권별로 각각 20개, 85개(부록 포함), 41개(부록 포함), 29개(부록 포함), 36개로 배치되어 있다. 권2는 염색에서 표제어가 44개나 포함되어 다른 권에 비하여 표제어가 월등히 많은 특징이 있다.

---

28 "以罿織之類言之, 有大小紡車, 繩紉經車, 南北縴車, 木綿經床, 線架紡絡等車. 抽絲熟刷, 織成之敏疾, 比之東織, 不啻神速. 今若學習此制, 則婦功之精巧敏捷. 又豈今日之比乎!"《迂書》卷10 '論變通規制利害'.

29 3)편집 체제~5)인용문헌 및 조선문헌의 비중에 인용된 통계자료는 최시남·김현진·김광명·김용미가 조사했다.

서유구의 안설(案說)을 포함한 기사 수는 총 648개로, 기사당 원문 글자
수는 평균 90.4자였다.

〈표1〉《전공지》표제어류 및 기사 통계

권수	대제목 개수	소제목 개수	표제어 개수	소표제어 개수	기사 수	인용문헌 수	원문글자 수
서문							449
목차							80
1	1	2	20		130	28	11,671
2	1	4	85		215	38	20,342
3	2	7	41	46	207	36	15,599
4	1		29		32	3	4,196
5	1		36		64	8	6,227
합계	6	13	211	46	648	113	58,564

〈표2〉《전공지》기사 당 원문글자 수

원문 글자 수	기사 이외의 글자 수	기사 글자 수	기사 수(안설 포함)	기사당 원문 글자 수
58,042	1,027	57,015	648(596+52)	90.4

〈표3〉《전공지》소제목별 표제어류 및 기사 통계

권번호	대제목	소제목	표제어	부록	소표제어	기사 수	인용문헌 수
서문							
목차							
1	1	1	14			119	28
		1	6			11	
2	1	1	27	1		139	38
		1	7			15	
		1	7			10	
		1	44			51	
3	1	1	6			19	36

3	1	1	4			18	36
		1	6			7	
		1	3			4	
		1	3			17	
		1	14			59	
		1	5	1	46	83	
4	1		29	1		32	3
5	1		36			64	8
합계	6	13	211	3	46	648	80(중복제외)

4) 필사본 분석

《전공지》는 오사카본, 고려대본, 규장각본, 연세대본 총 4종의 필사본이 현존한다. 오사카본은 자연경실장 원고에 필사했다. 오사카본에 〈그림으로 보는 누에치기와 뽕나무 재배〉와 〈그림으로 보는 길쌈〉이 실린 권4와 권5는 목차에도 없고 별다른 편집 지시도 없는 것으로 보아 오사카본 성립 이후에 추가한 것으로 보인다. 오사카본의 권1과 권3의 찬자와 교정자는 먹으로 이름이 지워진 반면 권2는 1책의 중간에 위치하고 있던 덕분에 서유구와 아들인 우보의 이름이 분명하게 확인된다.

초고본인 오사카본에는 서유구의 편집 지시가 남아 있어서, 고려대본이나 규장각본으로 정리된 과정을 일부 보여준다. 초고본에서 내용의 일부를 삭제하기도 하고 내용의 완결성을 기할 수 있는 곳으로 기사를 이동시키기도 하지만, 편집 지시 없이 정리본에 다수의 새로운 내용이 유입된 정황도 발견된다. 오사카본을 그대로 정리한 연세대본과는 달리 고려대본이나 규장각본 권2의 〈염색〉 부분에는 초고본에 없던 소홍색·천홍색·규홍색·적색·토홍색·당리황색·청조색·호두갈색·조갈색·초갈색·명다갈색·형갈색·전갈색·회색이 대거 추가됐다.

청물 들이는 모양(김준근의 《기산풍속도》, 국립민속박물관)   빨래하는 모양(김준근의 《기산풍속도》, 국립민속박물관)

오사카본 《전공지》 목차   《전공지》 오사카본   《전공지》 고려대본

《전공지》 규장각본   《전공지》 연세대본

권3의 〈빨래하는 여러 방법〉에서도 나견·비단·북견·모시·양기름 묻은 옷·돼지기름 묻은 옷·쇠기름 묻은 옷·동유 묻은 옷·녹반 등의 온갖 약 묻은 옷·채색 염료 묻은 옷·벼룩똥 묻은 옷·철장 묻은 옷·낙숫물 묻은 옷·괴화 묻은 옷·소방목 묻은 옷·양매 묻은 옷·감이나 배 묻은 옷·식초나 간장 묻은 옷·술 묻은 옷·습기로 눅눅한 옷·흑공단·홍단·대홍주·기름때 묻은 갓·두건의 기름때 빨래와 직물의 염색 물리기가 추가됐다. 오사카본과 연세대본에서 동일하게 권2의 '야생누에 기르는 법'이 누락된 것도 두 본의 친연성을 드러낸다.

고려대본은 〈그림으로 보는 누에치기와 뽕나무 재배〉와 〈그림으로 보는 길쌈〉이 실린 권4와 권5가 일실되었다. 따라서 권4와 권5는 규장각본에만 전하며 그마저 권4의 말미에 결락 부분이 있어 아쉬움이 크다. 문맥상 결락된 곳은 조선의 상황을 전하는 내용으로 《경솔지》에서 인용한 것으로 추정된다.

5) 인용문헌 및 조선 문헌의 비중

인용문헌은 총 80종이다. 《전공지》에서 30회 이상으로 인용된 서적은 《왕정농서》(70회), 《사농필용》(64회), 《경솔지》(54회), 《무본신서》(47회), 《농정전서》(39회), 《천공개물》(31회)이다. 조선의 문헌도 《경솔지》(54회)와 《증보산림경제》(17회)를 비롯하여 《산림경제》(7회), 《선귤당수초》(5회), 《성호사설》·《농사직설》(4회), 《고사촬요》·《산림경제보》·《이목구심서》(2회), 《농가직설》·《농가집성》·《열하일기》·《색경》·《북학의》·《금화경독기》(1회) 총 13종이 이용되었다. 이중 서유구의 저술은 《경솔지》와 《금화경독기》 2종이다. 《전공지》의 인용문헌 중에서 서유구의 저술인 《경솔지》의 비중은 매우 크다. 《전공지》에 인용된 《경솔지》는 총 5,555자로, 권1을 제외한 모든 권에 출현하고 있다. 이 책은 부공(婦功)에 대한 풍석의 전문적인 식견을 엿볼 수 있는 귀중한 자료이나 《전공지》를 통해서만 전해지고 있다.

서유구의 안설은 총 52회에 걸쳐 980자를 차지하여 총 1.7%(980/58,564)의 비율을 보인다.

《전공지》 전체에서 서유구 저술 이외의 조선문헌 비율은 4.4%를 차지하고, 서유구 저술의 비율은 14%를 차지하고 있다. 《전공지》 전체에서 조선문헌이 차지하는 비율은 총 18.5%에 달하고 있다.

《전공지》 전체에서 중국문헌 비율은 80.4%를 차지하고, 일본문헌 비율은 1.1%를 차지하고 있다. 《전공지》 전체에서 외국문헌이 차지하는 비율은 총 81.5%에 달하고 있다.

〈표4〉《전공지》에서 서유구 저술 이외의 조선 문헌 비중

인용 조선 문헌	글자 수	기사 수
증보산림경제	820	17
성호사설	587	4
산림경제	249	7
선귤당수초	211	5
색경	152	1
농사직설	145	4
열하일기	117	1
산림경제보	90	2
이목구심서	90	2
북학의	57	1
고사촬요	37	2
농가직설	33	1
농가집성	11	1
합계	2,599	52
비율	4.4(2,599/58,564)	2,599/58,564

〈표5〉《전공지》에서 서유구 저술의 비중

구분	글자 수	비고
서문	449	
목차	80	
권수, 권차, 권미제, 저자명, 교열자명	158	
대제목, 소제목, 표제어, 소표제어	869	
안설	980	52회
경솔지	5,555	54회
금화경독기	123	1회
기타	6	2회
합계	8,220	109회
비율	14.03	8,220/58,564

〈표6〉《전공지》에서 조선문헌의 비중

구분	글자 수	비고
서유구 저술 이외의 조선문헌	2,599	52회
서유구 저술	8,220	109회
합계	10,819	161회
비율	18.5	10,819/58,564

〈표7〉《전공지》에서 중국문헌 비중

인용 중국문헌	글자 수	기사 수
사농필용	10,262	64
왕정농서	7,961	70
무본신서	5,517	47
농정전서	4,382	39
농서	2,424	19
제민요술	1,944	27
천공개물	1,717	31
경리옥함	1,514	19

한씨직설	1,322	12
종면법	1,220	11
농상집요	1,108	14
본초강목	990	14
경세문편	966	1
농상요지	948	10
거가필용	742	9
군방보	510	11
고금비원	454	15
범승지서	313	4
잠서	289	5
속사방	270	9
도경본초	164	3
종수서	128	4
박문록	127	5
농상촬요	122	2
철경록	119	1
야어	117	2
진관농서	117	1
세시광기	98	1
목면보	95	2
구선신은서	79	2
해령현지	71	2
상잠직설	65	2
잠상요지	65	1
노사	57	1
수시통고	56	1
산거사요	55	3
잠경	52	3

종화민설	49	2
만가휘요	47	1
이아익	47	1
잠론	44	1
물류상감지	43	2
편민도찬	42	1
증보사시찬요	40	1
사민월령	38	2
편민찬요	36	1
모시초목조수충어소	34	1
오정현지	33	1
동양현지	29	1
사시유요	28	1
설문해자	20	1
본초습유	18	1
왜천록	18	1
성경통지	17	1
잡오행서	17	1
상서위	16	1
당본초	15	1
옥력통정경	14	1
비아	13	1
합계	47,098	492
비율	80.4	47,098/58,564

〈표8〉《전공지》에서 일본문헌 비중

인용 일본문헌	글자 수	기사 수
화한삼재도회	647	15
합계	647	15
비율	1.1	647/58,564

6) 《전공지》의 특징과 의의

의류 백과사전 《전공지》는 비슷한 성격의 조선이나 중국의 책들과 비교했을 때 그 특징이 두드러진다. 그중 조선의 종합농서와 살림서를 대표하는 《산림경제》·《증보산림경제》·《규합총서》, 그리고 중국의 종합농서와 기술서를 대표하는 《농상집요》·《왕정농서》·《천공개물》·《농정전서》를 통해서 《전공지》의 면모를 드러내 보이고자 한다.

먼저 홍만선(洪萬選, 1643~1715)의 《산림경제(山林經濟)》 권1 치농(治農)에서는 옷감의 재료가 되는 목화와 마(麻)·저마(苧麻)·경마(檾麻)의 재배법과 옷감 염색의 재료가 되는 홍화와 쪽과 청대의 재배법 및 염료 제조법을 다뤘다. 권2 종수(種樹)의 뽕나무 항목에서는 뽕나무 재배법을 다뤘으며, 양잠(養蠶)의 사양총론(飼養總論)·분대총론(分擡總論)·냉난총론(冷暖總論)·잡기(雜忌)·만잠(晚蠶)에서 누에치기를 다뤘다. 부록인 소사(繅絲)는 허균의 《한정록(閑情錄)》에서 인용한 열부(熱釜)와 냉분(冷盆)에서의 실켜기가 수록되었다. 권4 잡방(雜方)에서는 피묻은 옷을 빠는 법, 유묵(油墨) 묻은 옷을 빠는 법, 먹 묻은 옷을 빠는 법, 기름 묻은 옷을 빠는 법, 의복의 때를 빼는 법 등의 빨래법을 다뤘다. 전반적으로 내용이 매우 소략하지만 출전을 명확히 밝히고 《증보산림경제》의 뼈대를 충실히 형성하여 《전공지》로 계승된 측면에서 그 의미가 크다.

유중림(柳重臨, 1705~1771)의 《증보산림경제(增補山林經濟)》 권2 치농(治農)에서는 대마(大麻, 삼)·저마(苧麻, 모시)·목면화(木綿花)·경마(檾麻, 어저귀)를 다뤄 《산림경제》에서 항목의 추가는 없으나 내용의 양과 질에서 비약적인 발전이 있었다. 권3 종수(種樹)에서는 뽕과 꾸지뽕을 다뤘다. 《산림경제》에 보이지 않던 꾸지뽕 항목이 추가되었다. 권5 양잠(養蠶)에서는 누에치기에 대한 《산림경제》의 구조를 대부분 계승했지만, 세부 항목을 자세히 나누고 항목을 대폭 추가하여 더 풍부한 정보를 수록했다. 권6 치포(治圃)의 부록인 자용기류(資用器類)에서는 염색에 요긴한 홍화·쪽·청대·자초(紫草)에 대한 자세한 정보를 수록했다. 《산림경제》에서 치약(治藥) 조에 실려 있던 자초가 이곳으로 옮겨와 염료로 쓰임이 확대되었다. 권16 잡방(雜方)에서는 세의오방(洗衣汚方)에 25개의 빨래법이 수록되어 《산림경제》의 5배나 되는 분량과 전문성을 보여준다. 빨래법은 《전공지》에도 대폭 수록되어 큰 영향을 끼쳤다.

빙허각 이씨(憑虛閣 李氏, 1759~1824)의 《규합총서》 권2 봉임칙(縫紝則, 바느질·길쌈)에서는 《섬용지》에서 다뤄지는 바느질과 《전공지》에서 다뤄지는 길쌈 부분을 함께 수록했다. 직조(織造, 길쌈), 염색제법(染色諸法, 물들이는 여러 가지 법), 세의법(洗衣法, 빨래하는 법), 양잠상(養蠶桑, 누에치기·뽕 기르기)을 수록했으며, 항목 수는 적지만 서술이 매우 상세하고 구체적이다. 특히 염색법과 빨래법은 군더더기 없는 서술로 핵심을 간요하게 전달하고 있다. 권3 산가락(山家樂, 시골살림의 즐거움)에서는 서민 의류의 중추 길패(吉貝, 면화)와 고급 염색 재료의 대명사 홍화(紅花, 잇꽃)와 남(藍, 쪽)을 다뤘다. 다만 《규합총서》에 삼베류에 대해서는 언급이 없다.

《규합총서》가 이처럼 조선의 현실을 잘 반영하고 있음에도 《전공지》에서 직접 인용은 없고 유사한 내용은 간혹 보인다. 한 집안에서 같은 분야의 지식을 포함하는 《규합총서》가 이미 있는데 어째서 인용하지 않았는지 그 이유를 살피기 위해서 《규합총서》에 등재된 항목 중에서 《전공지》에 유사한 항목이 있는 경우 이 둘의 성격을 비교해보았다.

규합총서 권수	대제목	소제목	항목	전공지 권수	대제목	소제목	항목
권2	봉임칙	직조	화완포	권3	목화 길쌈	방직	우리나라 길쌈법 (화완포 만드는 법)
			베 날기				
			선초무늬				
			섞기				

권2	봉임칙	직조	아롱주	권3	목화 길쌈	방직	
			쌍주				
			문주				
			허리띠				
		염색제법	고려자적 (高麗紫赤)	권3	목화 길쌈	방직	
			진홍	권2	누에치기 와 길쌈	마전한 직물 염색	대홍색
			연지 올리는 법				
			연지				
			자적				
			쪽빛				
			옥색				
			초록				
			삼뵈초록				
			두록				두록
			파류청				
			보라				
			목홍				목홍
			반물				남색
			닭의풀꽃이청				
			재빛				회색
			약대빛				타색
			베빛				
			주황빛				주황색
		세의법	다홍	권3	목화 길쌈	빨래하는 여러 방법	홍포 빨래
			자적				
			쪽빛				
			짙은 옥색				
			초록				

권2	봉임칙	세의법	조색	권3	목화 길쌈	빨래하는 여러 방법	
			생베				생삼베 삶기
			다목물 든 것				소방목이 묻은 옷 빨래
			약물 묻은 것				녹반 등의 온갖 약이 묻은 옷 빨래
			괴화물 묻은 것				괴화가 묻은 옷 빨래
			고약 묻은 데				고약 묻은 옷 빨래
			먹 묻은 것				
			묻은 지 오랜 먹				먹물 묻은 옷 빨래
			머리때 묻은 것				두건의 기름때 빨래
			피 묻은 것				피 묻은 옷 빨래
			담배진 묻은 데				담배 진액이 묻은 옷 빨래
			기름과 먹 한가지로 묻은 것				기름 묻은 옷 빨래
			곰팜 슨 것				
			얼룩진 곰팡				
			침수하여 곰팡 슨 데				
			기름 묻은 것				기름 묻은 옷 빨래
			기름 온통 묻은 것				기름 묻은 옷 빨래
			누른물 묻은 것				누런 진흙 묻은 옷 빨래
			옷의 때 안 지거든				
		양잠상	누에 치는 좋은 날				
			누에 내고 며 감기는 좋은 날				
			크게 꺼리는 날				

권2	봉임칙	양잠상	원잠	권2	누에치기와 길쌈 (하)	누에치기	가을누에 기르는 법
			누에 치는 방				잠실
			누에가 꺼리는 것				금기사항
			누에 미역 감기는 법				알받이종이 씻기
			고치 켜기			고치에서 실켜기	고치 골라서 손질하기 열부로 실켜는 법 냉분으로 실켜는 법
						비단 길쌈	우리나라의 명주 짜는 법
			중국 누에 치는 법			누에치기	제사와 푸닥거리
			뽕 기르기		누에치기와 길쌈 (하)	뽕나무 재배	파종 시기
			시집 보내는 법				옮겨심기
			계각상·백상				뽕나무
			산뽕			꾸지뽕 나무 재배	쓰임새 잎 따거나 쳐내기
			누에 병 들거든				
권3	산가락	길패		권3	목화 길쌈	목화 재배	목화 파종시기 파종과 가꾸기
		홍화		만학지 권5	기타 초목류	잇꽃	
		쪽				쪽	

  예를 들어 홍화병과 오미자즙을 이용하여 홍색을 물들이는 염색법에서 《규합총서》는 매우 자세하고 구체적으로 기술하여 그대로 따라 하면 염색이 가능할 정도지만, 《경솔지》를 인용한 《전공지》 대홍색 염색법은 그 대강(大綱)만을 기술하여 전문가가 아니면 그 전모를 파악하기가 힘들다. 그러나 이를 두 문헌의 특성으로 일반화하기는 어렵다. 음식이나 길쌈 등의 영

역에서 풍석에 비해 빙허각 이씨는 더 내부자의 입장에 있기 때문에 때로는 더 간략하고 핵심만을 짚어주는 서술방식을 택하기 때문이다. 이런 경우 생략이 더 심한 경우도 많다. 따라서 회색의 경우는《전공지》가 더 서술이 풍부하다.

빨래법의 경우는《규합총서》와《전공지》가 제공하는 정보가 대체로 일맥상통하지만 고약 묻은 옷 빨래의 경우처럼 다른 방법을 제시하는 경우도 있다.《규합총서》에서는 생무를 이용하지만《전공지》에서는 신 쌀뜨물이나 백주 아래에 가라앉은 찌꺼기를 이용하여 빤다. 피 묻은 옷 빨래의 경우《전공지》에서는 5가지 문헌에서 인용한 빨래법을 제시하고 있는데 그중《경솔지》의 죽의 김으로 훈증하고 소뼈 태운 재를 뿌려서 빠는 방법은《규합총서》의 방법과 완벽하게 일치한다. 반면 담배 진액이 묻은 옷 빨래의 경우는《경솔지》의 복숭아속씨가루와 사람젖을 이용한 방법이 아니라《증보산림경제》의 복숭아잎과 냉수를 이용한 방법이《규합총서》와 동일한 양상을 보인다.

《규합총서》와《전공지》는 모두 조선의 현실과 중국이나 일본으로 대표되는 외국의 기술을 통합해서 길쌈의 영역에서 더 나은 길을 제시하고자 했다. 그러나《규합총서》는 한글로 쓰였고,《전공지》는 한문으로 쓰여졌기 때문에 인용에는 어려움이 있었을 것으로 판단된다. 또한 두 문헌의 인용 범위는 크게 차이가 나고 책의 성격이 다르기 때문에 각자의 역할에 충실한 것이 아름다운 선택이었을 것이다.

다음으로《전공지》저술에 큰 영향을 미친 중국 문헌들의 대강을 살펴서《전공지》의 성격을 더 명확하게 드러내고자 한다.

중국 원나라 대사농사(大司農司)에서 1273년에 간행한《농상집요(農桑輯要)》는 권2 파종(播種)에서 암삼·삼·모시·목화를 다뤘고, 구곡의 풍토와 모시와 목면에 관한 논의에서도 모시와 목면을 다뤘다. 권3에서는 양잠, 잠사예비(蠶事豫備), 잠실 등을 수리하고 관리하는 법, 변색·개미누에 깨기·개미누에 떨기 등의 법, 온도관리·누에치기·누에발에 나누어 옮기기 등의 법, 잠사잡록(蠶事雜錄), 누에섶에 올리기, 고치 실켜기 등의 법을 다뤘다. 권6 약초(藥草)에서는 염료로 쓰이는 자초·잇꽃·쪽·치자를 다뤘다.

중국 원나라 농학자 왕정(王禎)이 1313년에 쓴《왕정농서(王禎農書)》는 농상통결(農桑通訣) 제15 잠소편(蠶繰篇)에서 누에치기에 관해 소략하게 정리하고, 농기도보(農器圖譜)에서 잠소문(蠶繰門)·잠상문(蠶桑門)·직임문(織紝門)·광서문(纊絮門)·목면서(木綿序)·마저문(麻苧門)을 통해 매우 체계적이고 쉽게 설명하고 있다. 도보를 중심으로 한 접근의 전범이라고 할 만하며《전공지》권4·5의 도보는 이 전통을 충실하게 반영하고 있다.

1637년에 간행된 중국 명말청초의 학자 송응성(宋應星, 1587~1648?)의《천공개물(天工開物)》은 총 18개 부문의 산업기술에 관한 전문적인 정보를 수록했다. 그중 내복(乃服, 의복)과 창시(彰施, 염색)에서《전공지》관련 내용을 다뤘다. 의복에서는 누에치기와 뽕나무, 화기(花機)와 요기(腰機) 등의 발달된 직기, 면화와 모시 및 칡 등의 재배와 가공에 대하여 그림과 간요한 설명으로 풀었다. 염색에서는 여러 가지 색의 염색, 남전(藍靛)과 홍화(紅花), 연지(燕脂)와 괴화(槐花) 등의 염료를 기술했다. 이는 조선보다 앞선 기술로 평가받아《전공지》염색과 도보에 많이 수용되었다.

1639년에 간행된 중국 명나라 관료 학자 서광계(徐光啓, 1562~1633)의《농정전서(農政全書)》에는 권31~34에 잠상(蠶桑)을, 권35~36에 잠상광류(蠶桑廣類)를 배치하여 비단과 그 외 옷감의 생산에 대한 전반적인 내용을 집대성하고 풍부한 그림자료를 수록했다. 잠상에서는 총론, 양잠법(養蠶法), 재상법(栽桑法), 잠사도보(蠶事圖譜), 상사도보(桑事圖譜), 직임도보(織紝圖譜), 목면(木棉), 저마(苧麻)·대마(大麻)·경마(緯麻)·칡을 다뤘다.

이상의 중국문헌에서 각각 64회(10,262자)·47회(5,517자) 인용되지만 일실된《사농필용》과《무본신서》를 수록한《농상집요》는 가장 비중이 큰 문헌이다. 또한《왕정농서》·《천공개물》·《농정전서》도 각각 70회(7,961자)·31회(1,717자)·39회(4,382자) 인용되어《전공지》에 선진기술로 수용되었다.《전공지》는 조선과 중국·일본의 다양한 문헌에서 인용한 정보를 가장 전문적이고 체계적으로 정리하여, 옷감의 재료를 확보하고 실과 천으로 가공하며 염색과 빨래를 통해 아름답고 따뜻하며 안전하고 건강한 의생활을 누릴 수 있도록 든든한 토대를 구축했다.

정정기(임원경제연구소 연구원)

《전공지》 서문

展功志引

전공(展功)은 부공(婦紅, 부녀자의 베짜기)을 풀어 놓은 것이다. 부공이란 무엇인가? 방적이다. 방적은 무엇인가? 누에요, 삼이요, 모시요, 칡이요, 목화다.

이 지(志)에서는 방적의 방법에 대한 서술이 이미 자세한데도, 도보(圖譜)까지 두어 밝힌 이유는 무엇인가? 우리나라 사람이 이를 본떠 실행하게 하고자 하기 때문이다. 본뜸은 무엇을 뜻하는가? 좋은 것을 택함을 뜻한다. 좋은 것을 택하는 방법은 어디서 찾을 것인가? 중국에서 찾는 것이 좋다.

우리나라 사람에게도 나름 법이 있는데 왜 중국에서 찾는가? 우리나라 사람들이 아직 잘하지 못하기 때문이다. 우리나라 사람들이 아직 잘하지 못한다면 어찌할까? 누에치기로 말해 보자면, 잠실을 따로 만들어 누에를 거기에 두고, 바람으로 시원하게 하기도 하고 불로 덥혀 주기도 하며, 누에발에 배열하여 기르고, 누에에 그물을 펼쳐서 누에를 옮기고 먹이며, 세 잠과 네 잠의 시기를 조절하고, 봄누에치기과 가을누에치기의 구분을 따라야 잘할 수 있다.

展功者, 婦紅之舒也. 婦紅者何? 績也. 績者何? 蠶也, 麻也, 苧也, 葛也, 棉也.

是志也, 敍績之方旣詳, 又有圖譜以明之何也? 欲我人之倣而行也. 倣者孰謂? 謂擇善也. 擇善之方, 烏何求之? 求諸中華焉, 可也.

我人自有法, 胡爲求諸中華也? 爲其未善也. 其未善, 柰何? 試以蠶事言之, 別爲室安之, 風凉之, 火烘之, 爲之箔排養之, 爲之網撢飼之, 節三眠、四眠之候, 順春飼、秋飼之分, 乃可得也.

展功志引

展功者婦紅之舒也婦紅者何績也績者何蠶也麻
也苧也葛也棉也是志也叙績之方既詳又有圖譜
以明之何也欲我人之倣而行也倣者孰謂謂擇善
也擇善之方烏何求之求諸中華焉可也我人自有
法胡爲求諸中華也爲其未善也其未善柰何試以
蠶事言之別爲室安之風涼之火烘之爲之箔排養
之爲之網槌飼之節三眠四眠之候順春飼秋飼之
分乃可得也我則不然雜穠於人氣之炕固已姜爛
之道也又從而數數拓之不語網箔之制故蒸槩不

그런데 우리나라는 그렇지 않다. 사람 기운이 밴 구들장[炕]에다 누에와 뽕잎을 잡다하게 뒤섞어 놓으니, 이는 참으로 뽕잎이 이미 시들거나 썩어 문드러지는 길이다. 게다가 마음대로 누에를 자주 집어들기도 하고 누에그물과 누에발 만드는 방법조차 알지 못한다. 그러므로 눅눅하고 청결하지 않아 억지로 손으로 잡아당기다가, 누에의 발이 떨어지거나 껍질이 벗겨지니, 손상된 누에가 거의 태반이다.

我則不然, 雜猥於人氣之炕, 固已萎爛之道也. 又從而數數拈之, 不諳網箔之制. 故蒸穢不淸, 乃强手以勒提, 缺其足抓其皮, 則毀者强半矣.

이미 누에가 본성을 다 발휘하지 못하게 하여 비록 껍질을 벗기지 않았다 해도 온전한 누에마저 다 지쳐버린다. 그러니 어디서 감히 고운 고치를 바라겠는가? 더욱이 한 가지 방법으로만 기르고 다른 방법을 찾을 겨를이 없으니, 어디서 감히 누에의 번성을 바라겠는가? 이는 누에치기를 아직 잘하지 못하기 때문이다.

旣不任其性, 雖不抓, 其全者盡苶矣, 安敢望緻繭乎? 且種是一規, 無暇求外, 安敢望繁衍乎? 是飼養未善也.

고치의 실을 켤 때는 물레[繅車, 소차]를 만들어 운용하는데, 광(軖, 실켜는 바퀴)을 만들어 감으면 실이 저절로 뽑아진다. 베를 짤 때는 발끝을 조금 움직여 저절로 열리고 닫히게 하고, 2~3명이 실을 배열하여 비단 무늬가 어긋나지 않도록 한다.

其繅也, 爲車而運之, 爲軖以繞之, 任其自抽焉. 其織也, 微動足尖, 自開自闔, 數人排絲, 緞繡不爽.

그런데 우리나라 사람은 자새[轆轤, 녹로]가 조잡하여, 억지로 손으로 실을 풀어 납작하게 만들거나 둥근 덩이로 만든다. 또 다시 억지로 손으로 비벼서 천신만고 끝에 겨우 연약한 실을 낸다. 직물 짜는

乃我人則轆轤粗劣, 勒以手繹, 爲匾爲團. 又復勒搓, 千辛萬苦, 竟是軟弱之縷. 全昧織法, 不見萋斐

淸乃强手以勒提馳其足抓其皮則毀者强半矣既
不任其性雖不抓其全者盡芥矣安敢望繊蘭乎且
種是一規無暇求外安敢望繁衍乎是飼養未善也
其繰也爲車而運之爲軒以繞之任其自抽焉其織
也微動足尖自開自闔數人排絲綴繃不爽乃我人
則輾轤粗劣勒以手繹之爲匾爲圓又復勒搓千辛
萬苦竟是軟弱之縷全昧織法不見姜斐之服是紡
繰織維之未善也奚特䌘煦矣績棉之法其攬車彈
弓頃刻而盡筐篚焉紡車安三維而至五維焉織則
安坐而又石平焉需用之器曰就簡便而我則堅守

太古之法勞頓百倍不之覺焉夫木棉者一國衣被
之大者尚不究精細之度甘為粗踈之歸何況麻葛
乎舉國之難乏政由於此等故其制空亟倣中華焉
可也凡四卷、

방법도 전혀 몰라 알록달록 무늬를 넣은 예쁜 의복을 보지 못했다. 이는 실켜기와 직물짜기를 아직 잘하지 못하기 때문이다.

之服, 是紡纑織紕之未善也.

어찌 누에치기만 그럴까? 목화를 켜는 법은 씨아[攪車, 교차]와 무명활[彈弓, 탄궁]로 순식간에 광주리를 다 채우는 것이다. 물레[紡車, 방차]는 꾸리 3개를 설치하며, 5개까지 설치하기도 한다. 베짜기는 편안하게 앉아서 하고, 또한 돌기구[1]로 베의 올을 평평하게 한다.

奚特蠶然矣? 績棉之法, 其攪車、彈弓, 頃刻而盡筐筐焉. 紡車安三維而至五維焉. 織則安坐, 而又石平焉.

이렇듯 사용하는 기구는 날이 갈수록 간편해지지만 우리는 먼 옛날의 법을 고수하여 백 배로 힘들면서도 깨닫지 못한다. 무릇 목화는 한 나라 의복 중 가장 중요한데도, 도리어 정밀한 방도를 강구하지 않고, 좋아라고 조악한 방법으로 돌아가고 만다. 하물며 삼길쌈과 칡길쌈에 있어서랴? 온 나라가 궁핍해진 데는 바로 이런 것들에서 연유한다. 그러므로 옷감을 만드는 방법들은 서둘러 중국을 본받아야 할 것이다. 모두 4권이다.[2]

需用之器日就簡便, 而我則堅守太古之法, 勞頓百倍, 不之覺焉. 夫木棉者, 一國衣被之大者, 尙不究精細之度, 甘爲粗疏之歸. 何况麻、葛乎? 擧國之難乏, 政由於此等, 故其制宜亟倣中華焉可也. 凡四卷.

---

1 돌기구 : 무명연석[木棉碾石]을 가리킨다. 《전공지》 권5의 이 항목에 나온다.
2 모두 4권이다 : 현재 오사카본과 연세대본은 3권 체제이고, 고려대본과 규장각본은 5권 체제이다. 따라서 이 서문은 오사카본 성립 후 고려대본·규장각본의 모본이 성립되기 전에 쓰여졌고, 처음에 도보(圖譜)는 1권으로 계획되었음을 짐작케 한다.

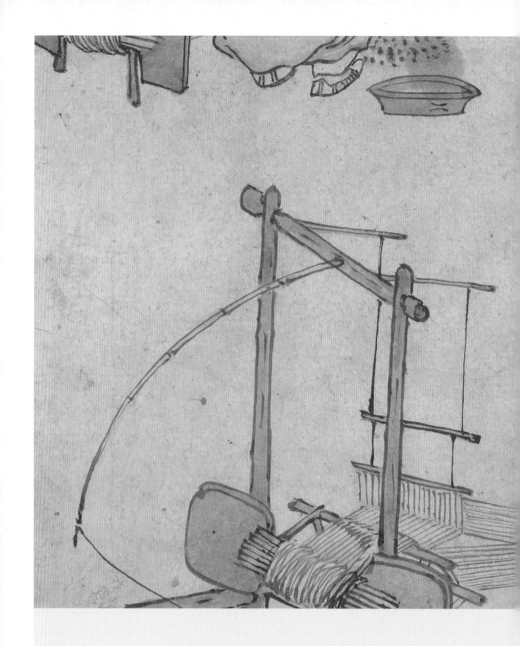

1

전공지 권제 1
展功志 卷第一

———————

I. 누에치기와 길쌈(상)

임원십육지 28
林園十六志二十八

나무는 각기 알맞은 흙이 있다. 그러나 오직 뽕나무만은 알맞지 않는 흙이 없다. 그
러므로 누에치기가 안 될 일이 없다. 이는 농부가 오곡 농사를 짓는 이치와 같다.
용퇴(龍堆)나 호새(狐塞)와 같은 극한의 땅만 아니라면 오히려 오곡 농사는 여전히 어
디서든 밭 갈아 수확할 수 있기 때문이다.

누에치기와 길쌈(상)

蠶績(上)

1. 뽕나무 재배

栽桑

1) 뽕나무[桑][1]

桑

뽕나무 열매를 오디라고 한다.[2]

子名椹.

【상서위(尙書緯)】[3][4] 뽕나무[桑, 상]는 기성(箕星)[5]의
정화가 모인 나무로, 누에가 뽕잎을 먹으면 누에몸
뚱이는 문장(文章, 무늬)을 만든다.

【尙書緯】桑者, 箕星之精
木, 蟲食葉爲文章.

【설문해자(說文解字)】[6][7] 상(桑)은 음이 약(若)이다. 뽕나
무는 동쪽 지방에서 저절로 생긴 신목(神木)[8]의 이름

說文解字 桑, 音若. 東方
自然神木之名, 乃蠶所食

---

1 뽕나무[桑]:뽕나무과 뽕나무속의 낙엽 교목, 또는 관목을 통틀어 이르는 말. 잎은 비단의 재료가 되는 고
   치를 만드는 누에의 먹이로 이용되며, 나무 전체 부위가 중요한 약재로 쓰이므로 귀한 나무로 재배되었다.
   한국에는 산상(山桑, Morus bombycis)·백상(白桑, Morus alba)·노상(魯桑, Morus lhou)의 3종이 재배되
   고, 그 중에서 백상이 가장 많이 재배된다.
2 《本草綱目》卷36〈木部〉"桑", 2063쪽.
3 상서위(尙書緯):위서(緯書)의 일종으로,《위상서(緯尙書)》또는《서위(書緯)》라고도 한다. 위서는 유교 경
   전에 대응하여, 부록(符籙)이나 서응(瑞應) 등을 선양한 책을 말하며,《역위(易緯)》·《시위(詩緯)》·《서위
   (書緯)》·《예위(禮緯)》·《악위(樂緯)》·《춘추위(春秋緯)》·《효경위(孝經緯)》의 칠위(七緯)가 중심이다. 또
   《상서위》에는《선기령(璿璣鈴)》·《제명기(帝命期)》·《고령요(考靈耀)》등이 있다.
4 출전 확인 안 됨;《說郛》卷5 上〈尙書考靈耀〉《文淵閣四庫全書》876, 223쪽).
5 기성(箕星):이십팔수(二十八宿) 중 동방 7사(舍)에 소속되며 그 중 일곱째 별자리의 별. 동쪽에 있으며
   키[箕] 모양을 하고 있음.
6 설문해자(說文解字):중국 후한(後漢)의 경학자 허신(許愼, 58?~147?)이 지은 중국 최초의 자전. 한자를
   540개의 부수로 나누어 배열하고 9,353개의 글자를 해설했다. 표제자를 앞에 두고 그 글자에 대해 의미를
   해설하고 자형을 해석하는 체제로 되어 있다. 서개(徐鍇, 920~974)의《설문해자계전(說文解字繫傳)》, 단
   옥재(段玉裁, 1735~1815)의《설문해자주(說文解字注)》등의 주석서가 저명하다.
7 《說文解字繫傳》卷十二〈桑〉《文淵閣四庫全書》223, 538쪽);《本草綱目》卷36〈木部〉"桑", 2063쪽.
   《설문해자》에는 확인 안 됨.
8 신목(神木):신령스러운 나무. 신령이 강림하는 통로가 되는 나무 혹은 신령이 머물러 있는 나무.

뽕나무(서울 선잠단지, 임원경제연구소)

이며, 바로 누에가 먹이로 삼는 나무이다.　　　　　　也.

도경본초(圖經本草) [9][10] 《이아(爾雅)》[11]에서는 "뽕나무
의 절반[辨]에 오디[葚]가 있는 품종을 치(梔)라 한
다."[12]라 했다. 또 "여상(女桑)[13]은 이상(桋桑)이다", "염

圖經本草 《爾雅》云: "桑
辨有葚[1], 梔." 又云 "女
桑, 桋桑", "壓桑, 山桑."

9　도경본초(圖經本草) : 중국 북송(北宋)의 의학자·박물학자(博物學者)인 소송(蘇頌, 1020~1101) 등이 편찬
　　하여, 1061년에 간행된 의서. 일명 《본초도경(本草圖經)》이라고도 하며, 중국 각 군현(郡縣)에서 나는 약
　　초를 망라하여 그림을 수록한 본초서이다.

10　《本草圖經》〈木部〉 11권 "桑根白皮", 381쪽 ; 《本草綱目》 卷36 〈木部〉 "桑", 2063쪽.

11　이아(爾雅) : 중국에서 가장 오래된 자서(字書)로, 유가(儒家) '13경(經)' 가운데 하나이다. 《한서·예문지》
　　에 20편으로 나와 있으나, 석고(釋詁)·석언(釋言)·석훈(釋訓)·석친(釋親)·석궁(釋宮)·석기(釋器)·석악
　　(釋樂)·석천(釋天)·석지(釋地)·석구(釋丘)·석산(釋山)·석수(釋水)·석초(釋草)·석목(釋木)·석충(釋蟲)·
　　석어(釋魚)·석조(釋鳥)·석수(釋獸)·석축(釋畜)의 19편만 남아 있다.

12　뽕나무의……한다 : '辨'을 '半'으로 본 곽박(郭璞)의 《이아(爾雅)》 주에 따라 옮겼다.

13　여상(女桑) : 뽕나무가 작고 줄기가 가늘고 길어 부드럽고 여린 잎이 나는 뽕나무를 지칭하는 말이다.

[1]　有葚 : 저본·《本草綱目·木部·桑》에는 "自葚者". 《本草圖經·木部·桑根白皮》·《爾雅注疏·釋木》에 근거
　　하여 수정.

뽕나무(《본초강목》)

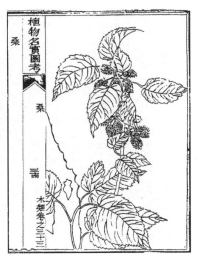

뽕나무(《식물명실도고(植物名實圖考)》)

상(檿桑)[14]은 산상(山桑)이다."라 했다.

이에 대해 곽박(郭璞)[15]은 "변(辨)은 반이다. 심(葚)은 심(椹)과 같다. 뽕나무의 절반은 오디가 있고, 나머지 절반은 오디가 없다. 이 품종을 '치(梔)'라 한다. 민간에서는 뽕나무 중에서 작으면서 줄기가 긴 품종을 '여상'이라 한다", "그 중에서 산상은 뽕나무와 비슷하며 재목이 활과 쇠뇌[弓弩, 궁노]를 만드는 데에 알맞다."[16]라 했다. 염상을 먹인 누에가 뽑아낸 실은 금슬(琴瑟)의 현을 만드는 데 알맞다.[17]

郭璞云"辨, 半也. 葚, 與椹同. 一半有椹, 一半無椹, 名'梔'. 俗呼桑之小而條長者爲'女桑'", "其山桑似桑, 材中弓弩." 檿桑絲中琴瑟.

---

14 염상(檿桑) : 참나무과의 떡갈나무로 보는 설과 뽕나무과의 산뽕나무로 보는 설이 있다. 잎은 누에를 먹일 수 있고 목재는 단단해서 활이나 수레 끌채를 만들 수 있다.

15 곽박(郭璞) : 276~324. 중국 진(晉)의 시인 겸 학자. 자는 경순(景純).《이아(爾雅)》·《산해경(山海經)》·《방언(方言)》·《초사(楚辭)》 등에 주(註)를 달았다.

16 뽕나무의……알맞다 :《爾雅注疏》卷9〈釋木〉《十三經注疏整理本》24, 308~310쪽).

17 염상을……알맞다 :《爾雅翼》卷9〈釋木〉"檿"《文淵閣四庫全書》222, 332쪽).

뽕나무의 품종은 매우 많으므로 모두 들 수는 없다. 세상에 이름난 품종은 '형상(荊桑)'[20]과 '노상(魯桑)'[21]이다. 형상은 오디가 많이 열리고, 노상은 오디가 적게 열린다.

잎이 얇고 뾰족하며 그 가장자리에 톱니모양이 있는 뽕나무가 형상(荊桑)이다. 일반적으로 가지와 줄기, 잔가지와 잎이 단단하고 억센 뽕나무는 모두 형상 종류이다.

반면 잎이 둥글고 두터우며 진액이 많은 뽕나무는 노상(魯桑)이다. 일반적으로 가지와 줄기, 잔가지와 잎이 풍성하고 기름진 뽕나무는 모두 노상 종류이다.

형상 종류는 큰 누에에게 먹이기에 적당하고, 그 누에가 뽑아낸 실은 단단하고 질겨 사(紗)[22]와 라(羅)[23]에 알맞다. 《서경(書經)》〈우공(禹貢)〉에서는 "그 대바구니에 바치는 것은 염사(檿絲)이네."라 했다. 그 주(注)에서는 "염(檿)은 산뽕나무이다."[24]라 했다. 이것은 형상의 종류이면서도 더 좋은 품종이다.

土農必用 桑種甚多, 不可徧擧. 世所名者, "荊"與"魯"也. 荊桑多椹, 魯桑少椹.

葉薄而尖, 其邊有瓣者, 荊桑也. 凡枝、幹、條、葉堅勁者, 皆荊之類也.

葉圓厚而多津者, 魯桑也. 凡枝、幹、條、葉豐腴者, 皆魯之類也.

荊桑之類宜飼大蠶, 其絲堅紉中紗、羅. 《書·禹貢》; "厥篚檿絲." 注曰: "檿, 山桑." 此荊之類而尤佳者也.

---

18 사농필용(土農必用): 중국 금원대에 성립되어 《농상집요(農桑輯要)》·《왕정농서(王禎農書)》등에 다수 인용되고 실전된 작자 미상의 농서.

19 출전 확인 안 됨;《農桑輯要》卷3〈栽桑〉"論桑種"(《農桑輯要校注》, 85쪽);《農政全書》卷32〈蠶桑〉"栽桑法"(《農政全書校注》, 882쪽).

20 형상(荊桑): 중국 옛 초(楚)나라 지역에서 육종된 뽕나무의 품종. 초나라의 수도가 형주(荊州)에 있어서 형(荊)은 초(楚)의 이칭으로 쓰인다. 한 나무 안에 여러 형태의 잎이 공존하며, 키가 큰 교목형(喬木型)으로 수상(樹上)재배를 할 수 있다.

21 노상(魯桑): 중국 옛 노(魯)나라 지역에서 육종된 뽕나무의 품종. 심장처럼 생긴 '어린 잎'을 지닌, 키가 작은 관목형(灌木型)으로 지상(地桑)재배를 할 수 밖에 없다. 흑노상(黑魯桑)과 황노상(黃魯桑)의 구분이 있다.

22 사(紗): 날실 2올을 꼬아서 짜는 직물로, 공간이 생겨 얇으면서 비친다. 뒤의 길쌈[織紝]에 자세히 보인다.

23 라(羅): 날실 4올을 함께 꼬아 짜는 직물로, 직물의 구멍이 많이 생긴다. 뒤의 길쌈[織紝]에 자세히 보인다.

24 그……산뽕나무이다:《尙書注疏》卷6〈禹貢〉第1(《十三經注疏整理本》2, 170쪽).

노상 종류는 작은 누에에게 먹이기에 적당하다.　　魯桑之類, 宜飼小蠶.

種樹書 25 26 계각상(鷄脚桑, 가새뽕나무)27은 잎 種樹書 鷄脚桑, 葉花而
이 꽃과 같은 모양이며 얇아서, 이것으로 누에를 치 薄, 得繭薄而絲少. 白桑,
면 고치를 얻었을 때 고치가 얇고 실이 적다. 백상(白 葉大如掌而厚, 得繭厚而
桑)28은 뽕잎의 크기가 손바닥만 하며 두꺼워서, 이 堅, 絲每倍常桑.
것으로 누에를 치면 고치를 얻었을 때 고치가 두껍고
단단하여 실이 매번 일반 뽕나무보다 배가 나온다.

잎에 누런곰팡이[黃衣, 황의]가 피며 잎이 주름진 葉生黃衣而皺者, 號曰 "金
뽕나무를 '금상(金桑)'29이라고 부른다. 금상의 뽕잎 桑", 非特蠶不食, 而木亦
은 누에가 먹지 않을 뿐만 아니라 나무도 곧 말라 將槁矣. 其先葚而後葉者
죽는다. 뽕나무 중에서 오디가 먼저 나고 잎이 나중 葉必少.
에 나는 나무는 잎이 반드시 적게 난다.

25　종수서(種樹書): 중국 당(唐)나라의 원예사(園藝師) 곽탁타(郭橐駝)가 쓴 농서. 나무의 천성을 거스르지
　　않고 그대로 온전히 얻게 함으로써 나무들이 절로 번성하는 방법을 수록했다. 탁타는 낙타(駱駝)인데, 그
　　의 등이 불룩 솟아 마치 낙타와 닮았기 때문에 그렇게 불렸다고 한다.
26　《種樹書》中〈桑〉(《叢書集成初編》1469, 23~24쪽);《農政全書》卷32〈蠶桑〉"栽桑法"(《農政全書校注》,
　　882~889쪽).
27　계각상(鷄脚桑, 가새뽕나무): 뽕나무과의 낙엽 활엽 교목. 산뽕나무와 비슷하나 잎은 타원형이고 깊게 갈
　　라진다. 암수딴그루로 6월에 꽃이 피며, 열매는 둥근 모양이고 자줏빛이 도는 흑색이다. 줄기가 가늘고 약
　　한 품종이라고도 한다. 계상(鷄桑)이라고도 한다.
28　백상(白桑): 뽕나무과의 낙엽 활엽 교목. 가지가 가늘고 길며 곧고, 잎은 비교적 작고 전엽(全葉)이나 열엽
　　(裂葉)으로 잎면은 약간 평평하고 매끄러우며, 잎이 뾰족하고 잎의 두께는 노상보다 약간 얇다. 빛을 좋아
　　하고 어릴 때는 그늘진 것을 좋아한다. 추위에 잘 견디며 내한성(耐旱性)이 비교적 강하다. 열매는 처음에
　　는 흰색이고 익으면 자흑색으로 변한다.
29　금상(金桑): 말라 죽으려고 잎이 누렇게 된 뽕나무.

본초강목(本草綱目) 30 31 자상(子桑)32은 오디가 먼저 나고 잎이 나중에 난다. 산상(山桑, 산뽕나무)33은 잎이 뾰족하고 길다】

本草綱目 子桑, 先椹而後葉[2]; 山桑, 葉尖而長】

뽕나무(파주시 농업기술센터 평화농장. 파주 장단에 위치)

---

30 본초강목(本草綱目): 중국 명(明)나라의 본초학자(本草學者) 이시진(李時珍, 1518~1593)이 편찬한 본초서. 약용으로 쓰이는 사물을 수부(水部)·화부(火部)·토부(土部)·금석부(金石部)·초부(草部)·곡부(穀部)·채부(菜部)·과부(果部)·목부(木部)·복기부(服器部)·충부(蟲部)·인부(鱗部)·개부(介部)·수부(獸部)·인부(人部)로 분류하고, 산지와 모양부터 기미(氣味)·주치(主治)·처방(處方)까지 망라하여 정리했다. 중국 역사에서 가장 완정한 본초서로 평가되며, 서유구는《인제지》에서 조선이 하루빨리《본초강목》의 내용을 받아들여 의약 수준의 선진화를 이루어야 한다고 역설하기도 했다.

31 《本草綱目》卷36〈木部〉"桑", 2063쪽.

32 자상(子桑): 뽕나무의 일종.

33 산상(山桑, 산뽕나무): 뽕나무과의 낙엽 활엽 교목. 학명은 Macalura tricucpidata이다. 잎은 어긋나고 달걀형 또는 넓은 달걀형이며, 잎끝이 불규칙하고 날카로운 톱니가 있다. 내한성(耐寒性)은 강하나 음지에서는 잘 자라지 못한다.

[2] 葉: 저본에는 "子".《本草綱目·木部·桑》에 근거하여 수정.

2) 알맞은 토양

나무는 각기 알맞은 흙이 있다. 그러나 오직 뽕나무만은 알맞지 않는 흙이 없다. 그러므로 누에치기가 안 될 일이 없다. 이는 농부가 오곡 농사를 짓는 이치와 같다. 용퇴(龍堆)[34]나 호새(狐塞)[35]와 같은 극한의 땅만 아니라면 오히려 오곡 농사는 여전히 어디서든 밭 갈아 수확할 수 있기 때문이다. 곽자장 (郭子章)[36] 《잠론(蠶論)[37]》[38]

평탄한 들에 흙이 쌓여 토지가 기름지고 부드러우면 형상과 노상을 모두 심어도 된다. 만약 땅이 산과 언덕으로 이어져 토맥이 굳고 단단하면 형상만 알맞다. 《농상요지(農桑要旨)[39]》[40]

뽕나무를 심을 때는 땅이 그늘진 곳에 심어야 그 잎이 두껍고 크다. 그 뽕잎으로 누에를 쳐서 고치를

土宜

木各有所宜土, 惟桑無不宜. 故蠶無不可事. 猶農夫之於五穀, 非龍堆、狐塞極寒之區, 猶可耕且穫也. 郭子章《蠶論》

平原淤壤, 土地肥虛, 荊桑、魯桑種之俱可. 若地連山陵, 土脈堅硬, 止宜荊桑. 《農桑要旨》

種桑須地陰處, 其葉厚大, 得繭重實, 絲每倍常. 《博

---

34 용퇴(龍堆) : 중국 신강(新疆)의 천산(天山) 남쪽에 있는 사막. 백룡퇴(白龍堆)의 약칭. 서역의 변방을 가리킨다.

35 호새(狐塞) : 중국 하북성(河北省) 내원현(淶源縣)의 북쪽과 울현(蔚縣)의 경계인 흑석령(黑石嶺)에 있는 성채. 비호새(飛狐塞)의 약칭. 북쪽 변방을 가리킨다.

36 곽자장(郭子章) : 1542~1618. 중국 명나라 학자. 강서(江西省) 태화(泰和) 사람으로, 자는 상규(相奎), 호는 청라(靑螺). 태자소보(太子少保)와 병부상서(兵部尙書) 등 관직 경력이 풍부하고 그 경험을 반영한 다양한 저술로 유명하며 정사를 잘 펼쳐 민심을 크게 얻었다. 저서로는 《육어(六語)》, 《예장기(豫章記)》, 《예장시화(豫章詩話)》, 《군현석명(郡縣釋名)》, 《마기(馬記)》, 《잠론(蠶論)》 등이 있다.

37 잠론(蠶論) : 중국 명나라의 곽자장(郭子章, 1542~1618)이 지은 양잠 관련 농서. 《농정전서》, 《흠정수시통고》, 《황조경세문편》 등에 곽자장 《잠론》이 인용되었고, 《빈풍광의(豳風廣義)》에 곽자장 《상론(桑論)》이 인용된 내용 이외에는 알려진 바가 없다.

38 출전 확인 안 됨 ; 《農政全書》 卷31 〈蠶桑〉 "總論"(《農政全書校注》, 835~836쪽).

39 농상요지(農桑要旨) : 미상. 농사나 잠사와 관련된 핵심 내용을 정리한 책으로 보인다. 일실되어 《농상집요》 등에 인용된 내용만 전해진다.

40 출전 확인 안 됨 ; 《農桑輯要》 卷3 〈栽桑〉 "移栽"(《農桑輯要校注》, 91쪽) ; 《農政全書》 卷32 〈蠶桑〉 "栽桑法"(《農政全書校注》, 884쪽).

얻으면 고치가 무겁고 실하여, 실이 매번 일반 뽕나
무로 키워서 얻은 고치보다 배가 나온다.《박문록
(博聞錄)[41]》[42]

일반적으로 뽕나무 중에 키가 크고 하얀 품종은
산등성이 땅에 알맞고, 키가 작고 푸른 품종은 물가
마을의 땅에 알맞다.《경리옥함(鏡理玉函)[43]》[44]

《博聞錄》

凡桑之高而白者, 宜山岡之
地；短而靑者, 宜水鄕之
地.《鏡理玉函》

---

41 박문록(博聞錄) : 중국 송말원초의 문인 진원정(陳元靚, ?~?)이 찬집한 유서(類書). 10권으로 구성되었으
나 일실되어, 《농상집요》 등에 인용되어 보존된 자료와 《세시광기(歲時廣記)》, 《사림광기(事林廣記)》 등
의 여타 저술을 통해 그 내용을 짐작할 수 있다.
42 출전 확인 안 됨 ;《農桑輯要》卷3〈栽桑〉"論桑種"(《農桑輯要校注》, 85쪽);《農政全書》卷32〈蠶桑〉"栽
桑法"(《農政全書校注》, 882쪽).
43 경리옥함(鏡理玉函) : 중국 명나라 학자 황성증(黃省曾, 1490~1540)의 《잠경(蠶經)》 또는 《잠경》이 포함
된 농서로 추정된다. 황성증은 농업과 목축에 일가견이 있어, 농학저작 일명 《농포사서(農圃四書)》를 남
겼다.《도품(稻品)》(일명 《이생옥경도품(理生玉鏡稻品)》)·《잠경》(일명 《양잠경(養蠶經)》)·《어경(魚經)》
(일명 양어경(楊魚經))·《국보(菊譜)》 중 《이생옥경도품》이 《경리옥함(鏡理玉函)》과 명칭이 매우 유사하
며,《전공지》에 인용된 《경리옥함》 부분이 모두 《잠경》에 수록되었기에 이런 추론이 가능하다.
44 출전 확인 안 됨 ;《蠶經》卷1〈藝〉(《叢書集成初編》1471, 3쪽);《農政全書》卷32〈蠶桑〉"栽桑法"(《農
政全書校注》, 888~889쪽).

3) 파종 시기

일 년 중에 옮겨 심을 수 없는 대한(大寒, 양력 1월
20·21일경) 때를 제외하고 나머지 달에는 옮겨 심는
일이 모두 괜찮다. 《무본신서(務本新書)⁴⁵》⁴⁶

심고 가꾸기의 알맞음은 오로지 알맞은 계절과
달을 살피고 또 지역의 알맞음에 부합하게 하여 그
적당함을 잃지 않게 하는 데 달려 있다.

【옮겨심기에 알맞은 때는 춘분(春分, 양력 3월 21·22
일경) 전후의 10일과 10월 중이 모두 좋은 때이다.
춘분 전후가 좋은 때인 이유는 싹이 트는 데까지 미
치기 때문이다. 10월은 '양월(陽月)'이라 부르고 또 '소
춘(小春)'이라 하기도 한다. 그러므로 이때는 목(木)의
기운이 늘어나는 달이라 옮겨 심어서 원기(元氣)를
기르기에 알맞기 때문이다.

이 시기는 낙양(洛陽)⁴⁷ 부근 천 리에 심기 알맞은
시후(時候)이다. 따라서 그 밖의 지역은 때에 따라 적
당함을 취해야 좋다. 뽕나무는 쉽게 잘 자라는 식

時候

一歲之中, 除大寒時分不能
移栽, 其餘月分皆可. 《務
本新書》

種藝之宜, 惟在審其時月,
又合地方之宜, 使之不失其
中.

【栽培所宜, 春分前後十日、
十月內③竝爲上時. 春分
前後, 以及發生也. 十月號
"陽月", 又曰 "小春", 木氣
長生之月, 故宜栽培以養
元氣.

此洛陽方左④千里之所宜,
其他地方, 隨時取中可也.
桑者易生之物, 嘗於長安

---

45 무본신서(務本新書) : 중국 금(金)나라의 농서로 추정되나 저자와 연대는 미상이다. 일실되어 《농상집요》
   등에 인용된 곡물농사나 양잠 내용만 확인된다.
46 출전 확인 안 됨 ; 《農桑輯要》卷3 〈栽桑〉 "移栽"(《農桑輯要校注》, 91쪽) ; 《農政全書》卷32 〈蠶桑〉 "栽桑
   法"(《農政全書校注》, 889~890쪽).
47 낙양(洛陽) : 중국 하남성(河南省) 서북부에 있는 도시. 화북평야(華北平野)와 위수강(渭水江) 분지를 잇는
   요지로, 한(漢)나라, 위(魏)나라, 수(隨)나라, 당(唐)나라의 도읍지 또는 부도읍지로 번창하였다.
③ 十月內 : 《農政全書·蠶桑·栽桑法》에는 "及十月".
④ 左 : 저본에는 "在", 《農政全書·蠶桑·栽桑法》에는 "佐". 오사카본·연세대본·규장각본·《農桑輯要·栽桑·
   移栽》·《王禎農書·農桑通訣·種植》에 근거하여 수정.

물이다. 예전에 장안(長安)[48]에서도 시험해 보았더니, 지상(地桑)이 11월에 살지 못하는 것을 제외하고는 다른 달에는 모두 괜찮다.

그러나 봄과 추운 달에는 반드시 날씨가 청명한 사시(巳時, 오전9~11시)와 오시(午時, 오전11시~오후1시) 사이의, 양(陽)으로 따뜻한 기운에 의지하여야 한다. 만약 옮겨 심으려는 나무가 이미 원래 자랐던 흙에서 뽑힌 뒤에 날씨가 갑자기 변하여 춥고 비바람이 불면, 옮겨 심을 때 뜨거운 흙에 진흙[泥]을 섞고 북주어야 한다. 날이 뜨거운 달에는 반드시 해가 저물어 서늘해지기를 기다렸다가 옮겨 심어야 한다. 이때는 미리 뽕나무밭에 어저귀[49]나 삼, 기장 등을 듬

試, 地桑除十一月不生活, 餘月皆可.

然春時及寒月, 必於天氣晴明巳、午間, 藉其陽和. 如其栽子已出元土, 忽變天寒⑤風雨, 以熱土⑥調泥栽培之. 熱月則必待晚涼, 仍預於園內, 稀種檾或麻、黍⑦爲蔭】《士農必用》

어저귀(국립수목원)

48 장안(長安): 중국 섬서성(陝西省) 중남부에 있는 도시, 섬서성 성도인 서안시(西安市)의 옛 이름. 황하강(黃河江)의 지류인 위수강(渭水江) 분지의 중심 도시. 예로부터 한족(漢族) 활동의 중심지로 주(周)나라, 진(秦)나라, 한(漢)나라, 수(隨)나라, 당(唐)나라의 도읍이 있었다. 낙양(洛陽)에 견주어 서도(西都) 또는 상도(上都)라고도 한다.

49 어저귀: 아욱과의 1년생 식물. 어린 뽕나무에 그늘을 만들어 주거나 거친 베를 짜는 용도로 심었다.

⑤ 寒:《農政全書·蠶桑·栽桑法》·《王禎農書·農桑通訣·種植》에는 "氣".

⑥ 土:《農政全書·蠶桑·栽桑法》·《王禎農書·農桑通訣·種植》에는 "湯".

⑦ 檾或麻黍:《農政全書·蠶桑·栽桑法》·《王禎農書·農桑通訣·種植》에는 "麻麥".

성듬성 심어서 그늘을 만들어 준다】《사농필용》[50]

뽕나무 심기는 1월과 2월에 하며, 8월까지도 심을 수 있다. 종화민(鍾化民)의 설(說)[51][52]

種桑在正二月, 至八月亦可種. 鍾化民說

뽕나무 가지치기는 12월에 하는 것이 가장 좋다. 1월은 그 다음이고, 2월이 가장 못하다. 《제민요술(齊民要術)》[53][54]

劉⑧桑, 十二月爲上時, 正月次之, 二月爲下. 《齊民要術》

오일(午日, 말의 날)에는 뽕나무밭에 김매기를 하면 안 된다. 《종수서》[55]

午日, 不得鋤桑園. 《種樹書》

---

50 출전 확인 안 됨;《農桑輯要》卷3〈栽桑〉"移栽"《農桑輯要校注》, 91쪽);《農政全書》卷32〈蠶桑〉"栽桑法"《農政全書校注》, 884~891쪽);《王禎農書》《農桑通訣》5 "種植"13, 53쪽.

51 종화민(鍾化民)의 설(說):중국 명나라의 저명한 관리 종화민(鍾化民, 1545~1596)이 농업에 관해 언급한 설.《종화민설(鍾化民說)》이라는 책은 확인되지 않으며, 종화민은《명사(明史)·열전(列傳)》에 등장한다. 자는 유신(維新). 혜안지현(惠安知縣)으로 선정을 많이 베풀었으며, 종청천(鍾青天)으로 불릴 정도로 관직과 명예와 돈을 탐하지 않은 삼불요(三不要)의 관리로 칭송받았다. 구황(救荒)에 밝아서《구황도설(救荒圖說)》을 지었고,《황정총서(荒政叢書)》에도 그 설이 수록되었다.《독역초(讀易鈔)》14권을 남겼다.

52 출전 확인 안 됨;《農政全書》卷32〈蠶桑〉"栽桑法"《農政全書校注》, 887쪽).

53 제민요술(齊民要術):중국 북위(北魏)의 가사협(賈思勰, ?~?)이 지은 종합농서. 곡물·채소·과수 등의 종식법(種植法)과 가축의 사육법, 술·간장의 양조법 그리고 가공·판매·조리의 과정을 상세히 기록했다. 중국 화북 지방의 밭농사에 대한 정보를 집대성했고, 지금은 사라진 많은 관련 서적들을 인용하여 그 내용을 보존했다.《임원경제지》곳곳에서 이 책의 거의 대부분이 인용되었다.

54 《齊民要術》卷5〈種桑柘〉第45《齊民要術校釋》, 333쪽);《農政全書》卷32〈蠶桑〉"栽桑法"《農政全書校注》, 884쪽).

55 《種樹書》中〈桑〉《叢書集成初編》1469, 23쪽).

⑧ 劉:저본에는 "剝".《齊民要術·種桑柘》·《農政全書·蠶桑·栽桑法》에 근거하여 수정.

4) 종자 고르기

오디가 익을 때 흑노상(黑魯桑)[56]의 오디를 거둔다【주 황노상(黃魯桑)[57]은 오래 견디지 못한다. 속담에 "노상 가득하면 비단 풍년."이라 했다. 뽕이 좋으면 노동은 줄면서도 수확은 많아지는 현상을 말한다】.《제민요술》[58]

뽕나무를 재배할 때의 특성은 오직 그 뽕나무가 강한지 부드러운지를 분별하여, 심고 가꾸는 방법의 알맞음을 얻고서 그 쓰임에 맞도록 하는 데 달려있을 뿐이다.

【형상(荊桑)은 뿌리가 단단하고 나무의 심(心)이 실하여 오래 갈 수 있기 때문에 수상(樹桑, 지면에서 떨어진 높은 곳에 가지가 벌어지는 뽕나무)으로 가꾸기에 알맞다. 반면 노상(魯桑)은 뿌리가 단단하지 못하고 심이 실하지 못하여 오래 갈 수 없기 때문에 지상(地桑, 지면에서 가지가 총총하게 돋는 떨기 뽕나무)으로 가꾸기에 알맞다.

그러나 형상의 가지와 잎은 노상의 가지와 잎보다는 무성하지 못하기 때문에 노상의 가지로 접을 붙이

擇種

桑椹熟時, 收黑魯椹【注 黃魯桑不耐久. 諺曰："魯桑百, 豐錦帛."言其桑好, 功省[9]用多[10]】.《齊民要術》

桑之種性, 惟在辨其剛柔, 得樹藝之宜, 使之各適其用.

【荊桑根固而心實, 能久遠, 宜爲樹；魯桑根不固而心不實, 不能久遠, 宜爲地桑.

然荊桑之條葉不如魯桑之盛茂, 當以魯條接之, 則能

---

56 흑노상(黑魯桑):노상 중, 열매에 안토시아닌 성분이 다량 함유되어 있어서 익으면 까맣게 변하는 품종. 황노상에 비해서 열악한 환경에 잘 견딘다.

57 황노상(黃魯桑):노상 중, 열매에 테르펜류의 색소가 있어서 익으면 붉은색에 노란색을 띠거나 노란색에 붉은색을 띠는 품종.

58 《齊民要術》卷5〈種桑柘〉第45 "養蠶"(《齊民要術校釋》, 333쪽);《農政全書》卷32〈蠶桑〉"栽桑法"(《農政全書校注》, 882~883쪽).

⑨ 省:저본에는 "者". 오사카본·연세대본·규장각본·《齊民要術·種桑柘》·《農政全書·蠶桑·栽桑法》에 근거하여 수정.

⑩ 多:《農政全書·蠶桑·栽桑法》에는 "力".

면 오래 갈 수 있고 또 무성하다. 노상을 지상으로 가꾸면서 휘묻이[壓條]로 뿌리를 바꾸는 방법이 있으므로, 이렇게 뿌리를 바꿔가며 무궁하게 이어가면 이것도 오래 갈 수 있는 방법이다】《사농필용》[59]

일반적으로 뽕나무를 선택하는 근본은 다음과 같다. 껍질이 주름진 뽕나무는 그 잎이 반드시 작고 얇다. 껍질이 희고 마디가 성글며 싹눈이 큰 뽕나무는 시엽상(柹葉桑, 감잎모양의 잎을 가진 뽕나무)이다. 그 잎은 반드시 크고 두껍다. 그 뽕잎을 먹여 누에를 치면 고치가 단단하고 실이 많이 나온다.

그중에 청상(青桑)[60]은 씨가 없고 잎이 그리 두껍지 않은 뽕나무로, 첫잠누에[初蠶]에 알맞다. 망해상(望海桑)[61]은 재배법이 백상(白桑)과 같다. 자등상(紫藤桑)[62]은 그 종자의 특성상 나무가 높고 크다.《경리옥함》[63]

久遠而又盛茂也. 魯爲地桑, 而有壓[11]條換根之法, 傳轉無窮, 亦是可以長久也】《士農必用》

凡擇桑之本也, 皺皮者, 其葉必小而薄. 白皮而節疏芽大者, 爲柹葉之桑, 其葉必大而厚, 是堅繭而多絲.

其青桑, 無子而葉不甚厚者, 是宜初蠶. 望海之桑, 種之術與白桑同. 紫藤之桑, 其種高大.《鏡理玉函》

59 출전 확인 안 됨 ;《農桑輯要》卷3〈栽桑〉"論桑種"(《農桑輯要校注》, 85쪽);《農政全書》卷32〈蠶桑〉"栽桑法"(《農政全書校注》, 882쪽).
60 청상(青桑):뽕나무 품종의 하나. 백상(白桑)과 더불어 색으로 분류한 경우이며, 백상은 키가 크고 청상은 키가 작다고 한다.
61 망해상(望海桑):일반적인 뽕나무보다 키가 작고 품질도 떨어지는 저간왜상(低幹矮桑)의 뽕나무 품종. 야생 뽕나무가 줄기가 굵고 오랫동안 튼튼하면 망해상이 된다고도 하며, 해상(海桑)이라고도 한다.
62 자등상(紫藤桑):중국 안휘성(安徽省) 선성시(宣城市) 낭계(郎溪)와 광덕(廣德) 등 지역의 뽕나무 품종. 모양이 옛 등나무와 같아서 얻은 이름이며, 암꽃은 오디가 적고 자흑색을 띤다. 노상(魯桑)의 일종이다.
63 출전 확인 안 됨 ;《蠶經》卷1〈藝桑〉(《叢書集成初編》1471, 3~5쪽);《農政全書》卷32〈蠶桑〉"栽桑法"(《農政全書校注》, 888~889쪽).
[11] 壓:저본에는 "厭".《農桑輯要·栽桑·論桑種》·《農政全書·蠶桑·栽桑法》에 근거하여 수정.

5) 오디 심기

5월에 오디를 따서 물속에 두고 바로 손으로 일어 낸다. 이를 물로 씻은 뒤 종자를 가져다 음지에서 말린다. 비옥한 밭 10묘(畝)⁶⁴를 가꾼다. 오래 갈아 먹지 않은 묵은 밭이면 더 좋다. 이런 밭을 잘 갈아서 가꾸어 둔다.

1묘마다 기장과 오디종자를 각 3승(升)씩 함께 심는다. 기장과 뽕나무는 함께 자라야 한다. 김매기 해서 뽕나무 사이를 적당하게 띄어준다. 기장은 익으면 수확한다.

뽕나무가 자라서 기장과 높이가 꼭 같아지면 잘 드는 낫으로 뽕나무를 땅바닥까지 싹 베어준 다음 햇볕에 말린다. 나중에 바람이 불 때 불을 붙여 태운다. 이듬해 봄이 되어 뽕나무가 자라면 1묘의 밭에서 3잠박의 누에를 먹일 수 있다. 《범승지서(氾勝之書)⁶⁵》⁶⁶

흑로상(黑魯桑)의 오디를 거둔 다음 그날로 물에 일어 종자를 고른다. 이를 볕에 말려 그대로 휴전(畦

種椹

五月取椹著水中, 即以手潰⑫之, 以水洗, 取子陰乾. 治肥田十畝, 荒田久不耕者尤善, 好耕治之.

每畝以黍、椹子各三升合種之. 黍、桑當俱生. 鋤之, 桑令稀疏調適. 黍熟穫之.

桑生, 正與黍高平, 因以利鎌摩地刈之, 曝令燥. 後有風, 放火燒之. 桑至春生, 一畝食三箔蠶.《氾勝之書》

收黑魯椹, 即日以水淘取⑬, 曬燥, 仍畦種【注

---

64 묘(畝):논밭 넓이의 단위. 1묘=240보², 1보=5척. 1묘=100보², 1보=6척의 제도도 있으나 전공지에서는 1보=5척의 제도를 쓰고 있음.

65 범승지서(氾勝之書):중국 전한(前漢)의 농학자 범승지(氾勝之)가 편찬한 중국 최초의 농서. 이미 유실되고, 그 내용이《제민요술》에 대부분 수록되었다. 범승지는 성제(成帝, B.C.33~A.D.7 재위) 때 활동했으며, 섬서성(陝西省) 관중(關中) 지역의 농업생산량 증대에 기여했다.

66 출전 확인 안 됨;《齊民要術》卷5〈種桑柘〉第45(《齊民要術校釋》, 326~327쪽);《農桑輯要》卷3〈栽桑〉"種椹"(《農桑輯要校注》, 86쪽);《農政全書》卷32〈蠶桑〉"栽桑法"(《農政全書校注》, 884쪽).

⑫ 潰:《齊民要術·種桑柘》에는 "漬".

⑬ 取:《齊民要術·種桑柘》에는 "取子".

田)⁶⁷에 파종한다【주 휴전을 가꾸어 씨를 뿌릴 때
는, 한결같이 아욱 심는 법⁶⁸과 같이 한다】. 항상 김
을 매서 밭을 깨끗하게 한다. 《제민요술》⁶⁹

治畦下種⑭, 一如葵法 】.
常嬲令淨. 《齊民要術》

　　좋은 뽕나무를 선택하여 여기서 나온 오디를 파
종할 때는, 오디 한 알마다 양쪽 끝을 잘라서 버리
고 양쪽 끝은 쓰지 않는다. 양쪽 끝에 있는 종자
는 비교적 잘아서, 파종하면 계상(鷄桑)이나 화상(花
桑)⁷⁰이 되므로 잘라 버리는 것이다. 오직 중간의 한
마디를 취한다. 이는 중간에 있는 종자가 굳게 여물
어 매우 크기 때문이다. 또 이를 파종하면 그 줄기
가 튼실하며 그 잎이 살지고 두터우므로 남겨 두는
것이다.

擇美桑種椹, 每一枚翦去
兩頭, 兩頭者不用. 爲其
子差細, 以種卽成鷄桑、花
桑, 故去之. 惟取中間一
截, 以其子堅栗特大, 以種
卽其幹强實, 其葉肥厚, 故
存之.

　　남긴 오디는 먼저 섶나무재에 버무려 하룻밤을
묵힌 뒤, 다음날 물에 일어 가벼운 쭉정이와 실하지
못한 종자는 제거한다. 여기에서 단단하고 실한 종
자를 가려낸 뒤, 살짝 볕에 쬐어 물기를 말리되 너무
심하게 마르지 않도록 해야 한다. 이를 파종해야 싹
이 쉽게 난다.

所存者, 先以柴灰淹揉一
宿, 次日以水淘, 去輕秕不
實者. 擇取堅實者, 略曬
乾水脈, 勿令甚燥. 種乃
易生.

67　휴전(畦田):논처럼 사방을 두렁으로 에워 싼 밭. 보다 자세한 사항은 《임원경제지 관휴지》권1 〈농지 가꾸
　　기〉 "휴전 가꾸는 법[治畦法]" 참조 바람.
68　아욱……법:《제민요술》권3 〈종규(種葵, 아욱 심기)〉에서는 "봄에는 반드시 휴전을 가꾸어 씨를 뿌리고
　　물을 대준다. 휴전은 길이 2보, 폭 1보로 한다(春必畦種水澆. 畦長兩步, 廣一步)."라 했고, 《임원경제지
　　관휴지》권2 〈채소류〉 "아욱" '파종과 가꾸기'에서도 《제민요술·종규》의 내용을 그대로 인용했다.
69　《齊民要術》卷5 〈種桑柘〉 第45(《齊民要術校釋》, 317쪽);《農桑輯要》卷3 〈栽桑〉 "種椹"(《農桑輯要校
　　注》, 86쪽);《農政全書》卷32 〈蠶桑〉 "栽桑法"(《農政全書校注》, 882쪽).
70　계상(鷄桑)이나 화상(花桑):뽕나무의 일종. 계상과 화상 모두 뽕잎의 질이 나빠 양잠에 부적합한 품종으
　　로 추정된다. 화상의 뽕잎은 세 갈래로 갈라진 모양이다.
⑭　種:《齊民要術·種桑柘》에는 "水".

미리 비옥하고 부드러운 흙을 골라 호미질 하고 또 거름을 준다. 거름을 다 주고나면 다시 호미질 한다. 이와 같은 과정을 3~4번 하고 나면 밟아서 조금 다져 준다. 흙이 평탄하게 정리되고서야 지면에 고운 모래를 고르고 얇게 펴주되, 두께는 대략 0.1척 정도 되게 한다. 그런 뒤 모래 위에 오디 종자를 고르게 펴서 간격이 적당하게 한다.

종자를 다 뿌린 뒤, 다시 고운 모래를 뿌려서 그 위를 덮어 준다. 그렇게 하면 흙이 성기고 부드러워져서[疏爽] 종자가 쉽게 싹이 나고 싹과 움이 진흙[泥]에 막혀 썩지 않으며, 밟아 둔 비옥한 흙이 있는 아래로 뿌리가 점점 잠식해 뻗어가면 잘 자라서 무성해질 것이다.

휴전(畦田)마다 너비는 3척이다. 그 길이는 그에 걸맞게 한다. 하나의 휴전에 4줄만을 심으면 물을 대는 데 편리하고, 뽕잎 채취와 제초도 쉽다. 휴전에 높이 3척의 시렁을 만들고 시렁 위에 풀을 살짝 얇게 올려 틈을 덮어 준다. 이는 생강 심을 때의 시렁모양과 같이 하여[71] 매실이 누렇게 익을 때 장마 뒤에 오는 갑작스러운 폭염볕에 손상되는 일을 막아 주기 위함이다.

싹이 0.3~0.5척 자라면 뿌리와 줄기 사방에 붙은 제멋대로의 어리고 작은 가지와 잎을 부지런히

預擇肥壤土, 鉏而又糞, 糞畢復鉏. 如此三四轉, 踏令小緊. 平整了, 乃于地面均薄布細沙, 約厚寸許. 然後于沙上均布椹子, 令疏密得所.

下子了, 又以薄沙摻, 蓋其上, 卽疏爽而子易生, 芽蘗不爲泥壅腐, 而根漸蝕下所踏實者肥壤中, 則易以長茂矣.

每畦闊參尺, 其長稱焉. 一畦只可種四行, 卽便于澆灌, 又易採除草. 畦上作棚高三尺, 棚上略薄著草蓋隙. 如種薑棚樣, 以防黃梅時連雨後, 忽暴日曬損也.

待苗長三五寸, 卽勤剔摘去根幹四傍樸樕小枝葉, 只

---

71 생강……하여: 《제민요술》 권3 〈종강(種薑), 생강 심기〉에서는 "6월에 갈대로 지붕을 만들어 덮어 준다(六月, 作葦屋覆之)."라 했고, 《임원경제지 관휴지》 권2 〈채소류〉 "생강" '파종과 가꾸기'에서는 "6월에는 나뭇가지와 잎을 가지고 시렁을 만들어 햇볕이 쬐는 것을 막아준다(六月, 用枝葉作棚, 以防日曬)."라 했다.

자르거나 따서 제거하고, 곧은 줄기 위의 우듬지와 잎만 남긴다. 5~7일에 한 차례씩 물탄 소변을 뿌려 주면 잘 자란다. 진부(陳旉)[72]《농서(農書)[73]》[74]

뽕나무 심기는 아욱 심는 법과 같다.[75] 씨를 덮는 흙이 두터우면 안 되니, 두터우면 싹이 나지 않는다. 뽕나무 높이가 1척이 되면 또 거름을 한 번 두루 덮어 준다.《사시유요(四時類要)[76]》[77]

4월에 오디를 파종한다【2월에 묵은 오디를 파종할 때도 이와 같다】. 동서로 휴전을 파고 잘 삭은 똥을 흙과 섞어 누차(耬車)로 갈고 평평하게 한 다음 휴전에 물을 준다. 물이 알맞게 스며든 뒤에 씨를 뿌려 준다. 간혹 기장씨와 함께 파종하기도 한다. 오디가 기장의 힘 덕분에 잘 나서 자랄 뿐만 아니라 기장이 햇볕도 막아 준다. 혹은 미리 휴전 남쪽과 서쪽에 어저귀를 심으면 나중에 어저귀 그늘 덕분에

存直莖上者幹標葉. 五七日一次, 以水解小便澆沃卽易長. 陳氏《農書》

種桑, 如種葵法. 土不得厚, 厚卽不生. 待高一尺, 又上糞土一徧.《四時類要》

四月種椹【二月種舊椹亦同】, 東西掘畦, 熟糞和土耬平, 下水. 水宜濕透, 然後布子. 或和黍子同種. 椹藉黍[15]力, 易爲生發, 又[16]遮日色. 或預於畦南畦西種檾, 後藉檾陰遮映.

---

72 진부(陳旉) : 1076~1156. 중국 송나라의 지식인 농부. 호는 서산은거전진자(西山隱居全眞子). 서산(西山)에 살면서 자신의 농사 경험을 토대로《농서(農書)》를 편찬했다.

73 농서(農書) : 중국 송나라의 진부(陳旉, 1076~1156)가 1149년에 지은 농서. 토지와 작물 재배의 관계를 구체적으로 서술했으며, 중국 남방의 벼농사를 본격적으로 다루었고, 양우(養牛, 소 기르기)와 잠상(蠶桑)의 중요성을 확립했다. 진부는《농서》서문에서《제민요술》과《사시찬요》가 현실과 거리가 먼 실용적이지 않은 농서라고 비판했다.《임원경제지》의 여기저기에서 내용의 대부분이 인용되었다.

74 《農書》卷下〈種桑之法〉1(《文淵閣四庫全書》730, 187쪽).

75 뽕나무……같다 : 아욱 심는 법은 휴전(畦田)에 심고 물주기가 핵심이다. 자세한 내용은《사시찬요》〈춘령〉권상제1 '정월'(《사시찬요 역주》, 94~96쪽) 참조.

76 사시유요(四時類要) : 저자와 시기 미상. 중국 당(唐)나라의 시인 한악(韓鄂, 10세기 후반 활동)이 996년 농민의 생활과 민속을 월령체로 쓴 농서인《사시찬요(四時纂要)》를 계승한 책으로 보인다.

77 출전 확인 안 됨 ;《四時纂要》〈春令〉卷上第1 "正月"(《사시찬요 역주》, 101~102쪽);《農桑輯要》卷3〈栽桑〉"種椹"(《農桑輯要校注》, 86쪽);《農政全書》卷32〈蠶桑〉"栽桑法"(《農政全書校注》, 884쪽).

[15] 黍 :《農政全書·蠶桑·栽桑法》에는 "水".

[16] 又 :《農政全書·蠶桑·栽桑法》에는 "久".

耬車

누차(《임원경제지 본리지》)

볕을 가린다.

하지(夏至, 양력 6월 21·22일경)에 뽕싹의 길이가 0.2~0.3척 되었을 때, 가물면 물을 대 준다. 만약 기장과 섞어 심지 않았으면 뽕싹 위에 키 작은 시렁을 바로 설치하고 발을 덮되, 발은 낮에는 펼치고 밤에는 말아두어야 한다.

처서(處暑, 양력 8월 23·24일경) 이후에는 볕을 굳이 가릴 필요가 없다. 10월이 된 이후에는 뽕나무와 기장대[黍稭]를 동시에 베어 넘긴다. 바람 방향을 따라서 태운 다음 그대로 거름흙을 뿌려 재를 덮어 둔다. 봄에 따뜻해져서 뽕나무가 꽃 피고 무성해지면 다음해에 옮겨 심는다. 《무본신서》[78]

夏至長至三二寸, 旱則澆之. 若不雜黍種, 須旋搭矮棚於上, 以箔覆蓋, 晝舒夜捲.

處暑之後, 不須遮蔽. 至十月之後, 桑與黍稭, 同時刈倒, 順風燒之, 仍糝糞土蔽灰. 春暖榮茂, 次年移栽. 《務本新書》

[78] 출전 확인 안 됨;《農桑輯要》卷3〈栽桑〉"種椹"(《農桑輯要校注》, 86쪽);《農政全書》卷32〈蠶桑〉"栽桑法"(《農政全書校注》, 884쪽).

다른 법: 땅을 잘 삶고[熟]⁷⁹ 먼저 누차(耬車)로 기장을 한 두둑에 파종한다. 따로 풀로 새끼를 꼬아 1탁(托)⁸⁰ 정도의 길이로 자른 다음 물에 담가서 부드럽게 한다. 물보다는 밀가루 끓인 물이나 숭늉에 담그면 효과가 더욱 빼어나다. 새끼의 양쪽 끝은 각기 0.3~0.4척 여유를 두고, 새끼 중간에 축축한 오디 종자 10여 알을 고르게 바른다.

이 새끼를 기장 심은 두둑에 뉘어 놓은 다음 새끼의 양쪽 끝은 흙으로 두껍게 눌러 준다. 그리고 중간에는 흙을 뿌려서 오디종자를 얇게 덮어 준다. 1보나 2보 거리를 두고 위에서처럼 새끼 하나를 뉘어 놓는다. 이렇게 사방으로 가지런하게 줄을 이루

一法: 熟地, 先構黍一壠. 另搓草索, 截約一托, 以水浸軟. 麪、飯湯更妙. 索兩頭, 各歇三四寸, 中間均抹濕椹子十餘粒.

將索臥於黍壠內, 索兩頭以土厚壓, 中間摻土薄覆. 隔一步或兩步, 依上臥一索, 四面取齊成行. 久旱宜澆.

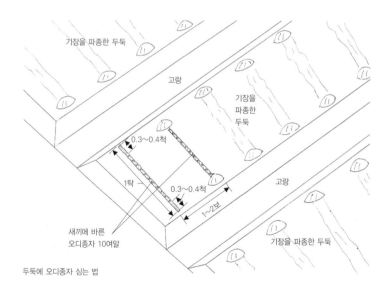

기장을 파종한 두둑

고랑

기장을 파종한 두둑

0.3~0.4척

1탁

0.3~0.4척

고랑

1~2보

새끼에 바른
오디종자 10여알

기장을 파종한 두둑

두둑에 오디종자 심는 법

---

79 잘 삶고[熟] : 흙 알갱이가 잘게 부수어지도록 여러 차례 밭을 간 상태를 표현한 말.
80 탁(托) : 양쪽 팔을 뻗은 길이.

게 한다. 오래 가물면 물을 대 주어야 한다.

10월에 뽕나무와 기장을 베어서 태우고 거름을 더하는 일은 앞의 방법과 같다. 겨울과 봄에는 이 두둑에 눈과 거름을 덮어 주었다가, 청명(淸明, 양력 4월 5·6일경) 전후에 쓸어 버린다. 장마철에는 모종의 간격을 살펴서 밴 곳은 모종을 다른 데에 옮겨 심고 성긴 곳은 보충한다. 이 방법은 휴전에 파종했다가 바로 옮겨 심는 방법에 비하여 힘이 덜 들고 잘 살아나며, 2년 일찍 튼실한 나무가 된다.

만약 묵은 오디종자가 있으면 봄에 파종하는 것이 더욱 뛰어나다. 나중에는 담장을 둘러싸서 모종을 단단히 보호해야 한다.

혹은 새끼를 쓰는 방법이 번쇄하여 염려된다면 기장과 오디를 호로(葫蘆)[81] 안에서 섞어 점파(點播)[82] 한다. 파종한 곳은 빗자루로 쓸어 씨앗을 고르게 덮어 준다. 혹은 가뭄이 염려되면 기장 심은 두둑에 흙을 파서 고루 평평하게 한 다음 두둑을 따라 구덩이[區]를 만든 뒤, 물을 주고 오디를 심는다.[83]
《무본신서》[84]

十月, 刈燒加糞如前. 冬春擁雪蓋糞, 淸明前後掃去. 霖雨時, 覰稀稠移補. 比之畦種旋移, 省力決活, 早二年得力.

如舊有椹, 春種更妙. 後宜築圍墻固護.

或慮索繁碎, 以黍、椹相和於葫蘆內點種. 過處用箒掃均. 或慮天旱, 宜就黍壠內, 撥土平均, 順壠作區, 下水種之. 同上

---

81 호로(葫蘆): 박에 구멍을 뚫고 씨앗을 담아 파종하는 연장. 《임원경제지 본리지》 권10 〈그림으로 보는 농사 연장 상〉 "파종 연장과 김매기 연장" '호종(瓠種)' 참조 바람.
82 점파(點播): 씨앗을 1곳에 1개 또는 몇 개씩 일정한 간격을 두고 파종함.
83 혹은⋯⋯심는다: 가뭄에 효과가 좋은 구전법(區田法, 구덩이에 가꾸는 법)을 이용했다. 구전법의 자세한 내용은 《임원경제지 본리지》 권1 〈토지제도〉 "토지의 종류" '구전' 참조 바람.
84 출전 확인 안 됨; 《農桑輯要》 卷3 〈栽桑〉 "種椹"(《農桑輯要校注》, 86~87쪽); 《農政全書》 卷32 〈蠶桑〉 "栽桑法"(《農政全書校注》, 885쪽).

호종(《임원경제지 본리지》)

호종

또 다른 법: 봄에 먼저 잘 삶은 땅 안에 동서로 줄을 짓고 간격을 고르게 하여 어저귀를 심는다. 다음으로는 오디와 누에똥[蠶沙, 잠사]을 고루 섞어 심는다. 혹은 오디와 볶은 기장을 섞어 심어도 괜찮다.

비가 그치자마자 어저귀 북쪽에 누차를 이용하여 오디를 한 줄로 파종하거나 점파한다. 키 작은 시렁을 설치하고 기장을 함께 파종하는 방법과 비교해보면 어저귀 그늘이 높고 빽빽하며 또 바람과 이슬이 잘 통한다. 비록 20~30묘에 파종하더라도 그리 번거롭게 많은 힘이 들지는 않는다. 《무본신서》[85]

뽕나무씨를 파종할 때는 햇종자가 알맞고 묵은 종자는 알맞지 않다【햇오디를 심는 것이 가장 좋다.

又法: 春月, 先於熟地內, 東西成行, 均稀種檾. 次將桑椹與蠶沙相和, 或炒黍穀亦可.

趁逐雨後, 於檾北單耩, 或點種. 比之搭矮棚, 與黍同種, 緣檾陰高密, 又透風露. 雖種數十[17]畝, 亦不甚委曲費力. 同上

種子, 宜新不宜陳【新椹種之爲上. 隔年春種, 多不

85 출전 확인 안 됨 ;《農桑輯要》卷3〈栽桑〉"種椹"(《農桑輯要校注》, 87쪽);《農政全書》卷32〈蠶桑〉"栽桑法"(《農政全書校注》, 885쪽).
[17] 數十 : 저본에는 "數千",《農政全書·蠶桑·栽桑法》에는 "十數". 오사카본·연세대본·《農桑輯要·栽桑·種椹》에 근거하여 수정.

한 해 지난 종자를 봄에 심으면 나지 않는 경우가 많다. 휴전에 그늘을 드리우는 방법은 시렁을 얹는 법이 가장 좋고, 어저귀[檾麻]와의 혼종(混種)이 다음이며, 기장싹이 그 다음이다】.

뽕나무의 싹이 나면 사이가 서로 0.5~0.7척 정도 떨어지게 하고【영조척(營造尺)[86]의 척수(尺數)이며, 다른 경우에도 이와 같다】, 자주 물을 대 준다. 복날이 지나면 3척 정도까지 자랄 수 있다【그러면 어저귀는 베어 없앤다】.

10월이 되면 그달 안으로 뽕나무는 땅에 바싹 붙도록 자르고 잡초를 흩어 놓고 불을 질러서 태운다【불은 크게 지르면 안 되니, 뽕나무뿌리를 상하게 할까 염려되기 때문이다】. 이어서 거름과 풀로

生. 蔭畦, 搭棚爲上, 檾麻次之, 黍苗又次之】.

桑芽出, 間令相去五七寸【營造尺寸也, 他倣此】, 頻澆. 過伏, 可長至三尺【割去檾麻】.

至十月內, 附地割了, 撒亂草, 走火燒過【火不可大, 恐損根】. 糞草蓋. 至來春, 杷、耮去糞草, 澆. 每一

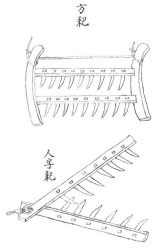

方耙

人字耙

방파(네모진 써레)와 인자파(사람인자 모양 써레)
《임원경제지 본리지》

---

86 영조척(營造尺) : 목공과 건축에 사용하던 자. 영조척 길이는 약 34.3센티미터로 환산할 수 있다. 서유구 지음, 임원경제연구소 옮김, 《임원경제지 섬용지》3 , 풍석문화재단, 2017, 174~177쪽 참조.

재를 덮어 준다. 다음해 봄이 되면 써레[杷][87]나 누차로 거름과 풀을 제거하고 물을 준다. 1그루마다 2~3개의 싹이 나면 가장 왕성한 가지 1개만 남긴다【뿌리가 다 자랐으면 그늘은 굳이 필요 없으며 물을 자주 대도 괜찮다】.

가을이 되면 노상은 길이가 5~7척이 되고, 형상은 3~4척이 될 수 있다【노상은 옮겨서 지상(地桑)으로 만들 수 있고, 형상은 뽕밭에 들여서 기를 수 있다】.《사농필용》[88]

오디가 익을 때 따서 오디를 물로 일어 내고, 살짝 볕에 말렸다가 바로 파종한다. 혹은 휴전에 파종하면 바로 난다. 즉 오디가 익을 때에 많이 거두어 두었다가 다음해 봄이 되기를 기다려 파종하면 더욱 좋다. 오디를 거두어 저장할 때는 습한 벽이나 담장가에 가까이 두면 안 된다. 그러면 오디가 젖어서 손상되어 싹이 나지 않기 때문이다.《농상의식촬요(農桑衣食撮要)》[89]》[90]

科, 自出芽三數箇, 留旺者一條【已成根則不須蔭, 可頻澆】.

至秋, 魯桑長五七尺, 荊桑可長三四尺【魯桑, 可移爲地桑; 荊桑, 可[18]入園養之】.《士農必用》

子熟時摘取, 以水淘過, 略曬乾便種. 或畦種之便生. 卽於椹熟時多收, 以待來春種尤佳. 收貯, 勿近濕壁墻邊, 則浥損不生.《農桑撮要》

---

87 써레[杷]: 축력의 힘을 이용하여 갈아 놓은 논이나 밭의 흙덩이를 부수거나 바닥을 판판하게 고르는 데 사용하는 농기구.《임원경제지 본리지》권10〈그림으로 보는 농사 연장_상〉"갈이 연장과 삶이 연장"의 '써레[杷]'에 나온다.

88 출전 확인 안 됨:《農桑輯要》卷3〈栽桑〉"種椹"(《農桑輯要校注》, 87쪽);《農政全書》卷32〈蠶桑〉"栽桑法"(《農政全書校注》, 885~886쪽).

89 농상의식촬요(農桑衣食撮要): 중국 원(元)나라의 서역(西域) 출신 농학가 노명선(魯明善, 1271~1368)이 편찬한 농서. 월령체 15,000자, 208조목으로, 농작물, 재배법, 가축, 농산품의 가공과 저장 등 농사 전반을 포괄했다.

90 《農桑衣食撮要》卷上〈收椹〉(《文淵閣四庫全書》730, 303쪽).

[18] 可:《農政全書·蠶桑·栽桑法》·《農桑輯要·栽桑·種椹》에는 "可移".

6) 옮겨심기

오디를 휴전(畦田)에 파종했다가 이듬해 1월에 옮겨 심되【주 중춘(仲春, 2월)·계춘(季春, 3월)도 된다】, 5척에 1뿌리의 비율로 심는다【주 대개 오디를 심으면 느리게 자라니 휘묻이[壓枝]로 빨리 자라게 하는 것만 못하다. 옮겨 심을 묘목이 없는 경우는 오디를 파종해야 한다】.

그 아래에는 항상 땅을 파고 녹두와 팥을 심는다【주 이 2가지 콩은 밭을 비옥하게 하고 그 자양분이 뽕나무를 이롭게 한다】. 옮겨 심은 지 2년 동안은 절대로 뽕잎을 따거나 가지치기를 하지 않도록 주의한다【주 나무가 작을 때 뽕잎을 따면 자라는 속도가 배나 더디게 된다】.

줄기의 크기가 팔뚝만 해지면 1월 중에 다시 옮겨 심는다【주 역시 일정 높이로 가지치기 할 필요가 없다】. 이때는 10보에 1그루의 비율로 심는다【주 그늘이 서로 닿아 있으면, 조나 콩의 생장에 방해가 되기 때문이다】. 나무의 줄은 조금 어긋나게 해야지, 서로 바로 마주보게 하면 안 된다【주 서로 바로 마주보면 쟁기질 하는 데 방해가 되기 때문이다】.

이와 같이 오디를 파종한 이후에 옮겨 심고, 옮겨 심은 이후에 다시 줄지어 옮겨 심는 것이다.[91]

移栽

桑椹畦種, 明年正月, 移而栽之【注 仲春、季春亦得】, 牽五尺一根【注 大都種椹長遲, 不如壓枝之速. 無栽者, 乃種椹也】.

其下常劚[19]掘種綠豆、小豆【注 二豆良美, 潤澤益桑】. 栽後二年, 愼勿採沐[20]【注 小採者, 長倍遲】.

大如臂許, 正月中移之【注 亦不須髡】, 牽十步一樹【注 陰相接, 則妨禾、豆】. 行欲小掎角, 不用正相當【注 相當, 則妨犁】.

種椹而後移栽, 移栽而後布行.《齊民要術》

---

91 이와……것이다:《제민요술》에는 없고, 후대에《농상집요》에 실린 내용이다.

[19] 劚:《齊民要術·種桑柘》에는 "斸".

[20] 沐:저본·규장각본에는 "摘". 연세대본·《齊民要術·種桑柘》에 근거하여 수정.

《제민요술》[92]

오디를 파종한 후 그해 8월 상순에 볕이 잘 들고 촉촉하며 비옥한 땅을 골라 깊이 호미질을 한다. 움처럼 생긴 거름간[肥窖]에서 태워 만든 토분(土糞)을 거름으로 주면 비록 장마라도 흙이 성겨 배수가 잘되기 때문에 그 상태가 진흙이 쌓이거나 물이 고인 늪지와 같게 되지는 않는다.

오랫동안 가물어도, 굳고 단단해져서 돌 많고 메마른 땅이 되지는 않는다. 비록 서리와 눈이 많이 내려도 땅이 차갑게 엉겨서 얼어붙지 않는다. 도랑과 두둑, 두렁을 잘 손질하여 밭 흙의 성기고 조밀한 정도를 알맞게 해야 한다.

그런 뒤에 파종했던 모종을 파내어 뿌리 위쪽 끝[根頭]에서 줄기를 모조리 제거하고 뿌리만 남긴다. 또 본 줄기와 마주하며 아래로 곧게 난 명근(命根)을 제거하고 사방의 잔뿌리만 남겨 둔다.

세 뿌리씩 합하여 1그루를 만들되, 품(品)자와 같은 모양으로 묶어서 하나의 대나무통 바닥에 놓는다. 대나무통 각각의 길이는 3척이며, 두께는 엄지발가락과 같다. 대나무통의 가운데 마디는 모두 뚫어 바닥까지 통하게 한다. 이렇게 뿌리를 하나하나 묶은 다음 열을 맞춰서 대나무통과 함께 심는다. 2척

種椹後, 當年八月上旬, 擇陽顯滋潤肥沃之地, 深鉏. 以肥窖燒過土糞以糞之, 則雖久雨, 亦疏爽, 不如泥淤沮洳.

久乾, 亦不致堅硬磽确也. 雖甚霜雪, 亦不凝凛凍洏. 治溝壟, 町畦, 須疏密得宜.

然後取起所種之苗, 就根頭盡削去幹, 只留根. 又削去對幹一條直下者命根, 只留四傍根.

每三根合作一株, 若品字樣繫縛, 著一竹筒底下. 筒各長三尺, 大如脚拇指. 盡劙去中心節, 令透徹底. 一一繫縛了, 然後行列, 竝竹筒植之. 可相距二尺許

92 《齊民要術》卷5〈種桑柘〉第45(《齊民要術校釋》, 317쪽);《農桑輯要》卷3〈栽桑〉"移栽"(《農桑輯要校注》, 89쪽);《農桑輯要》卷3〈栽桑〉"布行桑"(《農桑輯要校注》, 94쪽);《農政全書》卷32〈蠶桑〉"栽桑法"(《農政全書校注》, 894쪽).

정도 간격으로 1그루를 심으면 된다.

세 뿌리를 날이 오래도록 두면 대나무통이 썩으면서 자연히 세 줄기가 합해져 한 줄기가 된다. 세 뿌리가 한 줄기를 지탱하니, 심은 지 몇 개월이 지나지 않아 줄기의 힘이 온전하고 두터워져서 잘 자랄 것이다. 대나무통 아가리마다 평소에 질그릇조각 하나로 덮으면 빗물이 대나무통으로 들어가 뿌리가 젖어 문드러지는 일을 면할 수 있을 것이다.

【안】《제민요술》에서는 휴전에 파종하고 이듬해에 옮겨 심는다고 했다.[93] 《무본신서》에서도 뽕나무가 나서 1~2년이 지나서 옮겨 심는다고 했다.[94] 그런데 유독 진부의 《농서》에서만 그해 8월에 옮겨 심는다고 하니, 이는 아마도 시기가 너무 이른 듯하다.

오디가 익는 시기는 대부분 4~5월이며, 오디가 익어야 비로소 파종할 수 있으므로 파종 시기는 8월에서부터 불과 몇 개월 사이일 따름이다. 그렇게 되면 뿌리와 그루가 가늘고 약하여 비록 뿌리 3개를 합해도 아직 충만하지 않을까 걱정이다. 게다가 대나무통 안에, 어린 뿌리나 약한 싹을 옮겨 심으면 살기 어렵다. 마땅히 《제민요술》이나 《무본신서》를 따라야 옳다】

一株.

俾三根日久, 竹筒朽腐, 自然三幹合爲一幹, 以三根共蔭一幹, 植未逾數月, 幹力專厚, 易長大矣. 每一竹筒口, 尋常以瓦子一片蓋隙, 免雨水得入漬爛之也.

【案】《齊民要術》畦種, 明年移栽. 《務本新書》亦云桑生[21]一二年移栽, 獨陳氏謂當年八月移栽, 恐失之太早.

桑椹之熟, 例在四五月間, 椹熟始種, 距八月不過數月間耳. 根株纖弱, 雖合三根, 恐未充滿. 竹筒之內, 且樨根, 弱苗移栽難活, 當從《齊民要術》·《務本新書》爲是】

---

93 재민요술……했다:《齊民要術》卷5〈種桑柘〉第45(《齊民要術校釋》, 317쪽). 앞의 《제민요술》 기사를 참조 바람.

94 무본신서에서도……했다: 출전 확인 안 됨;《農政全書》卷32〈蠶桑〉 "栽桑法"(《農政全書校注》, 884~885쪽). 앞의 《무본신서》 기사를 참조 바람.

21 生: 저본에는 "主". 규장각본·연세대본에 근거하여 수정.

시간이 오래되었다는 느낌이 들어 물을 대 줘야 겠으면 바로 질그릇조각을 들고, 병으로 소변을 부어 대나무통을 통해서 내려 보내면 바로 뿌리 바닥에 도달하게 된다. 물대기가 끝나면 전과 같이 질그릇조각으로 대나무통 입구를 덮어 둔다. 다만 전에 모종을 재배할 때처럼 시렁을 만들 필요는 없다.

또 수시로 줄기의 사방에 난 가지와 잎을 떼어 내야 하는데, 이를 '투아(妬芽)'라 한다. 가지와 잎을 남겨 두면 힘을 분산시켜 줄기에 해를 미칠까 걱정해서이다. 진부《농서》[95]

이듬해 1월 상순에 비로소 옮겨 심는다. 이때 반 이상의 줄기와 가지를 잘라 낸다. 이에 앞서 뽕나무밭에 열을 맞춰서 구덩이를 판다. 이때 각각 서로 20척 정도 거리를 두고 구덩이의 폭은 각 7척으로 한다. 구덩이 안은 자잘한 질그릇조각이나 돌[瓦石]로 메꾸되 6/10~7/10 정도 차게 한다.

그제야 구덩이 안에 채워 넣은 자잘한 질그릇조각이나 돌 위에 기름진 화분(火糞, 재를 섞어 만든 거름) 2~3담(擔, 용량단위 섬)을 넣는다. 그 후 구덩이 중앙에 뽕나무 1그루를 심은 다음 흙을 넣어 평평하게 채우고 다지면 바람에 흔들리지 않을 것이다.

다시 뽕나무 사방에 사발굽 굵기의 나무 4~5개를 길이 3척 남짓 되는 말뚝으로 깎고 우리처럼 박아서

覺久須澆灌, 卽揭起瓦片子, 以瓶酌小便, 從竹筒中下, 直至根底矣. 澆畢, 依前以瓦片子蓋筒口. 但不必如前種苗樣作棚也.

又須時時摘去幹之四傍枝葉, 謂之 "妬芽", 恐分其力以害幹. 陳氏《農書》

於次年正月上旬, 乃徙[22]植. 削去太半條幹. 先行列作穴, 每相距二丈許, 穴廣各七尺. 穴中塡以碎瓦石, 約六七分滿.

乃下肥火糞三兩擔于穴中所塡者碎瓦石上. 然後于穴中央植一株, 下土平塡緊築, 免風搖動.

更四畔以椀足大木子四五條, 長三尺餘, 斫橛周廻

95 《農書》卷下〈種桑之法〉1(《文淵閣四庫全書》730, 187~188쪽).
22 徙 : 저본에는 "徒". 오사카본·연세대본·《農書·種桑之法》에 근거하여 수정.

그 줄기를 지탱해 준다. 이어서 가시 달린 멧대추나무 가지를 말뚝에 묶고 둘러쳐서 뽕나무를 보호하면 소나 양이 치받아서 손상시키는 사태를 면할 수 있다.

뿌리 아래에 질그릇조각이나 돌을 깔면 흙이 푸석푸석하고 성기어 질척거리지 않는다. 그러므로 그 안에 거름이 들어가고 또 그 뿌리를 이끌어 쉽게 뻗어 나가도록 한다.

몇 개월이 되면 뿌리가 뻗어 사방으로 간다. 이때 큰 나무로 말뚝을 만들어 나무 주위에 박은 다음 흔들어 빼서 10여 개의 구멍을 만든다. 구멍의 깊이는 3~4척이면 된다. 또 사방 주위를 흙으로 약간 높여 못두둑[塘塍]을 만들면 거름 섞은 물을 댔을 때 거름을 흘려 버리지 않게 한다는 점이 중요하다. 게다가 거름이 사방에 주입될 때 곧장 구멍에서 뿌리까지 이르게 한다. 그러면 뽕나무가 쉽게 왕성해지고 해가 오래 되어도 쇠퇴해지기 어렵다. 진부 《농서》[96]

뽕나무가 난 지 1~2년이 되면 양분통로 및 뿌리와 줄기도 반드시 약하고 여리다. 춘분이 지난 후에 구덩이[區]를 파서 옮겨 심는다. 구덩이 북쪽은 수직으로 깎아서 흙벽을 만들고, 흙벽 밑바닥은 그 흙을 갈아 엎은 뒤에 물 3~4승을 붓는다. 뽕나무 여린 묘목[蓇兒]을 벽에 기댄 상태로 심어서 세워 놓되, 뿌

牢釘, 以輔助其幹. 仍以棘刺絆縛遶護, 免牛羊挨拶損動也.

根下得瓦石, 卽虛疏不作泥, 糞落其中, 又引其根易以行.

待數月, 根行矣, 乃于四傍, 以大木斫櫱周廻釘穴, 搖動爲十數穴, 穴可深三四尺. 又四圍略高作塘塍, 貴得澆灌時, 不流走了糞, 且蔭注四傍, 直從穴中下至根底, 卽易發旺而歲久難摧也. 同上

桑生一二年, 脂脈、根株亦必微嫩. 春分之後, 掘區移栽. 區北, 直上下裁[23]成土壁; 壁底, 旁鍬其土, 下水三四升. 將桑蓇[24]兒, 靠壁栽立, 根科須得均舒,

96 《農書》卷下〈種桑之法〉1(《文淵閣四庫全書》730, 188쪽).
[23] 裁 : 저본에는 "栽". 《농정전서》·《농상집요》에 근거하여 수정.
[24] 蓇 :《農桑輯要·栽桑·移栽》·《農政全書·蠶桑·栽桑法》에는 "箪".

리와 그루가 고루 펴지도록 한 뒤 흙으로 단단히 덮어 주어야 한다.

흙벽은 구덩이를 판 땅바닥에 비하여 0.2~0.3척 더 높게 한다. 대체로 일체의 초목들의 뿌리와 줄기는 새로 심은 다음에 흔들리는 일을 모두 싫어한다. 그러므로 흙벽으로 북풍을 막고 햇볕을 받게 하는 것이다. 《무본신서》[97]

以土堅覆.

土壁, 比區地約高三二寸. 大抵一切草木根科, 新栽之後, 皆惡搖擺. 故用土壁遮禦北風, 迎合日色. 《務本新書》

요즘 사람들은 작은 뽕나무를 옮겨 심으면서 잔뿌리만 조금 가져갈 뿐 그 위에는 조금의 흙도 없다. 그러면 옮겨 심을 곳으로 가는 길이 멀기만 해도 바람과 햇볕이 뽕나무의 양분통로를 소모시켜 옮겨 심은 후에 뽕나무가 살아나기 어렵다. 비록 살아난다고 해도 왕성하지가 않다. 그런데도 "토질과 심는 법이 뽕나무에 적합하지 않다."라고만 하니, 이는 형편없이 잘못된 인식에서 기인한다.

지금 이후에는 작은 나무를 심어야 할 때, 만약 길은 멀고 옮겨 심으려는 나무가 많으면 10여 그루를 묶어 이를 1묶음으로 한다. 그런 다음 묶음마다 잔뿌리 위에 진흙탕을 적신 뒤 그 위에 흙을 뿌린다. 또 그 위를 풀로 감싸되【혹은 자리나 부들로 감싼다】, 그 안쪽은 따로 고운 진흙으로 단단히 막는다.

이어서 수레의 짐칸 양쪽 끝에 판막을 잘 끼워 바람과 햇볕이 들어오지 못하게 한다. 수레 짐칸 중

今時移栽小桑, 微帶根鬚, 上無寸土. 但經路遠, 風日耗竭脂脈, 栽後難活, 縱活亦不榮旺. 却稱"地法不宜", 此係拙謬.

今後應栽小樹, 若路遠移多, 約十餘樹, 通爲一束, 於根鬚上, 蘸沃稀泥, 泥上糝土, 上以草包【或席、蒲包】, 包內, 另用淳泥固塞.

仍擗夾車箱兩頭, 不透風日. 中間順臥樹身, 上以

97 출전 확인 안 됨;《農桑輯要》卷3〈栽桑〉"移栽"(《農桑輯要校注》, 89~90쪽);《農政全書》卷32〈蠶桑〉"栽桑法"(《農政全書校注》, 889~890쪽).

간에 나무줄기를 바로 누이고, 그 위를 자리나 풀로 덮어 준다. 미리 뽕나무 심을 곳에 구덩이를 파고 거름을 넣어 둔다. 나무가 도착할 때 바로 물을 붓고 올바른 방법에 따라 심고 북준다.《무본신서》[98]

席, 草覆蓋. 預於栽所, 掘區下糞. 樹到之時, 便下水, 依法栽培. 同上

가을에 옮겨 심는 법[秋栽法, 추재법]: 예로부터 뽕나무 옮겨심기할 때 대부분 봄에 전수(全樹, 한 그루 전체)를 옮겨 심었다. 그런데 봄에는 큰 바람이 불어서 나무를 흔들어 놓는 경우가 많으며 게다가 봄비를 얻기가 어렵다. 또 기후가 점점 뜨거워지면 어린 잎이 열기를 피하기 어렵기 때문에 살아나지 못한다【살아나도 튼실한 나무가 더디게 된다】.

秋栽法: 平昔栽桑, 多於春月全樹移栽. 春多大風吹擺, 加之春雨艱得, 又天氣漸熱, 芽葉難禁, 故不活【活亦遲得力】.

만약 원래의 줄기를 베어 내고 다시 나무줄기를 키워 내면 뽕나무가 쇠비린내를 흡수하여 성장이 더욱 왕성해진다. 지상이 바로 그 증거이다. 남쪽 변방 지역은 10월에 묻어서 심고, 황하 이북[河朔] 지역은 땅기운이 매우 차갑기 때문에 가을에 심어야 한다【비가 집중적으로 내릴 때가 가장 좋은 시기이다】.

若是斫去元幹, 再長樹身, 桑聞鐵腥愈旺. 地桑是其驗也. 迤南地分, 十月埋栽, 河朔地氣[25]頗寒, 故宜秋栽【霖雨內爲上時】.

구덩이가 깊이 1척의 위에서 땅과 수평이 되도록 대략 손가락 1~2개 두께로 나무줄기를 남겨 두고 나머지는 모두 베어 버린다. 옮겨심기가 끝나면 땅을 단단히 다지고 벤 자리를 흙으로 봉해야 한다.

區深一尺之上, 平地約留樹身一二指, 餘者斫去. 栽罷, 地須堅築, 以土封瘢.

흙이 얼 때가 되면 그 위에 거름을 조금 더해 준

比及地凍, 於上約量添糞.

98 출전 확인 안 됨;《農桑輯要》卷3〈栽桑〉"移栽"(《農桑輯要校注》, 90쪽);《農政全書》卷32〈蠶桑〉"栽桑法"(《農政全書校注》, 890쪽).
25 氣:《農桑輯要·栽桑·移栽》에는 "法".

다. 봄에 날씨가 따뜻해진 후에, 더해 준 거름을 걷
어 내고 흙을 파서 동이 형태의 토분(우묵한 흙구덩이)
을 만든다. 비가 오면 여기에 빗물을 모을 수 있고
가뭄이 들면 여기에 물을 댈 수 있다.

뽕나무의 남쪽에는 봄에 먼저 어저귀를 심는다.
장마철이 된 이후 싹과 가지의 떨기가 무성해지면
지상(地桑)을 만든다.

혹은 잔 가지를 잘라 내고 왕성한 가지를 1~2개
남겨 두면 다음해에 바로 큰 나무가 될 수 있다.

혹은 곁가지를 휘묻이하면 한 나무에서 또 10여
그루가 자라난다. 전수를 옮겨 심는 방법과 비교하
면 나무마다 반드시 살아나며 뽕나무도 역시 무성
해질 것이다. 《무본신서》[99]

10월 '목미(木迷)'[100]에는 '매두상(埋頭桑)'[101]을 심어
야 한다【뽕나무줄기를 잘라 내고 가을에 옮겨 심는
법과 마찬가지로 심는다】. 겨울에 근맥(根脈, 뿌리의 양
분통로)이 아래에서 돌다가, 봄을 타고 아울러 싹이
나면서 1년 사이에 매두상으로 심지 않은 원래 나무

春暖之後, 就糞撥爲土盆,
雨則可聚, 旱則可澆.

樹南, 春先種檾. 比及霖
雨以來, 芽條藂茂, 就作
地桑.

或削去細條, 存留旺者一
二枝, 次年便可成樹.

或是就壓傍條, 一樹又
生[26]十餘. 比之全樹栽者,
樹樹必活, 桑亦榮茂. 同上

十月木迷, 宜栽埋頭桑【截
去桑身, 栽如秋栽法】. 冬
月根脈下行, 乘春併發, 一
年之間, 長過元樹. 同上

99 출전 확인 안 됨 ; 《農桑輯要》 卷3 〈栽桑〉 "移栽"(《農桑輯要校注》, 90쪽) ; 《農政全書》 卷32 〈蠶桑〉 "栽
桑法"(《農政全書校注》, 890쪽).
100 목미(木迷) : 나무의 휴면기. 겨울이 되어 수목이 휴면기에 접어들었을 때가 옮겨 심기 적당한 때임을 의미
한다. "12월에 뽕나무를 옮겨 심으면 뽕나무가 옮겨 심은 줄도 모른다(臘月栽桑, 桑不知)."는 말이 뒤에 나
온다.
101 매두상(埋頭桑) : 뽕나무를 심을 때, 뽕나무 몸체를 땅과 평평하게 대략 손가락 1~2개 두께만 남겨 두고 나
머지는 모두 잘라버리고 심는 뽕나무.
[26] 生 : 《農桑輯要·栽桑·移栽》에는 "胤".

보다 더 크게 자란다. 《무본신서》[102]

심은 지 2년이 지난 뽕나무가 그동안 어린잎만 있고 왕성하지 못한 경우에는 곡우(穀雨, 양력 4월 20·21일경) 때에 단단한 나무를 뽕나무줄기에 붙인 다음 땅에서 손가락두께의 반 정도 되는 곳을 한 도끼에 절단한다. 단번에 자를수록 효과가 더욱 빼어나다. 자른 곳에 흙을 뿌려 나무 자른 자리를 봉한다.

나무의 남쪽에 기장 5~7알을 심는다. 10여 일 지난 뒤에 비로소 기장의 싹과 가지가 난다. 가물면 자주 물을 대 준다. 그러나 입하(立夏, 양력 5월 5·6일경) 뒤에는 이 방법이 알맞지 않다. 《무본신서》[103]

수상(樹桑) 기르는 법: 담장을 둘러싸고 뽕밭을 조성하되, 그 크기는 사람이 원하는 대로 따른다. 뽕밭 안의 땅을 갈아서 삶은 뒤 사방 3척 정도 크기로 구덩이 하나를 판다【구덩이의 사방 깊이와 거름 섞은 물을 붓는 방법은 지상(地桑) 심는 법과 같다. 안 지상 심는 법은 아래를 보라】.

휴전 안에 씨를 뿌려 형상(荊桑)이 나면 온전한 가지를 뿌리째 파 낸다. 옮겨심기와 북주기도 앞의 법과 같이 한다. 다만 다져 주는 흙을 땅과 수평이 되

栽二年之上，其間但有芽葉不旺者，於穀雨時，以硬木貼樹身，去地半指，一斧截斷．快銼更妙，糝土封其樹瘢．

樹南，種黍五七粒．十餘日，始[27]出芽條．旱則頻澆．立夏之後，不宜此法．同上

養樹桑法：牆圍成園，大小隨人所欲．將園内地，耕劚[28]熟，方三尺許掘一阬【阬之方深、下糞水，與栽地桑法同．案 栽地桑法見下】．

將畦内種出荊桑，全條連根掘出，栽培亦如前法，但所築實土，與地平．上復用

---

102 출전 확인 안 됨；《農桑輯要》卷3〈栽桑〉"移栽"《農桑輯要校注》, 90쪽)；《農政全書》卷32〈蠶桑〉"栽桑法"《農政全書校注》, 890쪽).

103 출전 확인 안 됨；《農桑輯要》卷3〈栽桑〉"移栽"《農桑輯要校注》, 90~91쪽)；《農政全書》卷32〈蠶桑〉"栽桑法"《農政全書校注》, 890쪽).

27 始：《農桑輯要·栽桑·移栽》에는 "妳".

28 劚：《農桑輯要·栽桑·移栽》에는 "斸".

게 한다. 그 위에 다시 흙으로 1~2척 정도 나무를 봉해 주면 나무 주위에 자연스럽게 둥근 물골을 만들 수 있다【비가 오지 않으면 둥근 물골에 물을 댄다】.

뽕나무가 어른 한 사람의 키만큼 자랐을 때 나무 끝을 잘라 주면 곁가지가 저절로 자란다【새 가지가 자라도록 내버려 두고 가지치기를 하지 않는다. 새 가지는 그해 봄에 가지치기를 해서는 안 된다. 가지 치기를 하면 몇 년 동안 왕성하게 자라지 못하기 때 문이다. 12월 내에 혹은 이듬해 1월에 가지를 치면 무방하다】.

만약 물대고 가꾸기에 효과가 있었다면 가을에 는 지붕의 서까래처럼 장대해질 수 있다. 그러면 10 월 안이나 이듬해 봄에 옮겨 심어서 행상(行桑)[104]을 만들 수 있다.

【만약 이와 같이 뽕밭에서 뽕나무를 기르지 않 고, 어릴 때부터 바로 옮겨 심어서 행상으로 만들면 대부분 비바람이나 가축 때문에 손상된다.

원 사농사 농상집요[105]《제민요술》·《사농필용》 에는 오디를 파종한 이후에 옮겨 심고, 옮겨 심은 이후에 다시 줄지어 옮겨 심는다고 했다. 반면《무 본신서》에는 휴전에 씨를 뿌린 후에 바로 모종을 옮 겨서 행상으로 만든다고 하여, 나무를 옮겨 심는[轉 盤] 법은 없다.

土封身一二尺, 周圍自成環 池【無雨則澆】.

待桑身長至一大人高, 割 去梢子, 則橫條自長【任令 滋長, 休科去. 新條當春不 宜科, 科了數年不旺. 十二 月內或次年正月科, 則不 妨】.

如澆治有功, 至秋可長大 如壯樣. 十月內, 或次年 春, 可移爲行桑.

【若不如此於園內養成, 從 小便栽爲行桑者, 多被風 雨、葦畜損壞.

元司農司 農桑輯要 《 齊 民要術》、《士農必用》種椹 而後移栽, 移栽而後布行. 《務本新書》畦種之後, 卽 移爲行桑, 無轉盤之法.

---

104 행상(行桑):뽕밭에 정식으로 줄지어 심은 뽕나무.
105《農桑輯要》卷3〈栽桑〉"布行桑"(《農桑輯要校注》, 94쪽).

농정전서[106] 2가지 법이 모두 괜찮다】

農政全書 二法皆可也】

야생 형상(荊桑) 중에서 줄기가 제대로 자라지 않은 경우는 뿌리를 뽕밭 안으로 옮겨서 기르면 역시 같아진다【옮겨심기와 북주기는 지상법(地桑法, 땅뽕나무 재배법)과 같이 한다. 싹이 나오면 왕성한 가지를 1개 남겨 둔다. 어른 키만큼 자랐을 때 가지치기를 하여 기르는 방법은 앞과 같다】. 《사농필용》[107]

野荊桑不成身者, 移根於園內養之, 亦同【栽培如地桑法. 芽出, 留旺者一條. 長至如大人高, 其科養如前】. 《士農必用》

뽕밭 안에 형상과 노상 묘목을 길러 내서 옮겨 심을 때가 되면, 12월 내에 옮겨심기에 불편한 가지와 우듬지를 제거할 수 있다. 묘목은 꼭대기 가까이에다 3~5가지를 남겨 둔다. 반면 굵기가 사발아가리 크기 이상의 나무는 10여 가지를 남겨 두되, 가지 길이는 1척 이상이다. 나머지는 모두 가지치기한다.

園內養成荊、魯桑小樹, 如轉盤時, 於臘月內, 可去不便枝梢. 小樹, 近上留三五條; 椀口以上樹, 留十餘條, 長一尺以上. 餘者皆科去.

이듬해 봄이 되어 뽕나무눈이 움틀 때 뿌리째 파온다. 만지(漫地)[108] 안에 너비 8보마다 1줄을 만들고, 줄 안에는 서로 4보 간격으로 나무 1그루를 서로 마주보도록 심는다.

至來春, 桑眼動時, 連根掘來. 於漫地內, 濶八步一行, 行[29]內相去四步一樹, 相對栽之.

【옮겨심기와 북주기, 물대기는 앞의 법과 같다. 뽕나무 심은 줄 사이의 밭은 너비가 8보이니, 소갈

【栽培、澆灌如前法. 桑行內種田, 濶八步, 牛耕一繳

106 《農政全書》 卷32 〈蠶桑〉 "栽桑法"(《農政全書校注》, 894쪽).

107 출전 확인 안 됨; 《農桑輯要》 卷3 〈栽桑〉 "移栽"(《農桑輯要校注》, 91~92쪽); 《農政全書》 卷32 〈蠶桑〉 "栽桑法"(《農政全書校注》, 891~892쪽).

108 만지(漫地): 고랑이 없이 평평하게 두둑으로만 조성된 농지.

[29] 行: 저본에는 없음. 오사카본·연세대본·《農政全書·蠶桑·栽桑法》·《農桑輯要·栽桑·布行桑》에 근거하여 보충.

이로 1격(緎)[109]이 되는 땅이다. 줄 안에 서로 4보 간 격으로 나무 1그루를 심고 4보의 땅을 비웠으니, 시간이 오래되면 큰 나무가 될 수 있다. 뽕나무를 서로 마주보도록 심으면 그 사이를 가로질러 밭을 갈 수 있다. 그러므로 밭에서는 밭갈이를 멈추지 않아서 뽕나무도 황폐해지지 않는다】

가시나무로 뽕밭을 둘러서 뽕나무를 보호한다. 그 해에 가로로 뻗은 가지 위에 자란 가지는 12월에 가지의 밀도가 적당해지도록 가지치기해 주면 다음 해 봄에 바로 누에를 칠 수 있다. 다 자란 들뽕나무[野桑]는 바로 옮겨 심을 수 있다.

【가로로 난 가지를 남겨 두는 방법은 앞의 법과 같다. 옮겨 심지 않은 뽕나무는 일명 '일생상(一生桑)'[110]이다. 일생상은 그 뿌리가 고르고 얕으므로 머지않아 저절로 죽는다. 옮겨 심어[轉盤] 뿌리에 닿는 흙을 바꿔 주면 왕성하게 자라고 또 오래간다. 농가에서는 옮겨 심는 일을 '전반(轉盤)'이라고 한다.

뽕나무는 과일나무와 같아서 옮겨 심을수록 성장이 왕성해진다. 옮겨 심을 때 옛 뿌리를 잘라 내면 새 뿌리가 바로 나며, 새 뿌리는 평평하게 나지 않고 아래로 향하여 난다. 이 때문에 왕성하게 자라고 오래가는 것이다】《사농필용》[111]

地也. 行內相去四步一樹, 破地四步, 已久可成大樹. 相對, 則可以橫耕. 故田不廢墾, 桑不致荒】

荊棘圍護. 當年橫枝上所長條, 至臘月, 科令稀均得所, 至來春, 便可養蠶. 野桑成身者卽可移栽.

【留橫枝如前法. 一名"一生桑", 其根平淺, 故不久自死. 轉盤換根, 則長旺, 又久遠也. 農家移栽爲"轉盤".

桑同果樹, 一移一旺, 舊根斫斷, 新根卽生, 新根不平生, 向下生也, 以此故長旺久遠】同上

---

109 격(緎) : 소를 되돌려 왕복으로 갈 수 있는 너비.
110 일생상(一生桑) : 생장 이후 옮겨 심지 않아 수명이 짧은 뽕나무. 이에 반해서 뿌리째 뽑아 옮겨 심은 뽕나무는 재생상(再生桑)이라 한다.
111 출전 확인 안 됨 ; 《農桑輯要》 卷3 〈栽桑〉 "布行桑"(《農桑輯要校注》, 94~95쪽) ; 《農政全書》 卷32 〈蠶桑〉 "栽桑法"(《農政全書校注》, 894쪽).

뽕나무뿌리를 거름 섞은 물 안에 하룻밤 담갔다가 구덩이를 파서 심는다. 심을 때는 얕게 심어야 한다. 싹이 드문 나무가 가장 좋다. 속담에 "12월에 뽕나무를 심으면 뽕나무가 옮겨 심는 줄을 모른다."라 했다.《편민찬요(便民纂要)[112]》[113]

12월 내에 깊이와 너비가 약 2소척(小尺)[114]이 되도록 구덩이를 판다. 구덩이 두둑에서 흙을 가져다 거름과 섞어서 구덩이에 진흙물을 만든 다음 뽕나무뿌리를 묻어 고정시키고 거름흙으로 북돋운다.

뽕나무를 심고 나서 위를 향하여 들어 올려 주면 뿌리가 펴진다. 그런 뒤 다시 흙을 북주기를 지면과 수평이 되게 한다. 다음날 튼실하게 흙을 다지면 나무가 절대로 흔들리지 않는다. 그 뽕나무는 배나 왕성해져 봄에 심은 뽕나무보다 낫게 된다.《농상의식촬요》[115]

將桑根浸糞水內一宿, 掘坑栽之, 栽宜淺種, 以芽稀者爲上. 諺云:"臘月栽桑, 桑不知."《便民纂要》

十二月內, 掘坑深濶約二小尺, 却于坑畔取土糞, 和成泥漿, 桑根埋定, 糞土培壅.

將桑栽, 向上提起, 則根舒暢, 復土壅與地平. 次日築實, 切不可動搖, 其桑加倍榮旺, 勝如春栽.《農桑撮要》

112 편민찬요(便民纂要):《편민도찬(便民圖纂)》을 계승한, 작자와 연대 미상의 유서(類書)로 추정된다.《광군방보(廣群芳譜)》와《흠정수시통고(欽定授時通考)》에도 인용되고 있다.《편민도찬》은 중국 명나라 광번(鄺璠, 1465~1505)이 지은 유서로, 농사를 비롯한 일반 백성들의 생업과 관련한 다양한 정보를 그림과 함께 제시하였다.

113 출전 확인 안 됨:《便民圖纂》卷4〈桑蠶類〉上 "造七醋", 41쪽;《廣群芳譜》卷11〈桑麻譜〉"桑", 265쪽.

114 소척(小尺):중국 당(唐)나라 때에 정해진, 2종의 자 중 작은 자. 소척은 당소척(唐小尺) 또는 서척(黍尺)이라고 불리며, 한(漢)나라 유흠(劉歆)의 「거서누서설(秬黍累黍說)」에 근거하여 만든 악률척(樂律尺)이다. 반면 대척은 상용척(常用尺) 또는 관척(官尺)으로 불리며, 소척으로 1.2척 길이인 실용적인 척도였다. 소척은 주척으로 약 0.88척(24.5cm)이고, 대척은 0.97척(29.4cm)이다.《中國科學技術史 度量衡卷》참조.

115《農桑衣食撮要》卷下〈十二月〉"栽桑"《文淵閣四庫全書》730, 313쪽).

중국 절강(浙江) 지방에서 뽕나무를 심고 그 가지를 잘라서 심는데, 이를 '가상(稼桑)'[116]이라 한다. 그러고 나서 심은 잎의 꼭대기에 소라껍질을 덮어 둔다. 그 이유는 매우(梅雨)[117]가 그 표면을 손상시킬 것을 염려하기 때문이다. 2년이면 무성해진다.《종수서》[118]

뽕나무를 심을 때는 뿌리가 정돈되고 곧아야 하고 진흙이 단단히 붙어 있어야 한다. 여기에 물 섞은 거름[水糞]을 대어야 비로소 생기[生意]가 돌게 된다【농정전서 처음에 심을 때는 거름을 쓰지 않는다】. 종화민(鍾化民)의 설(說)[119]

뽕나무를 심을 때, 땅에 김을 매고 거름을 준 다음 그 가지를 끊는 과정을 '가(嫁)'라고 한다. 뿌리 근처의 가지 1척 남짓을 남겨 두고 깊이 묻는다. 나무 주위의 흙이 0.1척 정도 나오도록 북주고 높여서 물이 빠져나가게 한다. 나뭇가지 잘라 낸 자국에 먹물을 바르거나 소라껍질을 덮거나, 밀랍을 바르고 역청(瀝靑)[120]을 달인 기름으로 봉한다. 이는 잘라 낸

浙間植桑, 斬其桑[30]而植之, 謂之"稼桑". 却以螺殼覆其頂, 恐梅雨侵損其皮故也. 二年卽盛.《種樹書》

種桑, 根要理直, 泥要挨緊. 當以水糞澆灌, 方有生意【農政全書 初種不用糞】. 鍾化民說

其種也, 耨地而糞之, 截其枝[31]謂之"嫁"; 留近本之枝尺餘許, 深埋之. 出土也寸焉, 培而高之以泄水; 墨其瘢, 或覆以螺殼, 或塗以蠟而瀝靑煎油[32]封之, 是防梅雨之所浸.

---

116 가상(稼桑) : 뽕나무 시집보내기. 가(稼)에는 나뭇가지를 잘라주거나 접붙여 주어 열매를 많이 열리게 하는 뜻이 있다. 이를 '시집보내기'라고도 하며《관휴지》권3〈풀열매류〉"가지"에서는 '嫁' 자로 통용해서 썼다.
117 매우(梅雨) : 매실이 누렇게 익을 무렵에 오는 장맛비.
118《種樹書》中〈桑〉(《叢書集成初編》1469, 24쪽);《說郛》卷106 下〈種樹書〉"桑"(《文淵閣四庫全書》882, 182쪽).
119 출전 확인 안 됨;《農政全書》卷32〈蠶桑〉"栽桑法"(《農政全書校注》, 887쪽).
120 역청(瀝靑) : 방수용 도료나 접착제로 사용된 천연 아스팔트(asphalt). 송진[松脂]을 지칭하기도 한다.
[30] 桑 : 저본에는 "葉".《種樹書·桑》에 근거하여 수정.
[31] 枝 :《齊民要術·藝桑》·《農政全書·蠶桑·栽桑法》에는 "杖".
[32] 煎油 :《齊民要術·藝桑》·《農政全書·蠶桑·栽桑法》에는 "油煎".

자국에 매우(梅雨)가 스며드는 일을 막기 위함이다.

옮겨 심은 나무의 주위에 거름을 주어 뿌리가 사방으로 뻗어나가게 한다. 만약 그 뿌리에 바로 거름을 주면 기가 막혀 죽는다. 뽕나무를 심은 뒤 아직 생기가 돌아오지 않았을 때 물을 대면 안 된다. 물을 댈 때는 물을 탄 거름으로 한다. 2년이면 무성해진다.《경리옥함》[121]

糞其周圍, 使其根四達. 若直灌其本, 則鬱而死. 未活也, 不可灌水. 灌以和水之糞. 二年而盛.《鏡理玉函》

[121] 출전 확인 안 됨 ;《蠶經》卷1〈藝桑〉(《叢書集成初編》1471, 1쪽);《農政全書》卷32〈蠶桑〉"栽桑法"(《農政全書校注》, 888쪽).

7) 휘묻이와 꺾꽂이

뽕나무 휘묻이는 1월이나 2월 중에 해야 한다. 갈고리말뚝(위쪽 끝이 갈고리처럼 굽은 말뚝)으로 가지를 아래쪽으로 휘어 누른 다음 땅에 고정시킨다. 이 가지에서 잎이 나서 몇 촌(寸) 높이로 자라면 그 상태 그대로 마른 흙으로 가지에 북준다【㊒ 젖은 흙으로 북주면 가지가 썩는다】.

다음해 1월 중에 휘묻이한 가지를 잘라서 심는다[122]【㊒ 집 주변이나 동산에 심는 경우에는 본래 아주심기[定, 옮겨 심지 않는 법]가 좋고 밭에 심는 경우 역시 오디 심는 법[123]과 같이 심는다. 우선 2~3년 동안 배게 심은 뒤에 다시 옮겨 심는다】.《제민요술》[124]

압조법(壓條法, 가지 휘어 묻고 새로 자란 가지 떼어 심기): 한식(寒食, 양력 4월 5·6일경) 후에 2년 된 상품의 뽕나무 전수(全樹, 가지 끝에서 뿌리까지 나무 전체) 한 그루의 가지들을 갈고리말뚝[兜樀]으로 당겨 휘어서 땅에 단단히 고정시킨다. 가지 아래 땅을 길게 파서 고랑을 만든 다음 가지를 고랑에 묻는다. 이때 가지에 나

壓插

須取栽者, 正月、二月中, 以鉤杙壓下枝, 令著地, 條葉生高數寸, 仍以燥土壅之【注 土濕則爛】.

明年正月中, 截取而種之【注 宅上及園畔者, 固宜卽定, 其田中種者, 亦如種椹法, 先穊種二三年, 然後更移】.《齊民要術》

壓條法: 寒食之後, 將二年之上桑, 全樹以兜樀[33]袪定. 掘地成渠, 條上已成小枝者, 出露土上; 其餘條樹, 以土全覆.

---

122 휘묻이한……심는다 : 휘묻이한 이 가지에 이미 군데군데 뿌리가 내려 뿌리 내린 부분들을 토막토막 잘라서 심으면 살아나서 성목으로 자란다.

123 오디 심는 법 : 5월에 오디가 익으면 이를 채취하여 2일 정도 물에 담가 두면 과육이 부드러워진다. 그러면 과육을 문질러서 오디 속의 씨를 추출하여 햇볕에 말렸다가 심는다. 인분을 흠뻑 주고 여러 차례 갈아 놓은 좋은 땅에 이랑을 만든 다음 말려 두었던 씨앗을 메기장[穄]에 섞어 뿌린다. 덮는 둥 마는 둥 살짝 흙으로 덮어 주어야 한다. 두껍게 덮으면 싹이 나지 않는다. 이랑에 말뚝을 박고 장대를 걸쳐 놓은 다음 그 위에 거적 등을 쳐[柴棚] 직사광선을 막아 주어야 한다. 이를 실생법(實生法, 씨로 번식시키는 법)이라고도 한다.

124《齊民要術》卷5〈種桑柘〉(《齊民要術校釋》, 317~318쪽).

[33] 樀 : 저본에는 "摘".《農桑輯要·栽桑·壓桑》·《農政全書·蠶桑·栽桑法》에 근거하여 수정.

가지에 난 작은 가지는
흙 위로 나오게 한다

2년 된 뽕나무

가지를 땅 쪽으로 휘어
갈고리 말뚝으로 고정한다

가지 아래에 고랑을 파서 가지를
묻고 흙으로 몸체까지 덮는다

압조법

있는 작은 가지는 흙 위로 나오게 하고, 그 나머지
가지와 나무 몸체는 흙으로 완전히 덮는다.

　뽕나무뿌리 주위에는 흙을 파서 토분(土盆, 빙 둘러
만든 우묵한 구덩이)을 만들고 가물면 여기에 자주 물을
부어 준다. 만약 원수(元樹, 전수)가 없으면 다만 뽕나
무 아래쪽 밑동에 난 가지를 가지고 위의 방법에 따
라 고랑을 파고 여기에 휘어서 묻어 둔다. 6월에는
전수를 휘묻이해서는 안 된다.《무본신서》[125]

樹根周圍, 撥作土盆, 旱
宜頻澆. 如無元樹, 止就
桑下脚窠, 依上掘渠埋壓.
六月不宜全壓.《務本新書》

　재조법(栽條法, 꺾꽂이법): 늦가을 농한기 무렵에 미
리 구덩이를 파 둔다. 구덩이에 땅기운을 유지하도
록 한 다음 겨울을 나는 동안 습기를 저장해 둔다.
그러면 다시 나누어 옮겨 심을 때 습기를 보충해 주
는 바쁜 일손을 줄일 수 있다.

栽條法: 秋暮農隙時分, 豫
掘下區. 藉地氣, 經冬藏
濕, 又分減栽時併忙.

---

125 출전 확인 안 됨 ;《農桑輯要》卷3〈栽桑〉"壓條"(《農桑輯要校注》, 92쪽) ;《農政全書》卷32〈蠶桑〉"栽桑
法"(《農政全書校注》, 892쪽).

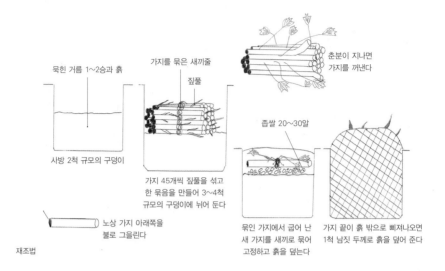

묵힌 거름 1~2승과 흙

가지를 묶은 새끼줄

짚풀

춘분이 지나면 가지를 꺼낸다

좁쌀 20~30알

사방 2척 규모의 구덩이

가지 45개씩 짚풀을 섞고 한 묶음을 만들어 3~4척 규모의 구덩이에 뉘어 둔다

노상 가지 아래쪽을 불로 그을린다

묶인 가지에서 굽어 난 새 가지를 새끼로 묶어 고정하고 흙을 덮는다

가지 끝이 흙 밖으로 삐져나오면 1척 남짓 두께로 흙을 덮어 준다

재조법

구덩이는 가로·세로·깊이 각각 사방 2척 이상으로 파고, 묵힌 거름 1~2승을 흙과 함께 섞어 구덩이 안에 넣는다. 이때 거름 섞은 흙은 북쪽이 높고 남쪽이 낮게 쌓아서 겨울과 봄의 비나 눈이 남아 있도록 해야 한다【다른 구덩이도 이를 기준으로 한다】.

12월 안에 통통하고 긴 노상(魯桑) 가지 2~3개를 골라 모두 합쳐서 한 묶음을 만들어 놓고, 날이 잘 드는 도끼로 가지 아래쪽을 잘라 낸 다음 자른 자리를 즉시 불에 대어 살살 그을린다.

가지 45개씩으로 짚풀을 사이사이에 섞어 한 묶음을 만든 다음 볕이 드는 구덩이 안에 뉘어 놓는다【구덩이의 깊이와 길이는 3~4척이다. 미리 파 두어서 겨울이 깊어져 땅이 얼면 파기 어려워지는 사태를 방지해야 한다】. 이어서 흙을 두텁게 덮어 준다.

춘분(春分)이 지나면 꺼낸다. 이번에는 덮어 두었

區方深各二尺之上, 熟糞一二升, 與土相和, 納於區內. 土宜北高南下, 以留冬春雨雪【餘區準此】.

臘月內, 揀肥長魯桑條三二根, 通連爲一窠, 快斧斫下, 卽將楂頭於火內微微燒過.

每四十五條, 與秆草相間作一束, 臥於向陽阬內【阬深長三四尺, 當豫掘下, 防冬深地凍難掘】, 以土厚覆.

春分已後取出, 却將元區

던 원래 구덩이(작년에 미리 파놓은 구덩이)를 허벼 파서 여기에 물 3~4승을 붓고 좁쌀 20~30알을 뿌린다. 가지 1개씩에서 굽어 난 새 가지를 새끼줄로 묶어 고정하고 이를 구덩이 안에 뉘여 심어 둔다. 이어서 흙을 덮되, 그 두께는 대략 손가락 3~4개 정도 너비로 한다.

跑開, 下水三四升, 布粟三二十粒. 將條盤曲, 以草索繫定, 臥栽區內, 覆土, 約厚三四指.

만약 0.2~0.3척 정도로 가지 끝이 땅 위로 삐어져 나오면 흙을 1척 남짓 두께로 덮어 주고 모두 단단히 다져 주어야 한다. 이어서 부드러운 흙으로 가지 끝을 별도로 덮어 준다. 이후에 싹이 나올 때 가지 끝의 이 부드러운 흙을 절로 뚫고 나온다.

如或出露條尖三二寸, 覆土宜厚尺餘, 俱當堅築. 仍以虛土, 另封條尖. 已後芽生, 虛土自充[34].

먼저 구덩이 남쪽에 어저귀를 심고, 땅이 음습해야 하므로 수시로 물을 준다. 만약 모두 뉘여 심었으면 심은 뒤에 그때마다 흙을 더해 준다. 어린 가지가 길고 높게 자랐을 때 도끼로 곁가지를 쳐 주면 3년이 지나서 성목이 될 수 있다. 간혹 지상(地桑, 땅뽕)으로 만들기도 한다. 《무본신서》[126]

先於區南種檾, 地宜陰濕, 時時澆之. 若全臥栽者, 已後逐旋添土. 芽條長高, 斫去傍枝, 三年可以成樹, 或就作地桑. 同上

뽕나무 가지 꺾어 심는법[栽桑梢法]: 매두상(埋頭桑) 심는 법에 따라 아래쪽의 뽕나무가지를 도끼로 잘라, 2~3개의 가지를 한 묶음으로 만들고 앞의 방법과 같이 심는다.

栽桑梢法: 據埋頭栽桑, 斫下桑梢, 三二枝爲一窠, 栽如前法.

혹은 무 속에 가지 1개를 찔러 넣어 무의 기력을

或於蘿蔔內穿過一枝, 假

---

126 출전 확인 안 됨: 《農桑輯要》卷3〈栽桑〉"栽條"(《農桑輯要校注》, 93쪽); 《農政全書》卷32〈蠶桑〉"栽桑法"(《農政全書校注》, 892~893쪽).
[34] 充: 《農政全書·蠶桑·栽桑法》에 는 "脫".

빌리면 효과가 더욱 빼어나다. 구덩이를 파고 이 가지를 단단히 묻는 일은 앞의 방법에 따라 한다. 《무본신서》[127]

借氣力更妙. 掘區堅埋, 依前法. 同上

뽕나무가지 두둑에 심기: 가을에 밭을 갈아 땅을 잘 삶는다[熟地][128]. 다음해 2월에 다시 골고루 써레질하여[擺] 동서로 이랑을 낸다. 심을 나무끼리의 거리를 대략 헤아려 두둑의 흙을 파고 구덩이를 만든다. 여기에 지난해 12월에 묻어 두었던 원 뽕나무가지를 앞의 방법에 따라 심는다. 간혹 홑뿌리가 긴 뽕나무의 가지는 앞의 방법에 따라 심어도 괜찮다. 《무본신서》[129]

壟種桑條: 秋耕熟地, 二月再擺均, 東西起場. 約量遠近, 墩土爲區. 將臘月元埋桑條, 栽依前法. 或是單根長桑條, 依上栽之亦可. 同上

뽕나무를 꺾꽂이하는 경우, 만약 묵은 뽕나무가 많은 곳이라면 어린 가지를 많이 베어 낼 수 있다. 반면에 만약 묵은 뽕나무가 적은 곳이면 가지를 너무 많이 베어 냈을 때 내년 양잠을 그르칠까 염려스럽다. 그러므로 뽕나무를 재배할 때는 오디씨로 심는 법, 압조법(휘묻이법), 재조법(꺾꽂이법) 이 3가지 중에 선택하여 심어야 한다. 《무본신서》[130]

栽種桑條者, 若舊桑多處, 可以多斫萌條; 若是少處, 又慮斫伐太過, 次年誤蠶. 宜於種椹、壓條、栽條之法三者, 擇而行之. 同上

봄기운이 처음 땅을 뚫고 나올 때 지상(地桑)의 곁가지 1개에서 그 끝을 0.3~0.5척 잘라 낸 다음 가지

春氣初透時, 將地桑邊傍一條, 梢頭截了三五寸, 屈

---

[127] 출전 확인 안 됨;《農桑輯要》, 위와 같은 곳;《農政全書》卷32〈蠶桑〉"栽桑法"(《農政全書校注》, 893쪽).
[128] 땅을……삶는다: 농지의 흙을 여러 차례 갈아 잘게 부수어 곱게 만든다는 뜻이다.
[129] 출전 확인 안 됨;《農桑輯要》, 위와 같은 곳;《農政全書》, 위와 같은 곳.
[130]《農桑輯要》卷3〈栽桑〉"栽條"(《農桑輯要校注》, 93~94쪽);《農政全書》, 위와 같은 곳.

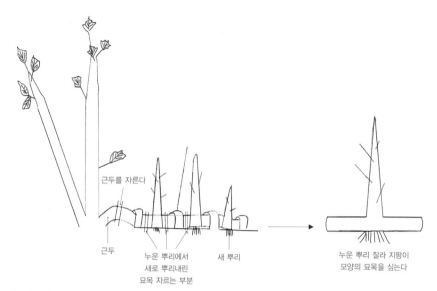

근두를 자른다

근두

누운 뿌리에서
새로 뿌리내린
묘목 자르는 부분

새 뿌리

누운 뿌리 잘라 지팡이
모양의 묘목을 심는다

휘묻이로 누운 뿌리 만들어 묘목 얻는 법

를 아래로 굽혀 땅이 빈 곳에 눕힌다【옮겨 심을 가지를 많이 쓰려면 가지를 얼마나 많이 굽혀야 할지는 심는 사람의 바람대로 한다】.

가지를 눕힐 때는 땅 위에 먼저 고랑 하나를 내되, 그 깊이는 손가락 5개 남짓의 너비만큼으로 한다. 이 고랑 안에 가지를 눕히고 갈고리말뚝을 그 옆에 박아 가지를 고정시킨다【눕힐 가지가 짧으면 말뚝은 2개, 길면 3개를 사용한다】. 이때 말뚝머리에 빈 공간을 두어 말뚝머리가 땅에 닿지 않게 한다.

얼마 뒤면 어린 가지가 위쪽으로 난다. 그 모양은 써레[杷]의 잔 이빨처럼 삐죽삐죽하다. 옆으로 눕힌 가지에서 약 0.5척 되는 부분마다 싹 하나씩을 남기고 그 나머지는 따 버린다【따 낸 싹은 어린누에에게 먹일 수 있다】.

倒於地空處【多用栽子, 多屈幾條, 隨人所欲】.

地上, 先兜一渠, 可深五指餘, 臥條於內, 用鉤撅子攀釘住【條短則二箇, 長則三箇】, 懸空不令著土.

其後芽條向上生, 如細杷齒狀. 橫條上約五寸留一芽, 其餘剝去【可飼小蠶】.

4~5월 중에 맑은 날 사시(巳時, 오전9~11시)에서 오시(午時, 오전11시~오후1시) 사이에 가로눕힌 가지 양쪽에서 따뜻한 진흙을 파다가 얹고 가로눕힌 가지 위에 덮어서 두둑을 만든다.

가로눕힌 가지가 곧 누운 뿌리[臥根]이다. 저물 무렵에 그 뿌리에 물을 준다【당일 밤에 누운 뿌리에서 수염뿌리가 자란다】. 가을이 되면 어린 가지는 모두 굵은 줄기가 된다. 10월【혹 이듬해 춘분 전후이기도 하다】이 되면, 누운 뿌리의 근두(根頭, 가로눕힌 가지의 밑동 부분)를 자른 다음 뿌리가 된 가지를 흙에서 꺼낸다.

이어서 굵은 줄기가 된 사이사이의 빈 부분을 도끼로 자르면【한결같이 지팡이모양과 같다】, 뿌리 하나당 옮겨 심을 가지 하나가 된다【이 법으로 하면 싹튼 가지로 옮겨 심을 나무는 끝도 없다】.《사농필용》[131]

삽조법(插條法, 꽂아 심는 법): 담장을 둘러치고 밭을 만든다. 구덩이를 파는 방법은 지상 심을 때의 법과 같다. 잎이 크게 자라는 노상 종자의 가지 위에 파릇한 싹눈이 움틀 때 노상 가지의 길이가 1척 이상인 것을 골라 양끝을 자르고 불에 그을린다.

구덩이 하나마다 그 안에 2~3개의 가지를 살짝

至四五月內, 晴天巳午間, 橫條兩邊, 取熱渰土, 擁橫條上成壟.

橫條卽爲臥根. 至晚, 澆其根科【當夜臥根生須】. 至秋, 其芽條皆爲條身. 至十月【或次年春分前後】, 際臥根根頭, 截斷取出.

隨開空處斫斷【一如拐子樣】, 每一根爲一栽【此法, 萌芽栽子無窮】.《士農必用》

插條法: 牆圍成園, 掘坑如地桑法. 大葉魯桑條上靑眼動時, 科[35]條長一尺之上, 截斷兩頭, 烙過.

每一坑內, 微斜揷三二

---

131 출전 확인 안 됨 ;《農桑輯要》卷3〈栽桑〉“壓條”(《農桑輯要校注》, 92쪽);《農政全書》卷32〈蠶桑〉“栽桑法”(《農政全書校注》, 892쪽).
[35] 科 : 저본에는 “斜”.《農桑輯要校注·栽桑·栽條》·《農政全書·蠶桑·栽桑法》에 근거하여 수정.

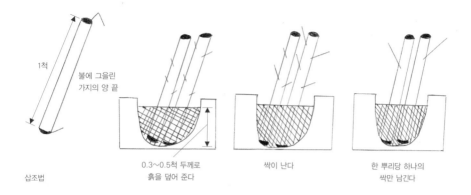

| 1척 | 불에 그을린 가지의 양 끝 | | | |

삽조법

0.3~0.5척 두께로 흙을 덮어 준다

싹이 난다

한 뿌리당 하나의 싹만 남긴다

기울여 꽂아 둔다【심고 북주는 일은 지상 심는 법과 같다】.

싹이 나면 부슬부슬한 흙을 0.3~0.5척 두께로 덮어 준다. 한 뿌리마다 가지 1개만 남겨 두면 가을에 키가 몇 척(약 2~3척) 가량 자란다. 이듬해에는 가지를 베어 그 잎으로 누에를 먹인다【다만 심은 해의 세 복날[伏日]132을 조심하여 물주기와 그늘 만들어 주기를 빠뜨리지 않으면 살아나지 않는 나무가 없다. 휴전(畦田, 두렁밭) 안에 꽂아 심는 방법도 괜찮다】.

만약 심어야 할 곳에 고를 만한 가지가 없으면 미리 다른 곳에 가서 잎이 크게 자라는 노상 종자의 가지를 골라 와서 심는다. 12월에 가지를 베어 흙구덩이에 보관해 둔다【꽃나무나 과일나무를 보관할 때와 같이 바람이 들면 가지가 말라 버린다】.

條【栽培如地桑法】.

待芽出, 封堆虛土三五寸. 每一根科, 止留一條, 至秋可長數尺. 次年, 割條葉飼蠶【止怕當年三伏日, 澆蔭不闕, 無不活者, 畦內揷亦可】.

如當處無可採之條, 豫於他處擇下大葉魯桑. 臘月割條, 藏於土穴【如藏花果接頭, 透風則乾了】.

---

132 복날[伏日] : 하지(夏至) 후에 가장 덥다는 세 경일(庚日). 복날의 복(伏)이란 말은 엎드려 숨는다는 뜻이다. 가을의 기운인 금(金)이 여름의 기운인 화(火)를 두려워하는 까닭에 금의 기운으로 이루어진 경일(庚日)이 되면 금이 반드시 엎드려 숨게 되어 화의 기인 더위가 기승을 부린다. 하지 후의 세 번째 경일이 초복, 하지 후의 네 번째 경일이 중복, 입추 뒤의 첫 경일이 말복이 된다.

이듬해 봄 밭의 뽕나무가지 위에 파릇한 싹눈이 살짝 틀 때를 기다렸다가 구덩이를 열어보면 흙구덩이에 묻어 보관해 둔 가지 위의 싹눈도 터 있다【다만 싹눈이 황색이다】. 이 노상의 가지를 자르고 양 끝을 불에 그을리며 옮겨 심고 북주는 일은 그 방법이 앞과 같다. 《사농필용》[133]

候至桑樹條上靑眼微動時, 開穴, 所藏條上眼亦動【但黃色】. 截烙、栽培, 用度如前. 同上

해상(海桑, 망해상)은 본래 가지가 땅속에서 난다. 따라서 가지를 휘묻이하려면 초봄에 나무 아래쪽 뿌리 근처의 가지를 대나무갈고리로 땅속에다 걸고 가지 위를 기름진 흙으로 북준다. 그러면 3~4개월이 안 돼서 뿌리가 날 것이다. 이듬해에 새로 난 가지를 땅을 파고 잘라서 옮겨 심는다. 이는 오디를 심는 방법보다 더 쉽다. 진부 《농서》[134]

海桑本自低亞, 若欲壓條, 卽于春初相視其低近根本處條, 以竹木鉤鉤地中, 上以肥潤土培之, 不三四月生根矣. 次年, 鑿斷徒植, 尤易于種椹也. 陳氏《農書》

백상(白桑)은 어린 나무일 때 그 가지를 휘묻이하여 심는다. 《박문록》[135]

白桑, 少子壓枝種之. 《博聞錄》

씨를 뿌려 뽕나무를 심는 방법은 휘묻이하여 뿌리를 나누어 심는 방법만 못하다. 《종수서》[136]

撒子種桑, 不若壓條而分根莖. 《種樹書》

압삽법(壓揷法, 말발자국에 묻어 두기): 가지에 처음 싹

壓揷法: 初芽時, 擇指大枝

133 출전 확인 안 됨;《農桑輯要》卷3〈栽桑〉"栽條"(《農桑輯要校注》, 94쪽);《農政全書》卷32〈蠶桑〉"栽桑法"(《農政全書校注》, 893~894쪽).
134《農書》卷下〈蠶桑敍〉1(《文淵閣四庫全書》730, 188쪽).
135 출전 확인 안 됨;《農桑輯要》卷3〈栽桑〉"論桑種"(《農桑輯要校注》, 85쪽);《農政全書》卷32〈蠶桑〉"栽桑法"(《農政全書校注》, 882쪽).
136《種樹書》中〈桑〉(《叢書集成初編》1469, 23쪽).

이 틀 때 손가락굵기만큼 튼실하고 두툼하며 윤기 도는 큰 가지를 골라 말발굽 자국 찍힌 곳에 잘라 심는다. 촉촉한 흙【흙이 말랐으면 뿌리가 나지 않고, 너무 습하면 껍질이 문드러진다. 그러므로 촉촉한 흙이 좋다. 안 황성증(黃省曾)[137]의 《잠경(蠶經)》[138] 〈예상(藝桑)·총론(總論)〉[139]에 "습한 흙에서는 가지가 문드러지고, 바짝 마른 흙에서는 뽕나무뿌리가 난다."[140]라 했으니, 여기와 조금 다르다】속을 1척 정도가 되게 발자국을 파서 여기에 가지를 묻고 단단히 다져 주면 자연히 뿌리가 나고 잎이 돋아 퍼진다.

휘묻이한 후에 가뭄을 만나면 옆에 찍힌 발자국까지 파고 터서 물을 댄다. 다만 물기를 빨아들이게는 하되, 너무 많이 빨아들이게 되는 상태를 금해야 한다. 《군방보》[141]

條旺相肥澤者, 就馬蹄處劈下. 潤土【土乾則不生根, 大濕則皮爛, 故以潤爲佳. 案 黃省曾《藝桑·總論》云"濕土則條爛, 焦土則根生", 與此少異】內開溝尺許, 埋實, 自然生根布葉.

壓後遇旱, 于傍開溝灌之, 但取水氣到, 忌多着水. 《群芳譜》

137 황성증(黃省曾) : 1490~1540. 중국 명나라의 경학자. 자는 면지(勉之), 호는 오악산인(五嶽山人). 중국에서 가장 오래된 자서(字書)인 《이아(爾雅)》에 정통했다. 가정(嘉靖) 10년(1531)에 향시에서 거인으로 뽑혔지만 진사에는 급제하지 못했다. 담약수(湛若水)·왕수인(王守仁)과 교류했고, 이몽양(李夢陽)에게 시를 배웠다. 집에 장서(藏書)가 많아서 전산서옥(前山書屋)이란 장서루가 있었으며, 농업과 목축에 일가견이 있었다. 저서로 《오악산인집(五嶽山人集)》·《서양조공전록(西洋朝貢典錄)》·《의시외전(擬詩外傳)》·《소원(騷苑)》·《오풍록(吳風錄)》·《도품(稻品)》·《잠경(蠶經)》·《종어경(種魚經)》·《예국서(藝菊書)》·《우경(芋經)》·《수경(獸經)》 등이 있다.
138 잠경(蠶經) : 황성증이 뽕나무 재배법·누에 키우기·실잣기 등 잠업 전반의 지식을 기술한 책.
139 예상(藝桑)·총론(總論) : 《잠경(蠶經)》에서 뽕나무 재배법을 다룬 편의 명칭이다.
140 습한……난다 : 《蠶經》 卷1 〈藝桑〉 《叢書集成初編》 1471, 3쪽).
141 《二如亭群芳譜》 〈利部〉 第2 "桑麻葛譜", '桑' 509쪽 ; 《廣群芳譜》 卷11 〈桑麻譜〉 "桑", 265쪽.

8) 접붙이기

만약 뽕나무를 접붙이려면 좋은 뽕나무에서 반듯하게 위로 뻗어 난 가지를 따로 고른다. 옆으로 뻗거나 아래로 늘어진 가지는 쓰지 않는다. 0.3~0.4척 길이로, 과일나무 접붙일 때와 같은 모양으로 잘라 접붙인다. 그러면 그 잎이 2배로 많아져 양잠에는 좋지만 역시 나무가 쉽게 쇠한다. 진부《농서》[142]

뽕나무 접붙이기의 빼어난 법은【형상(荊桑)의 밑동 쪽 줄기에다 노상의 가지를 접붙인다】오직 접붙일 때의 날씨가 온화한지, 다루는 손길이 치밀한지, 접붙인 면을 봉하여 묶기를 단단히 하였는지, 덮어주기와 감싸주기를 두텁게 하였는지의 여부에 달려 있다. 따라서 조금이라도 헐겁게 묶거나 얕게 덮어 접면에 한기가 엉기게 해서는 안 된다.

【춘분 10일 전이 접붙이기 가장 좋은 시기이고, 춘분 전후 5일은 접붙이기에 무난한 시기이다. 그렇지만 접지(접가지)에 싹눈이 막 파릇하게 보일 때를 접목 시기로 삼으면 가장 빼어나다. 이때는 지역의 위치에 관계없이 어디서나 모두 심기 좋은 때의 기준이 될 수 있다.

그러나 반드시 일기가 맑고 따뜻한 날을 기다려 그 양기의 온화함에 의지해서 접붙여야 한다. 대목(臺木)과 접지의 접착이 치밀하지 않으면 양쪽의 기와

接換

若欲接縛, 卽別取好桑直上生條, 不用橫垂生者. 三四寸長, 截如接果子樣接之. 其葉倍好, 然亦易衰[36]. 陳氏《農書》

接換之妙【荊桑根株, 接魯桑條也】, 惟在時之和融、手之審密、封繫之固、擁包之厚, 使不至疏淺而寒凝也.

【春分前十日爲上時, 前後五日爲中時. 然取其條眼襯靑爲時尤妙, 此不以地方遠近, 皆可準也.

然必待晴暖之日, 以藉其陽和也. 接不密則氣液難通; 擁包不固厚, 則風寒入

142《農書》卷下〈蠶桑敍〉《文淵閣四庫全書》730, 188쪽).
[36] 衰 : 저본에는 없음. 오사카본·규장각본·연대본·《農書·蠶桑敍》에 근거하여 보충.

진액이 통하기 어렵다. 덮어주기와 감싸주기를 단단 | 而害生也.
하고 두텁게 하지 않으면 접면에 바람과 한기가 들어
가 생기를 해친다.

과일나무는 접붙이지 않고 본래대로 자라게 하 | 果之一生者, 質小而味惡;
면[一生] 본바탕이 작고 맛이 없다. 한 번 접붙이고 | 旣一接之, 則質碩大而味
나면 본바탕이 커지고 맛이 좋아진다. 뽕나무도 이 | 美. 桑亦如是, 故接換之
와 같으므로 접붙이기의 효과를 몰라서는 안 된다. | 功, 不容不知也.

농정전서 [143] 일반적으로 여러 접붙이기법은 모두 | 農政全書 凡博接皆同, 此
같지만 여기에 기록해 놓은 내용이 가장 중요한 비 | 最爲要訣】《士農必用》
결이다】《사농필용》[144]

폐수(廢樹)는 접붙이기를 해야 한다. 폐수(廢樹)란 | 廢樹宜接. 廢樹, 老樹也,
늙은 뽕나무이다. 가지와 줄기는 굵고 크지만 새로 | 謂枝幹豐大, 條短葉薄,
나오는 가지가 짧고 잎이 얇아 더 이상 자랄 수 없는 | 不能復滋長者.
나무이다.

【접붙이는 법 중에 전할 만한 방법으로 다음의 | 【接法可傳者有四: 一揷接,
4가지가 있다. 첫째는 삽접(揷接, 꽂아 접붙이기)이고, | 二劈接, 三黶接, 又名 "貼
둘째는 벽접(劈接, 쐐기접)[145]이고, 셋째는 엽접(黶接, 눈 | 接", 又名 "神仙接", 四批
접)[146]이다. 이 엽접은 또 '첩접(貼接)'·'신선접(神仙接)'이 | 接, 又名 "搭接".
라고도 한다. 넷째는 비접(批接)으로, 또 '탑접(搭接,

---

143 《農政全書》 卷32 〈蠶桑〉 "栽桑法"(《農政全書校注》, 895쪽).
144 출전 확인 안 됨;《農桑輯要》 卷3 〈栽桑〉 "接換"(《農桑輯要校注》, 98쪽);《農政全書》 卷32 〈蠶桑〉
"栽桑法"(《農政全書校注》, 895쪽).
145 벽접(劈接, 쐐기접):접지 끝이 들어갈 만큼 대목을 메밀 낟알 모양으로 도려내고 접지를 꽂아 접붙이는 법.
146 엽접(黶接, 눈접):노목 껍질 위에 싹이 튼 뽕나무껍질 속 작은 눈의 아래에 붙은 영양층 조각을 붙여 그
싹이 노목을 바탕 삼고서 살아 자라게 하는 접붙이기법. 작은 조각을 붙인 모습이 여인의 얼굴에 보조개
[黶]가 있는 것처럼 뺨에 작은 점을 붙인 모습과 닮았다 해서 이런 이름이 붙었다.

혁접)'147이라고도 한다.

그 법도는 각각 아래의 본 접붙이기 항목에 갖추
어져 있다. 폐수(늙은 뽕나무)는 삽접도 괜찮고, 또한
벽접도 괜찮다】《사농필용》148

其法度各具本條. 廢樹可
揷接, 又可劈接】同上

삽접법(揷接法, 꽂아 접붙이는 법): 대목을 자르되, 땅
에 거의 붙도록 톱으로 자른다. 대목의 잘린 단면[砧
盤]의 기육(肌肉)149 안쪽에는 나무의 심[骨, 고갱이 또는
목질부]에 닿도록 대꼬챙이를 꽂아 넣는다. 넣는 깊이
는 0.15척 정도로 한다.

揷接法: 附地鋸斷, 於砧盤
上肌肉內, 附骨, 用竹篾子
揷下, 可深一寸半.

【대꼬챙이는 꽂기도 하고 박기도 한다. 대꼬챙이
의 굵기는 접지[接頭, 대목에 붙이는 가지]와 비교할 때
접지를 반으로 나눈 모양이 되도록 쪼갠다. 이렇게
쪼갠 한쪽 면은 부들등처럼 둥그스름하고, 다른 한
쪽 면은 평평한 모양이다. 그런 다음 깎아서 말귀모
양으로 만든다. 사용할 때는 깎은 단면을 입에 머금
어 따뜻한 기운을 배게 하고, 꽂을 때는 평평한 면
이 나무의 심에 붙도록 해야 한다.

【或揷或釘, 竹篾子大小,
比接頭劈半樣, 一面蒲背,
一面平也, 削成馬耳狀. 用
時噙養溫和, 揷時平面附
骨.

톱날이 지나간 자리가 대목의 잘린 단면이다. 단
단한 목재 부분을 심이라 하고, 껍질 안쪽이면서 심
의 바깥쪽인, 푸르고 연한 부분을 기육(肌肉)이라 한
다. 톱은 잔 톱날을 쓴다. 톱날이 거칠면 기육을 상

鋸過處爲砧盤, 堅木爲骨,
皮內骨外青輭者爲肌肉.
鋸, 用細齒者, 齒麤傷肌
肉】

---

147 탑접(搭接, 혁접): 두 접지를 각각 말귀모양으로 깎아 아래 접지 위에 위의 접지를 태워 위아래로 붙여서 묶
어 주는 방식의 접붙이기법. 아래 '탑접법'에 자세히 나온다.
148 출전 확인 안 됨;《農桑輯要》卷3〈栽桑〉"接換"(《農桑輯要校注》, 98~99쪽).
149 기육(肌肉): 겉껍질과 심재 사이에 있는 속껍질과 살을 가리키는 말로, 체내물질의 이동 통로. 나무의 체관
을 말한다.

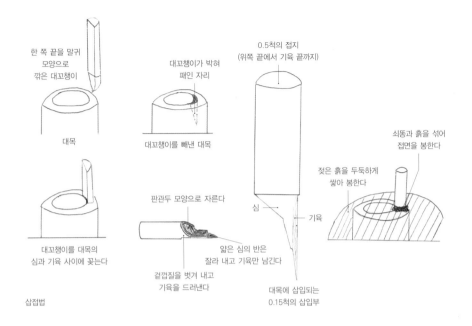

한 쪽 끝을 말귀
모양으로
깎은 대꼬챙이

대목

대꼬챙이가 박혀
패인 자리

대꼬챙이를 빼낸 대목

0.5척의 접지
(위쪽 끝에서 기육 끝까지)

쇠똥과 흙을 섞어
접면을 봉한다

젖은 흙을 두둑하게
쌓아 봉한다

대꼬챙이를 대목의
심과 기육 사이에 꽂는다

판관두 모양으로 자른다

겉껍질을 벗겨 내고
기육을 드러낸다

얇은 심의 반은
잘라 내고 기육만 남긴다

심

기육

대목에 삽입되는
0.15척의 삽입부

삽접법

하게 하기 때문이다】

접지는 길이가 0.5척 이상 되어야 좋다【싹눈 속이 파란 가지로 한다】. 근두(根頭, 접지의 아래쪽 끝)의 0.15척 되는 부분에서, 날이 얇은 칼로 아래쪽 반을 판관두(判官頭)[150]모양으로 깎는다. 남은 반은 그 심을 깎아 말귀모양이 되게 한다.

또 0.15척 지점의 아래쪽으로 깎아 낸 곳과 서로 비교해보면서, 부들등에 해당하는 부분은 둥그스름한 부분 위쪽을 칼로 칼집을 내어 겉껍질을 벗겨 제거하고 기육을 드러낸다【이때 겉껍질은 살짝만 벗겨야지, 기육을 상하게 할 정도로 벗겨서는 안 된다】.

接頭, 可長五寸之上【其眼
襯靑者】. 根頭一寸半, 用
薄刃刀子刻下中半, 刻成判
官頭樣, 餘半削其骨, 成馬
耳狀.
又與刻下處相照, 蒲背上
用刀子遍斷浮皮, 剝去, 顯
露肌肉【輕遍, 不可傷肌
肉】.

---

150 판관두(判官頭) : 말에 앉은 사람이 앞으로 쏠리지 않게 막아주는 역할을 하는, 말안장 앞쪽의 높이 솟은 부분의 명칭. 위쪽은 튀어나오고, 아래쪽으로 비스듬히 내려가면서 좁아지는 모양이다.

또 말귀모양으로 만든 접지의 뾰족한 끝부분의 얇은 심은, 그 반을 잘라 내서 심 바깥쪽의 푸른 기육으로 하여금 반이 잘려 나간 심의 끝보다 길게 한다. 접지를 입에 머금어 따뜻한 기운을 배게 하면 사람의 생기를 빌려 쉽게 산다【사람은 이때 술 및 진하고 기름진 음식을 먹어서는 안 된다】.

앞서 꽂아 둔 대꼬챙이를 빼고 대목의 반분된 푸른 기육 부분이 접지의 말귀모양으로 뾰족한 끝을 감싸도록 접지를 대목에 꽂아 넣는다. 이때 서로 매우 밀착되게 꽂아야 한다. 대목마다 위에 접지 2개나 3개를 꽂는다.

【접지의 심과 대목의 심이 서로 밀착하게 하고, 접지의 기육과 대목의 기육이 서로 밀착하게 하여 대목의 진액이 접지의 기육으로 흐르게 해야 한다. 만약 서로 마주 붙지 않거나 붙어도 그 상태가 밀착되지 않으면 접지는 대부분 살지 못한다.

만약 기육 부분이 말귀모양으로 뾰족한 접지의 끝을 온전히 감싸지 못하면 접지와 대목의 기육이 서로 마찰하게 된다. 그러므로 또한 살지 못하는 접지가 많이 있다】

갓 받은 쇠똥과 흙을 섞어 감탕(몹시 질퍽질퍽한 진흙)처럼 만든 다음 이 진흙을 접붙인 곳에 발라 봉한다. 젖은 흙을 두둑하게 쌓아 봉해 주되【그 크기는 대목의 단면을 기준으로 헤아린다】, 접지의 꼭대기에 1~2개의 눈만 남겨 둔 채로 쌓고, 흙의 두께는 0.3~0.4척이 되게 한다. 주위에는 가시 달린 멧대추나무의 가지를 꽂아 위험물을 막고 보호해 준다.

又將馬耳尖頭薄骨, 割去半分, 靑肌肉自長於骨尖半分也. 將接頭嚙養溫暖, 假借人之生氣, 易活【人於其時, 不可喫酒及濃厚滋味物】.

取出篦子, 就用靑肌肉半分, 裹接頭馬耳尖, 揷下, 極要嵌密. 每一砧盤上, 揷二條或三條.

【令接頭之骨與樹之骨相著, 肌肉與樹之肌肉相著, 木之津液流行於肌肉之間. 如不相對著, 又不緊密, 多不活.

如不用半分肌肉裹馬耳尖, 則擦了肌肉, 故亦多有不活者】

用新牛糞和土爲泥, 封泥了. 濕土封堆【大小斟酌其樹盤】, 接頭頂上可留一二眼, 土厚三四寸, 周圍棘刺遮護.

접지에서 싹이 튼 어린 가지는 흙을 뚫고 나와서 키가 1~2척 되도록 자란다. 이를 대략 헤아려 2~3개만 남기고 나머지는 베어 버린다. 옆에 서까래목 1개를 박아 버팀목으로 삼는다. 어린 가지가 점차 자라면 이 가지를 모두 끈이나 칡덩굴로 버팀목에 이어 맨다【이렇게 하지 않으면 바람과 비를 맞고 꺾인다】.

어린 가지가 점차 자라 튼실해졌을 때 가지 2개만 남기고 나머지는 잘라 버리면 나중에 줄기가 2개인 뽕나무가 된다. 접붙인 해에는 8~9척이나 10척 정도로 자란다. 어른 키만큼 커졌을 때 몸통에 난 우듬지는 잘라 내되, 옆으로 뻗어 절로 자라는 가지는 자르지 말아야 한다.

12월이 되면 옆으로 뻗은 가지를 이달 안에 자르되, 하나의 줄기에서 3~4개의 가지를 남길 수 있다. 각 가지의 길이는 1척으로 한다【그러나 길이를 고정해놓아서는 안 된다. 더 길거나 더 짧아도 괜찮으니, 그 나무의 기력이나 굵기를 고려하여 취한다】.

다음해에는 이 가지가 줄기가 되고 이 줄기 위에 새 가지가 난다. 그러면 새 가지를 따 주어 몇 개만 듬성듬성하면서도 고르게 남겨 두면 가을에는 성목이 된다. 이와 같은 대목에는 벽접법으로 접붙여도 된다【그 법은 아래와 같다】.《사농필용》[151]

接頭生芽條出土, 長高一二尺. 約量留三二條, 其餘割去. 傍埋椽子一條, 爲依柱. 芽條漸長, 用繩子或葛條, 總繫在柱上【不如此, 被風雨擺折】.

芽條漸長壯, 止可留二條, 後爲雙身樹也. 當年可長八九尺、一丈. 至大人高時, 截去梢, 其橫枝自長, 勿採剝.

至臘月內, 科截橫條, 每一身可留三四枝, 各長一尺【然不可拘定, 或可長可短, 取其樹勢圓也】.

明年爲柯, 柯上起條, 採令稀均, 至秋成樹, 劈接亦可【其法如後】. 同上

---

151 출전 확인 안 됨;《農桑輯要》卷3〈栽桑〉"接換"(《農桑輯要校注》, 99~100쪽).

또 다른 법: 흙을 파서 뿌리가 드러나면 옆으로 뻗은 뿌리의 주변을 도끼로 끊는다. 땅을 더 파서 중간의 똑바른 뿌리는 제거한다. 주변의 곁뿌리를 날이 잔 톱으로 잘라 대목을 만든다. 대목마다 벽접법이나 삽접법으로 2~3개의 접지를 접붙인다【대목의 크기를 헤아려보고 가는 뿌리라서 접붙이기를 감당할 수 없는 것은 쓰지 말아야 한다. 접붙인 부분을 봉하고 흙을 두둑하게 쌓아 주는 방식은 앞의 법과 같다】.

어린 가지가 흙에서 나왔을 때 가지 사이가 너무 조밀하면 사이를 띄워 적당한 곳에 심는다. 다음해가 되면 본래 있던 땅에는 큰 가지 하나만 남겨 두고, 그 나머지는 나누어 묘목[栽子]으로 삼아 별도의 땅에 심는다【버팀목을 이용하는 방법은 앞의 법과 같다】.《사농필용》[152]

又法: 掘土見根, 將橫根周圍一遭, 斧斫斷, 掘去中間正根. 將周圍根楂, 細鋸子截成砧盤. 每一砧盤, 或劈接、或揷接, 二三接頭【斟酌砧盤大小, 細根不堪接者勿用. 封堆等如前法】.

芽條出土, 若太稠密, 則間令得所. 至來年, 止留一條大者於本地, 其餘分出爲栽子, 於別地栽之【用依柱如前法】. 同上

벽접법(劈接法, 쐐기접법): 대목을 자를 때 먼저 땅에 거의 붙도록 톱을 수평으로 대고 그 줄기를 잘라 낸다. 대목[砧盤]의 어느 한 쪽 가에서 아래쪽을 향하여 0.15척 깊이로, 껍질과 기육 위에 잘 드는 칼을 수직으로 박는다. 다시 위쪽을 향하여, 갈라 놓은 칼집의 왼쪽과 오른쪽 양쪽이 비스듬하게 깎아지도록 다듬으면서 평면까지 올라간다.

이때 대목이 깎인 모양은 아래쪽이 뾰족하고, 위쪽 너비가 손가락 1개 굵기가 되게 한다. 중간 부분

劈接法: 先附地平鋸, 去身幹, 於砧盤傍, 向下一寸半皮肉上, 用快刀子尖. 向上左右斜批豁兩道, 至平面.

其下尖, 其上闊一指. 中間批豁斷者, 剔去【其批豁了

---

152 출전 확인 안 됨;《農桑輯要》卷3〈栽桑〉"接換"(《農桑輯要校注》, 100쪽).

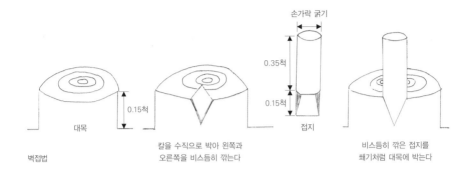

손가락 굵기

0.35척

0.15척

0.15척

대목

접지

벽접법

칼을 수직으로 박아 왼쪽과
오른쪽을 비스듬히 깎는다

비스듬히 깎은 접지를
쐐기처럼 대목에 박는다

을 깎을 때 떼어지는 조각은 도려내 버린다【깎아서
다듬은 부분은 까마귀부리모양(V자모양)으로 골이
생긴다. 양쪽 벽엔 경사면이 있고 평평한 바닥이 없
다. 그 아래쪽의 뾰족한 곳은 얕게 깎지만, 위쪽으
로는 점점 올라갈수록 깊게 깎으면서 평면까지 올라
간다. 오른쪽과 왼쪽의 평면에서의 깊이는 각각 대
략 손가락두께의 반 정도이다】.

또 접지는 길이 0.5척에, 굵기는 손가락 하나 정
도의 가지를 쓴다. 근두(根頭, 접지의 아래쪽 끝)의 0.15
척 아래쪽에서는 그 1/2을 남겨 두고 그 바깥쪽의
1/2씩을 왼쪽과 오른쪽에서 칼로 깎아서 메밀낟알
의 모서리처럼 끝을 뾰족하게 한다.

접지의 끝을 입에 머금어 따뜻한 기운을 배게 하
도록 한 다음, 대목 한 쪽 가의 깎아 놓은 골 안에
매우 밀착되게 꽂아야 한다. 이때 대목[老樹]의 기육

處, 如一鴉子樣[37]渠子也.
兩壁有斜面, 無平底, 其尖
淺, 向上漸[38]深, 至平面,
可深至半指許】.

接頭可長五寸, 其粗細如一
指許者, 於根頭一寸半內,
量留一半, 將其外一半, 左
右削兩刀子, 成蕎麥楞樣,
令頭尖.
口內噙養溫暖, 嵌於砧盤
傍所批渠子內, 極要緊密.
須使老樹肌肉, 與接頭肌

---

[37] 子樣:《農桑輯要·栽桑·接換》에는 "觜".
[38] 漸:《農桑輯要·栽桑·接換》에는 "斷".

이 접수의 기육과 서로 꼭 맞붙어야 한다. 그러면 하나의 대목에 이와 같은 접지를 몇 개나 꽂을 수 있다【꽂는 수는 대목의 크기를 헤아려 정한다】.

이어서 갓 나온 쇠똥을 흙과 섞어 감탕처럼 만든 다음 접붙인 부분의 뽕나무껍질에 발라 봉한다. 그런 뒤에 축축한 흙으로 접지 위쪽을 봉하여 덮어 주되, 0.5척 두께가 좋다【그 두께는 대목의 크기를 헤아려 정한다】.

주위에는 가시 달린 멧대추나무의 가지를 꽂아서 위험물을 막아 뽕나무를 보호해 준다. 접지 위쪽의 싹이 흙 밖으로 나와 키가 1~2척 자라면, 대략 헤아려서 2~3가지만 남겨 둔다. 버팀목을 쓰는 방법은 앞과 같다.《사농필용》[153]

肉相對著. 於一砧盤上, 如此接至數箇【斟酌砧盤大小】.

用新牛糞土泥, 封泥了所繫桑皮, 然後用濕土封堆接頭上, 可厚五寸【大小, 斟酌其樹盤】.

周圍棘刺遮護. 接頭上條芽出土, 長高一二尺, 約量留三二條. 用依柱如前. 同上

엽접법(靨接法, 눈접법): 대목의 옆으로 뻗어 자란 가지의 위쪽을 잘라 내고 1척 정도를 남겨 둔다【그러나 길이를 고정해 놓아서는 안 된다. 오로지 나무의 기력이나 굵기를 고려하여 취한다】.

접지 위에서 사방 0.05척 되는 껍질과 기육 부분을 칼끝으로 도려 내되, 심까지 판다. 아래쪽에 눈을 달고 있는 껍질과 기육 한 조각을 조심스럽게 들어 낸다【그 눈 밑, 심[骨] 윗부분, 쌀알 같은 작은 알갱이(형성층) 하나, 이 세 부분은 바로 싹 하나가 지니는 생기의 근원이다. 이를 파서 들어 낼 때 손톱 끝

靨[39]接法: 可就於橫枝上截了, 留一尺許【然尺寸不可拘定, 惟取樹勢圓也】.

於接頭上眼外方半寸, 刀尖刻斷皮肉, 至骨. 款揭下帶眼皮肉一方片【其眼底、骨上、一小心子如米粒, 此是一芽生氣之根. 揭時, 用指甲尖劃起, 令其小心子

---

153 출전 확인 안 됨 ;《農桑輯要》, 위와 같은 곳 ;《農政全書》卷32〈蠶桑〉"栽桑法"(《農政全書校注》, 896쪽).
39 靨 :《農政全書 · 蠶桑 · 栽桑法》에는 "壓".

눈 밑의 껍질과 기육에 싸인 쌀알 같은 알갱이(가운데 부분)　　메밀 낟알 사진

으로 파 올리되, 작은 알갱이가 껍질과 기육에 붙어 있게 한다】. 이를 입에 잠깐 머금고 있다가 꺼낸다. 앞서 잘라 낸, 옆으로 뻗은 대목의 가지에다 입에 머금은 눈 조각을 끼워 넣을 때, 이를 또 입에 머금어 따뜻한 기운을 배게 한다.

　입에 머금은 눈 조각의 형태에 맞도록 옆으로 뻗은 가지의 껍질과 기육을 칼끝으로 도린 다음 들어내어 심이 드러나게 한다. 그런 다음 접지에서 도려낸 눈 조각[靨皮]을 대목에 끼워 붙인다【이때 그 눈은 위쪽을 향하게 해야지, 방향이 거꾸로 뒤집히게 해서는 안 된다】.

　접붙인 부분의 위쪽과 아래쪽을 가늘고 얇은 새 뽕나무껍질로 묶어 준다【이때 묶은 부분의 부착 정도를 헤아려본다. 부착 정도가 너무 긴밀하면 생기가 통하지 않는다. 반면 너무 헐거우면 서로 제대로 부착하지 못한다. 이 두 경우 다 살아나기 어렵다】.

帶於皮肉之上[40]】. 口噙少時, 取出. 印濕痕於橫枝上, 復噙養之.

用刀尖依濕痕四圍, 刻斷皮肉, 揭去露骨. 將接頭上靨皮嵌貼上【其眼向上, 勿令顚倒】.

上下兩頭, 用新細薄桑皮繫了【斟酌其緊慢, 太緊則生氣不通；太慢則不相附著, 俱難活也】.

---

[40] 上 : 저본에는 "內".《農桑輯要·栽桑·接換》·《農政全書·蠶桑·栽桑法》에 근거하여 수정.

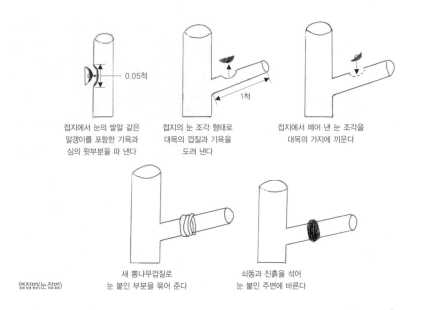

접지에서 눈의 쌀알 같은 알갱이를 포함한 기육과 심의 윗부분을 파 낸다

접지의 눈 조각 형태로 대목의 껍질과 기육을 도려 낸다

접지에서 떼어 낸 눈 조각을 대목의 가지에 끼운다

엽접법(눈접법)

새 뽕나무껍질로 눈 붙인 부분을 묶어 준다

쇠똥과 진흙을 섞어 눈 붙인 주변에 바른다

0.05척

1척

쇠똥에 진흙을 섞어 감탕을 만든 다음 눈의 사방 주변에 바른다. 대목에 끼워 붙일 눈 조각의 수량은 그 나무의 크기를 헤아려 정하면 된다.《사농필용》[154]

用牛糞和泥, 眼四邊泥了. 其所貼之䕴多少, 可量其樹之大小. 同上

탑접법(搭接法, 두 접면을 위아래로 맞붙이는 접붙이기법): 휴전(畦田) 안에 이미 심어 자란 형상(荊桑)의 2년 된 가지에서 땅에서 0.3척 정도 되는 부분을 잘라 내어 뾰족한 부분이 위로 향하도록 말귀모양으로 깎는다. 보통 굵기의 노상(魯桑) 접지를 역시 말귀모양으로 깎는다.

搭接法[41]: 就畦內, 將已種出荊桑隔年芽條, 去地三寸許, 向上削成馬耳狀. 將一般粗細魯桑接頭, 亦削成馬耳狀.

---

154 출전 확인 안 됨;《農桑輯要》卷3〈栽桑〉"接換"(《農桑輯要校注》, 101쪽);《農政全書》卷32〈蠶桑〉"栽桑法"(《農政全書校注》, 897쪽).
[41] 搭接法:《農桑輯要·栽桑·接換》에는 "接小芽條".

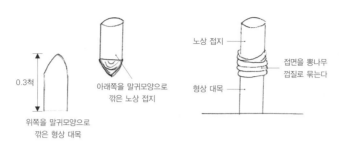

노상 접지

접면을 뽕나무
껍질로 묶는다

형상 대목

0.3척

아래쪽을 말귀모양으로
깎은 노상 접지

위쪽을 말귀모양으로
깎은 형상 대목

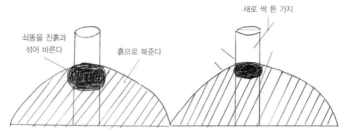

새로 싹 튼 가지

쇠똥을 진흙과
섞어 바른다

흙으로 북준다

탑접법 ①

말귀모양으로 깎은 2개의 단면을 서로 맞붙여서 [搭] 가는 뽕나무껍질로 묶는다. 이어서 쇠똥을 진흙과 섞어 만든 감탕을 발라 봉해 주고, 축축한 흙으로 북준다. 여기에서 싹 튼 가지가 흙 밖으로 나오면 싹 튼 가지 1~2개만 남겨 두는 게 좋다. 가을이 되면 어른의 키만 하게 자란다.

이듬해에는 밭으로 옮겨 기를 수 있다. 옮겨 기르는 방법은 앞과 같다【여러 과일나무를 접붙이는 법 역시 이와 같다】.《사농필용》[155]

접지 보관하기[取藏接頭]: 가까이에 접지가 있으면

兩馬耳相搭, 細桑皮繫了, 牛糞泥封, 濕土擁培. 其芽條出土, 可留一二芽. 至秋, 長如一大人高.

明年, 可移入園中養之, 其法如前【接諸果木亦同】. 同上

取藏接頭: 側近有接頭者,

155 출전 확인 안 됨;《農桑輯要》卷3〈栽桑〉"接換"(《農桑輯要校注》, 101쪽);《農政全書》卷32〈蠶桑〉"栽桑法"(《農政全書校注》, 895쪽).

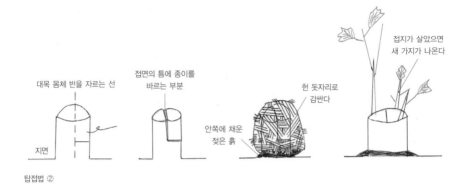

대목 몸체 반을 자르는 선

접면의 틈에 종이를
바르는 부분

접지가 살았으면
새 가지가 나온다

헌 돗자리로
감싼다

안쪽에 채운
젖은 흙

지면

탑접법 ②

접붙일 때 잘라 쓴다. 하지만 먼 곳에 접지가 있으면 12월의 절기 안에 미리 그 가지를 잘라 둔다.

【뽕나무가지를 베어 배양하는 법은 모두 삽조법에서 말한 내용과 같다. 만약 접지를 가져올 곳이 너무 멀다면 기름을 담았던 적이 없으면서 날감즙을 바른 대상자156 안에 부들짚과 함께 접지를 넣어 두고 바깥쪽을 밀봉하여 찬 기운이 들어가지 않게 한다. 그러면 천 리를 가더라도 얼어 상하게 되지 않는다.

과일나무는 2년 된 가지가 좋다. 그 보관법과 접붙이는 법은 역시 뽕나무의 경우와 같다】.《사농필용》157

크거나 작은 나무 접붙이기:【큰 나무는 벽접법·

臨接時取; 遠處有者, 豫先於臘月節氣內, 割取其條.

【其採取培養之法, 全如挿條法內所說. 如取接頭處過遠者, 可於未曾盛油新梆簍中, 與蒲42穰一處藏了, 外密封不透, 雖行千里, 不致凍傷.

果木宜二年條, 其藏及接法亦同】. 同上

接大小樹:【大者宜劈接、

---

156 날감즙을……대상자 : 날감의 떫은 즙은 방습과 방부 효과가 있기 때문에 예로부터 어망이나 우산 등에 감즙을 발랐다. 감즙의 탄닌성분과 펙틴질(젤 형태의 접착성 있는 물질)을 대바구니에 바르고 기름을 담았다고 한다.

157 출전 확인 안 됨 ;《農桑輯要》, 위와 같은 곳 ;《農政全書》卷32〈蠶桑〉"栽桑法"(《農政全書校注》, 895~896, 897쪽).

42 蒲 :《農桑輯要·栽桑·接換》에는 "蒲棒".

삽접법이 알맞고, 작은 나무는 탑접법·엽접법이 알맞다】땅에 바짝 붙여 접붙이는 경우 감탕으로 밀봉하고 북주는 법은 이전과 같다.

뽕나무줄기(몸체)의 반을 잘라 대목으로 만들어 접붙이는 경우에는 다만 붙인 부분의 빈 틈을 종이로 봉하고 다시 헌 돗자리 조각으로 감싸되, 뒤집어 놓은 동이모양이 되게 한다. 그 안쪽에 젖은 흙을 채워 새로 접붙인 접지를 배양하고 바람이 들지 않게 한다【바닥이 없는 도기항아리나 동이를 헌 돗자리 조각 대신 써도 괜찮다】.

흙이 마르면 물을 뿌려 준다. 감싸 준 흙 위로 싹이 자라 나오더라도 감싸 준 흙은 또한 제거하지 않는다. 가을이 되어 가지가 자라 굵어지고 접붙인 곳이 잘 고정되면 감싸준 흙을 쓰지 않는다【만약 접지가 모두 살았으면 옆으로 뻗은 가지의 수와 나무의 기력을 헤아려 그에 알맞은 수의 가지만 남겨 둔다】.《사농필용》[158]

닥나무에 뽕나무를 접붙이면 뽕잎이 크고 풍성해진다.《경리옥함》[159]

또 접붙일 때는 반드시 달이 어두운 시기를 기다려야 한다. 하현(下弦, 매월 음력 22~23일경에 뜨는 달)에서

插接, 小者宜搭接、靨接】附地接者, 封泥、擁培如前.

半身截成砧盤接者, 但其縫罅上用紙封, 又用破席片包裹如仰盆子樣. 內盛潤土, 培養其接頭, 勿令透風【用無底瓦罐、盆子代席片亦可】.

土乾則灑水. 所包土上, 條芽長出, 其所包土, 亦休取去. 至秋, 條長成, 接處長定, 所包土不用也【如接頭都活, 則斟量橫枝多少, 樹之氣力留之】. 同上

穀而接桑, 其葉肥大.《鏡理玉函》

接時必待月暗, 自下弦至上弦皆可, 晦尤妙; 自上

---

158 출전 확인 안 됨;《農桑輯要》卷3〈栽桑〉"接換"(《農桑輯要校注》, 100~101쪽);《農政全書》卷32〈蠶桑〉"栽桑法"(《農政全書校注》, 896~897쪽).
159 출전 확인 안 됨;《農政全書》卷32〈蠶桑〉"栽桑法"(《農政全書校注》, 886쪽).

상현(上弦, 매달 음력 7~8일경에 뜨는 달)까지 모두 괜찮다. 그믐날이면 효과가 더 빼어나다. 상현에서 하현까지는 접붙이기를 모두 삼간다. 보름날은 더욱 좋지 않다. 《농정전서》[160]

弦至下弦, 皆忌, 望尤險. 《農政全書》

---

160 《農政全書》 卷32 〈蠶桑〉 "栽桑法"(《農政全書校注》, 896쪽).

9) 지상(地桑, 나지막하게 가꾸는 뽕나무)

지상은 본래 노상(魯桑)에서 나온다. 만약 노상의 어린 가지를 일반적인 방법대로 심고 북주었으면 그 다음에는 살지고 왕성한 가지를 골라 대략 4~5가지를 남겨 놓은 뒤, 김매고, 거름을 더해 준다. 지상의 가지에는 번다하지 않게 일정한 수가 있고, 그 잎이 무성하지는 않다.

따라서 많은 잎으로 나뉘어갈 기름진 양분이 한 잎에 집중되어 있는 셈이니, 그 잎은 자연히 크다. 이것이 바로 지상이다. 《무본신서》[161]

재지상법(栽地桑法, 지상 옮겨 기르는 법): 가을이 지난 뒤에 숙백지(熟白地)[162] 안을 쟁기 하나로 깊이 갈고 두둑에 거름을 더해 준 다음 흙을 파 내어 구덩이를 만든다. 만약 소가 없으면 갈지 않고 그냥 구덩이를 파도 괜찮다.

춘분(春分) 전후에, 12월에 묻어 두었던 뽕나무가지를 꺼내【가지 묻는 법은 위에 보인다】, 뽕나무가지에서 싹이 돋아 있는 부분을 골라 각각 0.7~0.8척 또는 1척이 되도록 잘라 기반이 될 뿌리로 삼는다. 구덩이의 흙을 부드럽게 손질하고[鍬] 물을 부은 다음 여기에 자른 가지를 눕혀 심는다.

흙은 대략 손가락 3~4개를 겹친 너비만큼의 두

地桑

地桑, 本出魯桑. 若以魯桑萌條, 如法栽培, 揀肥旺者, 約留四五條, 鋤治添糞. 條有定數, 葉不繁多.

衆葉脂膏, 聚於一葉, 其葉自大, 卽是地桑. 《務本新書》

栽地桑法: 秋後, 於熟白地內, 深耕一犁, 就壟加糞, 撥土爲區, 如無牛, 掘區亦可.

春分前後, 取臘月所埋桑條【埋條法見上】, 揀有萌芽處, 各盤七八寸或一尺. 鍬區下水, 臥條栽之.

覆土約厚三四指, 深厚則

---

161 출전 확인 안 됨:《農桑輯要》卷3〈栽桑〉"地桑"(《農桑輯要校注》, 87~88쪽);《農政全書》卷32〈蠶桑〉"栽桑法"(《農政全書校注》, 886쪽).
162 숙백지(熟白地):여러 해 동안 농작물을 심지 않고 묵혀 둔 땅.

께로 덮는다. 너무 두껍게 덮으면 가지에 싹이 나기 어려우므로 손으로 고르게 눌러 펴 준다. 구덩이의 동쪽과 남쪽과 서쪽에 어저귀씨 5~7개를 심는다. 5월 이후에 새 잎이 돋아 약간 올라오면 즉시 거름흙을 더해 준다. 이후에 가지가 높이 자라면 바로 이것이 지상이 된다.

또는 노상의 가지[篇兒]를 골라 가을에 매두상(埋頭桑) 심는 법대로 깊이 묻어 심으면 더욱 빨리 효과를 얻는다. 《무본신서》[163]

지상을 기르는 공은 오직 다루기를 일반적인 방법대로 하여 잡초가 무성하게 하거나 말라죽지 않게 하는 데 달려 있다.

【수상(樹桑)이 없는 집은 오로지 지상만 심으면 인력이 반으로 준다. 수상과 지상 기르기를 겸하는 집은 수상이 다 자란 뒤에는 누에에게 지상잎 주기를 멈추어도 되니, 지상을 더 이상 쓰지 않는다. 지상에 물주고 호미질하는 공을 더해 주어 잘 자라게 한다.

누에가 막잠을 잔 뒤에 혹 수상을 때맞춰 댈 수 없으면 지상 잎을 따다가 보충해 줄 수 있다. 누에가 다 성장하여 익을 때까지 먹을 뽕잎이 모자라게 해서는 안 된다】《사농필용》[164]

難生, 以手按均. 區東南西種䕙五七粒, 五月之後, 芽葉微高, 旋添糞土. 已後條高, 便作地桑.

或揀魯桑篿[43]兒, 秋間埋頭深栽, 更疾得力. 同上

地桑之功, 惟在治之如法, 不致荒燥.

【無樹桑之家, 純用地桑, 則人力倍省. 有樹桑兼地桑之家, 樹桑旣成, 地桑可止而勿用, 加澆鋤之功, 使之滋長.

至其蠶大眠之後, 或樹桑不能時至, 則可就取地桑補之. 蠶至終老, 不至缺食】《士農必用》

---

163 출전 확인 안 됨 ;《農桑輯要》卷3〈栽桑〉"地桑"(《農桑輯要校注》, 88쪽) ;《農政全書》, 위와 같은 곳.
164 출전 확인 안 됨 ;《農桑輯要》卷3〈栽桑〉"地桑"(《農桑輯要校注》, 88쪽).
[43] 篿 :《農桑輯要·栽桑·地桑》·《農政全書·蠶桑·栽桑法》에 근거하여 수정.

포지상법(布地桑法, 지상 번식법): 담을 둘러 쳐서 밭을 만든다. 밭 안의 땅을 소로 쟁기질하거나 괭이로 파서 사방 5척 너비 안에 구덩이 하나를 판다【밭 안의 땅 1묘(畝)에는 총 240그루를 심을 수 있다[165]】.

구덩이 사방 깊이는 각 2척이다. 구덩이 안쪽에 묵힌 거름 3승을 넣고【생거름은 알맞지 않다. 생거름은 지기(地氣)가 강한 땅에는 쓰지 않는다】, 흙과 고루 섞은 다음 물을 1통 넣고 고루 저어 묽은 진흙 상태가 되게 한다.

휴전(畦田) 안에 심어 성목이 된 노상을 뿌리째 파낸다. 그런 다음 위로 1그루당 뿌리 위쪽 줄기를 0.6~0.7척 만큼을 남겨 두고 그 나머지는 잘라 버린다. 자른 곳을 불이 담긴 번철[166] 위에 대고 지진다.

한 구덩이마다 한 뿌리씩 심되 뿌리를 진흙 속

布地桑法: 牆圍成園. 將園內地、或牛犂、或钁劚方五尺內掘一阬【內地一畝, 合栽二[44]百四十科】.

方深各二尺, 阬內下熟糞三升【生糞不中, 壯地不用】, 和土均, 下水一桶, 調成稀泥.

將畦內種成魯桑, 連根掘出, 一科自根上留身六七寸, 其餘截去. 截斷處, 火鏊上烙過.

每一阬栽一根, 將根坐於

번철(국립민속박물관)

---

165 밭……있다:《임원경제지 본리지》권1에 따르면, 현재의 묘(畝)의 넓이를 정하는 묘법(畝法)에서 1묘=240보(步)이고, 1보는 사방 5척인 넓이이다.《임원경제지 본리지》권1 〈토지제도〉 "경묘법과 결부법" '1) 과거와 현재의 묘법'). 따라서 1보당 12그루씩 심는 방식이라 1묘에 240그루를 심을 수 있는 것이다.

166 번철:보통 지짐질을 할 때에 쓰는 무쇠로 만든 그릇을 가리킨다. 여기서는 번철처럼 납작하게 생기고 숯불을 담아 썼던 무쇠용기를 가리키는 듯하다.

[44] 二:저본에는 "一".《農桑輯要·栽桑·地桑》·《農政全書·蠶桑·栽桑法》에 근거하여 수정.

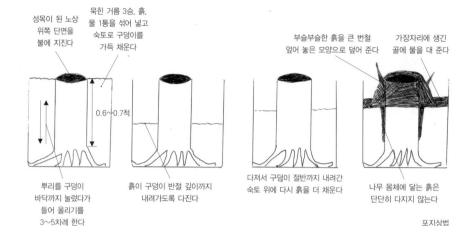

성목이 된 노상
위쪽 단면을
불에 지진다

묵힌 거름 3승, 흙,
물 1통을 섞어 넣고
숙토로 구덩이를
가득 채운다

부슬부슬한 흙을 큰 번철
엎어 놓은 모양으로 덮어 준다

가장자리에 생긴
골에 물을 대 준다

0.6~0.7척

뿌리를 구덩이
바닥까지 눌렀다가
들어 올리기를
3~5차례 한다

흙이 구덩이 반절 깊이까지
내려가도록 다진다

다져서 구덩이 절반까지 내려간
숙토 위에 다시 흙을 더 채운다

나무 몸체에 닿는 흙은
단단히 다지지 않는다

포지상법

에 앉힌다【빨리 효과를 보려면 두 뿌리를 심는다】. 뿌리를 구덩이 밑바닥까지 눌렀다가 들어올리기를 3~5차례 반복한다【뿌리가 순탄히 펼쳐지게 하려는 것이다】. 뽕나무줄기 윗부분을 눌러 끝의 높이가 땅과 수평이 되게 한다.

그 주변에 숙토(熟土)[167]를 덮어 주어 구덩이를 가득 채우고 그 다음날 구덩이를 단단히 다져 준다【숙토를 구덩이 사방 주변에 둘러 주고 다음날 흙을 다져 구덩이의 반절 깊이까지 흙이 내려가면 뿌리 아래 흙이 절로 단단해진다. 흙이 단단해지지 않으면 뿌리와 흙이 서로 달라붙지 않아 뿌리가 떠서 죽는 경우가 많기 때문이다】.

다져지면서 공백이 생긴 구덩이의 위쪽 절반은 숙토로 덮고 가볍게 다져 주어 구덩이에 흙이 평평하

泥中【欲疾見功者, 栽二根】, 按至阬底, 提三五次【欲令根須舒順】, 按桑身頂與地平.

擁周圍熟土, 令阬滿, 次日築實【匝阬四邊, 築下土, 至半坑, 根下土自實. 不實則根土不相著, 多懸死】.

上半阬, 擁熟土輕築, 令平滿【附身土不可築實, 實

---

167 숙토(熟土) : 작물을 심을 수 있도록 잘 조성된 부드럽고 좋은 흙.

고 가득 차게 한다【나무 몸체에 닿는 흙은 단단히 다져서는 안 된다. 단단히 다지면 싹이 트기 어렵기 때문이다】. 부슬부슬한 흙을 마치 큰 번철을 엎어 놓은 모양처럼 쌓아 덮어 주되, 그 두께는 0.5~0.7척 정도로 한다.

그러면 그 주변이 저절로 둥근 골이 된다【물은 골 안에 대 준다】. 부슬부슬한 흙에서 싹이 손가락 4~5개를 겹친 너비만큼 나왔을 때 한 뿌리당 가지 1~2개만을 남겨 둔다【물주기와 김매기를 일반적인 방법대로 하면 그 해에 5척 남짓 되게 자랄 수 있다】.

그 다음해에 뿌리 부근에서 가지와 잎을 베어다가 누에에게 먹인다【벨 때는 반드시 등 쪽이 두껍고 잘 드는 낫을 사용해서 단번에 베어 내야 한다. 날이 무딘 낫은 한 번에 자를 수가 없다. 무딘 낫으로 베면 잘려 나가고 남은 부분이 고르지 않아서 빗물이 스며들어 뿌리를 상하게 한다. 지상은 몸체가 밖으로 나와서는 안 되고, 가지만 흙 속에서 밖으로 자라 나와야 한다. 몸체가 흙 밖으로 자라나온 부분을 '각고(脚高)'라 한다. 이 각고 위쪽으로 자란 가지는 왕성하지 않고 또 대부분 바람과 비를 맞고 꺾인다】.

가지를 잘라 낸 부분에서는 한 기반당 주위에 여러 개의 싹이 나온다. 그러면 이 한 그루당 4~5개의 가지만 세어서 남겨 두고 나머지는 솎아 제거하는 게 좋다. 해마다 땅에 바싹 대고 가지를 잘라 내면

則芽難生】. 用虛土封堆如大鏊子樣, 可厚五七寸.

周圍自成環池【水澆於內】, 芽出虛土四五指, 每一根止留一二條【澆鋤如法, 當年可長五尺餘】.

次年, 附根割條葉飼蠶【須用厚背剛鎌, 一割要斷, 鈍鎌, 一割不能斷, 則條楂不齊, 雨浸傷根. 地桑不宜放出身, 只要條從土中⑮長出. 身出土名爲"脚高", 身上所長條不旺, 又多被風雨擺折】.

割過處, 每一根盤周圍數芽出, 每一科可計留四五條, 餘者間去. 年年附地割之, 根漸旺, 留條漸多.

---

⑮ 土中 : 저본에는 "中土". 오사카본·연대본·《農桑輯要·栽桑·地桑》·《農政全書·蠶桑·栽桑法》에 근거하여 수정.

뿌리는 점차 왕성해지고 남는 가지도 점점 많아진다. 야생 노상의 기반 뿌리를 옮겨 심어 지상을 만들어도 괜찮다.

【모두 앞의 방법과 같이 하면 지상은 3년 뒤에는 제대로 자라 왕성해지고 5년 뒤에는 뿌리가 서로 얽힌다. 뿌리가 얽히면 그때부터는 왕성해지지 않는다. 이때는 봄에 서로 얽혀 있는 뿌리를 자르고 파낸 다음 그 위에 거름흙을 더해 주고 물을 주거나 비를 맞추면 곧 다시 왕성하게 자란다.

그 뒤로도 뽕나무뿌리가 커지는 속도를 짐작하고서 가지를 휘묻이하여 심어 두었다가, 별도의 밭에 앞의 방법과 같이 담을 둘러 심는다. 3년 후면 새 뽕나무가 무성해질 것이다. 양잠하기 위해 뽕나무를 벨 때 묵은 뽕나무뿌리 위에는 한 가지만 남겨 둔다.

이 가지는 2년이면 절로 한 그루의 성목이 되므로 앞의 방법대로 그 줄기를 나누어 심어 새 곳에서 자랄 뽕나무로 삼는다. 이와 같이 옮겨심기를 반복하면 끝도 없이 번식시킬 수 있다.

그러나 노상잎으로 먹인 누에는 그 고치의 실이 다소 질기다. 그러므로 이 점을 헤아려 형상을 심은 다음 누에의 막잠 후에 그 잎을 따서 간간이 먹이는 것이 좋다】《사농필용》[168]

野魯桑根科栽之亦可.

【全如前法, 地桑三年後正長旺, 五年後根相交, 根交則不旺. 春時, 將相交根斫斷, 掘去, 添上糞土, 或澆過或得雨, 卽復長旺.

次後斟酌其根欲大, 將壓成栽子, 圍別園如前法, 栽之. 三年後, 新桑茂盛. 養蠶斫桑時, 將舊桑根上只留一條.

隔年自成一樹, 分出栽爲行桑. 如此傳轉, 無有盡期.

然魯桑所飼蠶, 其絲少堅韌, 可斟酌栽荊桑樹, 於大眠後, 取葉間飼之】同上

---

168 출전 확인 안 됨 ;《農桑輯要》卷3〈栽桑〉"地桑"(《農桑輯要校注》, 88~89쪽);《農政全書》卷32〈蠶桑〉 "栽桑法"(《農政全書校注》, 886~887쪽).

지상은 우물 가까운 밭에 심어야 한다. 풀이 나면 김매 주고 비가 오지 않으면 물을 준다. 누에가 알을 까고 나오는 때쯤 미쳐 뽕나무에 3차례 물을 줄 수 있다면 뽕잎이 자연히 일찍 날 것이다【뽕나무의 품종에는 조생종이 있고 만생종이 있다. 반드시 조생종을 택하여 지상으로 만들어야 좋다】.《한씨직설(韓氏直說)[169]》[170]

地桑須於近井園內栽之, 有草則鋤, 無雨則澆. 比及蠶生, 可澆三次, 其葉自然早生【桑種, 自有早生者、遲生者, 須擇其早生者, 爲地桑則可】.《韓氏直說》

지상 기르는 법 : 지상은 요동(遼東)[171] · 심양(瀋陽)[172] 등지에 종종 있다. 연경(燕京)[173]에 사신 갔던 사람에게 들어보니, 영평(永平)[174] 등의 여러 지역 너른 들에 자라는 나무는 모두 이것이라 한다. 역시 밭두둑에만 심어 놓고 해마다 가지를 베어서 잎은 누에를 먹이고, 껍질은 종이를 만들며, 그 가지는 휘어서 광주리 따위를 만든다. 그 이익을 계산해보면 큰 뽕나무보다는 조금 못하다.

地桑之法 : 遼、瀋間往往有之. 聞之使燕者, 永平等諸處遍野皆是. 亦但於田畔種之, 逐年刈取, 葉飼蠶皮作紙, 其條捲作筐籠之屬. 計其利, 稍損於高大之樹.

그러나 뽕나무를 길러 크게 키우는 일은 지극히 어렵다. 바로 그 해충에 두 종류가 있기 때문이다. 한 종류는 가지에서 시작하여 속을 파먹으면서 뿌리에 들어간다. 다른 한 종류는 나무껍질이 오래 묵으

然養桑而至於高大極難, 蟲有二種. 一則從枝食心, 入於根, 一則皮老者生於皮肉之間, 環繞則枯. 且

---

169 한씨직설(韓氏直說) : 미상.《농상집요》등에 그 내용이 전한다.

170 출전 확인 안 됨 :《農桑輯要》卷3〈栽桑〉"地桑"(《農桑輯要校注》, 89쪽);《農政全書》卷32〈蠶桑〉"栽桑法"(《農政全書校注》, 887쪽).

171 요동(遼東) : 중국 요하(遼河)의 동쪽 지방. 지금의 요녕성(遼寧省) 동남부 일대.

172 심양(瀋陽) : 중국 요령성(遼寧省)의 성도(省都).

173 연경(燕京) : 중국의 북경(北京, 베이징). 춘추전국 시대 당시 연(燕)나라의 수도였기 때문에 이후로도 이 명칭으로 불렸다

174 영평(永平) : 중국 운남성(雲南省) 대리백족(大理白族) 자치주에 있는 현의 이름.

면 벌레가 겉껍질과 몸통 사이에서 생긴다. 그리하여 그것이 나무를 빙 둘러 갉아먹으면서 뽕나무가 고사된다. 게다가 땅이 척박하면 뽕나무가 무성하지 않다. 뽕나무를 밭두둑에 심으면 곡식의 성장을 방해한다.

오직 지상은 해마다 베어서 크게 자라지 못하게 하는 나무이니, 재배를 빨리 시험해 보아야 한다. 《성호사설(星湖僿說)[175]》[176]

뽕나무는 여름철 가뭄에는 쉬 마르고 겨울철 추위에는 또 얼어 죽는다. 따라서 씨를 받아 보관해 두었다가 얼음이 풀린 뒤에 바로 심어야 한다. 그래야 겨울이 되어도 뿌리를 이미 깊이 내렸기 때문에 죽지 않는다. 《성호사설》[177]

밭을 갈고 오디씨로 재배하는 법은 채소를 재배하는 법과 같다. 파종한 첫해에는 나무를 불사르고, 두 번째 해에는 베어 버린다. 그러면 뽕나무가 무성하게 총생하므로 그 가지를 베어다가 누에를 먹인다.

土瘠則不茂, 田畔則妨穀也.

惟地桑年年刈之, 不使高大, 宜亟試之. 《星湖僿說》

夏旱則易焦, 冬寒又凍死, 須取子藏, 去解凍卽種, 至冬, 已根深不死也. 同上

耕田種葚, 如種菜法. 一年而焚之, 二年而刈之. 叢生茂盛, 伐其枝而飼蠶.

---

175 성호사설(星湖僿說):조선 후기 학자인 성호(星湖) 이익(李瀷, 1681~1763)이 40세 전후부터 책을 읽다가 느낀 점 또는 흥미 있는 내용들을 기록한 것과 제자들의 질문에 답변한 내용을 그의 나이 80에 이르렀을 때 집안 조카들이 정리한 책. 사설은 '세쇄(細碎, 매우 가늘고 작음)한 논설'이라는 뜻. 천지문(天地門) 3권, 만물문(萬物門) 3권, 인사문(人事門) 11권, 경사문(經史門) 10권, 시문문(詩文門) 3권 등 5부문, 30권으로 구성되어 있다.
176 《星湖僿說》卷4〈萬物篇〉"地桑", 28쪽(한국고전종합DB).
177 《星湖僿說》, 위와 같은 곳.

중국 난하(灤河)[178]의 서쪽에 모래밭이 많다. 이곳에 끝도 없이 펼쳐진 나무가 모두 새로 심은 뽕나무이다. 높이는 겨우 사람 키와 같고 그 잎은 반들반들하여 보통의 뽕나무와 다르다.《북학의(北學議)[179]》[180]

中國 灤河之西多沙田, 一望無際皆新桑, 僅齊於人[46], 其葉沃然異常.《北學議》

---

[178] 난하(灤河): 내몽고 고원현(沽源縣) 마니도령(馬尼圖嶺)에서 발원하여 열하(熱河) 경계를 지나 발해로 흘러 들어가는 강 이름.

[179] 북학의(北學議): 조선 후기 북학파 학자 박제가(朴齊家, 1750~1805)가 청나라의 풍속과 제도를 시찰하고 돌아와 1778년에 간행한 견문록. 권1은 주로 일상생활에 필요한 모든 기구와 시설에 대한 개혁방안을, 권2는 상공업과 농경 생활에 관한 기초적인 문제를 집중적으로 다루고 있다.《임원경제지》곳곳에 인용되었다. 서유구의 조부 서명응(徐命膺, 1716~1787)이 서문을 썼다.

[180]《北學議》〈外篇〉"桑菓"(《완역정본 北學議》, 419쪽).

[46] 人:《北學議·外篇·桑菓》에는 "鞍".

10) 뽕나무밭 관리하기

【안 거름으로 북주기, 나무좀[181] 처리하기, 서리에 대비하는 여러 법이 함께 보인다】

일반적으로 뽕나무밭[桑田]을 갈 때 뽕나무 부근은 갈지 말아야 한다【주 뽕나무를 상하게 하고 쟁기를 파손시키니, 이른바 '양쪽 손실[兩失]'이다】.

쟁기가 닿을 수 없는 곳은 손수 땅을 파서 뒤집고 땅 위로 뜬 뿌리[浮根, 부근]는 잘라 버린다. 누에똥[蠶矢]으로 거름을 준다【주 뜬 뿌리를 제거해야 밭가는 써레질이나 쟁기질에 방해되지 않고, 나무가 기름지게 자라게 된다】.

또 다른 법: 해마다 뽕나무 둘레의 사방 1보 되는 곳에 순무[蕪菁]씨를 항상 뿌린다. 뽕잎 수확 후에는 돼지를 풀어 놓아 순무를 먹게 하면 그 땅이 부드러워져서 쟁기질한 것보다 나은 점이 있다.

【안 상전(桑田)이란 곧 보통의 밭에 뽕나무를 심어 놓은 곳이다. 뽕나무가 없는 밭은 '노전(露田)'[182]이라 한다. 이 농사법(사이짓기)은 6조(六朝)[183] 시대에 성행했다. 가사협(賈思勰)[184]이 말한 '상전(桑田)' 역시 이

修蒔

【案 糞壅、治蠹、備霜諸法同見】

凡耕桑田, 不用近樹【注 傷桑破犁, 所謂"兩失"】.

其犁不著處, 劚地令起, 斫去浮根, 以蠶矢糞之【注 去浮根, 不妨耬犁, 令樹肥美[47]也】.

又法: 歲常繞樹一步散蕪菁子. 收穫之後, 放豬啖之, 其地柔輭, 有勝耕者.

【案 桑田, 卽田中藝桑之田. 其無桑者, 謂之"露田", 其制盛於六朝. 賈氏所云"桑田"亦指此也.

---

181 나무좀:나무좀과에 속하는 곤충의 총칭. 나무좀에는 오리나무좀, 암브로시아나무좀, 붉은목나무좀 등 153종이 있는데 그중 가장 해로운 좀이 오리나무좀이다. 오리나무좀의 피해는 1차적으로는 줄기에 침입구멍을 내어 수액을 유출시켜 줄기가 말라죽는 것이다. 뽕나무에 주로 붙는 좀이 이 오리나무좀이다.

182 노전(露田):중국 북위(北魏)의 전제(田制)에 뽕나무나 삼 같이 큰 작물을 같이 기르지 않고 곡식만 심어 기르는 밭을 가기키는 용어이다.

183 6조(六朝):중국 삼국 시대부터 수나라 통일 전후의 300여 년간의 역사 시기를 통칭하는 용어. 중국의 위(魏)·진(晉)·후위(後魏)·북제(北齊)·북주(北周)와 수(隋)나라를 가리킨다.

184 가사협(賈思勰):?~?. 6세기경 중국 후위(後魏) 제군(齊郡) 익도(益都) 사람. 고양태수(高陽太守)를 지냈다. 현존하는 중국 최고의 종합적인 농업서인《제민요술(齊民要術)》의 저자이다.

[47] 美:《齊民要術·種桑柘》에는 "茂".

것을 가리킨다.

대개 밭에 곡식의 성장을 방해하는 나무가 있는 것을 꺼린다. 하지만 뽕나무만은 꺼림 없이 곡식과 함께 키운다. 그 까닭은 가지를 자주 잘라 내고 잎을 따 버려서 뽕나무가 그늘을 드리워 곡식을 방해하는 일이 없고, 게다가 그 잎이 비옥하여 밭을 기름지게 만들 수 있기 때문이다】

【우안 원(元)나라 사농사(司農司)가 펴낸 《농상집요》에 이 조항을 실었다. 거기에는 '세상(歲常)'부터 '경자(耕者)'까지의 26글자[185]가 모두 주석한 글로 되어 있도록 하기 위해 줄을 나누어 1칸에 두 줄로 쓰여 있다. 그러나 지금 글의 뜻을 자세히 점검해보니, 이는 가사협의 원문이며, 손씨(孫氏)[186]의 주석이 아님을 알겠다[187]】《제민요술》[188]

조[禾]나 콩을 재배할 때는 뽕나무 가까이 재배해야 한다【주 그러면 땅에서 얻는 이익을 잃지 않으면서 밭도 고루 삶아진다. 뽕나무 주변에 순무씨를 흩뿌릴 경우에는 애써 나무 가까이에 뿌리지 않는다】.《제민요술》[189]

蓋田中忌有樹妨穀, 而惟桑果無忌, 爲其屢經剝采無蔭妨穀, 且其葉肥沃可以美田也】

【又案 元司農司《農桑輯要》載此段, 自 "歲常" 止 "耕者" 二十六字, 竝作注文, 分行雙書, 今細檢文義, 知是賈氏原文, 非孫氏注釋也】《齊民要術》

種禾、豆, 欲得逼樹【注 不失地利, 田又調熟. 遶樹散蕪菁者, 不勞逼也】. 同上

---

185 세상(歲常)부터……26글자: 이 안설의 바로 윗 단락을 가리킨다.

186 손씨(孫氏): 중국 남송(南宋)의 관리이자 학자인 이도(李燾, 1115~1184)와 동시대의 인물이고 《제민요술 음의해석(齊民要術音義解釋)》을 지었다. 그 책은 전하지 않고, 《문헌통고(文獻通考)·경적고(經籍考)》에 이도가 쓴 〈손씨제민요술음의해석서(孫氏齊民要術音義解釋序)〉가 남아 있다.

187 원(元)나라……알겠다: 《제민요술》의 원문과 대조해 보아도 서유구의 이 지적은 정확하다.

188 《齊民要術》卷5〈種桑柘〉(《齊民要術校釋》, 318쪽).

189 《齊民要術》, 위와 같은 곳.

뽕나무들 사이의 빈 곳을 관리할 때는 깨끗하게 해 주어 바람이나 햇볕이 잘 통하게 해야 한다. 그러면 뽕나무 사이가 트여 가지가 무성해진다. 만에 하나 자벌레[步屈] 등의 벌레가 있더라도 사람이 들어가 쉽게 잡을 수 있다. 따라서 겨울에서 봄으로 바뀔 때 벌레를 죽이기 위해 들불을 놓았다가 뽕나무까지 태우는 위험을 면할 수 있다. 《무본신서》[190]

桑隔內修蒔宜淨, 使透風日, 則桑決榮茂, 萬一有步屈等蟲, 又易捕打. 冬春之際, 免野火延燒.《務本新書》

이듬해 봄 가뭄에 대비하는 법은 가을이 깊어졌을 때 미리 뽕나무 아래에 대략 적당량을 헤아려 거름을 덮어 주는 방법이다. 그러면 겨울을 나는 동안 땅기운이 습기를 저장하게 되어 뽕나무도 역시 왕성하게 자란다.

備春旱者, 秋深, 豫於桑下約量擁糞, 經冬, 地氣藏濕, 桑亦榮旺.

봄철에 흙을 파서 토분(土盆, 빙 둘러 만든 우묵한 구덩이)을 만들고【비가 오면 여기에 빗물을 모아 둘 수 있고, 가물면 김맬 수 있다】, 뽕나무들 사이를 김매 주면 자연히 가뭄을 견디고 또 벌레의 상해를 물리친다.

春月, 撥作土盆【雨則可聚, 旱則可鋤】, 鋤治桑隔, 自然耐旱, 又辟蟲傷.

물가나 우물 근처의 뽕나무밭에는 한 번만 듬뿍 물을 줄 수 있으면 역시 알맞은 습도를 잃지 않는다. 《무본신서》[191]

瀕河近井[48], 若能一澆, 亦不失節. 同上

서리의 재해에 대비하려면 3월에 혹 날씨가 몹시

備霜災者, 三月間, 儻値天

---

190 출전 확인 안 됨 ;《農桑輯要》卷3〈栽桑〉 "修蒔"(《農桑輯要校注》, 95쪽).
191 출전 확인 안 됨 ;《農桑輯要》, 위와 같은 곳.
48 井 : 저본에는 "幷". 오사카본·연세대본·《農桑輯要·栽桑·修蒔》에 근거하여 수정.

춥거나 북풍이 크게 부는 날에 먼저 뽕밭의 북쪽에 당일 바람의 형세를 보아가며 거름용 풀을 많이 쌓는다. 밤이 깊어지기를 기다려 이 풀에 불을 놓아 공기를 따뜻하게 한다. 그러면 그 열기가 연기의 힘을 빌려 바람을 타고 서리의 언 기운을 녹인다【꽃이나 과일나무의 서리 대비법도 이를 따른다】.《무본신서》192

氣陡寒, 北風大作, 先於園北, 覰當日風勢, 多積糞草. 待夜深, 發火燠熅, 假借煙氣, 順風以解霜凍【花果倣此】. 同上

뽕나무 그루터기 부분의 곁가지와 아울러 뜬 뿌리는 밭가는 때에 맞추어 모두 잘라 버려야 한다. 잘라 낸 곁가지 중 심어서 기반으로 삼을 만한 가지는 정해진 법대로 심어도 밭갈고 다른 곡식을 재배하는 데에 방해가 안 된다. 이렇게 심으면 그 뽕나무는 자연히 뿌리를 깊이 내리고 가뭄을 잘 견디며, 잎이 일찍 나고 무성하다.《한씨직설》193

桑樹腳科竝浮根, 依時皆可劚去. 可做栽子者, 依法栽之, 不妨耕種. 其桑, 自然根深耐旱, 葉早生榮茂.《韓氏直說》

수시로 벌레가 있는지를 살펴야 하니, 이는 벌레가 나무를 갉아 먹어 생기는 손해가 두렵기 때문이다. 이 작업을 하면서 잔가지를 자르고 잎을 따 낸다. 이를 '투조(妬條, 가지시샘)'라 한다. 만약 뽕밭이 빈 들판에 있으면 해마다 6~7월 사이에 반드시 김을 매서 뽕나무 아래의 풀을 제거해야 한다. 그러면 풀이 벌레를 끌어들이고 이 벌레가 풀을 타고 뽕나무에 올라가 갉아먹어 생기는 손해에서 벗어날 수 있다.

時時看蟲, 恐蝕損. 仍剔摘去細枝葉, 謂之 "妬條". 若桑圃在曠野處, 卽每歲於六七月間, 必鉏去其下草, 免引蟲援上蝕損.

192 출전 확인 안 됨;《農桑輯要》, 위와 같은 곳.
193 출전 확인 안 됨;《農桑輯要》卷3〈栽桑〉"修蒔"(《農桑輯要校注》, 96쪽).

10월이 되면 또 뽕나무 아래의 썩은 풀과 떨어져 시든 뽕잎을 모두 긁어 모아다가 호미[194]로 뽕나무 아래쪽에 빙 둘러 쌓아 준다. 이를 '엄탁(罨籜, 죽순껍질처럼 싸서 덮기)'이라 한다. 엄탁은 뽕잎이 가장 많이 달리고 기름지며 무성하게 하는 방법이다.

다음해 1월에 가지치기를 마치면 곧 호미로 뽕나무 뿌리쪽 흙을 파서[開根] 거름을 준다. 이를 '개근분(開根糞, 뿌리쪽 흙 파서 거름주기)'이라 한다. 엄탁과 개근분, 이것이 바로 매해 2번 호미로 파서 거름주기이다. 진부《농서》[195]

앞서 '매해 2번 호미로 거름주기'라 한 것은 곧 뽕밭이 집에서 먼 곳에 있는 경우에 이와 같이 하는 작업이다. 만약 뽕밭이 집에서 가까우면 곧 담장이나 울타리를 치고, 이어서 또 듬성듬성하게 뽕나무를 심되, 휴전(畦田)의 두둑을 조금 넓게 만들어 뽕나무 아래에 모시를 두루 심는다.

모시에 거름을 줌으로 인해 곧 뽕나무에도 유익해지니, 이는 모시나 뽕나무 양쪽 모두에 득이 된다. 뽕나무뿌리는 깊이 뻗고 모시뿌리는 얕게 뻗는다. 따라서 모두 서로 방해되지 않으면서 이익은 몇 배가 되는 셈이다. 진부《농서》[196]

至十月, 又併其下腐草、敗葉, 鋤轉蘊積根下, 謂之 "罨籜". 最浮泛肥美也.

至來年正月間, 科斫了, 便鋤開根下糞之, 謂之 "開根糞", 則是每歲兩次鋤糞也. 陳氏《農書》

前所謂 "每歲兩次糞鋤", 乃桑圃之遠于家者如此. 若桑圃近家, 卽可作牆籬, 仍更疏植桑, 令畦壟差闊, 其下徧栽苧.

因糞苧, 卽桑亦獲肥益[49], 是兩得之也. 桑根植深, 苧根植淺, 竝不相妨, 而利差倍矣. 同上

삼하늘소(예천 곤충연구소)　　　　　　땅강아지(국립수목원)

뽕나무나 양잠을 해치는 나무좀은 한 종류가 아니다. 노주(蠦蝥)[197]·보굴(步屈, 자벌레)·마충(麻蟲)[198]·상구(桑狗, 땅강아지)[199] 같은 해가 되는 벌레가 생겨 나올 때가 되면 반드시 뽕나무뿌리 주위에 흙을 쌓아 흙무더기를 만들어 주거나, 혹은 차조기기름[蘇子油]을 뽕나무뿌리 주변에 발라 주어야 한다.

나무를 털고 두드려서 벌레가 떨어지고 나면 다시 위로 올라올 수 없도록 바로 벌레를 쳐서 죽인다. 또는 베[布幅]를 펼치고 밑에서 받쳐 베에 걸려든 벌레를 잡는다.

害桑蠶蠹不一. 蠦蝥、步屈、麻蟲、桑狗爲害者, 當生發時, 必須於桑根周圍封土作堆, 或用蘇子油於桑根周圍塗掃.

振打既下, 令不得復上, 卽蹉撲之. 或張布幅, 下承以篩之.

---

197 노주(蠦蝥): 풍뎅이과의 벌레. 그 애벌레는 땅 속에서 식물의 뿌리를 갉아먹는다.
198 마충(麻蟲): 삼하늘소의 어린 벌레. 등은 검고 잿빛 솜털이 있어 어두운 회색이다. 애벌레는 '삼벌레'라 하여 주로 삼 줄기를 파먹고 성충은 주로 엉겅퀴 잎을 갉아 먹는다.
199 상구(桑狗, 땅강아지): 땅강아지과 땅강아지속의 곤충. 뽕나무·소나무·귤나무 등의 뿌리를 갉아 먹고 땅을 들뜨게 하여 고사시킨다. 밤에는 지표 위에서 묘목줄기를 잘라 먹거나 새순을 먹기도 한다.

야잠(野蠶, 산누에애벌레)[200]이라는 벌레가 해가 되는 때는 따로 있다. 이 벌레는 가잠(家蠶, 집에서 키우는 누에)과 같은 시기에 자고 일어나므로, 야잠이 어릴 때는 해가 되지 않는다. 누에가 막잠[大眠][201]을 자려 할 때는 5~6일 동안의 누에 먹일 뽕잎이 있어야한다. 따라서 힘을 합하여 뽕잎을 거두고 뽕나무가지를 베어 들이되, 가지째 베어다 쌓아 둘 경우에는 햇볕에 말라비틀어지지 않게 해야 한다.

이 야잠은 가지를 베어 낼 때 자연히 흔들려서 떨어진다. 비록 가지에 남은 놈이 있어도 베어다 쌓아 둔 가지 속에서 훈증되어 죽는다. 1~2일이 지난 뒤에 뽕잎이 시들어 연해지면 그때그때 잘라 내고 잎을 가늘게 썰어서 미지근한 소금물에 고루 섞어 먹인다. 그러면 그 잎이 싱싱해질 뿐 아니라 또 소금의 성질이 서늘하여 누에에게 유익함이 있다.

그렇게 하지 않고 뽕나무가지를 베어 들여야 할 때보다 늦어지면 3일 안에 야잠이 막잠에서 깨어나서 반드시 뽕잎을 다 먹어치우고 만다. 그러면 가잠 먹일 뽕잎을 또 어찌 바랄 수 있겠는가?

또 강랑충(蜣蜋蟲, 알락불나방)[202]이 있다. 이놈은 성질이 노주와 같아 낮에는 나무 위쪽에 숨어 있다가 밤에 나와 뽕잎을 먹는다. 그러므로 반드시 나무의

野蠶爲害者, 其蟲與家蠶同眠起, 小時不爲害. 欲大眠時, 將應有五六日內飼蠶桑葉, 倂力收斫, 連枝積貯, 不令日氣曬炙.

其野蠶, 當斫時, 自然振落, 縱有留者, 亦因積貯蒸死. 一二日, 桑葉萎頓, 當旋旋剉下, 切細, 以溫鹽水拌飼之, 不惟其葉生新, 抑鹽性涼, 於蠶有益.

不然, 遲於收斫, 三日內, 野蠶大眠起, 桑葉必盡爲所食, 家蠶又何望乎?

又有蜣蜋蟲, 性如蠦蛛, 晝潛於上, 夜出食葉. 必須上用大棒振落, 下用布幅

---

200 야잠(野蠶, 산누에애벌레) : 산누에나방과 나방의 애벌레. 집누에와 비슷하나 몸이 더 크고 무게는 네 배정도 무겁다. 한 해에 두 번 발생하거나 세 번 발생할 때도 있다. 상수리나무, 떡갈나무 따위의 잎을 먹고 넉잠을 잔 후에 엷은 갈색의 고치를 지어 번데기가 된다.
201 막잠[大眠] : 누에가 나방이 되기 위해 마지막으로 자는 잠.
202 강랑충(蜣蜋蟲, 알락불나방) : 태극나방과 나방. 유충은 식물의 잎을 갉아먹는다. 예로부터 뽕나무류의 주요 해충으로 알려져 있으며 최근 밤나무에 발생하기도 한다. 수검은줄점불나방이라고도 한다.

강랑충(알락불나방. 산림청)

위쪽을 큰 막대로 털어 강랑충을 떨어뜨리고, 아래쪽에는 베를 받쳐서 강랑충을 받아 모은다. 나무 아래에서 연기 바람을 위쪽으로 가게 하면서 강랑충을 태워 버리면 뽕나무가지 사이에 숨어 있던 벌레들이 그 냄새를 맡고는 곧장 스스로 도망간다. 이상의 벌레들은 대개 잎을 먹는 놈들이다.

또 뿌리를 좀먹고 껍질을 갉아먹고 날아가 버리는 벌레가 있으니, 이놈의 이름은 '천수우(天水牛, 하늘소)'이다. 한여름에 생겨 나와 모두 나무몸통을 따라 땅속에 빙 둘러 알을 낳는다. 그 유충은 구더기[蛆]처럼 생겼고, 나무의 진액을 빨아 먹는다. 가을과 겨울 동안 점점 자라서 나무줄기의 심을 좀먹는다. 크기는 굼벵이[蠐螬]만 하다.

3~4월에 나무번데기[蛹]로 변했다가 다시 천수우로 탈바꿈한다. 그러므로 이놈에게 해를 당한 나무는 가을이 되자마자 먼저 누런 잎이 생기고, 겨울을 나고 봄이 되면 반드시 차츰 말라 죽는다.

천수우를 제거하는 방법은 다음과 같다. 한여

承聚, 於上風燒之, 桑間蟲聞其氣, 即自去. 以上蟲蓋食葉者也.

又有蠹根食皮而飛者, 名曰 "天水牛". 於盛夏時生, 皆沿樹身匝地生子. 其子形類蛆, 吮樹膏脂. 到秋冬漸大, 蠹食樹心, 大如蠐螬.

至三四月間, 化成樹蛹, 却變天水牛. 故其樹方秋先發黃葉, 經冬及春, 必漸枯死.

除之之法, 當盛夏食樹皮

름에 이놈이 나무껍질을 파먹을 때 나무 몸통을 따라 반드시 진액이 흘러나와 젖은 곳이 있다. 땅에서 0.3~0.5척 되는 곳을 모두 곧장 도끼로 깎아 버리고 그 유충을 쳐서 죽이면 천수우로 인한 피해가 저절로 없어진다. 만약 그 유충이 이미 나무줄기의 심에 있는 경우에는 도끼로 유충이 들어 있는 부분을 찍어 유충을 제거해야 한다.

일반적으로 여러 종의 뽕나무 해충이나 나무좀은 모두 뽕나무들 사이의 땅이 황폐화되면서 생긴다. 그 피해가 기름진 밭에서 잘 자란 뽕나무에까지 미치게 된다. 따라서 뽕나무 아래 땅을 관리하고 다져서 기름진 땅으로 만들어 주면 반드시 이러한 뽕나무를 해치는 벌레나 나무좀이 없어질 것이다.《농상요지》[203]

時, 沿樹身必有流出脂液濕處. 離地都無三五寸, 卽以斧削去, 打死其子, 其害自絕. 若已在樹心者, 宜以鑿剔除之.

凡諸害桑蟲、蠹皆因桑隔荒蕪而生, 以致累及熟桑. 使盡修築下爲熟地, 必無此害桑蟲、蠹也.《農桑要旨》

뽕나무 사이에 밭벼를 재배해도 되지만 뽕과 맞는 종이 있고 맞지 않는 종이 있다. 만약 조[穀]를 재배하면 반드시 흙이 들려 지맥(地脈)이 매우 건조해짐으로 인해 가을이 되면 뽕잎이 먼저 누렇게 된다. 다음해가 되면 뽕잎이 까칠까칠해지고 얇아지면서 수확량이 2/10~3/10이 감소한다. 또 천수우를 불러들여서 천수우가 뿌리를 좀먹고 껍질 속 진액을 빨아먹는 등의 해로운 벌레를 생기게 한다.

만약 뽕밭에 수수[蜀黍]를 재배하면 그 수숫대와 잎이 뽕나무와 키가 같아진다. 이와 같은 상태로 빽

桑間可種田禾, 與桑有宜與不宜. 如種穀, 必揭得地脈亢乾, 至秋, 葉先黃. 到明年, 桑葉澀薄, 十減二三. 又致天水牛, 生蠹根吮皮等蟲.

若種蜀黍, 其梢葉與桑等, 如此叢雜, 桑亦不茂. 如

---

203 출전 확인 안 됨 ;《農桑輯要》, 위와 같은 곳.

빽이 뒤섞여 자라면 뽕나무 역시 무성해지지 않는
다. 만약 뽕밭에 녹두·검정콩·참깨·오이·토란을
재배하면 뽕나무가 울창하고 무성해진다. 다음해에
는 뽕잎이 2/10~3/10 정도 더 달린다.

　기장을 재배해도 좋다. 농가에는 "뽕은 기장을
생장하게 하고, 기장은 뽕을 생장하게 한다[桑發黍,
黍發桑]."라는 말이 있다. 이는 뽕과 기장의 좋은 궁
합을 대략적으로 표현한 말이다.《농상요지》204

　뽕나무를 심고 그 뿌리가 아니라 그 주위에 거름
을 주면 뽕나무뿌리를 사방으로 뻗게 한다. 만약 직
접 그 뿌리에 닿게 거름을 주면 기가 막혀서 죽는
다. 옮겨 심은 뽕나무가 아직 온전히 살아 나지 않
았으면 물을 주어서는 안 되고, 물을 섞은 거름을
준다. 심은 지 2년이 되면 무성해진다.

　뽕나무농사는 흙에 달려 있다. 매월 1번이나 2번
호미질하여 1~2척 정도 깊이로 흙을 뒤집어 준다.
순 거름만 주어 뽕밭의 땅을 두루 비옥하게 해서 그
뿌리를 매우 잘 뻗게[引蔓] 해 준다. 잎을 따 내면서
3년이 되면[至]【안 어떤 본에는 '만(蔓)'자가 '자(者)'
자로 되어 있고, '지(至)'자는 '불(不)'자로 되어 있다】
나무가 무성해진다.

　뽕나무가지의 무성해짐을 해치는 요인을 막고,

種綠豆、黑豆、芝麻、瓜、
芋, 其桑鬱茂. 明年葉增
二三分.

種黍亦可. 農家有云"桑發
黍, 黍發桑", 此大槪也. 同
上

栽桑糞其周圍, 使其根四
達, 若直灌其本, 則罋而
死. 未活也, 不可灌水, 灌
以和水之糞. 二年而盛.

其在土也. 月一鋤焉, 或
二, 起翻一二尺許. 灌以
純糞, 遍沃於桑之地, 使
及其根之引蔓50, 至51【案
一本"蔓"作"者", "至"作
"不"】摘葉也三年, 則其發
茂.

禁損其枝之奮者, 桑之下,

---

204 출전 확인 안 됨 ;《農桑輯要》卷3〈栽桑〉"修蒔"(《農桑輯要校注》, 96~97쪽).
50 蔓 :《農政全書·蠶桑·栽桑法》에는 "者".
51 至 :《農政全書·蠶桑·栽桑法》에는 "不".

뽕나무 아래에 초목을 남겨 두지 않는다면 그 나무가 무성해진다. 《경리옥함》205

뽕나무에 북줄 때 거름이나, 누에똥이나, 볏짚 태운 재나, 구덩이와 연못의 진흙이나, 기름진 흙으로 해 준다. 뽕나무를 처음 심으면서 북줄 때는 물마름이나 목화[棉花]씨로 해 준다. 뿌리에 북주면 뽕나무가 따뜻해져 쉽게 자란다【 농정전서 206 콩깻묵(콩기름을 짜고 난 찌꺼기)이나 목화씨깻묵이나 참깻묵이나 돼지똥·양똥·쇠똥·말똥을 쓴다】. 《경리옥함》207

망해상(望海桑)은 12월에 구덩이를 파서 거름을 더하고 바로 구덩이나 연못의 진흙으로 북주기를 2회나 3회 한다. 6~7월에 비로소 벌레를 제거하고, 구덩이를 파서 거름을 더한다. 하지만 진흙으로 북주는 일은 더디게 해야 한다. 《경리옥함》208

자등상(紫藤桑)은 잎이 두껍고 크다. 일찍 심어야 한다. 집[竈屋]에서 가까운 곳에 심어야 한다. 굳이 구덩이를 파서 거름으로 북줄 필요는 없다. 다만 나무가 어릴 때 겨울이 되기를 기다려 거름을 주되, 2

草木不留則茂. 《鏡理玉函》

桑之壅也, 以糞, 以蠶沙, 以稻草之灰, 以溝池之泥, 以肥土. 其初藝之壅也, 以水藻, 以棉花之子. 壅其本則煖而易發【農政全書 農政全書 以豆餅, 以棉餅, 以麻餅, 以豬羊、牛馬之糞】. 同上

望海之桑, 臘月開塘而加糞, 卽壅之以土泥, 或二或三. 六七月之間, 乃去其蟲[52], 開塘加糞, 壅[53]土宜遲. 同上

紫藤之桑, 其葉厚大, 宜早種之也. 宜邇於竈屋, 不必開塘而糞壅. 惟幼稚之時, 待冬而糞, 或二或三,

205 출전 확인 안 됨;《農政全書》卷32〈蠶桑〉"栽桑法"(《農政全書校注》, 888쪽).
206《農政全書》, 위와 같은 곳.
207 출전 확인 안 됨;《農政全書》, 위와 같은 곳.
208 출전 확인 안 됨;《農政全書》卷32〈蠶桑〉"栽桑法"(《農政全書校注》, 889쪽).
52 蟲 : 저본에는 "壅".《農政全書·蠶桑·栽桑法》에 근거하여 수정.
53 壅 : 저본에는 "糞".《農政全書·蠶桑·栽桑法》에 근거하여 수정.

번이나 3번 준다. 그 시기는 12월이 좋다. 《경리옥함》[209]

以臘月爲佳. 同上

뽕나무하늘소[桑牛]가 뽕나무에 생긴 경우에는 그 벌레가 파고 들어간 구멍을 찾아 동유(桐油)[210]를 바르면 이 벌레가 죽는다. 포모초(蒲母草)[211]를 쓰기도 한다. 이 풀의 모양은 댓잎과 같이 뾰족하다. 뽕잎이 병들었을 때 포모초 삶은 즙을 뿌리에 부어 준다. 뽕나무 아래에는 채소를 기를 수 있다.

有桑牛, 尋其穴, 桐油抹之則死. 或以蒲母草, 草之狀也, 如竹葉. 其桑葉之癩也, 以草煮汁而沃之. 桑之下, 可以蔬.

뽕나무를 재배하는 밭에는 버드나무를 재배해서는 안 된다. 버드나무를 재배하면 버드나무갑충[楊甲蟲][212]이 많아지기 때문이다. 이놈은 뽕나무껍질을 먹으므로 새끼가 뽕나무껍질 속에서 우화(羽化)한다【농정전서[213] 만약 버드나무를 잘라 버릴 수 없으면 이 벌레를 부지런히 잡아야 한다】. 《경리옥함》[214]

藝桑之園, 不可以藝楊. 藝之, 多楊甲之蟲, 是食桑皮子化其中焉【農政全書 楊不可絶, 宜勤捕之】. 同上

---

209 출전 확인 안 됨 ;《農政全書》, 위와 같은 곳.
210 동유(桐油) : 유동(油桐)의 씨에서 짜낸 기름. 점성이 높고 건조가 빠르며 이로써 도장한 막이 강하고 탄력이 있어 옛날부터 장판지 및 우산지의 도장유, 등유, 해충 퇴치, 설사제 등으로 많이 사용되었다. '유동'은 《임원경제지 만학지》권4 〈나무류〉 "오동나무"에도 나오고, 《임원경제지 섬용지》1, 풍석문화재단, 2016, 165~166쪽에 화단의 난간목에 색을 내는 용도 등 동유의 여러 쓰임이 나온다.
211 포모초(蒲母草) : 살충효과가 좋은 창포 종류의 풀로 추정된다. 이를 '부들[蒲]과 발뚝외풀[母草]'로 번역한 농서도 있다.
212 버드나무갑충[楊甲蟲] : 매미목 깍지벌레과 곤충. 지대가 낮은 곳의 버드나무줄기에서 서식하는 곤충. 숙주하는 나무는 버드나무에 한정되지 않고 다양하다. 성충은 늦은 봄부터 가을까지 볼 수 있으며 특히 초여름에 개체수가 가장 많다. 성충은 살아 있는 버드나무껍질이나 뽕나무 등의 가지 껍질을 갉아먹는다. 뽕나무 깍지벌레와 같은 형태이다.
213 《農政全書》, 위와 같은 곳.
214 출전 확인 안 됨 ;《農政全書》, 위와 같은 곳.

뽕나무뿌리 아래에 거북이껍데기를 묻어 두면 뽕나무가 무성해지고 벌레 먹지 않는다. 《본초강목》215

桑根下埋龜甲, 則茂盛不蛀.《本草綱目》

1월 1일 닭이 울 때 햇불로 뽕나무의 위쪽과 아래쪽을 비추면 그 해에 벌레가 없다. 《산거사요(山居四要)216》217

元日鷄鳴時, 以火把照桑樹上下則無蟲. 《山居四要》

뽕나무하늘소(예천 곤충연구소)

---

215 《本草綱目》卷36〈灌木類〉"桑", 2063쪽.

216 산거사요(山居四要) : 중국 원(元)나라 관리 양우(楊瑀, 1285~1361)가 산촌에 사는 사람이 일상생활에 알아야 할 네 가지 요결을 기술한 책. 원나라의 학자 왕여무(汪汝懋)가 증보·편집하였다.

217 출전 확인 안 됨 ; 《山林經濟》卷2〈種樹〉"種桑"《農書》2, 178쪽).

11) 가지치기

【안 뽕잎 따기도 함께 보인다】

뽕나무가 많은 농가에서는 그 가지를 모조리 쳐 내야 하고, 뽕나무가 적은 농가에서는 덜 쳐 내야 한다. 가을에 가지를 칠 경우에는 모조리 치려고 하되, 한낮은 피한다【주 쳐 낸 가지가 햇볕의 열기를 쐬면 나무가 바짝 말라 버린다. 가지를 모조리 쳐 내면 다음해 봄에 가지가 무성하게 난다】.

겨울과 봄에는 가지를 덜 쳐 낸다. 이때는 온종일 가지치기 작업을 할 수 있다.《제민요술》[218]

봄에 뽕잎을 딸 때는 반드시 긴 사다리나 높은 걸상[杭]을 써야 한다. 여러 사람이 한 나무에서 잎을 딴다. 따고 나면 당긴 가지를 원래 위치로 되돌려 놓는다. 그리고 잎자루까지 깔끔하게 다 따도록 힘쓴다. 아침과 해질녘에 따고, 뜨거운 낮 시간은 피해야 한다.

【주 사다리가 길지 않으면 높은 쪽 가지를 너무 당기기 때문에 가지가 부러진다. 사람이 많지 않으면 오르내리면서 작업하기가 힘들다. 가지를 원 위치에 되돌려 놓지 않으면 가지가 당겨진 채로 휘어진다. 잎을 딸 때 잎자루까지 깔끔하게 다 따지 않으면

科斫

【案 探桑同見】

桑多者宜苦斫, 少者宜省
劋[54]. 秋斫欲苦而避日中
【注 觸熱樹焦枯. 苦斫,
春條茂】.

冬春省劋[55], 竟日得作.
《齊民要術》

春探者, 必須長梯高机[56],
數人一樹, 還條復枝, 務令
淨盡. 要欲朝暮而避熱時.

【注 梯不長, 高枝折; 人不
多, 上下勞; 條不還, 枝仍
曲; 探不淨, 鳩脚多; 朝暮
探, 令潤澤; 不避熱, 條葉
乾】

218《齊民要術》卷5〈種桑柘〉(《齊民要術校釋》, 318쪽).

[54] 劋: 저본에는 "劃".《齊民要術·種桑柘》에 근거하여 수정.

[55] 劋: 저본에는 "劃".《齊民要術·種桑柘》에 근거하여 수정.

[56] 机:《齊民要術·種桑柘》에는 "机".

採桑
吳兒歌採桑
桑下靑春深
隣里講歡好
過畔無欺侮
漾籃各自携
層梯高倍尋
黃鸝飽紫椹
啞咤鳴綠陰

누숙경직도(樓璹耕織圖)[219]의 가지치기(국립중앙박물관)

구각(鳩脚)[220]이 많아진다. 아침과 해질녘에 따야 뽕잎 상태를 촉촉하게 유지한다. 햇볕이 뜨거운 때를 피하지 않으면 가지와 잎이 마른다】

가을에 뽕잎을 딸 때는 덜 따려 하고, 조밀하게 나서 서로 방해되는 잎만 딴다【주 가을에 뽕잎을 많이 따면 가지를 손상시킨다】.《제민요술》[221]

秋採欲省, 裁57去妨者【注 秋多採則損條】. 同上

오디를 심은 해 8월에 묘목을 옮겨 심었다가 다음해 1월에 다시 옮겨 심는다. 그 다음해 1월에는 마르거나 꺾인 잔가지를 잘라 낸다. 비록 크게 자란 가지라도 그 반을 잘라 낸다. 그러면 뽕나무의 기운이 충분히 퍼져서 잎이 매우 두꺼워질 것이다.

대체로 뽕나무를 벨 때에는 나무의 진액이 돌기 전에 베어야 하고, 서리나 눈이나 찬비가 내리지 않는 날에 베어야 좋다. 만약 뽕나무의 진액이 돈 뒤에 가지를 베면 진액이 새서 뽕나무가 손상되므로 가장 좋지 않다. 진부《농서》[222]

種椹當年八月, 移栽, 次年正月, 又徙植. 至來年正月間, 斫剔去枯摧細枝, 雖大條之長者, 亦斫去其半, 卽氣浹而葉濃厚矣.

大率斫桑, 要得漿液未行, 不犯霜雪、寒雨斫之乃佳. 若漿液已行而斫之, 卽滲溜損, 最不宜也. 陳氏《農書》

수상(樹桑)은 오직 가지가 듬성해지도록 치고 제때 쳐주는 일【때맞추어 쳐주는 일이다】에 달려 있

樹桑, 惟在稀科、時斫【依時斫也】. 便其條葉豐腴而

---

219 누숙경직도(樓璹耕織圖) : 김홍도(金弘道, 1745~1816 이후)가 누숙의 경직도를 본떠 그렸다고 전해지는 그림. 누숙경직도는 중국 남송의 화가인 누숙이 빈풍칠월도(豳風七月圖)를 참고하여 농업과 양잠의 일을 순서대로 묘사한 그림이다.

220 구각(鳩脚) : 비둘기발 모양으로 잎이나 잎줄기가 남아 있다가 말라비틀어진 상태를 가리킨다. 잎을 잎자루까지 다 뜯지 않아서 남는 잎의 일부분이나 잎자루의 일부분에 병충해가 들어가 잠복하여 나무가 병들게 되는 원인으로 보는 견해도 있다.

221《齊民要術》卷5〈種桑柘〉(《齊民要術校釋》, 318쪽).

222《農書》卷下〈種桑之法〉1(《文淵閣四庫全書》730, 188쪽).

57 裁 : 저본에는 "栽". 오사카본·《齊民要術·種桑柘》에 근거하여 수정.

다. 그러면 가지와 잎이 풍성해지고 두꺼워지며 또 잎이 일찍 난다. 그러면 누에가 못 먹어 성장이 늦어지는 일이 없다.

【듬성해지도록 가지치기해 주면 가지가 절로 많아지고, 잎이 절로 두꺼워진다. 올해 가지치기할 때를 넘기지 않고 가지를 치면 긴 가지가 풍성하고 좋으며, 내년에 나는 잎이 자연히 일찍 나고 또 두껍고 촉촉하다】

또 가지치기의 이로움은 아래와 같다.

【가지치기의 이로움은 오직 나무 중심의 줄기를 남기지 않고 쳐 주는 데 달려 있다. 한 사람이 나무 안쪽에 들어가 설 수 있을 만큼의 공간을 만들고, 여기에서 몸을 돌려가며 도끼질하여 쳐 내면 가지와 잎이 바깥쪽으로 떨어진다.223

어깨에 짊어질 만큼 높은 걸상에 올라, 뽕나무 주위를 돌면서 걸상을 오르내리며 중심 줄기를 남겨 놓은 채로 가지치는 일에 견줄 수 있다. 그러므로 한 사람의 힘으로도 여러 사람의 공력에 맞먹을 수 있다.

가지는 쓸데없이 많아서는 안 된다. 가지가 쓸데없이 많으면 이를 베는 공력이 허비되며, 잎이 얇고 맛이 없다. 이 때문에 뽕나무가지치기는 누에 키우는 일에서 우선 해야 할 일이다. 그런데 요즘 사람들은 농한기에 미리 가지치기를 해야 하는 점을 모르

早發, 不致蠶之稚也.

【稀則條自豐, 葉自腴. 今年科不過時, 則長條豐美, 明年之葉自然早發, 而又腴潤也】

又科斫之利.

【惟在不留中心之枝, 容立一人於其內, 轉身運斧, 條葉偃落於外.

比之擔負高杌, 遶樹上下, 科有心之樹者, 一人可敵數人之功.

條不可冗, 冗則費芟科之功, 葉薄而無味. 是故科斫爲蠶事之先務. 時人不知豫治於農隙之時, 而徒費功力於蠶忙之日, 人則倍

---

223 한 사람이……떨어진다:나무 바깥쪽에서 가지를 치는 게 아니라 나무 안쪽으로 들어가 몸을 좌우로 돌려가며 가까운 쪽 가지부터 점차 쳐 낸다는 말이다.

고 누에치기로 바쁜 때에 가지치기하는 공력을 허비
한다. 그러니 사람은 2배로 일하지만 누에는 또 양
질의 뽕잎을 못 먹게 된다.

勞, 蠶亦失所.

만약 가지치기에서 알맞은 법을 얻는다면 뽕나
무끝에서는 실한 가지를 쉽게 얻고, 가지에서는 실
한 잎을 쉽게 얻는다. 그러면 누에가 밥을 기다리
지 않도록 뽕잎이 제때에 나고 또 그 잎이 촉촉하고
두껍다.

如得其法, 使樹頭易得其
條, 條上易得其葉. 蠶不
待食, 葉以時生, 又其葉
潤厚.

이를 두고 농가 속담에서는 "호미 끝에서 절로 작
은 못(즉 구덩이)이 생기고, 도끼 끝에서 절로 뽕잎 두
배가 생긴다[鋤頭自有三寸澤, 斧頭自有一倍桑]."224라 한다.

農語云: "鋤頭自有三寸澤,
斧頭自有一倍桑."

진중(秦中)225에는 '박상(剝桑)'이라 하는 가지치기
법이 하나 있다. 12월 중에 뽕나무의 쓸데없는 가지
를 다 잘라 버리고 매우 듬성듬성하게 가지를 남겨
둔다. 또 남은 가지의 위쪽에 겨우 4개의 눈만 남기
고 나머지 눈은 모두 제거한다. 이 남은 눈이 다음
해에는 가지가 된다.

秦中一法名曰 "剝桑". 臘
月中, 悉去其冗, 所存之條
甚疏. 又於所存條根之上,
僅留四眼, 餘皆去之. 其所
留者, 明年則爲柯.

그 눈 속에서 나온 푸른 새 가지가 길이 2~3척이
되면 그 잎은 보통 잎보다 2배가 되고, 기름을 발라
놓은 듯 광택이 돈다. 누에가 익으려 할 때 손으로
이 잎을 따서 먹고 오로지 바깥쪽으로 뻗은 가지
하나만 남겨 둔다.

其眼中所發靑條, 可長三
數尺, 其葉倍常58, 光澤如
沃. 蠶逼老而手採之, 獨
留一向外之條.

---

224 호미……생긴다: 출전 확인 안 됨. 호미로 김매 주면서 만든 구덩이를 '작은 못'이라 한 것이고, 도끼로 가지
치기해야 가지가 무성하고 잎도 2배로 커진다는 뜻으로 '도끼 끝에서……생긴다'라 한 것이다.

225 진중(秦中): 중국 섬서성(陝西省) 중부의 평원지역. 중국 춘추전국 시대 때 진(秦)나라가 있던 땅이라 진중
으로 불린다.

58 常: 저본에는 "長".《農桑輯要·栽桑·科斫》·《農政全書·蠶桑·栽桑法》에 근거하여 수정.

점점 자라 가을이 되면 그 길이가 8~10척까지 자란다. 그러면 12월에 다시 전처럼 가지를 쳐 준다. 시간이 오래 지나면 남은 줄기가 또다시 무성해진다. 그러면 다시 아래쪽에서부터 가지를 베어 버린다. 이렇게 한 주기를 보내고 나면 같은 방법으로 다시 시작한다.

중국 낙양(洛陽)과 하동(河東, 황하 동쪽 산서성 서남부 지역)에서도 방법은 똑같다. 산동(山東)과 하삭(河朔, 황하 북쪽)은 이와 달리 반드시 어린 가지를 남겨 둔다. 아마도 이는 각각의 풍토에 알맞은 방식일 것이다.

그렇지만 나는 이 박상법(剝桑法)을 한번 시험해 보고자 했으나 아직도 실행하지 못했다》《사농필용》226

滋長及秋, 其長已至尋丈. 臘月復科之如前. 歲久則所留之柯繁, 重復從下斫去. 旣周而復始.

洛陽、河東亦同, 山東、河朔則異於是, 必留萌條. 疑風土所宜.

然欲一試此剝桑之法而未果也】《士農必用》

뽕나무 베는 법: 옮겨 심었을 때부터【5~7척 높이가 되었을 때이다】바로 가지를 잘라 낸다. 이때 중심 줄기를 남겨 두지 않고 잘라 버리고 나면 그 가지가 절로 바깥쪽을 향해 뻗어 나간다. 그러면 크게 자란 뽕나무의 중심에는 사람 하나가 들어가 설 정도의 공간이 생긴다. 이미 다 자란 나무를 옮겨 심은 경우에도 중앙의 줄기 및 가지는 역시 잘라 내는 것이 좋다. 《사농필용》227

斫樹法: 自移栽時【長五七尺高】, 便割去梢, 旣不留中心, 其條自向外長. 樹長大中心可容立一人. 如長成樹者, 當中有身及枝者, 亦可斫去. 同上

---

226 출전 확인 안 됨;《農桑輯要》卷3〈栽桑〉"科斫"《農桑輯要校注》, 97쪽);《農政全書》卷32〈蠶桑〉"栽桑法"《農政全書校注》, 884~895쪽).
227 출전 확인 안 됨;《農桑輯要》卷3〈栽桑〉"科斫"《農桑輯要校注》, 98쪽);《農政全書》卷32〈蠶桑〉"栽桑法"《農政全書校注》, 895쪽).

과조법(科條法, 가지 치는 법): 일반적으로 가지치기 해서 제거하면 좋은 가지로는 다음의 4종류가 있다. ① 물이 방울져 떨어지는 가지[瀝水枝, 역수지]【아래를 향하여 늘어진 가지】. ② 줄기를 찌르는 가지[刺身枝, 자신지]【안쪽을 향하여 난 가지】. ③ 나란히 붙은 가지[駢指條, 변지조]【서로 나란히 붙어 난 가지는 둘 중 하나를 골라서 제거한다】. ④ 쓸데없는 잔가지[冗胜條, 용좌조]【비록 자연스럽게 난 가지지만 **빽빽**하여 쓸데없는 가지】.

가지치기는 12월이 가장 좋고, 1월이 그 다음이다【12월에는 뽕나무의 진액(津液)이 아직 올라오기 전이고 또 농한기이다. 민가에서 봄에 가지치기하는 이유는 다만 쉽게 껍질을 벗기기 위해서이나 도리어 진액을 손상시킨다. 뽕나무껍질[桑皮]을 쓰고자 하면 12월이나 1월에 가지치기한 가지를 해가 잘 드는 땅 속에 묻어 두었다가 2월 중에 꺼내면 저절로 벗길 수 있다】.《사농필용》228

일반적으로 새로 심은 뽕나무에서 줄기를 베거나 뽕잎을 딸 때는 알맞게 해야 한다. 처음 심은 후에 줄기가 성목이 되었을 때 중심의 긴 가지 위쪽 잎은 따지 말아야 한다. 그 나머지 주변의 곁가지는 그 잎 만을 따고 베어 내지는 말아야 한다.

대개 가지를 **빽빽**하게 두어 그루가 덮이게 하면

科條法: 凡可科去者有四 等. 一, 瀝水枝【向下垂者】. 一, 刺身枝【向裏生者】. 一, 駢指條【相併生者, 選去其一】. 一, 冗胜條【雖順生, 却稠冗】.

臘月爲上, 正月次之【臘月 津液未上, 又農隙. 人家 春科, 只圖容易剝皮, 却損 了津液也. 欲用桑皮, 將 臘月、正月科下條, 向陽土 內培了, 二月中取之, 自可 剝】. 同上

凡新栽桑, 斫科采葉須得 宜. 初栽後成科時, 中心 長條上葉勿采. 其餘在傍 脚科, 止捋其葉, 且勿剗斫.

蓋令枝條[59]繁密, 就爲藩

---

228 출전 확인 안 됨;《農桑輯要》, 위와 같은 곳;《農政全書》, 위와 같은 곳.
[59] 條:《農桑輯要·栽桑·移栽》에는 "葉".

소 같은 가축이 먹어치우거나 쟁기나 써레에 끌려가는 근심을 방지한다. 나중에 중심의 가지가 굵어진 뒤에는 주변의 곁가지는 베어도 된다. 본 뿌리가 무성해진 뒤에 양분통로가 모두 중심의 가지로 몰리면 곧 큰 나무로 성장할 수 있다. 나무가 오래도록 단단하고 무성하면 강심(糠心)[229]이 생기지 않는다.《농상요지》[230]

蔽, 以防牛畜咬損、犂耰拖挽之患. 後中心枝旣麤, 卽可劙斫在旁科條. 本根旣盛, 脂脈盡歸中心枝, 便可長成大樹. 堅久茂盛, 不生糠心.《農桑要旨》

과작법(科斫法, 가지치기하는 법): 1월에는 뽕나무를 다듬어 준다. 마른 가지 및 아래의 작고 어지럽게 난 가지들을 잘라 내고 뿌리 옆의 흙을 파 낸 뒤 거름흙으로 북준다. 이달에 가지치기를 하여 다듬지 않으면 뽕잎이 더디게 자라 무성해지지 않는다. 12월에 가지치기를 해도 된다.《구선신은서(臞仙神隱書)[231]》[232]

科斫法: 正月修桑, 削去60 枯枝及低小亂枝, 掘開根傍, 用糞土培壅. 此月若不科61理, 則葉遲而不茂. 臘月亦可.《臞仙神隱書》

5월에 뽕나무를 베어 줄 때는 부리처럼 뾰족한 끝을 남겨 둬서는 안 된다. 하지가 되면 거름이나 누에똥으로 위의 방법과 같이 북준다. 이때에 베어 주지 않으면 이듬해 봄에 가지가 나지 않는다.《구선

五月斫桑, 不可留嘴. 至夏至, 用糞或蠶沙培壅如上法. 此時不斫, 則來春不生枝. 同上

---

229 강심(糠心) : 속이 빈 겨처럼 나무의 중심부가 비는 병.
230 출전 확인 안 됨 ;《農桑輯要》卷3〈栽桑〉"移栽"《農桑輯要校注》, 91쪽);《農政全書》卷32〈蠶桑〉"栽桑法"《農政全書校注》, 891쪽).
231 구선신은서(臞仙神隱書) : 중국 명(明)나라 태조 주원장의 제17자인 주권(朱權, 1378~1448)이 신선(神仙)·은둔(隱遁)·섭생(攝生) 등을 다룬 의서. 구선(臞仙)은 주권의 호(號)이다.
232《臞仙神隱書》卷下〈正月〉"種木"'修桑'《四庫全書存目叢書》260, 40쪽).
60 去 : 저본에는 "古". 오사카본·규장각본·연세대본·《臞仙神隱書·正月·修桑》에 근거하여 수정.
61 科 :《臞仙神隱書·正月·修桑》에는 "修".

매년 때가 되면 가지치기를 한다. 끈에 돌을 매달고 가지에 이 끈을 묶어 4방으로 뻗은 가지를 눌러 늘어뜨려서 가지가 너울너울 아래로 향하게 한다. 중심의 가지도 거꾸로 굽혀서 위로 곧게 자라지 못하게 한다. 위로 자라면 뽕잎따기가 어렵기 때문이다. 《증보사시찬요(增補四時纂要)》[234]》[235]

每年及時科斫, 以繩繫石, 墜壓四面枝, 令婆娑向下. 中心枝亦屈倒, 勿令直上, 上則難採. 《增補四時纂要》

수상법(修桑法, 뽕나무 다듬는 법): 작은 가지를 자르면 잎이 무성해지고, 마른 가지를 제거하면 나무가 황폐해지지 않는다. 누에치기가 끝나면 가지를 쳐내되, 다만 칠 때 뾰족한 끝을 남겨서는 안 된다.

하지가 되면 뿌리 아래의 흙을 파 낸 뒤 거름이나 누에똥으로 북주면 생의(生意, 생기)가 나무에 가득 쌓인다. 그리하여 이듬해에는 어린 가지의 잎이 분명 더욱 무성해진다. 게다가 껍질로는 종이를 만들 수 있고 가지로는 땔감을 댈 수 있으니, 이중으로 남는 이익이 있다. 《군방보》[236]

修桑法: 削其小枝則葉茂, 去其枯枝則不荒. 蠶事畢, 將枝髠去, 但髠時不可留嘴角.

及夏至, 開掘根下, 用糞或蠶沙培壅, 則生意鬱積. 來年嫩枝之葉, 更覺茂盛. 且皮可製紙, 枝可當柴, 兼有餘利. 《群芳譜》

채상법(採桑法, 뽕잎 따는 법): 높이 달린 뽕잎은 사다리를 사용하여 따면 가지를 거의 상하게 하지 않

採桑法: 高者用梯摘, 庶不傷枝. 遠出强枝, 當用闊刃

---

233 《臞仙神隱書》卷下〈五月〉"種木"'斫桑'(《四庫全書存目叢書》260, 55쪽).
234 증보사시찬요(增補四時纂要): 찬자와 시기 미상. 중국 당(唐)나라의 시인 한악(韓鄂)이 996년 농민의 생활과 민속을 월령체로 쓴 농서인 《사시찬요(四時纂要)》를 증보한 책으로 보인다.
235 출전 확인 안 됨;《山林經濟》卷2〈種桑〉"種桑"(《農書》2, 178쪽).《산림경제》에는 이 부분의 출전이 《사시찬요》로 되어 있으나,《사시찬요 역주》나 《증보산림경제》의 《증보사시찬요》에서는 확인되지 않는다.
236 《二如亭群芳譜》〈利部〉第2"桑麻葛譜", '桑' 509쪽;《廣群芳譜》卷11〈桑麻譜〉"桑", 267쪽.

는다. 멀리 뻗어 나간 억센 가지는 날이 넓으면서 예리한 납작머리도끼[扁斧]로 팔을 돌려 도끼날의 방향을 바꾸어 가면서 아래에서 위로 쳐 낸다. 그러면 가지가 순히 잘려 나가고 진액통로가 노출되지 않아서 잎도 반드시 다시 무성해진다.

속담에 "도끼 끝에는 본디 배나 되는 뽕잎이 있다."라 했다. 이는 도끼로 가지치기를 잘한 효과이다. 부드러운 뽕나무의 높은 쪽 가지는 사다리를 감당하지 못하니, 이때는 반드시 상궤(桑几, 뽕잎따기용 걸상)를 두어야 한다. 상궤의 모양은 높은 등상(凳床, 걸상)과 같고, 그 아래에 2개의 가로대를 설치하여 오르는 디딤대로 삼는다.237 이렇게 하면 뽕잎을 쉽게 따고 또 나무를 상하게 하지 않는다. 《군방보》238

鋒利扁斧, 轉腕回刃, 向上斫之. 枝查旣順, 津脈不出, 葉必復茂.

諺曰 "斧頭自有一倍桑", 此善用斧之效也. 柔桑高枝不勝梯, 須置桑几, 如高凳, 下列二桄, 作登級, 斯易摘葉, 又不傷樹. 同上

---

237 상궤의⋯⋯삼는다 : 《전공지》 권4 〈그림으로 보는 누에치기와 뽕나무 재배(부록) 삼베와 모시〉 "15. 상궤 (桑几, 뽕잎따기용 걸상)" 설명과 그림 참조.
238 《二如亭群芳譜》, 위와 같은 곳 ; 《廣群芳譜》 卷11 〈桑麻譜〉 "桑", 266~267쪽.

12) 의상법(義桑法, 뽕나무 협동 재배법)

가령 한 마을에 두 집이 서로 힘을 합하여 두르는 담장을 낮게 쌓고, 4면의 길이를 각 100보(步)로 한다면【만약 가호(家戶)가 많고 땅이 여유가 있으면 힘을 훨씬 더 절약한다】, 한 집당 200보씩 쌓는다.

이렇게 쌓은 담장 안의 빈 땅을 계산하면 10,000보²가 된다. 1보²마다 뽕나무 1그루씩을 재배한다고 계산하면 총 10,000그루가 되어, 한 집에 5,000그루씩 나눠 갖는 것으로 계산된다.

만약 한 집이 단독으로 따로 담장을 한 바퀴 둘러 200보 쌓는다면, 담장 안의 빈 땅은 다만 2,500보²이 된다. 위와 같이 1보²에 뽕나무 1그루씩을 재배한다고 계산하면 총 2,500그루만 얻게 된다【그 효과와 이익이 이처럼 같지 않은 것이다】.

義桑法

假有一村, 兩家相合, 低築圍墻, 四面各一百步【若戶多地寬, 更甚省[62]力】, 一家該築二百步.

墻內空地, 計一萬步, 每一步一桑, 計一萬株, 一家計分五千株.

若一家孤另一轉, 築墻二百步, 墻內空地止二千五百步. 依上一步一桑, 止得二千五百株【其功利不侔如此】.

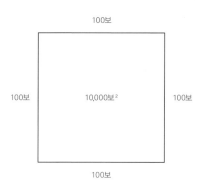

100보

100보　　　10,000보²　　　100보

100보

두 집이 협동 재배할 때의 뽕밭 규모

---

[62] 省 : 저본에는 "者". 오사카본·연세대본·규장각본·《農桑輯要·栽桑·義桑》·《農政全書·蠶桑·栽桑法》에 근거하여 수정.

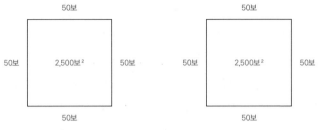

50보	50보
50보　2,500보²　50보	50보　2,500보²　50보
50보	50보

두 집이 각자 재배할 때의 뽕밭 규모

　　함께 뽕농사를 지어서 다툼거리가 일어날까 걱정되면 농원의 중심에 울타리로 경계를 만들어 둔다. 이렇게 하면 혼자 힘으로 담을 쌓는 일에 견주어 뽕잎이 배나 많아지는 데 그치지 않는다. 번갈아 서로 힘을 빌려 일을 쉽게 해 낼 수도 있다.《무본신서》[239]

恐起爭端, 當於園心以籬界斷. 比之獨力築墻, 不止桑多一倍, 亦遞相藉力, 容易句當.《務本新書》

---

239 출전 확인 안 됨;《農桑輯要》卷3〈栽桑〉"義桑"(《農桑輯要校注》, 102쪽);《農政全書》卷32〈蠶桑〉"栽桑法"(《農政全書校注》, 898~899쪽).

13) 황폐해진 뽕나무 관리법

　뽕밭을 관리하지 않은 해가 오래되었으면서 만약 오래 가지치기 하지 않은 가지에서 나는 뽕잎을 따면 잠깐의 쓰임은 된다. 가지치기 하지 않은 뽕나무에서 잎이 늦게 나면 그 잎을 먹는 누에도 어리게 된다. 어린누에가 늦게 익으면 그 그루에서 뽕잎 따는 일도 늦어진다. 그러므로 다음해의 뽕잎도 나는 시기가 또한 그만큼 늦어질 것이다. 해가 더 오래될수록 누에가 나는 날과 차이가 나 더욱 서로 시기를 맞출 수 없게 된다.

　그러므로 누에치기를 하는 사람은 반드시 그 밭을 개간하고 그 뽕나무를 가지치기하여 새로 난 가지가 자라서 무성해지도록 해야 한다. 그래야만 그 다음해에 뽕잎 나는 시기가 누에 나는 때와 자연스레 서로 멀지 않을 것이다. 《사농필용》240

治荒桑法

桑田不治積年, 而苟就其久荒之葉63, 爲一時之用. 荒桑晚生, 其蠶則稚. 稚蠶老遲, 則科葉亦遲. 故明年之葉, 其生也又差晚矣. 積年愈多, 則與蠶生之日, 愈不能相及.

爲蠶事者, 必當開墾其田, 科斫其桑, 使之滋長成條. 其次年所生之葉, 與蠶生之時, 自不相遠也.《士農必用》

---

240 출전 확인 안 됨 ; 《農桑輯要》 卷3 〈栽桑〉 "修蒔"(《農桑輯要校注》, 95~96쪽).
63 葉 : 저본에는 "業". 《農桑輯要·栽桑·修蒔》에 근거하여 수정.

14) 부가사항

오디: 평소에 대추와 오디를 반죽하여 소[餡]241를 만든 뒤 떡을 구워 먹으면 맛이 달고 몸에 유익함이 있다.《무본신서》242

심자전(椹子煎, 오디달임): 잘 익은 오디를 따다가 동이 안에서 곱게 간 뒤 베로 즙을 짜서 자기에 담아 둔다. 그리고 밤낮으로 노지에 49일간 둔다. 이를 끓인 물에 타서 마시면 귀와 눈을 밝게 하고, 신장[腎, 수장(水藏)]을 유익하게 하고, 혈기를 조화롭게 한다【꿀을 조금 더하여 돌그릇에 함께 달여도 좋다】. 여러 가지 종기병을 앓을 때 이것으로 고약을 만들어 환부에 붙이면 신통한 효과가 있다.《무본신서》243

상표초(桑螵蛸, 뽕나무에 붙은 사마귀알집)와 뽕나무 뿌리껍질[桑白皮, 상백피]은 모두 약으로 쓴다.《무본신서》244

상피초지(桑皮抄紙, 뽕나무껍질로 뜬 종이): 초봄에 뽕나무의 번다한 가지를 베어 낼 때 싹이 난 껍질을 벗긴 것이 가장 좋다. 나머지 달에 벗긴 껍질은 그 다음이다.《무본신서》245

附餘

桑椹: 平時以棗、椹拌餡, 煿餅食之, 甜而有益.《務本新書》

椹子煎: 採熟椹, 盆內微研, 以布紐汁, 磁器盛頓. 晝夜露地放之四十九日. 以湯點服, 明耳目, 益水藏, 和血氣【或加蜜少許, 石器同煎亦可】. 病諸瘡疾, 作膏藥貼, 神效. 同上

桑螵蛸、桑根白皮, 皆入藥用. 同上

桑皮抄紙: 春初剗斫繁枝, 剝芽皮爲上, 餘月次之. 同上

---

241 소[餡]: 송편이나 만두 등을 빚을 때, 속에 넣는 여러 가지 재료.
242 출전 확인 안 됨;《農桑輯要》卷3〈栽桑〉"桑雜類"(《農桑輯要校注》, 102쪽).
243 출전 확인 안 됨;《農桑輯要》, 위와 같은 곳.
244 출전 확인 안 됨;《農桑輯要》卷3〈栽桑〉"桑雜類"(《農桑輯要校注》, 103쪽).
245 출전 확인 안 됨;《農桑輯要》, 위와 같은 곳;《農政全書》卷32〈蠶桑〉"栽桑法"(《農政全書校注》, 899쪽).

뽕나무로 활이나 쇠뇌의 몸체[胎]를 만들면 시위를 당기는 힘을 견뎌 낸다[246]【안 뽕나무라는 재료는 상이나 평상, 안석이나 책상을 만들기에 가장 좋다. 광택이 아낄 만하니, 활이나 쇠뇌를 만드는 재료로 알맞을 뿐만이 아니다】.《무본신서》[247]

桑木爲弓弩胎, 則耐挽拽【案 桑之爲材也, 最良用作牀榻、几案. 光潤可愛, 不獨中爲弓弩之材而已也】. 同上

---

[246] 뽕나무로……낸다 : 활의 재료로 뽕나무를 쓰는 예는 《유예지》참고. 서유구 지음, 임원경제연구소 옮김, 《임원경제지 유예지》1, 풍석문화재단, 2017, 149~150쪽에 활 만드는 법이 나온다.
[247] 출전 확인 안 됨 ;《農桑輯要》, 위와 같은 곳.

2. 꾸지뽕나무 재배

栽柘

1) 꾸지뽕나무[柘, 자]¹

꾸지뽕나무는 일명 '간(榦, 산뽕나무)'이다. 【본초강목²】 꾸지뽕나무는 곳곳의 산속에 있다. 떨기로 나기를 좋아하고 줄기가 성기고 곧다. 잎이 풍성하게 나고 두터우며 둥글고 끝이 뾰족하다. 그 열매는 모양이 오디와 같으나 산초처럼 둥근 알갱이이다. '추자(隹子)'라 한다. 추(隹)는 음이 추(錐)이다】

柘

一名"榦".

【本草綱目】處處山中有之. 喜叢生, 幹疏而直. 葉豐而厚, 團而有尖. 其實狀如桑子而圓粒如椒, 名"隹子". 隹, 音錐】

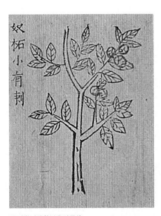

꾸지뽕나무(《본초강목》)

꾸지뽕나무열매(국립수목원)

---

1 꾸지뽕나무[柘, 자]:뽕나무과의 낙엽 활엽 소교목. 잎겨드랑이에 가지의 변형인 가시가 있으며 작은 가지에 털이 있고 동아(冬芽, 겨울눈)는 편원형이다. 잎은 어긋난 달걀형, 타원형 또는 거꿀달걀형으로 길이 6~10cm, 폭이 3~6cm이다.
2 《本草綱目》卷36〈木部〉"柘", 2072쪽.

【안】 자(柘)는 '간(榦)'이라고도 한다. 《서경》〈우공(禹貢)〉에서 "참죽나무·간(榦)·전나무·측백나무"라 했고, 전(傳)에서 "간(榦)은 꾸지뽕나무[柘]이다."[3]라 했다. 또한 염(檿, 산뽕나무)과는 같은 류(類)이면서 다른 종이다.

《시경》〈대아(大雅)〉에서 "제거하고 베어 내니, 그 산뽕나무[檿]요 그 꾸지뽕나무[柘]이다."[4]라 한 것이 이것이다. 어떤 이는 "자(柘)는 염상(檿桑)이다."[5]라 하고, 어떤 이는 "염상(檿桑)은 형상(荊桑) 중에서 좋은 종이다."[6]라 하지만, 반드시 그런 것은 아니다】

【案】 柘, 亦名 "榦". 《禹貢》 "杶、榦、栝、柏", 傳云 "榦, 柘也". 又與檿一類二種.

《大雅》 "攘之剔之, 其檿其柘" 是也. 或謂 "柘卽檿桑", 或謂 "檿桑卽荊桑之美者", 未必然也】

---

3 참죽나무……꾸지뽕나무[柘]이다:《尙書注疏》卷6〈禹貢〉第1《十三經注疏整理本》2, 179쪽).
4 제거하고……꾸지뽕나무[柘]이다:《毛詩注疏》卷23〈大雅〉"文王之什" '皇矣'《十三經注疏整理本》6, 1199쪽).
5 자(柘)는 염상(檿桑)이다:《農政全書》卷32〈蠶桑〉"栽桑法"《農政全書校注》, 881쪽).
6 염상(檿桑)은……종이다: 출전 확인 안 됨.

2) 알맞은 토양

꾸지뽕나무는 산의 돌이 많은 땅에 잘 자라니, 자(柘)라는 글자가 석(石)을 따른 이유는 이 뜻을 취했기 때문이다.[7] 《비아(埤雅)[8]》[9]

土宜

柘宜山石, 柘之從石, 取此義.《埤雅》

꾸지뽕나무(《흠정수시통고》)

---

7 자(柘)라는……때문이다 : 이 내용은 《비아(埤雅)》에는 "柘宜山石"까지만 보인다. 이 구절의 뒤는 《본초강목(本草綱目)》의 내용이다.

8 비아(埤雅) : 중국 송나라 육전(陸佃, 1042~1102)이 지은 자서. 20권. 서명은 《이아(爾雅)》를 보충한다는 의미.

9 《埤雅》卷14 〈釋木〉 "柘",(《文淵閣四庫全書》222, 179~180쪽);《本草綱目》卷36 〈木部〉 "柘", 2072쪽.

3) 파종과 가꾸기

종자법(種柘法, 꾸지뽕나무 심는법): 땅을 숙토(熟土, 부드러워진 흙)가 되도록 갈아엎은 다음 흙을 갈아서 두둑을 만든다. 꾸지뽕나무열매가 익었을 때 많이 거두어 물에 씻고 일어서 깨끗하게 한 뒤 볕에 말린다. 씨뿌리기가 끝나면 로(勞)[10]로 흙을 덮어 준다. 풀이 나면 뽑아 주어 뽕싹이 더부룩하게 덮이지 않도록 한다. 《제민요술》[11]

種藝

種柘法: 耕地令熟, 樓構作隴. 柘子熟時, 多收, 以水淘汰令淨, 曝乾. 散訖, 勞之. 草生拔却, 勿令荒沒. 《齊民要術》

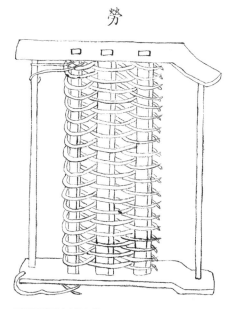

로(勞)(《임원경제지 본리지》)

---

10 로(勞): 흙을 긁어 덮어 주는 연장. 《임원경제지 본리지》 권10 〈그림으로 보는 농사연장〉 "갈이 연장과 삶이 연장" '로(勞)' 에 자세한 설명이 나온다.

11 《齊民要術》卷5 〈種桑柘〉第45(《齊民要術校釋》, 324쪽); 《農桑輯要》卷3 〈栽桑〉 "柘"(《農桑輯要校注》, 103쪽).

4) 잎 따거나 쳐내기

꾸지뽕잎을 1년 동안 따 주지 않은 경우에 봄에 잎이 다시 나면 반드시 누에에게 해독을 끼친다. 만약 잎을 따지 않았으면 여름에 모두 쳐서 떨어트려야 이듬해 봄에 난 잎에 독이 없다. 《박문록》[12]

採剝

柘葉隔年不採者, 春再生, 必毒蠶. 如不採, 夏月皆要打落, 方無毒.《博聞錄》

---

12 출전 확인 안 됨 ;《農桑輯要》卷3〈栽桑〉"柘"(《農桑輯要校注》, 103~104쪽).

5) 쓰임새

꾸지뽕잎을 누에에게 먹이면 실이 좋다. 그 실로 금(琴)[13]이나 비파 등의 현(絃)을 만들면 맑은 울림이 메아리쳐 퍼지므로 보통의 실보다 훨씬 낫다.《제민 요술》[14]

功用

柘葉飼蠶, 絲好. 作琴瑟等絃, 清鳴響徹, 勝於凡絲遠矣.《齊民要術》

꾸지뽕잎은 봄누에가 먹는다. 그 실을 얻기 위해 냉수로 고치를 켜므로 그 실을 '냉수사(冷水絲)'라 부른다. 꾸지뽕잎으로 기른 누에는 다른 누에보다 먼저 나오고, 먼저 자고 일어나며, 먼저 고치를 친다.《박문록》[15]

柘葉, 春蠶食之. 其絲以冷水繰之, 謂之 "冷水絲". 柘蠶, 先出先起而先繭.《博聞錄》

꾸지뽕잎은 뽕잎에 비해 껄끄럽고 얇아서 양이 2/10~3/10 감소한다. 또한 천수우(天水牛, 뽕나무하늘소)를 불러들이고, 좀 등의 벌레가 생기게 한다.《농정전서》[16]

柘葉比桑葉澁薄, 十減二三, 又招天水牛, 生[1]蠹等蟲.《農政全書》

---

13 금(琴): 중국의 대표적인 현악기인 고금(古琴). 일곱 줄의 현악기라는 의미에서 '칠현금(七絃琴)'이라고도 한다.
14 《齊民要術》卷5〈種桑柘〉第45《齊民要術校釋》, 325쪽);《農桑輯要》卷3〈栽桑〉"柘"《農桑輯要校注》, 103쪽).
15 출전 확인 안 됨;《農桑輯要》卷3〈栽桑〉"桑雜類"《農桑輯要校注》, 103쪽);《農政全書》卷32〈蠶桑〉"栽桑法"《農政全書校注》, 898쪽).
16 《農政全書》卷32〈蠶桑〉"栽桑法"《農政全書校注》, 898쪽);《農桑輯要》卷3〈栽桑〉"修蒔"《農桑輯要校注》, 96쪽).
[1] 牛生: 저본에는 "生牛".《農桑輯要·栽桑·修蒔》에 근거하여 수정.

6) 부가사항

종자(種柘, 꾸지뽕나무 심기): 꾸지뽕나무를 심은 지 3년이 되면 솎아 내서 중심을 잡아 주는 노인용 지팡이를 만들 수 있다. 10년이 되면 가운데 줄기를 넷으로 갈라서 지팡이를 만들거나 말채찍이나 호상(胡牀, 접이식 의자)으로 쓸 수 있다. 15년이 되면 활의 재료로 쓸 수 있고, 신도 만들 수 있고, 잘라 낸 나무토막으로 송곳이나 칼의 자루를 만들기에 적당하다. 20년이 되면 소달구지를 만드는 재료로 좋다.

말안장[鞍橋, 안교]을 만들려고 하는 경우에는 가지가 나서 길이 3척 정도 되게 자랐을 때 새끼로 곁가지를 묶어 나무말뚝을 땅에 박고 말안장처럼 휘어지게 한다. 이렇게 해서 10년이 지나면 자연스럽게 꾸지뽕나무말안장으로 자란다.

쾌궁(快弓, 빠른 화살을 날리는 활)의 재료를 만들려고 하는 경우에는 꾸지뽕나무를 산의 돌 사이 북쪽 응달에 심어야 한다. 만약 고원의 산밭이, 흙이 두텁고 물이 깊은 곳이라면 깊은 구덩이를 많이 판다.

구덩이 안에 꾸지뽕나무를 심을 경우에는 구덩이의 깊이에 따라 10척이나 15척 정도 높이로 구덩이 위로 곧게 자라나온다. 그러면 성기게 잡아 주어 사방으로 뻗어나가게 한다.

이 꾸지뽕나무는 줄기가 곧고 보통의 꾸지뽕나무 목재와 달라서 10년 뒤에는 쓰이지 않는 곳이 없다.

附餘

種柘: 三年, 劚去, 堪爲渾心扶老杖. 十年, 中四破爲杖, 任爲馬鞭、胡牀. 十五年, 任爲弓材, 亦堪作屨, 裁截碎木, 中作錐、刀靶. 二十年, 好作犢車材.

欲作鞍橋者, 生枝長三尺許, 以繩繫旁枝, 木橛釘著地中, 令曲如橋. 十年之後, 便是渾成柘橋.

欲作快弓材者, 宜於山石之間北陰中種之. 其高原[2]山田, 土厚水深之處, 多掘深坑.

於坑之中種桑柘者, 隨坑深淺, 或一丈、丈五, 直上出坑, 乃扶疏四[3]散.

此樹條直, 異於常材. 十年之後, 無所不任.《齊民要

---

[2] 原: 저본에는 "厚".《齊民要術·種桑柘》·《農桑輯要·栽桑·柘》에 근거하여 수정.
[3] 四:《齊民要術·種桑柘》에는 "回".

오목 무늬(바이두)

《제민요술》[17]

꾸지뽕나무 목재에서 추출한 황적색 염료를 '자황(柘黃)'이라 한다.《본초강목》[18]

꾸지뽕나무는 술식초[酒醋, 술로 만든 식초]에 광회(礦灰, 가장 상등급의 석회)를 타서 이 목재에 바른 다음, 하룻밤이 지나면 사이에 줄무늬가 있는 오목(烏木)[19] 무늬가 만들어진다.《물류상감지(物類相感志)[20]》[21]

《術》

柘木染黃赤色，謂之 "柘黃".《本草綱目》

柘木以酒醋調礦灰塗之，一宿則作間道烏木文.《物類相感志》

전공지 권제1 끝

展功志卷第一

17 《齊民要術》卷5〈種桑柘〉第45(《齊民要術校釋》, 324~325쪽);《農桑輯要》卷3〈栽桑〉"柘"(《農桑輯要校注》, 103쪽).
18 《本草綱目》卷36〈木部〉"柘", 2072쪽.
19 오목(烏木) : 흑단(黑檀, 쌍떡잎식물 감나무목 감나무과의 상록 활엽 교목)의 중심(中心). 빛깔은 순흑색 또는 담흑색으로, 매우 단단하여 젓가락·담배설대·문갑 따위를 만드는 데 쓰인다.
20 물류상감지(物類相感志) : 중국 송(宋)나라 소식(蘇軾, 1036~1101)이 지은 책. 신체·의복·기용·음식·문방·질병 등에 대하여 짤막한 상식들을 열거해 놓았다.
21 《物類相感志》〈器用〉(《叢書集成初編》1344, 12쪽);《本草綱目》卷36〈木部〉"柘", 2072쪽.

2

전공지 권제 2
展功志 卷第二

II. 누에치기와 길쌈(하)

생기가 있는 고치를 바로 실켜기 하면 가장 좋다. 사람의 일손이 미치지 못한다면 고치를 죽여 천천히 실켜기를 한다. 고치를 죽이는 법에는 다음의 3가지가 있다. 첫 번째는 햇볕에 말리는 법이고, 두 번째는 소금에 담그는 법이며, 세 번째는 대바구니에 찌는 법이다. 이중 대바구니에 찌는 법이 가장 좋다. 그러나 사람들은 대부분이 방법을 잘 알지 못한다. 햇볕에 말리면 고치를 상하게 한다. 소금에 담가서 항아리에 보관하는 법은 온당하다.

- II -

누에치기와 길쌈(하)

蠶績(下)

1. 누에치기

養蠶

1) 누에

【본초강목】[1] 누에는 실을 품고 있는 벌레이다. 종류가 매우 많아서 크기의 차이와 하얗거나 검거나 얼룩무늬이거나 하는 색의 차이가 있다. 그 벌레는 양(陽)에 속해서 건조한 곳을 좋아하고 습기를 싫어한다. 먹되 마시지 않고, 3번 자고 3번 일어나며, 27일 만에 익는다.

알[卵]에서 나와 누에유충[蚙]이 되고, 누에유충에서 탈피하여 누에[蠶]가 된다. 누에는 고치[繭]를 짓고, 고치 속의 누에는 번데기[蛹]가 되고, 번데기는 누에나방[蛾]이 되고, 누에나방은 알을 낳고, 알은 다시 누에유충이 된다. 또한 모체 안에서 자라는 유충은 어미와 함께 익으니, 대개 신령한 벌레이다.

남월(南粤)[2]에는 3번 자는 누에, 4번 자는 누에, 2번 생(生)하는 누에, 7번 나오는 누에, 8번 나오는 누에가 있다. 그 고치는 황색·백색 2가지 색이 있다.

蠶

【本草綱目】蠶, 孕絲蟲也. 種類甚多, 有大·小、白、烏、班色之異. 其蟲屬陽, 喜燥惡濕, 食而不飮, 三眠三起, 二十七日而老.

自卵出而爲蚙, 自蚙蛻而爲蠶, 蠶而繭, 繭而蛹, 蛹而蛾, 蛾而卵, 卵而復蚙, 亦有胎生者, 與母同老, 蓋神蟲也.

南粤有三眠、四眠、兩生、七出、八出者. 其繭有黃、白二色.

---

1 《本草綱目》卷39〈蟲部〉"卵生類"上'蠶', 2247쪽.
2 남월(南粤) : 기원전 203년부터 기원전 111년에 걸쳐 5대 93년동안 중국 남부에서 베트남 북부에 존재했던 왕국. 남월(南越)이라고도 한다.

누에의 모양

뽕잎 먹는 누에(파주시 농업기술센터. 홍잠(弘蠶) 생산을 위한
누에 사육시설. 파주 장단에 위치)

《이아(爾雅)》에서는 "상(蠑)은 뽕나무고치[桑繭]이　　《爾雅》云: "蠑, 桑繭也.

다. 수유(雠由)는 가죽나무고치[樗繭]·꾸지뽕나무고치[棘繭]3·난나무고치[欒繭]이다.4 항(蚢)은 맑은대쑥고치[蕭繭]이다."5라 했다. 모두 각각의 누에가 먹는 잎에 따라서 명명했다. 상(蠔)은 지금 뽕나무 위에 사는 야생 누에이다. 지금의 산뽕나무누에[柘蠶]는 뽕나무누에[桑蠶]와 함께 키우는데, 이것이 바로 꾸지뽕나무고치[棘繭]이다.

雠由, 樗繭、棘繭、欒繭① 也. 蚢②, 蕭繭也." 皆各因所食之葉命名, 而蠔卽今桑上野蠶也. 今之柘蠶與桑蠶竝育, 卽棘繭是也.

안 《영가기(永嘉記)》6에 나오는 영가(永嘉)7 지역의 팔배잠(八輩蠶)8에는, 원진잠(蚖珍蠶, 3월에 고치 짓는 누에)·자잠(柘蠶, 산뽕나무누에. 4월 초에 고치 짓는다)·원잠(蚖蠶, 4월 초에 고치 짓는 누에)·애진(愛珍, 5월에 고치 짓는 누에)·애잠(愛蠶, 6월 말에 고치 짓는 누에)·한진(寒珍, 7월 말에 고치 짓는 누에)·사출잠(四出蠶, 9월 초에 고치 짓는 누에)·한잠(寒蠶, 10월에 고치 짓는 누에)의 항목이 있다.9

案 《永嘉》八輩蠶有蚖珍蠶、柘蠶、蚖蠶、愛珍、愛蠶、寒珍、四出蠶、寒蠶之目.

《농상요지》와 《무본신서》에 모두 하잠(夏蠶, 여름에 치는 누에)·추잠(秋蠶, 가을에 치는 누에) 기르는 법이 있다. 대개 이렇게 1년에 2번 누에를 치니[再蠶], 그

《農桑要旨》·《務本新書》俱有養夏蠶、秋蠶法. 蓋一年再蠶, 其來已久. 《周

---

3 꾸지뽕나무고치[棘繭]: 산뽕나무의 이칭. 속칭 구지견(句枝繭)이라고 한다.

4 수유(雠由)는……난나무고치[欒繭]이다: 이 세 나무의 잎은 야잠의 먹이이다. 이 세 가지 잎을 먹고 만든 고치를 '수유'라 한다.

5 상(蠔)은……맑은대쑥누에[蕭繭]이다:《爾雅注疏》卷9〈釋蟲〉第15《十三經注疏整理本》24, 325쪽).

6 영가기(永嘉記): 중국 남조 유송(劉宋) 시대에 지어진 지리지. 지금은 망실되었으며 저자도 불분명하다.

7 영가(永嘉): 중국 절강성(浙江省) 온주시(溫州市) 일대.

8 팔배잠(八輩蠶): 1년에 수확하는 여덟 종류의 누에. 그 누에고치가 부드러우면서 얇다고 한다. 팔잠(八蠶) 혹은 팔견잠(八繭蠶)이라고도 한다.

9 영가기(永嘉記)에……있다:《齊民要術》卷5〈種桑柘(養蠶附)〉《齊民要術校釋》, 327쪽). 번역문의 간주는 모두 이 책의 같은 곳에 적힌 세주를 반영했다.

① 棘繭、欒繭: 저본에는 "蕭繭也" 뒤에 있음.《爾雅注疏》에 근거하여 수정.

② 蚢: 저본에는 "蚖".《爾雅注疏》에 근거하여 수정.

유래가 오래되었다. 《주례(周禮)》의 "원잠(原蠶)[10]을 금하다."[11]라는 표현이 이것이다. 그러나 우리나라는 2번 익히는 누에가 없다】

禮》"禁原蠶"是也. 我東則無再熟之蠶】

---

10 원잠(原蠶) : 여름과 가을에 2번 부화하는 누에. 이잠(二蠶)이라고도 한다.
11 원잠(原蠶)을 금하다 : 《周禮注疏》 卷30 〈夏官司馬〉 "馬質"(《十三經注疏整理本》 8, 929쪽). 말과 누에는 기(氣)가 같은 생물이므로 말을 기르는 곳이나 말 기르는 사람들은 1년에 두 번 양잠하는 것을 금한다는 내용이다.

근대의 누에섶(국립민속박물관)

2) 누에씨[12] 거두기

누에씨[種繭]를 거둘 때는 반드시 누에섶[簇][13]에 살던 놈 중에서 가져온다【주 누에씨가 누에섶의 위쪽 가까이 있었으면 실이 가늘고, 땅 가까이 있었으면 알이 부화되지 않는다】.《제민요술》[14]

일반적으로 누에를 키우는 법으로 누에씨를 직접 가려 거두어야 한다. 누에씨를 돈 주고 사면 이득이 적다. 그 이유는 무엇인가? 무릇 누에나방[蠶蛾]은 1~2일 사이를 두고 고치에서 나오는 경우도 있고, 3~5일 사이를 두고 나오는 경우도 있다. 이렇게 누에나방 나오는 시기가 고르지 않으면 알[子] 낳는 시기도 역시 고르지 않다.

收種

收取種繭③, 必取居簇中者【注 近上則絲薄, 近地則子不生也】.《齊民要術》

凡育蠶之法, 須自摘種. 若買種, 鮮有得者, 何哉? 夫蠶蛾有隔一二日出者, 有隔三五日出者, 蛾出不齊, 則放子先後亦不齊矣.

---

12 누에씨 : 씨를 받을 누에의 알.
13 누에섶[簇] : 익은 누에를 넣어 그 속에 고치를 짓게 하는 용기.
14 《齊民要術》卷5〈種桑柘(養蠶附)〉(《齊民要術校釋》, 333쪽).
③ 種繭 : 저본에는 "繭種".《齊民要術·種桑柘》에 근거하여 수정.

누에씨를 거둘 때는 알 낳는 시기가 들쭉날쭉 고르지 않는 경우에 별도의 종이에 시기별로 거둔다. 알 낳는 시기의 한가운데에서 알 낳는 시기가 고를 때는 또 별도의 종이를 마련해서 알을 거둔다. 알 낳는 시기의 말기가 되어 알을 조금 늦게 낳는 경우도 별도로 종이를 마련해서 알을 거둔다.

일반적으로 남에게 파는 누에씨는 모두 알 낳는 처음과 마지막 시기의 선후가 섞여 고르지 않은 알이다. 알 낳는 중간 시기의 고른 알은 남겨서 자기가 쓴다.

처음에 누에씨를 거둔 시기가 고르지 않으면 개미누에[苗]가 나오는 시기도 고르지 않다. 따라서 누에가 잠을 자고 일어나는 시기도 결국 몇 개의 등급으로 나뉜다. 여기에는 이제 막 자는 놈이 있고, 일어나 먹으려는 놈이 있고, 아직 잠을 자지 않는 놈도 있다. 그러면 먹이 주는 때가 고르지 않으니, 이것이 득과 실이 서로 반반인 이유이다.

만약 직접 누에씨를 거둘 때 반드시 고치 짓는 시기가 고른 놈을 고르면 누에나방이 나오는 시기도 고르다. 누에나방이 나오는 시기가 고르면 알 거두어 모으는 시기도 고르다. 알 거두어 모으는 시기가 고르면 개미누에 나오는 시기도 고르다. 진부(陳敷) 《농서》[15]

其收種, 取參差未齊之時, 別紙摘之; 及正中間放子齊時, 又別作一紙摘之; 及末後放子稍遲, 又別作一紙摘之.

凡鬻與人, 皆首尾前後不齊者, 而中間齊者, 留以自用.

始摘不齊, 則苗出不齊, 蠶之眠起遂分數等, 有正眠者, 有起而欲食者, 有未眠者. 放食不齊, 此所以得失相半也.

若自摘種, 必擇繭之早晚齊者, 則蛾出亦齊矣. 蛾出既齊, 則摘子亦齊矣. 摘子既齊, 則出苗亦齊矣. 陳氏《農書》

---

15 《農書》卷下〈育蠶之法〉3(《文淵閣四庫全書》730, 190쪽).

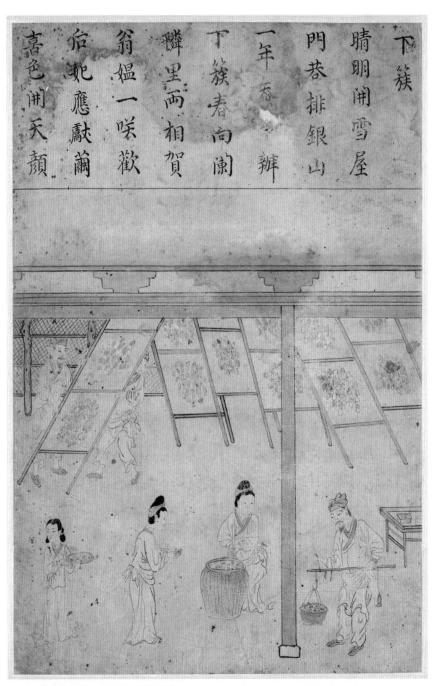

下簇

晴明開雪屋
門巷排銀山
一年蠶事辦
下簇春向闌
鄰里兩相賀
翁媼一咲歡
后妃應獻繭
嘉色并天顏

누숙경직도(樓璹耕織圖)의 고치 따기(국립중앙박물관)

사람들은 대부분 상자 안에 누에씨를 거두어 둔다. 그랬다가, 비가 오거나 습기가 높은 날씨로 찌는 듯이 덥거나 절기에 맞지 않게 춥거나 더운 경우를 만나면 바로 피해를 입게 된다. 절강(浙江) 지역 사람들은 이를 '증포(蒸布, 쩌진 직물)'라고 하니, 이는 난포(卵布, 알 상태의 직물)에 이미 병이 생겼다는 말이다.

이런 알에서 개미누에가 나오면 반드시 황색이다. 개미누에가 황색이면 기를 수 없다. 이를 영아에 비유하면 태반에서 병을 얻었다가 태반을 나와서 곧 병이 드는 경우와 같으니, 치료하기가 어렵다.

일반적으로 누에씨 거두는 법은 대나무시렁에 누에씨를 성글게 펴 놓고 바람과 해를 보지 않도록 한다. 또 찢은 솜으로 누에씨를 덮어 파리[飛蝶]16나 진딧물[綿蟲]이 먹지 못하도록 한다. 진부 《농서》17

누에를 기르는 법 중에서 고치씨 따는 일이 먼저이다. 요즈음 고치를 딸 때는 한결같이 고치를 모두 발[箔] 위에 쌓아 놓는다. 간혹 실뽑기 전에 누에나방이 나오는 경우가 있는데, 나오면 곧바로 알을 낳는다. 하지만 이들은 쌓인 고치로 인해 덮여서 눌리고 훈증되면서 열기를 받아 생긴 누에나방이기 때문에 결코 완전히 좋은 놈이 없다. 그 어미가 병이 생기면 새끼도 병이 생기니, 새끼의 병은 진실로 이와

人多收蠶種子篋中, 經天時雨濕熱蒸, 寒煥不時, 卽罷損. 浙人謂之"蒸布", 以言在卵布中已成其病.

其苗出必黃, 苗黃卽不堪育矣. 譬如嬰兒, 在胎中受病, 出胎便病, 難以治也.

凡收蠶種之法, 以竹架疏疏垂之, 勿見風日. 又擘綿幂之, 勿使飛蝶、綿蟲食④之. 同上

養蠶之法, 繭種爲先. 今時摘繭, 一槩垃堆箔上. 或因繰絲不及, 有蛾出者, 便就出種. 罷壓熏蒸, 因熱而生, 決無完好. 其母病則子病, 誠由此也.

---

16 파리[飛蝶]: 원문의 '蝶'을 '蠅'의 오기로 보는 오사와 마사아키[大澤正昭]의 설을 따랐다. 최덕경 역주, 《진부농서 역주》, 세창출판사, 2016, 167~168쪽, 34번 각주 참조.
17 《農書》卷下〈收蠶種之法〉2(《文淵閣四庫全書》730, 189쪽).
④ 食:《農書·收蠶種之法》에는 "貪".

같은 이유 때문이다.

이제부터 고치씨를 딸 경우 누에섶을 열었을 때 위쪽 가까이 볕을 향해 있는 고치나 점초(苫草, 누에섶 덮개) 위쪽에 있는 고치를 선택해야 한다. 이런 고치라야 튼튼하고 좋은 고치이다.

【《농상요지(農桑要旨)》에서는 "고치는 반드시 암수가 반반씩이어야 한다. 누에섶 안에서 위쪽에 있는 놈은 수놈이 많고 아래쪽에 있는 놈은 암놈이 많다."라 했다. 진지홍(陳志弘)[18]은 "숫고치는 모양이 뾰족하고 가늘며 실이 질기며 왜소하다. 암고치는 둥글고 실이 약하며 두께가 두툼하고 크다."[19]라고 했다】

따로 고치를 따내서 바람이 잘 통하고 서늘한 방 안의 깨끗한 발 위에 일일이 하나씩 배열한다. 일수가 충분해지면 그 누에나방은 스스로 고치에서 나온다. 그러므로 쌓인 고치로 인해 훈증되고 덮이고 고치가 뚫리고 이리저리 끌려다니는 고통을 면한다. 이것이 진실로 태교에서 가장 우선으로 삼아야 할 사항이다.

만약 권시(拳翅, 날개 굽은 누에나방)·독미(禿眉, 눈썹 없는 누에나방)·초각(焦脚, 다리 거무스레한 누에나방)·초미(焦尾, 꼬리 거무스레한 누에나방)·훈황(熏黃, 누렇게 훈증된 누에나방)·적두(赤肚, 배 벌건 누에나방)·무모(無毛, 털 없는 누에나방)·흑문(黑紋, 검은 무늬 있는 누에나방)·흑신(黑身, 몸통

今後繭種, 開簇時, 須擇近上向陽, 或在苫草上者. 此乃强良好繭.

【《農桑要旨》云: "繭必雌雄相半. 簇中, 在上者多雄, 下者多雌." 陳志弘[5]云: "雄繭尖細緊小, 雌者圓慢厚大."】

另摘出, 于透風涼房內淨箔上, 一一單排. 日數旣足, 其蛾自生, 免熏罨鑽延之苦, 此誠胎敎之最先.

若有拳翅、禿眉、焦脚、焦尾、熏黃、赤肚、無毛、黑紋、黑身、黑頭、先出、末後生者, 揀出不用, 止留完全肥好者.

---

18 진지홍(陳志弘): 미상. 《농상집요》 전체 중에서 卷4 〈양잠〉에만 2회 인용되었다.
19 숫고치는……크다: 출전 확인 안 됨.
⑤ 弘: 저본에는 "宏". 《農政全書·蠶桑》에 근거하여 수정.

검은 누에나방)·흑두(黑頭, 머리 검은 누에나방)·선출(先出,
먼저 나온 누에나방)·말후(末後, 맨 뒤에 나온 누에나방)가 나
오면 가려 내서 쓰지 않는다. 모양과 색이 온전하고
살진 놈만 남겨 둔다.

이를 알받이종이[連] 위에 고르고 성글게 펼쳐 둔
다. 높고 밝고 서늘한 곳을 골라 발을 설치하고 알
받이종이를 깐다. 발 아래의 땅은 깨끗하게 청소해
야 한다【누에알받이종이는 두꺼운 종이가 제일 좋
다. 얇은 종이는 젖는 피해를 막을 수 없다. 시골의
말에 "알받이종이로 소회지(小灰紙)[20]를 쓰면 효과가
빼어나다."라 했다】.

누에나방이 충분히 나왔는지 살핀 다음 이를 아
래의 알받이종이로 옮긴다. 잠실 한쪽 구석의 빈 곳
에 불쏘시개용 건초를 수직으로 세우고 그 위에 누
에나방을 흩어 놓는다.

18일이 지난 뒤 잠실의 서남쪽 깨끗한 곳에 구덩
이를 파고 누에나방을 저장한다. 그 위에는 불쏘시
개용 건초를 덮고 흙으로 봉하면 새나 벌레에게 먹
히는 피해를 거의 막을 수 있다.

【대개 누에는 사람에게 효용이 있으므로 이치상
이와 같이 해야 한다. 《농상요지》에서는 "누에나방
을 가져다 구덩이 3개를 파고 누에씨를 농지 안에 묻
으면 땅 속에서 몇 년 동안 자개(刺芥)[21] 같은 잡초가

均稀布於連上. 擇高明涼
處, 置箔鋪連. 箔下地, 須
灑掃潔淨【蠶連, 厚紙爲
上, 薄紙不禁浸浴. 野語云
"連用小灰紙, 更妙"】.

候蛾生足, 移蛾下連. 屋
內一角空處, 豎立柴草, 散
蛾于上.

至十八日後, 西南淨地, 掘
阬貯蛾. 上用柴草搭合,
以土封之, 庶免禽蟲傷食.

【蓋有功于人, 理當如此.
《農桑要旨》云: "將蛾作三
阬, 埋種田地內, 能使地中
數年不生刺芥."】《務本新

---

20 소회지(小灰紙): 중국 성도(成都) 광도현(廣都縣)에서 나던 사방 1척쯤 되는 종이. 가장 널리 쓰이고 값도
　　가장 쌌다고 한다. 수나라 양제(煬帝) 때 '광도'를 '쌍류(雙流)'로 개칭하면서 쌍류지라고도 했다.
21 자개(刺芥): 국화과의 여러해살이풀. 엉겅퀴[大薊]라고도 한다.

생기지 않도록 할 수 있다."22라 했다】《무본신서》23

《무본신서》23

書》

잠사(蠶事, 누에치기)의 근본은 오직 처음 계획을 성실히 하는 데 있다. 그렇게 해야 뒷날의 걱정이 되지 않는다【누에가 잠에서 깨어나는 시기가 고르지 않은 이유는 개미누에의 부화[變生] 시기가 한결같지 않은 데서 비롯된다. 개미누에의 부화[變生] 시기가 한결같지 않은 이유는 누에씨를 거둘 때 적당한 법대로 하지 않은 데서 비롯된다. 그러므로 "오직 처음 계획을 성실히 세우는 데 있다."라 하는 것이다】. 《사농필용》24

蠶事之本, 惟在謹于謀始, 使不爲後日之患也【眠起不齊, 由于變生之不一; 變生不一, 由于收種之不得其法. 故曰 "惟在謹于謀始"】.《士農必用》

누에섶 중간에서 동남쪽 밝고 깨끗한 곳의 굵고 실한 고치를 취한다. 첫날 나온 누에나방은 '묘아(苗蛾)'라 하는데, 이는 쓸 수 없다【잠실 안에 불쏘시개로 쓰는 건초를 둔 다음 쓰지 않는 누에나방을 그 위에 풀어 놓는다】.

取簇中腰, 東南明淨厚實繭. 蛾第一日出者, 名 "苗蛾", 不可用【屋中⑥置柴草, 上放不用蛾】.

다음날부터 나온 누에나방은 쓸 수 있다. 매번 같은 날에 나온 누에나방이 같은 등급의 무리이다【각각의 알받이종이 위에 개미누에가 나온 날을 써 놓았다가 나중에 개미누에를 누에발로 내릴 때가 되면 각각 나온 날짜대로 같은 등급 무리가 된

次日以後出者, 可用. 每一日所出, 爲一等輩【各于連上寫記, 後來下蛾時, 各爲一等輩. 二日相次爲一輩猶可, 次三日者則不可,

---

22 누에나방을……있다 : 출전 확인 안 됨.

23 출전 확인 안 됨 ;《農桑輯要》卷4 〈養蠶〉 "收種"(《農桑輯要校注》, 125~126쪽);《農政全書》卷31 〈蠶桑〉(《農政全書校注》, 842~843쪽).

24 출전 확인 안 됨 ;《農桑輯要》卷4 〈養蠶〉 "收種"(《農桑輯要校注》, 126쪽);《農政全書》卷31 〈蠶桑〉(《農政全書校注》, 843쪽).

⑥ 中 : 저본에는 "上".《農桑輯要·養蠶·擇繭》·《農政全書·蠶桑》에 근거하여 수정.

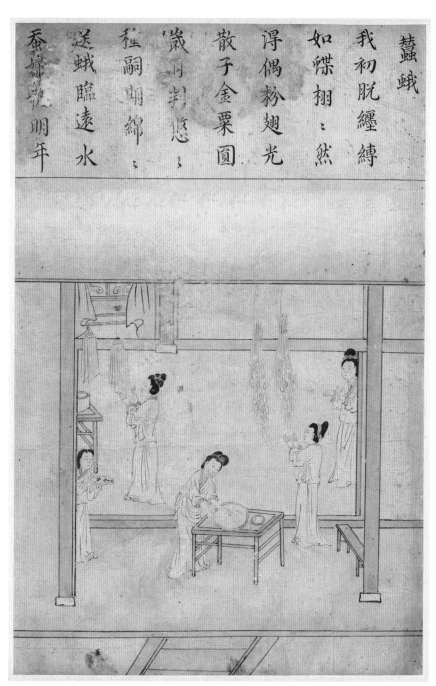

蠶蛾
我初脫繭縛
如蝶栩栩然
浮偶粉翅光
散子金粟圓
歲月判怨恩
種嗣朝綿綿
送蛾臨遠水
蠶婦乾明年

누숙경직도의 누에씨 준비(국립중앙박물관)

다. 2일 차이까지는 그 누에나방을 같은 등급의 무리로 여전히 삼을 수 있지만, 3일 차이가 나면 같은 등급으로 삼아서는 안 된다. 앞으로 누에가 되었을 때 자고 일어나는 시기가 고를 수 없어 매우 해가 되기 때문이다. 같은 등급의 누에나방을 따로 한 무리를 만들어 키운다면 괜찮다】.

맨 뒤에 나온 누에나방은 '말아(末蛾)'라 부르며, 역시 쓸 수 없다.

알받이종이를 시렁[槌]에 얹어 놓은 누에발에 편 다음 수놈과 암놈을 서로 교배시킨다. 당일에 알받이종이를 3~5차례 들어 올린다【누에나방의 오줌을 제거하기 위함이다】. 미시(오후1~3시)가 된 후에 조심해서 숫누에나방을 알받이종이에서 떼어 낸다【숫누에나방을 개미누에[苗蛾]와 한 곳에 둔다】.

어미누에나방을 알받이종이 위에 고르게 펼쳐 놓는다【어미누에나방의 밀도를 적당히 하기 위함이다】. 낳은 알이 둥근 고리 모양이거나 포개진 모양인 경우, 그 누에나방과 알 모두 사용하지 않는다. 그 나머지 누에나방이 알을 충분히 낳으면 이어서 알받이종이에서 3~5일 동안 알을 덮어 주면서 양육하도록 해야 한다【알을 덮어 주면서 양육하지 않으면 알의 기운이 부족해진다】. 그런 다음 어미누에나방도 숫누에나방·개미누에·말아(末蛾)가 있는 곳에 두었다가 18일 뒤에 땅에 묻는다. 《사농필용》[25]

為將來成蠶, 眠起不能齊, 極為患害. 另作一輩養則可】.

末後出者, 名"末蛾", 亦不可用.

鋪連于槌箔上, 雄雌相配. 當日可提掇連三五次【去其尿也】, 至未時後, 款摘去雄蛾【放在苗蛾一處】.

將母蛾于連上均布【稀稠得所】. 所生子如環成堆者, 其蛾與子皆不用. 其餘者生子數足, 更當就連上, 令覆養三五日【不覆養則氣不足】. 然後, 將母蛾亦置在雄蛾、苗蛾、末蛾處, 十八日後埋之. 同上

---

25 출전 확인 안 됨 ;《農桑輯要》卷4〈養蠶〉"擇繭"《農桑輯要校注》, 126~127쪽) ;《農政全書》卷31〈蠶桑〉《農政全書校注》, 843쪽).

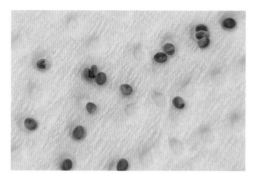
부화하기 직전의 누에알

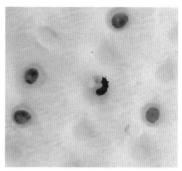
투명한 알에서 나오는 개미누에

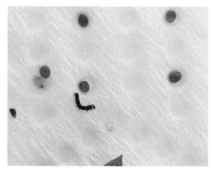
알에서 나와 기어가는 개미누에

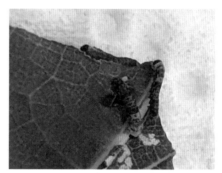
뽕잎 먹는 개미누에

암컷누에나방

짝짓기하는 누에나방

짝짓기 후에 알 낳는 누에나방(이상은 네이버 블로그 '아기 똥꼬 삼형제')

고치가 누에섶에 있을 때 고치 중에 모양이 뾰족하고 가늘며 실이 질기고 왜소한 것과 허리가 작은

其在簇也，擇繭之尖細堅小者、腰小者雄也，圓慢厚

것은 수놈이다. 둥글고 실이 약하며 두께가 두툼하고 큰 것과 허리가 큰 것은 암놈이다. 이 둘을 함께 거둔다. 누에섶의 한가운데 있는 고치가 좋다. 섶의 위쪽 가까이에 있는 고치는 실이 가늘고, 섶의 아래쪽 가까이에 있는 고치는 그 알이 부화되지 않는다.[26]

누에나방이 알을 낳게 하려면 고치에서 동시에 나온 누에나방을 가져다 암수를 잘 골라서 짝짓게 한다. 진시(오전7~9시)부터 해시(오후9~11시)까지 그렇게 두었다가 이 둘을 분리하면 알의 기운이 그제야 온전해진다. 누에나방이 알을 낳을 때는 반드시 누에나방을 덮어 주어서 어둡게 해야 한다. 나방이 빛을 보면 낳은 알이 흩어진다.

알받이종이를 만들 때는 반드시 뽕나무껍질로 만든 종이를 쓴다. 어미누에나방이 알을 덮어 주면서 4~5일이 되어야 알의 기운이 강해진다. 명주실 씻어 끓인 물을 알받이종이에 뿌려 주면 알이 떨어지지 않는다. 낳은 알이 둥근 고리모양이거나 여러 개가 포개진 모양이면 알을 버린다. 이 알받이종이들을 뽕나무껍질로 꿴다. 이때 삼실이나 모시실 사용은 피한다. 이를 서늘한 곳에 매달아 둔다. 연기에 그을리거나 햇빛에 쏘이는 곳은 금한다.《경리옥함》[27]

大⑦者、腰大者雌也, 相兼而收. 以簇中爲佳, 近上則絲薄, 近下則子不生.

其蛾之生也, 取其同時者, 擇而對焉, 自辰而亥乃折, 厥氣乃全. 其放子也, 必覆而暗之, 見光則其子遊散.

其爲連也, 必桑皮之紙. 母蛾之覆也, 四五日厥氣乃固. 沃之以澡⑧絲之湯, 則子不落. 其子之如環如堆者棄之. 貫之以桑皮, 忌麻、苧之絲, 懸之於涼處, 忌煙熏日炙之所⑨.《鏡理玉函》

---

26 고치가……않는다:《格致鏡原》卷96〈昆蟲類〉"蠶"(《文淵閣四庫全書》1032, 730쪽).
27 출전 확인 안 됨:《蠶經》〈種連〉(《叢書集成初編》1471, 6~7쪽).
⑦ 大:《蠶經·種連》에는 없음.
⑧ 澡:《蠶經·種連》에는 없음.
⑨ 所:《蠶經·種連》에는 "所至".

3) 알받이종이 씻기

납일(臘日, 12월 말)에 누에씨를 모은 다음 여기에 소
오줌을 부었다가 냇물에 씻는다. 깔개(알받이종이)를 상
하지 않도록 하고 매단다. 진관(秦觀)[28] 《잠서(蠶書)[29]》[30]

일반적으로 누에씨를 물에 씻은 다음 작은 끈으로
꿰어 걸어 둔다. 정월 대보름에 씻기를 마치고 7일간
걸어 둔 다음 깨끗하고 서늘한 곳에 거두어 항아리
하나에 담아 저장한다. 깨끗하고 서늘한 곳에 두는
일이 중요하니, 부화 시기를 늦추게 하기 때문이다.

【또 납일에 누에씨를 대바구니에 넣고 뽕나무가
지에다 걸어 둔다. 그 상태로 서리와 싸라기눈, 비와
눈, 강한 바람과 혹한을 겪게 하다가 입춘이 되면
거둔다. 이를 '천욕(天浴, 자연씻기)'이라 한다.

대개 누에나방이 낳은 알에는 실한 것과 부실한
것이 있다. 혹한을 겪은 뒤에 부실한 알에서는 더 이
상 부화하지 않고, 오직 실한 알에서 부화한다. 그러
면 누에는 강건하게 잘 자란다】《세시광기(歲時廣記)[31]》[32]

浴連

臘之日, 聚蠶種, 沃以牛
溲, 浴于川, 毋傷其籍, 迺
縣之. 秦氏《蠶書》

凡浴蠶種了, 小繩子搭挂.
上元日浴畢, 挂一七日, 却
收于清涼處, 著一甕盛.
貴得清涼, 令生遲也.

【又臘日取蠶種, 籠挂桑中,
任霜霰[10]、雨雪、飄凍, 至
立春收, 謂之"天浴".

蓋蠶蛾生子, 有實有妄者.
經寒凍後, 不復狂生, 唯
實者生蠶, 則强健有成也】
《歲時廣記·集正曆》

---

28 진관(秦觀):1049~1100. 중국 북송(北宋)의 문인. 자는 소유(少游)·태허(太虛), 호는 회해거사(淮海居
士). 양주(揚州) 고우(高郵) 출신. 고문과 시, 특히 사(詞)에 뛰어났으며 황정견(黃庭堅)·장뇌(張耒)·조보
지(晁補之) 등과 함께 '소문4학사(蘇門四學士)'로 일컬어졌다.
29 잠서(蠶書):중국 북송의 진관이 지은 농서. 송대 이전 연주(兗州) 지방의 양잠과 길쌈 관련 지식을 모아
놓은 책.
30 《蠶書》〈種變〉(《文淵閣四庫全書》730, 193쪽).
31 세시광기(歲時廣記):중국 남송 이종(理宗, 1224~1264년 재위) 전후의 사람인 진원정(陳元靚, ?~?)의 저서.
32 《歲時廣記》卷11〈上元〉中 "變蠶種"(《叢書集成初篇》179, 118쪽);《歲時廣記》卷39〈臘日〉"浴蠶
種"(《叢書集成初篇》181, 427쪽);《農桑輯要》卷4〈養蠶〉"浴連"(《農桑輯要校注》, 127쪽).
[10] 霰:저본에는 "露".《歲時廣記·臘日·浴蠶種》에 근거하여 수정.

Ⅱ. 누에치기와 길쌈(하)　　199

누에알받이종이 걸어 놓기(《왕정농서》. 《전공지》 권4에
원도 수록됨)

〈집정력(集正曆)〉[33]

납일 혹은 납월(臘月)에 많은 눈이 오면 바로 누에
씨를 눈 속에 펼쳐 놓고 눈에 1일 동안 눌리도록 한
다. 그런 뒤 그제야 다시 시렁 위에 펼치고 처음처럼
덮어 준다. 봄이 되어 알이 깨어날락 말락 할 때를
살펴서 주사(朱砂)[34]를 곱게 간 다음 따뜻한 물에 타
서 여기에 누에씨를 씻는다. 물은 차가우면 안 되고
뜨거워도 안 된다. 다만 사람 체온과 같으면 괜찮

臘日或臘月大雪, 卽鋪蠶
種於雪中, 令雪壓一日, 乃
復攤之架上, 冪之如初.
至春, 候其欲生未生之間,
細研朱砂, 調溫水浴之. 水
不可冷, 亦不可熱, 但如人
體斯可矣. 以辟其不祥也.

---

33 집정력(集正曆) : 미상. 《송사(宋史) 》卷206 〈예문지(藝文志)〉第159와 卷207 〈예문지(藝文志)〉第160에
　　'《음양집정력(陰陽集正曆)》3卷'의 서목이 보인다. 《집정력》은 《세시광기》의 편명이 아니고 《세시광기》에
　　서 《집정력》의 내용을 인용했다.
34 주사(朱砂) : 붉은 색의 황화 광물. 한약재나 염료로 쓰인다.

다. 이렇게 해서 상서롭지 않은 기운을 물리친다. 진부《농서》[35]

陳氏《農書》

"누에는 용(龍)의 정수이다. 달이 큰 화기와 만나면 누에씨를 씻는다."[36]라는 말이 있다. 요즘 사람들은 소금물을 누에씨에 붓고 이를 '세잠(洗蠶)'이라 한다. 이런 누에가 상품이다. 씻지 않은 누에씨는 '화잠(火蠶)'이라 하며, 누에 중에서 세잠의 다음이다. 《농상요지》[37]

"蠶爲龍精, 月値[11]大火, 則浴其種". 今人以鹽水沃其種, 謂之"洗蠶", 蠶爲上. 不浴者名"火蠶", 蠶次之.《農桑要旨[12]》

12월[臘月] 12일에 누에를 치는 집마다 가지줄기 태운 재에 그을린 누에알을 소금물에 담갔다가 곡물껍질 안에 쟁여 둔다. 24일이 지나 꺼내어 시냇물에 씻고 봄이 오기를 기다린다. 《해령현지(海寧縣志)[38]》[39]

臘月十二日, 養蠶之家各以鹽滷茄灰薰揉蠶子, 藏之穀殻中, 至廿四日則出之, 浴于川以待春至.《海寧縣志》

농가에서는 누에알이 알받이종이에 처음 있을 때부터 12월 삼팔일(三八日, 8일·18일·28일)이 될 때까지 알받이종이를 3번 씻는다. 이때가 되면 누에알

農家自蛾在連, 直至臘月內三八日, 浴連三次. 比及此時, 蛾溺毒氣, 先薰

---

35 《農書》卷下〈收蠶種之法〉3(《文淵閣四庫全書》730, 189쪽).

36 누에는……씻는다:《周禮注疏》卷30〈夏官司馬〉"小司馬" '馬質'(《十三經注疏整理本》8, 929쪽);《齊民要術》卷5〈種桑柘(養蠶附)〉(《齊民要術校釋》, 326쪽).

37 출전 확인 안 됨;《格致鏡原》卷96〈昆蟲類〉"蠶"(《文淵閣四庫全書》1032, 729쪽).

38 해령현지(海寧縣志):중국 절강성 해령현의 읍지. 총 24책. 1683년에 간행되었다. 해령현은 현재 중국 절강성 해령시 일대이다.

39 《海寧縣志》卷2〈方域志〉下 "風俗"(하버드 옌칭도서관본 2책, 100쪽);《欽定授時通考》卷72〈蠶事〉"浴種"(《文淵閣四庫全書》732, 1043쪽).

⑪ 値:《周禮注疏·小司馬·馬質》에는 "直".

⑫ 旨:저본에는 "音". 오사카본·규장각본에 근거하여 수정.

은 독한 기운에 오염된다. 지나간 8~9개월 동안은 먼저 더러운 기운이 스며들게 하는 과정이기 때문에 누에알을 잘 양육하는 방법에서 크게 벗어난다.

지금 이후에는 누에알이 알받이종이에 처음 있을 때부터, 바로 연기가 없고 바람이 잘 통하며 서늘한 방 안에서 알받이종이를 뽕나무껍질끈으로 꿰어 위에 한 장씩 걸되, 해를 보게 해서는 안 된다. 만약 날씨가 무더우면 오시(午時, 오전11시~오후1시)부터 미시(未時, 오후1~3시) 사이에 알받이종이를 서늘한 방의 깨끗한 바닥 위에 펴 놓았다가 신시(申時, 오후3~5시)가 되면 다시 건다.

그렇게 하면서 18일이 지난 뒤, 날씨가 청명하면 해가 나오기 전에 깊은 우물의 단물을 길어다 알받이종이를 씻는다. 대략 밥 한 끼 먹을 동안 단물에 담가서 오염된 독기를 제거한 다음 위의 방법대로 한 장씩 건다.

임신한 부인과 아이를 낳은 지 1개월이 되지 않은 산모는 알받이종이를 씻어서는 안 된다. 두꺼운 옷이나 면, 솜으로 싸 놓으면 안 되고, 구리·철·소금·재를 가까이해서도 안 된다. 삼끈으로 알받이종이를 묶어서 걸어도 안 된다. 만약 이들을 금하지 않으면 뒤에 많은 알이 말라서 죽거나 부화되지 않는다.

汚[13]八九月, 甚違胎養之方.

今後, 自蛾在連, 卽于無煙通風凉房內, 桑皮索上單挂, 不得見日. 若遇天氣炎熱, 于午未間, 將連鋪在凉房淨地上, 申時却挂.

至十八日後, 遇天色晴明, 日未出時, 汲深井甜水, 浴連. 約一頓飯間, 浸去便溺毒氣, 依上單挂.

孕婦竝未滿月産婦, 不得浴連. 勿用厚衣, 綿, 絮包裹, 勿近銅, 鐵, 鹽, 灰. 不得用麻繩繫挂, 如或不忌, 後多乾死不生.

---

[13] 汚 : 저본에는 "汗".《農桑輯要·養蠶·浴連》에 근거하여 수정.

【《본초습유(本草拾遺)》[40]에서 진장기(陳藏器)[41]는 "모시나 삼이 누에씨 가까이에 있으면 누에가 부화되지 않는다."[42]라 했다. 이들을 멀리해야 한다】

삼복 때에 알받이종이를 다시 씻는다. 가을이 되어 날씨가 맑을 때에는 알받이종이 2장을 실로 길게 연결되도록 듬성하게 꿰매어 모두 하나의 알받이종이로 만든다. 이를 서로 등이 마주 보도록 뽕나무껍질끈 위에 걸어 두면 가을바람에 의해서 알받이종이끼리 겹쳐져 생기는 마찰을 거의 면할 수 있다.

7~8월에 알받이종이를 거두기 시작해서는 안되니, 일찍 거두면 누에알이 왕성하게 부화하지 못한다. 10월이 되어 맑은 날에 알받이종이를 거두고 둘둘 말아서 뽕나무껍질끈으로 묶은 다음 매달아 둔다.

동짓날과 12월 8일에 앞의 방법대로 알받이종이를 씻어서 건다【끊이지 않고 늘 흐르는 물[長流水]이 가장 좋으며 우물물은 다음이다】. 보름이 되면 몇 장의 알받이종이를 하나로 만 다음 뽕나무껍질끈으로 잘 묶는다. 이어서 뜰 앞에 장대를 세운 다음 이를 높이 걸어서 12월의 찬 기운을 받고 또한 별과 달의 정수를 쏘이도록 한다.

【《本草》陳藏器云: "苧、麻近蠶種, 則蠶不生."當遠之】

三伏內, 再浴. 至秋高時, 兩連用線長綴, 通作一連, 索上搭挂, 庶免秋風磨擦.

七八月, 不宜收起, 早收, 蠶子不旺. 至十月, 天晴收卷, 桑皮索繫, 懸之.

冬至日、臘八日, 依前浴挂【長流水爲上, 井花水次之】. 比及月望, 數連一卷, 桑皮索繫定, 庭前立竿, 高挂, 以受臘天寒氣, 又探辰精月華.

---

40 본초습유(本草拾遺) : 중국 당나라의 의학자 진장기(陳藏器, 687~757)가 《신농본초경》을 보완해서 편찬한 의서. 총 10권이며, 《서례(序例)》 1권, 《습유(拾遺)》 6권, 《해분(解紛)》 3권으로 구성된다. 현재 원서는 전하지 않고, 《가우본초(嘉祐本草)》·《증류본초(證類本草)》 등의 책에 부분적으로 남아 있다.

41 진장기(陳藏器) : 약 687~757. 중국 당나라의 의학자. 《신농본초경》을 보완해서 《본초습유》를 저술했으나 지금은 전하지 않는다.

42 모시나……않는다 : 출전 확인 안 됨 ; 《本草綱目》 卷15 〈草部〉 "苧麻", 978쪽.

풍산류씨 본가 소장 문배도(문화재청)

설달 그믐날 밤이 되면 오방초(五方草)⁴³를 도부(桃符)⁴⁴나무 자투리와 함께 물에 달인 다음 식힌다. 정월 초하루 오경(五更, 오전3~5시)에 이를 사용해서 알받이종이를 씻어 주면 각종 사악한 기운을 피할 수 있고, 잡귀의 해에서 벗어날 수 있으며 누에를 기르는 데에도 알맞다.

【오방초란 바로 마치현(馬齒莧)이다. 5월 5일에 담장 끝이나 지붕 위 혹은 인적이 드문 외딴곳에서 채취해야 좋다. 만약 봄에 오방초가 너무 이르거나 너

至歲除夜, 用五方草同桃符木柤, 以水同煎, 放冷. 元日五更, 浴連, 辟諸惡, 解厭魅, 宜蠶.

【五方草者, 馬齒莧是也. 宜於五月五日, 于墻頭竝屋上, 或人迹少到處採者

43　오방초(五方草): 쇠비름과의 식물인 쇠비름의 이칭. 해열, 해독, 지혈 효과가 있다. 마치현(馬齒莧)이라고도 한다.

44　도부(桃符): 복숭아나무 판자에 신도(神荼)·울루(鬱壘) 두 신상(神像)을 그린 부적의 일종. 정월 초하룻날 대문에 걸어 액운을 막았다. 우리나라에는 이와 유사한 문배(門排, 문에 붙여 잡귀를 막는 그림) 풍습이 있었다.

무 늦게 나면, 천사일(天社日)[45]이나 중양절(重陽節)[46]에 채취해도 효과가 같다】

입춘 뒤에, 연기가 없는 집 안에 깨끗한 항아리 1개를 놓는다. 이어서 마른 띠[茅草]를 잘게 썰어 항아리바닥에 깔고 따로 검은콩 1~2두를 담는다. 그 위에다가는 얼레[絲簨, 사확][47] 1개를 세운다. 그리고 누에알받이종이 3장씩을 1묶음으로 느슨하게 만 다음 뽕나무껍질끈으로 묶는다. 이를 얼레 사이에 둘러 세운 뒤, 사(紗, 깁. 명주실로 바탕을 조금 거칠게 짠 비단)로 항아리를 덮는다. 십수 일마다 알받이종이를 항아리 밖으로 꺼내어 바람과 햇볕을 조금 쏘인다.

佳. 若春早遲生, 至天社日、重九日採亦同】

立春後, 無煙屋內, 置淨甕一隻. 細切乾茅草襯底, 另貯黑豆一二斗, 上立一絲簨. 慢卷蠶連三紙, 桑皮繫之, 遶簨豎立, 以紗蓋甕. 每十數日, 將連取出, 略見風日.

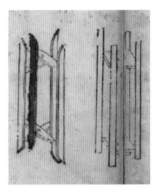

사확((왕정농서). 《전공지》 권5에 원도 수록됨)

얼레(국립민속박물관)

---

45 천사일(天社日) : 추사일(秋社日)을 말한다. 입추(立秋, 양력 8월 8·9일경) 후 5번째 무일(戊日)로, 음력 8월이다. 춘사일(春社日)과 추사일에 관해서는 서유구 지음, 임원경제연구소 옮김, 《임원경제지 이운지(林園經濟志 怡雲志)》4, 풍석문화재단, 2019, 525쪽, 553쪽에 자세히 보인다.

46 중양절(重陽節) : 세시 명절의 하나로, 음력 9월 9일을 이르는 말. 국화주와 국화떡을 해 먹었다. 서유구 지음, 임원경제연구소 옮김, 위와 같은 책, 557쪽에 자세히 보인다.

47 얼레[絲簨, 사확] : 연줄, 낚싯줄 따위를 감는 데 쓰는 기구. 자새라고도 한다. 나무 기둥의 설주를 2개나 4개 또는 6개로 짜서 맞추고 가운데에 자루를 박아 만든다.

【또 개미누에알받이종이는 연기에 쏘이는 일을 매우 꺼린다. 농가에는 연기를 피할 수 있는 건물[房舍]이 적다. 알받이종이가 매일 연기를 쏘이면 알[胎]이 먼저 받아 쌓인 열기에다가 봄기운을 타고 반드시 부화하려는 조짐을 보인다[變].

이때서야 농민들은 뽕잎이 아직 나지 않는다는 사실을 알기 때문에 대부분 흙이나 콩 속에 알받이종이를 묻어서 누른다. 그러면 개미누에는 이러한 고통을 겪었기 때문에 부화한 뒤에도 반드시 쇠약해진다.

이러한 병의 원인을 살펴 여러 가지 해결책을 마련해야 한다. 이를테면 한 마을 십수 가구의 누에알받이종이를 각자 잘 봉하고 소유자를 기록한 다음 촌장[社長]이 이들을 취합해서 연기가 없는 곳에 잠시 보관해 둔다. 그러면 알받이종이가 연기에 쏘임

【又峨連大忌煙熏. 農家少有避煙房舍, 日値煙氣熏烝, 胎先蘊熱, 乘春必變.

爲見桑葉未生, 多以土、豆埋壓, 蛾遭困苦, 後必消耗.

審此病源, 決合多方救護, 謂如一村十數家蠶連, 各自封記, 社長斂集于無煙處寄放, 庶免熏埋之苦】《務本新書》

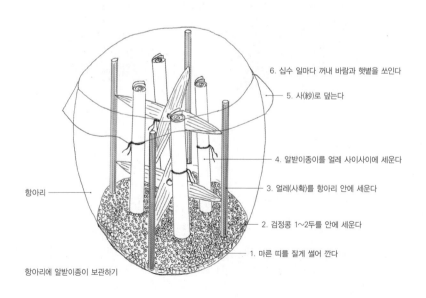

6. 십수 일마다 꺼내 바람과 햇볕을 쏘인다

5. 사(紗)로 덮는다

4. 알받이종이를 얼레 사이사이에 세운다

3. 얼레(사확)를 항아리 안에 세운다

2. 검정콩 1~2두를 안에 세운다

1. 마른 띠를 잘게 썰어 깐다

항아리

항아리에 알받이종이 보관하기

으로 인해 흙이나 콩 속에 묻혀서 눌리는 고통을 거
의 면할 수 있을 것이다】《무본신서》[48]

    알받이종이를 물에 씻은 다음 걸어 둘 때는 누에
알이 밖을 향하도록 해야 한다. 바람이 불 때 알받
이종이가 서로 마찰이 되어 누에알을 상하게 할까
염려되기 때문이다. 동짓날과 12월 8일에 알받이종
이를 물로 씻을 때는 물이 너무 차서 얼지 않도록 하
여 2일 동안 담가 두었다가 꺼낸다【물이 너무 차서
얼면 담가 둔 알받이종이를 꺼낼 수 없다】.

浴畢挂時, 須蠶子向外, 恐
有風相磨損其子. 冬至日及
臘八日浴時, 無令水極凍,
浸二日, 取出【水極凍則不
能出連】.

    설이 지난 뒤에 항아리 속에 알받이종이를 세워
서 보관한다. 이때는 알받이종이의 알이 영롱함을
유지하게 해야 한다. 십수 일마다 반드시 해가 높이
떴을 때 1번씩 꺼내서 바람을 쏘이고, 흐린 날이나
비가 온 뒤마다 바로 햇볕에 말린다【이는 습기에 상
할까 염려되기 때문이다. 그렇지만 바람을 쏘이는
일도 시간이 너무 길면 안 된다】.《사농필용》[49]

年節後, 甕內豎連, 須使
玲瓏. 每十數日, 須日高時
一出, 每陰雨後, 即便曬
曝【恐傷濕潤. 然見風亦不
可多時】.《士農必用》

    단오가 되면 부들이나 쑥이나 버들잎을 우물물
에 섞은 다음 여기에 알받이종이를 잠시 담가서 누
에나방의 소변을 제거하고 매단다. 그러면 고치 10
근을 누에씨로 남겼을 때 세잠누에[三眠蠶] 40근을
얻을 수 있다.

至端午也, 以蒲以艾以柳
和井水, 而浸小時焉, 去其
尿以懸. 其留繭十斤也, 可
以得三眠之蠶四十斤.

    12월 12일이 되면 알받이종이를 소금물에 담근

至臘之十二, 浸之於鹽之

48 출전 확인 안 됨 ;《農桑輯要》卷4〈養蠶〉“浴連”(《農桑輯要校注》, 127~128쪽).
49 출전 확인 안 됨 ;《農桑輯要》卷4〈養蠶〉“浴連”(《農桑輯要校注》, 128쪽).

다. 24일이 되어 꺼내면 고치에서 실을 뽑는 데 이
롭다. 어떤 이는 "12월 8일에 뽕나무 태운 재나 풀
태운 재 내린 물에 누에알받이종이를 담갔다가 1일
뒤에 꺼낸다."라고도 한다. 이어서 눈 녹은 물에 담
갔다가 매달아서 말린다. 혹은 뽕나무 위에 매달아
서 비와 눈을 맞도록 하고 3일이 지난 뒤에 거두면
잘 견디면서 자란다.

2월 12일에 알받이종이를 씻는다. 담글 때는 뽕
나무가지 태운 재를, 알받이종이를 적신 다음 거기
에 뿌려 준다. 이 종이를 접어서 소금물에 담근다.
이 소금물에는 염도가 있어서 알받이종이가 떠오를
염려가 있으므로 자기그릇으로 눌러 준다. 24일이
되어 꺼낸 다음 강물로 재를 씻어 낸다.

또는 얕은 그릇[匾] 가운데 알받이종이를 놓고 물
을 부어 주었다가 뒤에 통풍이 잘 되도록 하여 걸
면 봄이 되어[至春也者] 부화한다. 봄에 부화하지 않
는 경우도 음(陰)하여【안 다른 본에는 '야자(也者)' 2
글자가 없다. 우안 '음(陰)'은 오자인 듯하다】뽕잎을
낭비할 지경에 이르지 않는다. 2월 12일이 되면 씻
을 때 유채꽃, 나물[野菜]꽃, 흰콩[白頭]꽃을 그릇 안
에 넣고 주물러서 씻는다.《경리옥함》[50]

滷;至二十四出焉, 則利
於繅絲. 或曰: "臘之八日,
以桑柴之灰、或草之灰淋
之汁, 以靈連浸焉, 一日而
出." 繼以雪之水浸之, 懸而
乾之. 或懸桑木之上, 以冒
雨雪, 三宿而收之則耐養.
二月十二浴焉, 其浸也, 用
桑條之灰, 濕其連而後糝
之. 摺而浸之於滷中, 卽鹽
化之水有分兩, 恐其浮也,
以磁器壓之. 其至二十四
出也, 用河水滌去其灰.
或置之匾中而沃, 而後涼
之挂之, 則至春也者生.
否者, 陰【案 他本無 "也
者" 二字. 又案 陰, 疑誤】
不至於費葉. 至二月十二,
浴也, 以荣之花、野菜之
花、白頭之花, 揉之其中而
浴焉.《鏡理玉函》

---

50 출전 확인 안 됨 ;《農政全書》卷31〈蠶桑〉 "養蠶法"《農政全書校注》, 839쪽).

4) 누에 보호

가을이 깊어졌을 때 아직 황색으로 변하지 않은 뽕잎을 아주 많이 거둬들인다. 이를 햇빛에 말리고 찧은 다음 연기가 없는 곳에 저장해 둔다. 봄누에가 막잠[大眠]을 자고 난 뒤에 이를 사용한다.《무본신서》[51]

12월 8일에 새로 길어온 물에 녹두를 담근다【누에발 1개마다 녹두 약 0.5승을 담근다】. 녹두를 얇게 펼쳐서 햇볕에 말린다. 또 백미를 깨끗이 일어【누에발 1개마다 백미 약 0.5승을 인다】 물기를 뺀다. 위의 두 곡물을 그늘진 곳에 저장해 둔다【시골말에 "12월에 기름 만들어 잠실에 등 켜면 여러 벌레들 들어오지 못한다."라 했다】.《무본신서》[52]

겨울에 소똥을 많이 거두어 쌓아 둔다【봄에 갑자기 주워 모으면 일이 닥쳤을 때 양이 적을까 염려된다】. 봄에 날씨가 따뜻해지면 소똥을 밟아서 벽돌처럼 만든 다음 햇볕에 말린 뒤, 이엉으로 덮어 둔다. 이를 태울 때 나는 향기는 누에에 좋다.《무본신서》[53]

飾庇

秋深, 桑葉未黃, 多廣收拾, 曝乾, 擣碎, 于無煙火處收頓. 春蠶大眠後用.《務本新書》

臘八日, 新水浸綠豆【每箔約半升[14]】. 薄攤, 曬乾. 又淨淘白米【每箔約半升】, 控乾. 以上二物, 背陰收頓【野語云: "臘月造油, 蠶房內點燈, 諸蟲不入"】. 同上

冬月, 多收牛糞堆聚【春月旋拾, 恐臨時闕少】. 春暖, 踏成墼子, 曬乾, 苫起. 燒時香氣宜蠶. 同上

---

51 출전 확인 안 됨;《農桑輯要》卷4〈蠶事預備〉"收乾桑葉"(《農桑輯要校注》, 128쪽);《農政全書》卷31〈蠶桑〉"養蠶法"(《農政全書校注》, 843쪽).

52 출전 확인 안 됨;《農桑輯要》卷4〈蠶事預備〉"製豆粉米粉"(《農桑輯要校注》, 129쪽);《農政全書》卷31〈蠶桑〉"養蠶法"(《農政全書校注》, 844쪽).

53 출전 확인 안 됨;《農桑輯要》卷4〈蠶事預備〉"收牛糞"(《農桑輯要校注》, 129쪽);《農政全書》, 위와 같은 곳.

[14] 升 : 저본에는 "斤".《農桑輯要·蠶事預備·製豆粉米粉》·《農政全書·蠶桑·養蠶法》에 근거하여 수정.

12월에 띠풀을 베어다가 누에거적을 만들어 주면 누에에 좋다.《무본신서》[54]

臘月刈茅[15]草作蠶蓐則宜蠶. 同上

뽕잎이 떨어지려고 할 때 이를 훑어서 딴다【뽕잎이 아직 떨어질 때가 아닌데 이를 훑어서 따면 이듬해에 싹틀 뽕나무눈을 상하게 한다. 이미 떨어진 뽕잎은 양분과 맛이 덜하다. 딴 뽕잎은 진흙으로 밀봉하여 곳집[囤]에 보관한다】.

桑欲落時, 捋葉【未欲落, 捋, 傷來年桑眼. 已落者, 短津味. 泥封收囤】.

12월이 되면 그 달 안에 뽕잎을 찧고 갈아서 가루 낸다【12월 안에 만든 가루는 누에의 열병을 사그라들게 할 수 있다. 옹기 안에 이를 많이 거두어 둘 수 있다. 누에에게 먹이고 남은 가루는 소의 사료가 된다. 소가 아주 잘 먹는다】.《사농필용》[55]

至臘月內, 擣磨成麪【臘月內製者, 能消蠶熱病. 甕器內, 可多收. 飼蠶餘剩作牛料, 牛甚美食】.《士農必用》

12월에 소똥을 햇볕에 말린다. 봄이 되면 이를 절구로 잘 빻는다. 이 중에서 반은 거두어 두고 반은 물을 고르게 섞은 다음 절굿공이로 다져서 날벽돌을 만든다.《사농필용》[56]

臘月曝牛糞. 至春, 碾搥碎, 一半收起, 一半用水拌均, 杵築爲墼. 同上

누렇게 마른 쑥·콩대·뽕나무우듬지를 거두어 둔다【그밖에 마르고 단단하면서 냄새가 나지 않는

收黃蒿、豆稭、桑梢【其餘梢乾勁不臭氣者亦可】. 同

54 출전 확인 안 됨;《農桑輯要》卷4〈蠶事預備〉"收蓐草"(《農桑輯要校注》, 129쪽);《農政全書》, 위와 같은 곳.
55 출전 확인 안 됨;《農桑輯要》卷4〈蠶事預備〉"收乾桑葉"(《農桑輯要校注》, 128~129쪽);《農政全書》卷31〈蠶桑〉"養蠶法"(《農政全書校注》, 843~844쪽).
56 출전 확인 안 됨;《農桑輯要》卷4〈蠶事預備〉"收牛糞"(《農桑輯要校注》, 129쪽);《農政全書》卷31〈蠶桑〉"養蠶法"(《農政全書校注》, 844쪽).
[15] 茅 : 저본에는 "芽". 오사카본·규장각본에 근거하여 수정.

나무우듬지나 풀도 괜찮다】. 《사농필용》[57]

上

이엉[苫][58]과 거적[薦][59]을 만드는 데에는 곡물의 짚과 누렇게 마른 들풀 등 모두 사용할 수 있다【다만 이엉이나 거적은 반드시 눈이 촘촘하게 만들어야 한다. 한쪽 끝은 가지런히 자르고 또 다른 한쪽 끝은 자르지 않고 남겨 두는 것을 '이엉[苫]'이라 한다. 그리고 두 끝을 모두 가지런히 자른 것을 '거적[薦]'이라 한다. 시골말에 "이엉 만들 때 띠풀을 쓰면 위쪽의 섶이 가뿐할 뿐 아니라 누에가 열기에 훈증되지도 않는다."라 했다】. 《사농필용》[60]

修治苫、薦, 穀草、黃野草皆可【但必令緊密. 一頭截齊, 一頭留梢者爲"苫"; 兩頭齊截者, 爲"薦"也. 野語云: "苫用茅草, 上簇輕快, 又不蒸熱"】. 同上

여름과 가을에 뽕잎을 많이 따다 햇볕에 말려 거두어 둔다. 다음해 누에가 익으려 할 때 뽕잎을 물에 적셔서 축축하게 한 다음 누에에게 먹이면 고치가 단단하고 질겨진다. 뽕잎 거두기는 100둥구미[篅][61]에 한하며 이를 누에에게 먹인다. 남으면 소에게 먹여도 좋다. 《증보산림경제》[62]

夏秋, 多採桑葉, 曬乾, 收儲. 明年, 蠶欲老時, 水漬令潤, 飼之則作繭堅韌. 儲葉限百篅, 飼蠶. 有餘則可飼牛. 《增補山林經濟》

57 출전 확인 안 됨;《農桑輯要》 卷4 〈蠶事預備〉 "收蒿梢"(《農桑輯要校注》, 129쪽);《農政全書》, 위와 같은 곳.

58 이엉[苫]: 누에섶 등에 사용한다.

59 거적[薦]: 잠실의 창문에 걸거나 누에발에 깐다.

60 출전 확인 안 됨;《農桑輯要》 卷4 〈蠶事預備〉 "修治苫薦"(《農桑輯要校注》, 129~130쪽);《農政全書》, 위와 같은 곳.

61 둥구미[篅]: 짚으로 둥글고 울이 깊게 결어 만든 그릇. 주로 곡식이나 채소 따위를 담는 데에 쓰인다.

62 《增補山林經濟》 卷5 〈養蠶〉 "儲桑葉方"(《農書》 3, 282쪽).

5) 잠실

3월 청명(淸明, 양력 4월 5·6일경)이 되면 누에치는 여인들에게 잠실을 손질하게 하여 빈틈이나 구멍을 발라 막는다.《사민월령(四民月令)[63]》[64]

잠실을 지을 때는 4면에 창을 내야 하고 여기에 종이를 발라서 두껍게 발을 친다.《제민요술》[65]

잠실 지반의 기초는 지면보다 1척 높게 해야 한다. 잠실 지을 땅을 선택할 때는 굳이 음양이나 지세를 기준으로 삼을 필요는 없다.《농상요지》[66]

잠실은 북옥(남향집)이 가장 좋고 남옥(북향집)과 서옥(동향집)이 그 다음이며, 동옥(서향집)을 매우 금한다【동옥은 서쪽에서 햇볕을 비추고 또 서풍은 생육하는 기운이 아니기 때문이다】. 곡우일(양력 4월 20·21일경)이 되면 잠실에 진흙을 발라 보수하고 불을 지펴 말려야 한다. 여기에 시렁을 설치한 뒤에 바람 기운이 스며들지 않도록 한다.

만약 개미누에가 부화하려는 시기가 가까워져서 그때 바로 진흙을 발라 잠실을 보수하는 경우에는

蠶室

三月淸明, 令蠶妾治蠶室, 塗隙穴.《四民月令》

修屋, 欲四面開窓, 紙糊, 厚爲籬.《齊民要術》

蠶屋地基, 須高一尺. 擇地, 不必以陰陽、形勢爲法.《農桑要旨》

蠶屋, 北屋爲上, 南屋、西屋次之, 大忌東屋【爲西照日色, 又西風非長養之氣】. 至穀雨日, 先須泥補, 熏乾. 豎槌了畢, 勿透風氣.

若逼蠶生旋泥者, 墻壁濕潤, 多生白醭、貼沙之病.

---

63 사민월령(四民月令) : 중국 후한의 최식(崔寔, 약 103~170)이 연중행사를 기술한 책. 원본은 없어지고 여러 책에 일부 내용이 전한다.

64 출전 확인 안 됨 ;《農桑輯要》卷4〈蠶事預備〉"治蠶具(蠶糧附)"(《農桑輯要校注》, 130쪽);《農政全書》卷31〈蠶桑〉"養蠶法"(《農政全書校注》, 838쪽).

65 《齊民要術》卷5〈種桑柘(養蠶附)〉(《齊民要術校釋》, 333쪽);《農桑輯要》卷4〈修治蠶室等法〉"蠶室"(《農桑輯要校注》, 130쪽);《農政全書》卷31〈蠶桑〉"養蠶法"(《農政全書校注》, 844쪽).

66 출전 확인 안 됨 ;《農桑輯要》卷4〈修治蠶室等法〉"蠶室"(《農桑輯要校注》, 131쪽).

잠실(《왕정농서》.《전공지》권4에 원도 수록됨)

벽이 습해서 누에에 백복(白醭)[67]이나 첩사(貼沙)[68] 같
은 병이 많이 생긴다.

잠실의 정문에는 갈대발이나 짚거적을 겹쳐서 걸
어야 한다【처마 밖에는 굳이 발까지 쳐서 차단할 필
요는 없다. 때때로 바람과 햇볕을 쏘여야 하기 때문
이다】.

蠶屋正門, 須重挂葦簾、草
薦【簷外不必以箔攔夾, 令
時通風日故也】.

잠실의 동쪽 1칸에 자리나 발을 쳐서 이 칸 하나
를 분리하고, 그 안에서 개미누에를 부화시킨다. 여
기에 작은 문을 설치하여 사람이 출입하고, 문 위에
는 부들로 엮은 발[蒲簾]을 걸어 둔다.

屋內東間, 另用席、箔擗夾
一間, 于內生蛾. 留小門出
入, 上挂蒲簾.

대개 잠실이 작으면 온기를 보존하기 쉽다. 개미
누에가 두잠[停眠] 잘 때를 전후하여 막았던 벽을 철

蓋屋小則容易收火氣. 停
眠前後拆去【蛾或于小屋內

---

67 백복(白醭):균이 곤충의 몸속에 들어가 생기는 병. 백강병(白殭病)이라고도 한다. 곤충은 수 일 안에 죽는
  다. 누에와 누에번데기에 기생한 백강균은 '백강잠'이라 하여 한약재로 널리 쓴다.
68 첩사(貼沙):누에의 위장에 고름이 생기는 병. 건백병(乾白病)이라고도 한다. 병든 누에가 너무 적게 먹고
  설사를 하는 병. 똥[沙]이 끈적끈적하여[貼] 첩사병이라 한다.

거한다【개미누에는 때때로 작은 방에서 부화하는데, 이때 숙화(熟火, 은은한 숯불)는 쉽게 방을 따뜻하게 해 준다. 누에가 두잠을 잔 뒤에 넓은 방으로 옮겨 넣는다】.

잠실은 넓고, 깨끗하고, 바람이 잘 통하며, 햇볕이 잘 들어야 한다. 잠실 앞에는 큰 나무가 빽빽히 들어서서 그늘이 생기면 안 된다. 남옥과 북옥의 거리는 멀어야 한다. 남쪽과 북쪽에 창을 내야 하지만, 서쪽 창문은 매우 금한다.

남북의 창문 위에 각각 권창(捲窓)을 붙인다. 누에가 한잠을 잔 후에 날씨가 맑기만 할 때 남풍이 불면 북창을 말아 올리고, 북풍이 불면 남창을 말아 올린다. 대개 거꾸로 불어 들어오는 바람 기운이 누에에 좋기 때문이다.

가령 어떤 집에서 잠실 3칸에 누에발 십수 개에만 누에를 기른다고 하자. 그러면 비록 북창이 없어도 굳이 창문을 만들 필요가 없다. 대개 누에가 적고 잠실이 넓으면 결코 잠실의 온도가 아주 높지는 않을 것이기 때문이다. 그러나 만약 누에발이 20개 이상이면 반드시 북창을 만들어야 한다. 이때 창문은 아래쪽에 설치해야 하며, 다만 창문 위에는 갈대발이나 짚거적을 걸어야 한다.

남쪽 처마 바깥쪽에는 먼저 시렁을 세우고 그 위에 들보[㯟]와 기둥을 올린다【안 《집운(集韻)》에서

生之, 熟火易爲烘暖. 停眠後, 移入寬快屋內】.

蠶屋須要寬快潔淨, 通風氣, 映日陽. 屋前不宜有大樹密⑯陰, 南北屋相去宜遠. 宜安南北窓, 大忌西窓.

南北窓上, 各糊捲窓. 一眠之後, 但遇白日晴明, 若是南風, 却捲北窓, 若有北風, 却捲南窓. 蓋倒溜風氣宜蠶故也.

假有一家, 蠶屋三間, 止養蠶十數箔, 雖無北窓, 亦不須創開. 蓋爲蠶少屋寬, 必無太熱. 若至二十箔以上, 決當創開北窓, 近下安置, 但是窓上須挂葦簾、草薦.

南簷外, 先架立搭棚㯟、柱【案《集韻》: "㯟, 音凜,

---

⑯ 密 : 저본에는 "寧". 오사카본·규장각본·《農桑輯要·修治蠶室等法·蠶室》에 근거하여 수정.

"름(檁)은 음이 름(凜)이다. 지붕에 가로질러 놓은 나무[橫木]이다."[69]라 했다]. 누에가 막잠을 잘 때 가로 막대와 기둥에 덮개를 덮어서 처마에 쏟아지는 뜨거운 열기를 막아 주기 위해서이다.

서쪽 석양이 드는 담장의 바깥에 별도로 경사진 시렁(차양)을 올려【농상집요[70] 오늘날에는 대부분 수숫대로 차단벽을 만든다】서쪽에서 들어오는 석양을 담장 가득 받는 일을 피하게 해 준다.

잠실의 서남쪽 모퉁이에 처마기둥에서부터 남쪽으로 높은 벽을 4~5보 길이로 쌓는다. 혹은 두껍게 울타리를 치고 진흙으로 발라 준다. 이는 누에가 막잠을 자고 난 뒤, 창문의 종이를 뜯어낼 때 서남풍이 불까 염려되기 때문이다. 이런 바람은 누에를 크게 상하게 한다. 《무본신서》[71]

잠실을 지을 때는 높고 넓게 지어야 한다【낮으면 답답하게 막혀서 열기가 많아진다】. 처마의 횡목[檁]이나 곁방[廈]에 접해서는 안 된다【남쪽 처마의 가로목[檁]은 양기를 막고, 북쪽 곁방[72]은 음기가 생기도록 돕기 때문이다】. 누에가 부화하기 1개월 전에 잠실을 진흙으로 바른다【잠실 벽이 두꺼우면 추위와 더위를 잘 견딘다】.

정문을 제외하고 주위에 모두 창문을 두루 설치

屋上橫木"】, 大眠時搭蓋, 以隔臨簷燖熱.

西山墻外, 另搭趄棚【農桑輯要 今時多用蜀黍稭壁】, 以避滿墻西照.

蠶屋西南角, 從柱向南, 高壘墻壁四五步, 或夾厚籬障, 以泥泥飾, 防大眠之後, 剪開窓紙, 恐有西南風起. 此風大傷蠶.《務本新書》

修屋, 宜高廣【低則鬱遏多熱】, 勿接檁、廈【南檁隔陽氣, 北檁助陰氣】. 蠶生前一月, 泥飾【厚則耐寒熱】.

除正門外, 每周圍可徧

69 름(檁)은…… 나무[橫木]이다:《康熙字典》卷14〈辰集中〉 "木部" '檁'《文淵閣四庫全書》230, 77쪽).
70 《農桑輯要》卷4〈修治蠶室等法〉 "蠶室"《農桑輯要校注》, 131쪽).
71 출전 확인 안 됨;《農桑輯要》卷4〈修治蠶室等法〉 "蠶室"《農桑輯要校注》, 130~131쪽).
72 곁방:원문은 '檁'이나 바로 위의 '廈'자에 대한 각주이므로 '곁방'으로 번역했다.

할 수 있지만, 서쪽 창문은 없어도 무방하다. 창문은 높고 크게 설치해야 한다【칸마다 벽에 창문을 내면 더욱 좋다. 만약 벽 안에 통산주(通山柱)[73]가 있으면 벽 하나에 2개의 창문을 나누어 낼 수 있다. 경제력이 미치지 못하면 곧은 나무막대기를 고르게 세워서 창문으로 삼아도 된다】. 들보[樑]와 처마의 가로목[榱] 사이의 1칸마다 각각 3개의 조명창[照窓]을 낸다【길이와 너비는 모두 0.5~0.6척 정도이다】.

잠실 벽의 통산주 양쪽에 낸 창의 위쪽 가까운 곳에도 각각 처마 위쪽과 같이 조명창[照窓]을 낸다【큰 창문은 먼저 오래된 종이로 안쪽을 전부 바르고, 바깥쪽은 각각 짚거적으로 덮어 밀봉한다. 조명창도 권창(捲窓)을 바르고 밀봉한다】.

창틀의 높이는 2.5척을 넘지 않는다. 1칸마다 땅가까운 곳에 3개의 바람구멍[風眼]을 내되【크기는 고양이구멍[74]과 같다】, 우선 벽돌로 막고 진흙으로 단단히 밀봉해 둔다. 《사농필용》[75]

잠실의 위치를 선택해서 건물을 앉힐 때는 응달을 등지고 양달을 바라보며 땅은 평평하고 탁 트인

安窓, 無西窓不妨, 宜高大【每間開壁更好. 如壁內有通山柱者, 一壁上分安兩座[17]; 力不及者, 均立直柴枝亦可】. 樑、榱之間, 每一間內, 各開三照窓【長闊皆五六寸許】.

兩山壁窓近上, 亦各如榱上開照窓【大窓先用故紙全糊, 外各用草薦密[18]封蓋了. 照窓亦糊捲窓密封】.

窓臺高不過二尺五寸. 每一間, 附地透開三風眼[19]【如貓竇】, 却用磚坏蓋塞了, 泥封固密. 《士農必用》

選置蠶宅, 負陰抱陽, 地位平爽. 正南[20]爲上, 南西爲

---

73 통산주(通山柱) : 인(人)자형 지붕 가옥 양 측면의 높은 벽인 산장(山墻) 한가운데에 긴 나무로 2층까지 올려 세워서 지붕을 지탱하는 기둥. 통주(通柱) 또는 산주(山柱)라고도 한다.

74 고양이구멍 : 고양이가 드나들 정도로 터진 작은 구멍.

75 출전 확인 안 됨 ; 《農桑輯要》卷4 〈修治蠶室等法〉 "蠶室"(《農桑輯要校注》, 131쪽).

[17] 座 : 저본에는 "産". 오사카본·규장각본·《農桑輯要·修治蠶室等法·蠶室》에 근거하여 수정.

[18] 密 : 저본에는 "寧". 오사카본·규장각본·《農桑輯要·修治蠶室等法·蠶室》에 근거하여 수정.

[19] 眼 : 저본에는 "眠". 《農桑輯要·修治蠶室等法·蠶室》에 근거하여 수정.

[20] 南 : 《王禎農書·蠶繅門·蠶室》에는 "室".

곳으로 한다. 정남향이 제일 좋고, 남서향은 그다음이며, 동향은 또 그다음이다. 만약 잠실이 오래되었으면 깨끗하게 먼지를 쓸고 미리 진흙으로 보수한다. 만약 누에 칠 시기가 가까이 닥쳤을 때 담벽에 습기가 차 있으면 이로운 일이 아니다.

잠실을 짓는 제도는 풀이나 와기로 쓰되, 목재에 안팎으로 진흙을 발라서 화재를 예방한다【 안 법제한 회반죽으로 장생옥(長生屋, 오래 편안히 살 수 있는 집) 짓는 법을 써야 한다. 《섬용지(贍用志)》에 자세히 보인다76】.

또 세로 시렁[架]을 칸별로 공간을 널찍하게 설치해서 누에발 올린 가로 시렁[槌]을 넣을 수 있도록 해야 한다. 창문은 환하게 해서 누에가 자고 깨기를

次, 東又次之. 若室舊則當淨掃塵埃, 預期泥補. 若逼近臨時, 墻壁濕潤, 非所利也.

締搆之制, 或草或瓦, 須內外泥飾材木, 以防火患【 案 當用法製長生屋法. 詳見《贍用志》】.

復要間架寬廠, 可容槌箔；窗戶虛明, 易辨眠起. 仍上於行㮍【口練切】, 各置照

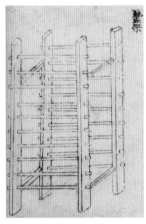

누에시렁[蠶架](《왕정농서》.《전공지》 권4에 원도 수록됨)

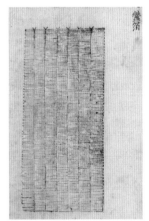

누에발[蠶箔](《왕정농서》.《전공지》 권4에 원도 수록됨)

76 섬용지(贍用志)에……보인다:《섬용지》 권1 〈건물 짓는 제도〉 "흙손질" '장생옥 짓는 법'에 보인다. 풍석 서유구 지음, 임원경제연구소 옮김, 《임원경제지 섬용지》 1, 풍석문화재단, 2016, 135~136쪽 참조.

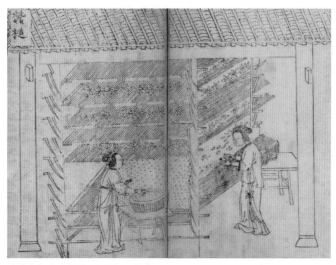

잠추((왕정농서). 《전공지》 권4에 원도 수록됨)

쉽게 분별할 수 있도록 한다. 그러기 위해서는 위쪽
으로 늘어선 처마의 가로목[行桴]【견(桴)은 구(口)와
연(練)의 반절이다】있는 곳에 각각 조명창을 설치
한다.

窓.

이것은 아침과 저녁때마다 높은 곳의 밝은 빛이
아래까지 가도록 돕는다. 건물의 아래로 땅 가까운
곳에는 바람구멍을 줄지어 설치하되, 여닫을 수 있
도록 해서 많은 습기를 제거한다.

每臨早[21]暮, 以助高明下
就. 附地列置風竇, 令可
啓閉, 以除濕鬱.

여러 가지 누에 관련 책을 참고해 보니, 다음과
같이 말한다. 잠실은 먼저 동쪽 칸에서 개미누에를
키웠다가 누에가 두잠 자기 전후에 철거한다. 서창
은 서쪽 햇볕을 막아야 한다. 서남풍이 부는 일을
더욱 금하니, 누에의 기운을 크게 상하게 하기 때

考之諸蠶書, 云: 蠶室先闢
東間養蟻, 停眠前後撤去.
西窓宜遮西曬. 尤忌西南
風起, 大傷蠶氣, 可外置墻
壁四五步以禦之. 所有蠶

---

[21] 早:《農書·蠶繅門·蠶室》에는 "蠶".《農政全書·蠶桑·養蠶法》에는 "早".

선잠단(先蠶壇)에 제사 지내는 모습(《왕정농서》)

문이다. 잠실 서남쪽의 바깥에 길이 4~5보 되는 장벽을 설치해서 서남풍을 막을 수 있다. 잠신실(蠶神室)[77]과 잠신상(蠶神像)을 둘 곳으로는 높고 빈 곳을 이용하여 잘 모셔야 한다.

일반적으로 모든 금기사항과 나쁜 기운을 밝고 깨끗하게 제거하여, 새벽부터 밤까지 재계하고 공경히 처신하며, 더러워지거나 게을러지는 일이 없도록 한다. 위의 법대로 할 수 있다면 자연히 누에에게 좋을 것이다. 따라서 굳이 음양가(陰陽家)[78]의 금기사항이나 무당의 유혹에 빠져서, 문과 창의 위치를 바꾸도록 하거나 헛되이 귀신에게 비느라 재물을 허비

神室、蠶神像, 宜用高空處安置.

凡一切忌惡之事、邪穢之氣, 辟除蠲潔, 夙夜齋敬, 不致褻慢. 如能依上法, 自然宜蠶, 不必泥於陰陽家拘忌、巫覡等誘惑, 至使回換門戶, 諂禱神祇, 虛費財用, 實無所益.《王氏農

---

77 잠신실(蠶神室): 잠신(蠶神)을 모시는 공간. 잠신은 처음으로 사람에게 양잠하는 법을 가르쳤다는 전설의 신(神)인 '선잠(先蠶)'을 말한다. 역대 제왕들이 선잠에 제사를 지냈으며, 우리나라에는 서울 성북구 성북동에 누에 농사의 풍년을 빌기 위해 건립한 선잠단(先蠶壇)이 있다.
78 음양가(陰陽家): 천문(天文), 역수(曆數), 풍수지리 따위를 연구하여 길흉화복을 예언하는 사람.

하는 짓을 할 필요가 없다. 그런 일은 아무 이익이   書》
없다. 《왕정농서》[79]

　누에의 본성은 조용함을 좋아하고 소란스러움을   蠶之性, 喜靜而惡喧, 故宜
싫어한다. 그러므로 조용한 잠실이 좋다. 또 따뜻함   靜室. 喜煖而惡濕, 故宜
을 좋아하고 습기를 싫어한다. 그러므로 널빤지로   版室. 室靜, 可以辟人聲之
지은 잠실[版室]이 좋다. 잠실이 조용하면 사람들이   喧鬧; 室密, 可以辟南風之
시끄럽게 다투는 소리를 피할 수 있다. 잠실이 밀폐   吹襲[22]; 室版, 可以辟地
되어 있으면 남풍이 불어닥치는 일을 피할 수 있다.   氣之蒸鬱. 《鏡理玉函》
잠실이 널빤지로 되어 있으면 지기에서 올라온 습한
기운을 피할 수 있다. 《경리옥함》[80]

---

79 《王貞農書》卷16 〈蠶繅門〉 "蠶室", 374~375쪽; 《農政全書》卷33 〈蠶桑〉 "蠶事圖譜" '蠶室'《農政全書校注》, 913~914쪽).
80 출전 확인 안 됨; 《農政全書》卷31 〈蠶桑〉 "養蠶法"《農政全書校注》, 842쪽).
22 吹襲: 《農政全書·蠶桑·養蠶法》에는 "襲吹".

6) 잠실난로[火倉, 화창]

잠실 안의 네 모퉁이에 난로를 설치한다【주 불이 한 곳에만 있으면 온도가 고르지 않다】.《제민요술》[81]

누에를 부화시킬 때, 잠실이 작은 경우에는 네 벽에 의지하여 빈 감실을 쌓는다【8개나 6개를 쌓기도 한다】. 감실은 삼성(參星)[82]의 모양과 약간 흡사하도록 한쪽은 높고 한쪽은 낮게 만든다. 그 속에 숙화(熟火, 은은한 숯불)를 담아 두면 화기를 거의 고르게 분산시킬 수 있을 것이다.

火倉

屋內四角著火【注 火若在一處, 則冷熱不均】.《齊民要術》

生蠶, 有小屋者, 四壁23 挫壘空龕【或八或六】, 頗類參星樣, 一高一下, 頓藏熟火, 庶得火氣均停.

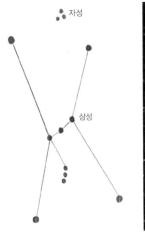

자성

삼성

삼성과 자성

서양의 오리온자리

---

81 《齊民要術》卷5〈種桑柘(養蠶附)〉(《齊民要術校釋》, 333쪽);《農桑輯要》卷4〈修治蠶室等法〉"火倉"(《農桑輯要校注》, 132쪽).

82 삼성(參星):28수 중 21번째 별들. 10개의 별로 구성되었다. 28수 중 자성(觜星)과 합하면 서양의 별자리 오리온과 일치한다. 감실이 일정한 높이에 있지 않고 삼성처럼 사방으로 흩어진 모양을 표현한 말이다.

23 壁:저본에는 "辟". 오사카본·규장각본·《農桑輯要·修治蠶室等法·火倉》에 근거하여 수정.

만약 큰 잠실에서 누에를 부화시킬 때는 한쪽에서 벽의 감실까지는 거리가 머니, 누에발 바깥쪽에 화로의 토대를 쌓거나 나무말뚝을 박고 그 위에 화로를 놓는다. 화로 바깥쪽에는 따로 휘장이나 발을 쳐서 불기운을 모아 준다.

누에가 어릴 때는 소똥으로 날벽돌을 만들어 두었다가 연기가 나지 않도록 불을 땐 다음 감실 안으로 옮겨 넣어 타도록 둔다. 만약 벽에 감실 같은 화로가 없다면 다만 누에시렁과 누에발이 있는 곳 사방에 적당한 양의 불을 피워 둔다【누에의 두잠이 가까우면 불 피우기를 그친다】. 만약 온도가 고르지 않으면 나중에 반드시 누에가 자고 일어나는 시간이 고르지 않을 것이다.

또 요즘은 잠실 안에 애초에 추위를 막을 숙화(熟火)가 없고 다만 그때그때 땔나무로 불을 피우기 때

如大屋內生蠶, 一邊難就壁龕, 當于箔查外, 挫壘土臺, 或釘木橛, 上安火盆. 盆外另夾帷、箔, 收拾火氣.

蠶小時, 將牛糞墼子, 燒令無煙, 移入龕內頓放. 如無壁龕等, 止于槌箔四向, 約量頓火【近兩眼則止】. 若寒熱不均, 後必眠起不齊.

又今時蠶屋內, 素無禦寒熟火, 止是旋燒柴薪, 煙

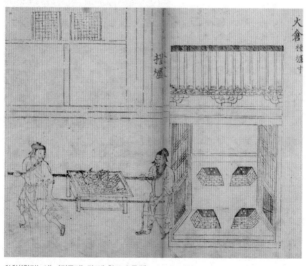

화창(《왕정농서》. 《전공지》 권4에 원도 수록됨)

문에 연기로 인한 누에의 훈증이 매우 심하다. 누에가 열기의 독을 계속 받으면 대부분 검게 말라 버린다.《무본신서》[83]

治火倉, 屋當中, 掘一阬, 闊狹、深淺, 量屋大小【謂如一二[24]間四椽屋, 四方一面, 可闊四尺, 隨屋大小加減】. 阬周圍, 塼坯接壘高二尺, 粘泥泥了. 通計深四尺.

잠실난로[火倉, 화창]를 만들어 운용할 때는 잠실의 한가운데에 구덩이를 하나 파되, 너비와 깊이는 잠실의 크기에 따른다【예를 들어 1~2칸에 4개의 서까래[椽]가 설치된 잠실이라면, 사방의 1면이 너비 4척인 구덩이를 팔 수 있다. 이런 식으로 잠실의 크기에 따라 가감한다는 뜻이다】. 구덩이 주위에 벽돌로 높이 2척의 벽을 쌓은 다음 벽에 차진 진흙을 바른다. 구덩이 깊이와 벽의 높이를 합쳐 난로의 전체 깊이는 4척이다.

마른 소똥을 곱게 부수어 구덩이 바닥에다 손가락 3~4개 두께로 한 층을 깐다【마른 소똥은 12월에 거두어 두드려서 잘게 부순 것】. 뿌리와 마디가 달린, 거칠고 마른 땔나무를 소똥 위에 한 층 깐다【지름 0.5척 이상인 나무. 일반적으로 뽕나무·느릅나무·홰나무 등 단단한 나무는 모두 괜찮다】.

땔나무 위에 다시 소똥 한 층을 깐다. 땔나무 사이 빈틈에는 소똥을 단단히 다져 넣는다【빈 곳이 생기지 않도록 조심해야 한다. 빈 곳이 생기면 화염이 일어나서 잠실을 상하게 하고, 또 숙화도 오래갈

細碎乾牛糞, 阬底上鋪攤一層, 厚三四指【臘月所收搥碎者】. 帶根、節麤乾柴, 于糞上鋪一層【五寸以上徑者. 凡桑、榆、槐等堅硬者, 皆可】.
柴上, 又鋪糞一層. 于柴空隙處, 築得極實【愼不可虛. 虛則火焰起, 傷屋, 又熟[25]火不能久】. 糞、柴相

---

83 출전 확인 안 됨;《農桑輯要》, 위와 같은 곳.
[24] 二:《農政全書·蠶桑·養蠶法》에는 "三".
[25] 熟:저본에는 "熱". 오사카본에 근거하여 수정.

수 없다】. 소똥과 땔나무를 번갈아 깔아서 벽을 둘러 쌓은 구덩이에 가득 쟁여 넣고[84] 맨 위에 다시 소똥을 두껍게 덮어 준다.

間, 椿阬滿, 上復用糞厚蓋了.

대략 개미누에가 부화하기 7~8일 전에, 소똥 위에 숙화를 놓고 피우면 흑황색 연기가 5~7일간 난다. 개미누에가 깨어나기 1일 전에 잠실의 문을 조금 열었다가 연기가 모두 나가면 바로 문을 닫는다【따뜻한 기운이 빠져나갈까 염려되기 때문이다】.

約蠶生前七八日, 糞上, 煨熟火, 黑黃煙五七日. 于蠶蛾生前一日, 少開門, 出盡煙卽閉了【恐暖氣出】.

이때 땔나무와 소똥은 구덩이 아래로 꺼져 이미 숙화가 된다.

其柴、糞陷下, 已成熟火.

【누에는 어릴 때 따뜻한 기운을 좋아하고 연기를 두려워하므로 잠실에서 생화(生火)[85]를 사용해서는 안 된다. 또 생화는 불길이 타올랐다 꺼졌다 하여 고르지 못하다. 그러나 이 불은 이미 숙성되어 절대 연기가 없고, 1~2개월간 불길이 줄어들지 않고 변하지도 않아서 마치 불이 없는 듯하다가, 땔나무가지로 재를 뒤집으면 바로 따뜻한 기운이 올라온다.

【蠶小喜暖, 怕煙, 不可用生火. 又生火或驟或歇, 不能均均, 此火旣熟, 絕無煙氣, 一兩月不減不動, 便如無火, 用柴枝剔撥, 便暖氣熏騰也[26].

구덩이 위에 반드시 벽을 2척 쌓아야 하는 이유는 불기운이 위로 올라가 공중에서 골고루 퍼지도록 하고, 또 한밤중에 사람이 지나가다가 잘못하여 숯불구덩이에 빠지는 일을 막기 위함이다】

上必壘高二尺者, 欲使火氣上騰, 至空[27]中, 散布均均, 又防寅夜人行, 誤陷入也】

---

84 쟁여 넣고: 원문의 "椿"을 《農桑輯要校注》에 따라 "裝"의 의미로 옮긴 것이다. "疑係借作'裝'字用"(《農桑輯要校注》, 163쪽, 주 ㉘번 참조).

85 생화(生火): 금방 피워 연기가 많이 나고 열기가 센 불.

[26] 也: 저본에는 "地". 오사카본·《農桑輯要·修治蠶室等法·火倉》·《農政全書·蠶桑·養蠶法》에 근거하여 수정.

[27] 空:《農政全書·蠶桑·養蠶法》에는 "室"

잠실을 완전히 말리면 그 벽은 모두 따뜻해져서 흑파(黑婆)[86] 등 여러 벌레는 모두 그을려 죽는다. 소똥으로 잠실을 그을려 말리면 누에에게 매우 좋다【누에는 소똥을 좋아하고, 소는 누에똥을 좋아한다】.

창문 바르기: 창문 위의 오래된 종이는 깨끗하고 하얀 종이로 바꾸어 바른다【창문 밖에는 걸어 둔 짚거적을 말아 올리지 말아야 한다. 바로 오래된 종이를 뜯어 버리고 새 종이를 발라 주어 열기가 빠져나가지 않도록 하기 위함이다】. 창문 1개마다 큰 권창(捲窓) 4개를 붙여 막는다【밀봉해야 한다】.《사농필용》[87]

其屋乾透, 其壁皆暖, 黑婆等諸蟲盡熏了. 牛糞熏屋, 大宜蠶也【蠶喜牛糞, 牛喜蠶沙】.

糊窓: 窓上故紙, 却用淨白紙替換糊了【外莫捲草薦, 旋扯故紙, 糊新紙, 不使熱氣出了】. 每一窓, 嵌四大捲窓【宜密】.《士農必用》

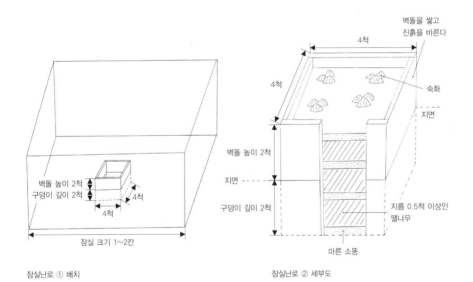

잠실난로 ① 배치

잠실난로 ② 세부도

---

86 흑파(黑婆): 미상. 모기, 파리 등과 같이 누에에게 해로운 검은색 곤충으로 추정된다.

87 출전 확인 안 됨;《農桑輯要》卷4〈修治蠶室等法〉"火倉"(《農桑輯要校注》, 132~133쪽);《農政全書》卷31〈蠶桑〉"養蠶法"(《農政全書校注》, 845쪽).

7) 누에시렁 안치기

누에가 두잠을 잘 때까지 항상 3개의 누에발을 준비해야 한다. 가운데 발 위에 누에를 두고, 위와 아래 발은 빈 채로 둔다【주 아래의 발은 흙기운을 차단하고, 위의 발은 먼지를 막기 위함이다】.《제민요술》[88]

사방 1척 너비 안에 붙어 있는 누에씨가 고치가 될 즈음에는 사방 40척 너비를 차지한다. 물억새나 갈대를 짜고, 푸르고 어린 대나무로 틀을 삼아, 길이 7척 너비 5척으로 광주리[筐][89]를 만든다. 나무 4개를 세우고 들보목을 가로지르게 지어 누에시렁[槌]을 만든다. 광주리는 위아래 0.9척 간격으로 안친다.

일반적으로 시렁 1개에 광주리를 10층으로 안쳐서 여기에 식잠(食蠶)[90]이 살도록 한다. 때에 맞게 누에가 사는 곳을 나누고 뽕잎 등에 똥을 싸고 나면 적당한 때에 치워 준다.

갈대로 울타리를 만들되, 너무 조밀하여 물억새가 굽어지게 짜지 않도록 한다. 길이 2척이 되는 물억새는 뒤쪽에 엮어 섶을 만들어서 견잠(繭蠶, 고치 짓는 누에)이 살도록 한다.

일반적으로 고치는 7일 만에 딴다. 누에가 사는

安槌

比至再眠, 常須三箔, 中箔上安蠶, 上下空置【注 下箔障土氣, 上箔隔[28]塵埃】.《齊民要術》

種變方尺, 及乎將繭, 乃方四丈. 織葅、葦, 範以蒼篾竹, 長七尺, 廣五尺, 以爲筐. 建四木宮梁之以爲槌, 縣筐中間九寸.

凡槌十縣, 以居食蠶. 時分其居, 糞其葉餘, 以時去之.

葅葉爲籬, 勿密屈棗之. 長二尺者, 自後茨之爲簇, 以居繭蠶.

凡繭七日而採之, 居蠶欲

---

88 《齊民要術》卷5〈種桑柘(養蠶附)〉(《齊民要術校釋》, 333쪽);《農桑輯要》卷4〈修治蠶室等法〉"安槌"(《農桑輯要校注》, 133쪽).

89 광주리[筐]: 뒤의 권4 '잠비(蠶筐)' 항목 참고. 그림이 수록된《왕정농서》의 판본에 따라서 모양과 의미가 같은 '筐(광)', '篚(비)' 2글자가 혼용되고 있다.

90 식잠(食蠶): 개미누에에서 고치누에 이전까지 뽕잎을 먹고 성장하는 단계의 누에.

28 隔:《齊民要術·種桑柘》에는 "防".

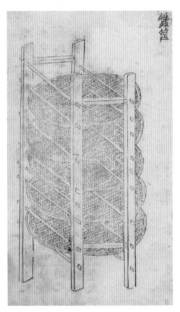

누에광주리[蠶筐]((왕정농서). (전공지) 권4에 원도 수록됨)

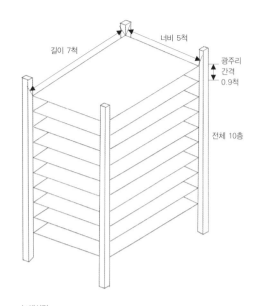

누에시렁

곳은 따뜻해야 하고, 고치가 사는 곳은 서늘해야 한다. 그러므로 물억새 위에 고치를 펼치게 해서 바람으로 서늘하도록 함으로써 누에나방의 변태를 늦춘다. 진관《잠서》[91]

위아래 누에발 2개 위에는 모두 잘게 썬 짚을 깔아 준다. 가운데 누에발 1개에는 잘게 썰고 두드려 부드럽게 한 짚을 깔개로 만들어 평평하고 고르게 깔리도록 만져 준다. 이 상태에서 누에발의 네 가장자리에서 0.5~0.7척 되는 곳은 짚을 깔지 말고 누에발 그대로 두어야 한다. 여기에 깨끗한 종이를 비벼

溫, 居繭欲涼. 故以萑鋪繭, 寒之以風以緩蛾變. 秦氏《蠶書》

上下二箔上, 皆鋪切碎稈草. 中一箔, 用切碎搗軟稈草爲蓐, 鋪案平均; 仍須四邊留箔楦五七寸. 揉淨紙, 粘成一段, 可所鋪蓐大, 鋪于中箔蓐上【揉紙極

---

91 《蠶書》〈制居〉(《文淵閣四庫全書》730, 193쪽).

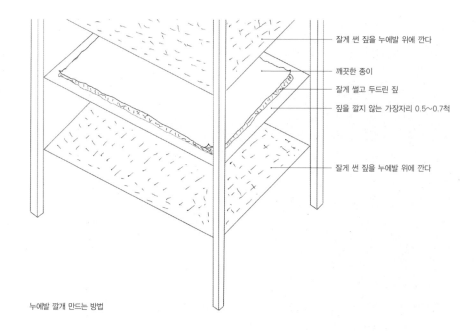

잘게 썬 짚을 누에발 위에 깐다

깨끗한 종이

잘게 썰고 두드린 짚

짚을 깔지 않는 가장자리 0.5~0.7척

잘게 썬 짚을 누에발 위에 깐다

누에발 깔개 만드는 방법

서 붙여 한 층이 되게 하되, 깔개의 크기가 되도록 하고, 가운데 누에발깔개 위에만 깔아 준다【종이를 비빌 때는 명주처럼 매우 부드러워지도록 해야 한다】.《사농필용》[92]

바닥누에발[底箔]은 2장[領]을 깔아야 한다. 개미누에가 부화한 뒤에는 매일 해가 높이 솟았을 때 누에발 1개를 말아서 꺼낸 다음 해가 기울 때까지 볕에 쪼인다. 이를 다시 부화한 개미누에가 있는 발 아래에 펼쳐 준다.

軟如棉】.《士農必用》

底箔, 須鋪二領. 蠶蛾生後, 每日日高, 捲出一領, 曬至日斜, 復布于生蠶箔底.

92 출전 확인 안 됨 ;《農桑輯要》卷4〈修治蠶室等法〉"安槌"(《農桑輯要校注》, 133쪽) ;《農政全書》卷31〈蠶桑〉"養蠶法"(《農政全書校注》, 845~846쪽).

다음날 다시 바닥누에발을 걷고 꺼내어 전처럼 볕에 쬔다. 이렇게 반복해서 볕에 쬔 발을 깔아 주어 누에가 자연스럽게 온화한 양기를 받도록 한다. 누에가 두잠에서 깨어나 먹이를 먹은 다음에야 바닥누에발 1장을 걷어내 발을 볕에 쬐었다가 깔아 주는 일을 그만둔다. 《농상요지》[93]

明日, 又將底箔撤出, 曬曝如前. 翻覆襯藉, 使受自然陽和之氣. 停眠起食, 然後撤去.《農桑要旨》

93 출전 확인 안 됨;《農桑輯要》, 위와 같은 곳;《農政全書》卷31 〈蠶桑〉 "養蠶法"《農政全書校注》, 846쪽).

8) 누에알 빛깔의 변화

처음 천둥이 치면 알받이종이를 눕혀 놓는다 【안 납일에 누에씨를 씻어서 매달았다가 천둥소리가 처음 날 때 알받이종이를 내려서 눕혀 놓는 일을 말한다】. 5일만에 색이 파랗게 되고, 6일에는 하얗게 되며, 7일에는 누에알이 이미 누에색처럼 회색이 되면 알받이종이를 눕혀도 상하지 않은 것이다. 진관《잠서》[94]

청명(양력 4월 5·6일경)이 되면 항아리에 보관했던 누에알받이종이를 꺼내서 바람을 피할 수 있는 따뜻한 방으로 옮긴 다음 한가운데로 짐작되는 곳에 걸어 둔다【너무 높게 걸면 바람에 상하고, 너무 낮게 걸면 흙에 상한다】. 곡우(양력 4월 20·21일경)가 되면 알받이종이를 꺼내서 바람과 볕을 충분히 쏘인다.

겉에 있던 알받이종이는 속으로 가도록 만다. 왼쪽으로 말아 두었던 것은 오른쪽으로 다시 말며, 오른쪽으로 말아 두었던 것은 왼쪽으로 다시 말아 준다. 매일 방향을 바꾸어 말아 주고, 말아 주기를 마치면 앞에서 했던 방법대로 거두어 보관한다. 개미누에가 부화될 시기가 되었을 때 따뜻한 기온 속에서 바람과 볕을 고르게 쏘이면 부화가 고르게 된다.《무본신서》[95]

變色

始雷臥之【案 謂臘日沐種縣之, 至雷始發聲, 取連臥之】, 五日色靑, 六日白, 七日蠶已蠶, 尙臥而不傷. 秦氏《蠶書》

清明, 將甕中所頓蠶連, 遷于避風溫室, 酌中處懸挂【太高傷風, 太下傷土】. 穀雨日, 將連取出, 通見風日.

邢表爲裏, 左捲者却右捲, 右捲者却左捲. 每日交換捲邪, 捲罷, 依前收頓. 比及蠶生, 均得溫和風日, 生發均齊.《務本新書》

---

94 《蠶書》〈種變〉(《文淵閣四庫全書》730, 193쪽).
95 출전 확인 안 됨;《農桑輯要》卷4〈變色、生蟻、下蟻等法〉"變色"(《農桑輯要校注》, 133~134쪽);《農政全書》, 위와 같은 곳.

누에알의 변색은 오직 그 속도에서 누에알 자신에게 달려 있다. 그러므로 스스로 변하는 과정을 사람이 손상시키지 말아야 한다.

蠶子變色, 惟在遲速由己, 不致損傷自變.

【부화한 누에가 먹을 뽕잎이 자라는 과정을 보아서 누에알 부화의 시기를 결정한다. 이 일은 3일간 처리를 해야 하며, 누에알의 고른 변색을 기준으로 한다. 농사 속담에 "양잠은 3가지가 고르도록 해야 한다."라 했다. 알 낳는 시기가 고르고, 개미누에 나오는 시기가 고르며, 누에가 자고 일어나는 시기가 고른 점이 이것이다】

【視桑葉之生, 以定變子之日, 須治之三日, 以色齊爲準. 農語云: "蠶欲三齊." 子齊、蛾齊、蠶齊是也】

빛깔 변화시키는 법은 다음과 같다. 뽕잎이 이미 자랐을 때, 진시(辰時, 오전7~9시)와 사시(巳時, 오전9~11시) 사이에 바람과 볕이 있는 곳에서 항아리 속의 알받이종이를 꺼내어 폈다 말았다 하며 움직여 준다. 펼 때는 알받이종이의 뒷면이 해를 향하도록 하되, 따뜻할 정도만 볕을 쬐야지 뜨겁도록 해서는 안 된다.

其法: 桑葉已生, 自辰、巳間, 于風日中, 將甕中連取出, 舒卷提掇. 舒時, 連背向日, 曬至溫, 不可熱.

【일반적으로 1번 펴고 1번 말아 줄 때는, 원래 밖으로 말았던 알받이종이는 반대로 속으로 가도록 말고, 원래 속으로 말았던 종이는 반대로 밖으로 가도록 말아 준다. 또 가로로 말았던 종이는 세로로 말아 주고 세로로 말았던 종이는 가로로 말아 준다. 이런 식으로 양쪽 끝에서부터 말아 오면 가운데에서 서로 만난다】

【凡一舒一捲時, 將元捲向外者, 却捲向裏; 元向裏者, 却[29]捲向外. 橫者豎捲, 豎者橫捲. 以至兩頭捲來, 中間相合】

---

[29] 却: 저본에는 "欲". 오사카본·규장각본·《農政全書·蠶桑·養蠶法》에 근거하여 수정.

알받이종이를 펴고 마는 횟수는 정해진 숫자가 없다. 다만 첫날에 전체 누에알 중 회색으로 변한 알이 3/10 정도 되면 거두어들여야 한다. 그 다음 둘째 날에는 변색된 알이 7/10이 되면 거두어들인다. 이 둘째 날에 알을 거두어들인 뒤에는 반드시 종이를 항아리아가리에 붙이고 밀봉해서 위와 같은 방법으로 다시 항아리 안에 보관해야 한다.

셋째 날에는 오시(午時, 오전11시~오후1시)가 지난 뒤에 알받이종이를 꺼내 폈다 말았다 하며 움직여 주되【알받이종이를 펴서 손으로 움직여 주는 일은 일반적으로 한나절 동안 십수 번 해 준다】, 모든 누에알이 회색으로 변하도록 해야 한다.

【셋째 날에 반드시 오시가 지난 뒤에 알받이종이를 꺼내야 하는 이유는 첫째 날 회색으로 먼저 변한 누에알이 먼저 개미누에로 부화될까 염려되기 때문이다. 누에가 부화하는 시간은 사시와 오시 이전이며 오시가 지나면 알에서 부화하지 않는다】《사농필용》[96]

청명 뒤에 누에씨가 처음 변하면 홍색으로 통통하게 된다. 다시 변하면 끝이 뾰족하고 둥글며, 높이가 조금 낮아지며, 봄버들잎색과 같다. 다시 변하면 개미누에가 누에알껍질 속에 둘둘 말려 있으며, 먼 산색과 같다. 이것이 반드시 거두어야 할 누에씨이다.

舒捲無度數, 但要第一日十分中變灰色者, 變至三分, 收了; 次二日, 變至七分, 收了. 此二日收了後, 必須用紙密糊封了, 如法還甕內收藏.

至第三日, 于午時後, 出連舒捲提掇【展連, 手提之, 凡半日, 十數徧】, 須要變十分.

【第三次, 必須至午時後出連者, 恐第一次先變者, 先生蛾也. 蛾生在巳、午時之前, 過午時便不生】《士農必用》

清明後, 種初變紅和肥滿; 再變尖圓微低, 如春柳色. 再變蛾周盤其中, 如遠山色. 此必收之種也.

---

96 출전 확인 안 됨;《農政全書》, 위와 같은 곳.

만약 알의 꼭대기가 평평하고 거무스름하게 마르거나, 창황색(푸르스름한 황색)이나 적색이면 기를 수 없다. 이것이 거둘 수 없는 누에씨이다. 《농상요지》[97]

누에알을 빨리 부화시키려면 누에알받이종이를 자주 폈다가 말아 준다. 말 때는 알받이종이를 느슨하게 말아야 한다. 반면 누에알을 천천히 부화시키려면 알받이종이를 간헐적으로 폈다가 말아 준다. 말 때는 알받이종이를 단단하게 말아야 한다. 《상잠직설(桑蠶直說)[98]》[99]

청명 새벽에는 면지(綿紙, 희고 부드러운 종이)로 누에알받이종이를 싸서 부엌 안에 보관한다. 뽕잎의 싹이 찻숟갈크기만큼 되기를 기다렸다가 알받이종이를 솜으로 싼다. 저녁에는 평소에 입는 따뜻한 옷으로 덮어 주고, 새벽에는 평소에 덮는 따뜻한 이불로 덮어 준다. 개미누에가 나왔으면 난로불로 따뜻하게 해 주고, 아직 나오지 않았으면 불로 난방하는 일을 금한다. 《경리옥함》[100]

청명 밤에 누에를 치는 집에서는 각각 누에알을 면옷 속에 싼 다음 몸 주변에 눕혀 둔다. 이를 두고

若頂平焦乾, 及蒼黃、赤色, 便不可養. 此不收之種也.《農桑要旨》

欲疾生者, 頻舒捲, 捲之須虛慢. 欲遲生者, 少舒捲, 捲之須緊實.《桑蠶直說》

清明之曉則綿紙裹之, 藏於廚之內. 俟桑之芽如茶匙之大, 則綿絮裹之. 暮也, 覆以所服之煖衣; 晨也, 覆以所蓋之煖被. 旣出也, 溫以火; 未出也, 禁以火焙.《鏡理玉函》

清明夜, 育蠶之家, 各裹蠶子於綿衣中, 臥身下, 謂

---

97 출전 확인 안 됨 ;《農桑輯要》卷4〈變色、生蟻、下蟻等法〉"變色"《農桑輯要校注》, 134쪽);《農政全書》, 위와 같은 곳.

98 상잠직설(桑蠶直說) : 뽕나무 기르기와 양잠에 관한 책으로 추정된다.《農桑輯要》에 1회 인용되었으며《農政全書》에는 2회 인용되었다.

99 출전 확인 안 됨 ;《農桑輯要》, 위와 같은 곳 ;《農政全書》卷31〈蠶桑〉"養蠶法"《農政全書校注》, 847쪽).

100 출전 확인 안 됨 ;《農政全書》卷31〈蠶桑〉"養蠶法"《農政全書校注》, 839쪽).

"누에가 사람 기운 얻어 비로소 부화한다."라 한다.   "蠶得人氣始生".《海寧縣
《해령현지》[101]   志》

---

101 출전 확인 안 됨 ;《欽定授時通考》卷72〈蠶事〉"浴種"(《文淵閣四庫全書》732, 1043쪽).

9) 개미누에의 부화(생아)

밝고 밀폐된 잠실을 관리할 때는 바깥바람이 새어 들어오게 해서는 안 되며, 왕겻불로 따뜻하게 하여 춘삼월 날씨처럼 만든다. 그런 다음에 누에씨를 잠실 안에 둔다. 이때 깨끗한 백지를 깔아 두면 곧 개미누에가 고르게 부화할 것이다. 진부《농서》[102]

개미누에의 부화는 오직 서늘하게 해 주고 따뜻하게 해 줄 때를 아는 데에 달려 있다. 누에알 깨기와 부화 억제하기에서 알맞은 법을 터득하여 먼저 나오거나 나중에 나오는 누에가 없도록 해야 한다【개미누에의 부화가 고르지 않으면 이 누에들이 자고 일어나면서 익을 때까지 과정을 모두 고르게 할 수 없다】.

그 법은 다음과 같다. 누에알이 모두 회색으로 변했을 때 2장의 알받이종이를 서로 합쳐서 1장의 깨끗한 발 위에 편다. 이어서 이 발의 양쪽 끝에서부터 단단하게 말고 줄로 묶는다. 이를 연기가 없고 깨끗하며 서늘한 방 안에 세워 둔다. 3일째 밤에 발을 꺼내어 펼쳤을 때 개미누에가 깨어나지 않으면 제일 좋다.

만약 먼저 깨어난 놈이 있으면 닭깃으로 쓸어서 버리고 쓰지 않는다【이렇게 먼저 깨어난 개미누에를 '행마아(行馬蛾)'라 부른다. 이를 그냥 두면 누에가 자고 일어나고 익는 일이 고르지 않게 된다】.

生蛾

治明密之室, 不可漏風, 以糠火溫之, 如春三月. 然後置種其中, 以無灰白紙藉之, 斯出齊矣. 陳氏《農書》

生蛾, 惟在涼暖知時, 開揩得法, 使之莫有先後也【生蛾不齊, 則其蠶眠起至老, 俱不能齊也】.

其法: 變灰色已全, 以兩連相合, 鋪于一淨箔上. 緊捲了兩頭, 繩束, 卓立于無煙淨涼房內. 第三日晚, 取出展箔, 蛾不出爲上.

若有先出者, 鷄翎掃去不用【名"行馬蛾". 留則蠶不齊】.

---

[102]《農書》卷下〈收蠶種之法〉2(《文淵閣四庫全書》730, 189쪽).

이어서 알받이종이 3장씩을 느슨하게 말아서 1
개의 두루마리로 만든 다음 새로 마련한 따뜻한 잠
실의 방 안에 놓는다【누에시렁 주위의 아래쪽에서
누에발과 거리를 둔다】. 동녘이 밝기를 기다렸다가
알받이종이를 마당 안에 있는 누에발 1장 위에 1층
으로 펼쳐 준다【이슬이 있으면 서늘한 방안이나 시
렁 아래에 둔다】.

밥 한 끼 먹는 시간의 절반 정도가 지나면 알받
이종이를 잠실의 방으로 들여서 땅과 가까운 누에
발 1장 위에 1층으로 펼쳐 준다. 그러면 잠시 후에
검은 개미누에가 일제히 부화한다【아울러 먼저 부
화하거나 뒤에 부화하는 놈이 하나도 없다】. 개미누
에가 붙어 있는 채로 알받이종이를 저울에 재고 무
게를 기록한다.《사농필용》103

每三連虛捲爲一卷, 放在
新暖蠶房內【槌匣下隔箔
上】. 候東方白, 將連于院
內一箔上單鋪【如有露, 于
涼房中或棚下】.

待半頓飯時, 移連入蠶房,
就地一箔上單鋪. 少間, 黑
蛾齊生【竝無一先一後者】,
和蛾秤連, 記寫分兩.《士
農必用》

103 출전 확인 안 됨 ;《農桑輯要》卷4〈變色、生蟻、下蟻等法〉"生蟻"(《農桑輯要校注》, 134~135쪽);《農政全
書》卷31〈蠶桑〉"養蠶法"(《農政全書校注》, 847쪽).

10) 개미누에 누에발로 내리기(하아)

개미누에가 처음 부화했을 때는 깃털로 쓸어 낸다【주 갓 깨어난 누에를 물억새로 쓸어 거두면 누에가 손상을 입게 된다. 농정전서 [104] 개미누에를 털로 쓸어내도 누에가 손상을 입는다. 뽕잎으로 덮어 주면 개미누에가 스스로 뽕잎에 올라갈 것이다】. 《제민요술》[105]

지상(地桑)의 잎을 실이나 머리카락처럼 가늘게 썰어서 깨끗한 종이 위에 뿌려 놓는다. 이어서 누에 알이 깨어난 종이를 그 위에 덮어 주면 개미누에는 뽕잎 향기를 맡고 스스로 내려간다. 개미누에를 거위 깃털로 쓸어 내면 절대 안 된다. 《박문록》[106]

개미누에가 아직 깨어나지 않았을 때 누에씨의 무게를 저울에 재서 알받이종이 뒤에 기록한다. 개미누에가 고르게 깨어났으면 함부로 쓸지 않도록 조심한다. 많은 사람들이 누에가 갓 깨어난 것을 보자마자 바로 비나 솔 또는 닭이나 거위 깃털로 쓸어 준다.

무릇 실이나 머리카락처럼 약한 아주 작은 개미누에를 비나 솔로 쓸어서 손상되는 일을 어찌 막을 수 있겠는가. 반드시 가늘게 썬 뽕잎을 따로 흰 종이

下蛾

初生, 以毛掃【注 用荻掃則傷蠶. 農政全書 毛掃亦傷蠶. 桑葉蓋覆, 卽自上矣】.《齊民要術》

用地桑葉細切如絲髮, 摻淨紙上. 却以蠶種覆于上, 其子聞香自下. 切不可以鵝翎掃撥.《博聞錄》

蠶未出時, 秤種, 寫記輕重于紙背. 及已出齊, 愼勿掃. 多見人纔見蠶出, 便卽以帚、刷或以鷄、鵝領掃之.

夫以微渺如絲髮之弱, 其能禁帚、刷之傷哉. 必細切葉, 別布白紙上, 務令均

104《農政全書》卷31〈蠶桑〉"養蠶法"(《農政全書校注》, 838쪽).

105《齊民要術》卷5〈種桑柘(養蠶附)〉(《齊民要術校釋》, 333쪽);《農桑輯要》卷4〈變色、生蟻、下蟻等法〉"生蟻"(《農桑輯要校注》, 135쪽).

106 출전 확인 안 됨;《農政全書》卷31〈蠶桑〉"養蠶法"(《農政全書校注》, 847쪽).

위에 펴되, 고르고 얇도록 힘써야 한다. 이어서 깨어 나온 개미누에를 알받이종이와 함께 가늘게 썬 뽕잎 위에 덮어 준다. 개미누에는 뽕잎 향기를 좋아해서 스스로 내려갈 것이다.

이때 다시 원래의 알받이종이 무게를 저울에 재서, 아래로 내려간 개미누에의 양을 알 수 있다. 그러면 자신이 생산할 뽕잎으로 누에를 기를 수 있는지 대략 계산할 수 있다. 차라리 뽕잎이 많고 누에가 적으면 누에에게 먹일 뽕잎이 넉넉하니, 뽕잎을 급하게 구할 걱정이 없어야 좋다.

지금 사람들은 대부분 미리 필요한 뽕잎의 양을 계산해 두지 않는다. 그랬다가 뽕잎이 부족해지면 물건을 저당 잡혀 빌린 돈으로 뽕잎을 구하기 위해 가지 않는 곳이 없다. 누에가 굶주리는 상황에 가슴 아파하여 재물을 쓰더라도 전혀 아까워하지 않는 것이다.

설령 뽕잎을 구하더라도 이미 쓴 비용을 보상받지는 못한다. 게다가 적지 않은 재산 손실이 생기고 잃게 되는 누에도 많을 것이다. 어쩌다가 뽕잎을 구하지 못하는 경우에는 결국 누에를 쳐서 이루려고 했던 희망을 잃어버리니, 경계하지 않을 수 있겠는가? 진부 《농서》[107]

농가에서 개미누에를 누에발로 내릴 때는 대부

薄, 却以出苗和紙覆其上. 蠶喜葉香, 自然下矣.

却再秤元種紙, 見所下多少, 約計自有葉看養. 寧葉多而蠶少, 即優裕而無窘迫之患乃善.

今人多不先計料, 至闕葉則典質貿鬻之無所不至. 苦于蠶受飢餒, 雖費資産, 不敢悋也.

縱或得之, 已不償所費, 且狼藉損壞, 枉損物命多矣. 一或不得, 遂失所望, 可不戒哉? 陳氏《農書》[30]

農家下蛾, 多用桃枝翻連

---

107 《農書》 卷下 〈收蠶種之法〉 2 《《文淵閣四庫全書》 730, 189~190쪽).
[30] 오사카본에는 진부 《농서》 인용문을 《무본신서》 인용문의 위로 옮기라는 편집지시가 있다.

분 알받이종이를 뒤집고 복숭아나무가지로 두드린다. 개미누에가 알받이종이에서 떨어진 뒤에는 이를 다시 쓸어 모아 종이로 싼다. 이어서 저울로 재서 무게를 알아보고, 누에발 위에 골고루 펴 준다. 이렇게 한 다음부터 매번 병이 생기는 이유는 대부분 개미누에를 이렇게 다루었던 폐단 때문이다.

이제부터 개미누에가 부화할 즈음에는 누에발 위에 깔개풀을 고르게 깔아 주어야 한다【깔개는 찧어서 부드럽게 만들어야 한다】. 잠실 안 당화(塘火, 구덩이에 피운 불)에 대추 1~2알을 태운다. 미리 누에알받이종이의 무게를 저울로 재서 확인한다. 다음에는 가늘게 썬 뽕잎을 깔개 위에 골고루 흩뿌려 준다. 이어서 누에알받이종이를 뽕잎 위에 뒤집어서 덮어 준다. 이때 개미누에를 균일하고 성글게 펼쳐 놓으려면 알받이종이를 반드시 자주 옮겨 주어야 한다.

개미누에가 모두 부화한 뒤에 비어 있는 알받이종이의 무게를 다시 저울에 재면 바로 개미누에의 무게를 알 수 있다. 이 방법을 따라 하면 부화한 개미누에는 전혀 손상이 없다.

오늘날 무게가 3냥(兩)인 개미누에를 내릴 때 보통 자리[席] 1개에만 펼쳐 놓는다. 하지만 이렇게 하면 개미누에들이 겹치고 빽빽하게 눌러서 손상이 없을 수 없다.

이후로는 3냥인 개미누에를 내릴 때 누에발 1개 분량에 정확히 맞도록[決合] 고르게 펼쳐 놓아야 한다【개미누에의 무게가 이보다 많거나 적으면 여기에

敲打. 蛾下之後, 却掃聚, 以紙包裹, 秤見分兩, 布在箔上. 已後, 節節病生, 多因此弊.

今後, 比及蛾生, 當均鋪蓐草【蓐宜擣軟】, 塘火內燒棗一二枚. 先將蠶連, 秤見分兩, 次將細葉摻在蓐上. 續將蠶連翻搭葉上, 蛾要均稀, 連必頻移.

生盡之後, 再秤空連, 便知蠶蛾分兩. 依此生蠶, 百無一損.

今時如下蛾三兩, 往往止布一席, 重疊密壓, 不無損傷.

今後下蛾三兩, 決合均布一箔【若分兩多少, 驗此差分】.

비추어 누에발을 가감한다】.

또 누에를 많이 치려고 욕심내지 않도록 삼가야 한다. 예를 들어 자신의 능력은 개미누에 3냥만 기르기에 적합한데 많은 누에를 탐내서 개미누에 4냥을 기른다면, 이 때문에 뽕잎·잠실·잠연(蠶椽, 누에발 받침가로대)·누에발·인력·땔감 등 이 모두가 각각 부족하게 되어 그로 인해 결국 누에와 재물 둘 다 잃게 된다.《무본신서》[108]

又愼莫貪多, 謂如己力止合放蛾三兩, 因爲貪多, 便放四兩, 以致桑葉、房屋、椽、箔、人力、柴薪俱各不給, 因而兩失.《務本新書》

개미누에를 내릴 때 제일 중요한 점은 오로지 개미누에를 성글고 고르게 펼쳐 놓도록 하기 위해 세심하게 정성을 기울여 개미누에가 놀라서 상하거나 조밀해서 중첩되지 않도록 하는 데 있다【이때 누에치는 여인[蠶母]은 목욕하고 옷을 깨끗하게 입은 다음 잠실에 들어간다. 이어서 잠실 안에 모신 잠신께 향을 피운다. 또 가옥 안에 있는 닭·개 및 다른 가축들은 먼 곳으로 쫓아내야 한다. 이는 새로 부화한 개미누에를 놀라게 할까 염려되기 때문이다】.

下蛾惟在詳款稀均, 使不致驚傷而稠疊【是時, 蠶母沐浴淨衣, 入蠶屋. 蠶屋[31]內焚香. 又將院內鷄、犬、孳畜, 逐向遠處. 恐驚新蛾也】.

개미누에가 고르게 부화했으면 새로 자란 뽕잎을 아주 예리한 칼로 매우 가늘게 썬다【개미누에를 누에발로 내릴 때 바로 뽕잎을 썰면 잘린 부분 위에 진액이 남아 있기 때문이다. 무딘 칼로 미리 썰어 놓으면 잘린 부분이 말라서 진액이 없다】.

蛾生旣齊, 取新葉, 用快利刀切極細【須下蛾時旋切, 則葉查上有津. 若鈍刀預切下, 則查乾無津】.

---

108 출전 확인 안 됨;《農桑輯要》卷4〈變色、生蟻、下蟻等法〉“下蟻”(《農桑輯要校注》, 135쪽);《農政全書》卷31〈蠶桑〉“養蠶法”(《農政全書校注》, 847~848쪽).
[31] 蠶屋:저본에는 없음.《農桑輯要·變色、生蟻、下蟻等法·下蟻》·《農政全書·蠶桑·養蠶法》에 근거하여 보충.

이어서 가운데 누에발에 있는 깔개종이에다 가늘게 썬 뽕잎을 체로 친다. 이때 고르고 얇게 뿌려 주도록 힘쓴다【체를 사용해야만 뽕잎을 고르게 뿌려 줄 수 있다. 뽕잎이 고르게 뿌려지지 않으면 누에마다 먹는 양이 치우치게 된다. 체는 대나무로 짠다. 갈대도 괜찮고, 조나 기장의 줄기도 괜찮다. 크기는 작은 사발크기만 하다. 체 바닥의 네모난 눈은 새끼손가락 하나가 빠져나갈 수 있는 정도이다】.

알받이종이를 가늘게 썬 뽕잎 위에 덮어 주면, 개미누에는 스스로 뽕잎 위로 내려간다. 간혹 개미누에가 오랫동안 알받이종이에서 내려가지 않거나 또 알받이종이 뒷면으로 올라가기도 한다. 그리하여 알받이종이를 뒤집어 주었는데도 내려가지 않는 경우에는 알받이종이와 함께 버린다. 이는 약하고 병든 개미누에이기 때문이다.

【1개의 누에발깔개 위로 개미누에 3냥을 내리면, 누에가 익었을 때 30개의 누에발로 나눌 수 있다. 개미누에 1돈[錢]마다 1개의 누에발을 채우는 익은 누에가 될 것이다. 누에발은 길이 10척 너비 7척으로 엮는다. 누에발이 이보다 작으면 개미누에를 줄일 수 있다. 누에발로 내려간 개미누에가 너무 많으면 누에들이 빽빽해서 나중에 근심거리가 되기 때문이다.

누에치기를 30발 이상 하는 경우에는 개미누에

用篩子篩于中箔蓐紙上, 務要均薄【須用篩子, 乃能均, 不均則食偏. 篩用竹編, 葦子亦可, 秫黍穚[32]亦可, 如小椀大. 篩底方眼, 可穿過一小指也】.

將連合于葉上, 蛾自緣葉上. 或多時不下連, 及緣上連背, 翻過, 又不下者, 竝連棄了, 此殘病蛾也.

【一箔蓐上, 下蛾三兩, 蠶至老, 可分三十箔. 每蛾一錢, 可老蠶一箔也. 係長一丈, 闊七[33]尺之箔, 如箔小, 可減蛾. 下蛾多則蠶稠, 爲後患也.

養蠶過三十箔者, 可更加

---

[32] 穚:《農桑輯要·變色、生蟻、下蟻等法·下蟻》에는 "稭".
[33] 七:《農政全書·蠶桑·養蠶法》에는 "二".《農桑輯要·變色、生蟻、下蟻等法·下蟻》에는 "七".

를 내릴 누에발을 더 늘릴 수 있다. 누에치기를 적게 하는 경우에는 광주리를 사용해도 좋다. 이때도 누에깔개는 앞의 방법과 같이 한다】《사농필용》[109]

下蛾箔. 養蠶少者, 用筐可也. 蓐如前法】《士農必用》

---

[109] 출전 확인 안 됨 ;《農桑輯要》卷4〈變色、生蟻、下蟻等法〉 "下蟻"(《農桑輯要校注》, 135~136쪽);《農政全書》卷31〈蠶桑〉 "養蠶法"(《農政全書校注》, 848쪽).

11) 온도 총론

불을 조절하여 온도를 적당하게 해야 한다【주 더우면 누에가 타듯이 말라 버리고, 추우면 누에의 생장이 느려진다】.《제민요술》[110]

누에는 화(火)에 속한 종류라, 불을 써서 길러야 한다. 불을 쓰는 법은 다음과 같다. 별도로 작은 화로 1개를 만들어 들고 잠실에 출입할 수 있도록 해야 한다.[111] 펼쳐 놓은 뽕잎을 누에가 다 먹은 다음 뽕잎을 타고 뽕잎 위로 올라오면 비로소 잠실에 불을 들인다.

불은 잠실 바깥에서 피워 달구어야 한다. 곡식

涼暖總論

調火, 令冷熱得所【注 熱則焦燥, 冷則長遲】.《齊民要術》

蠶, 火類也, 宜用火以養之, 而用火之法, 須別作一小鑪, 令可擡舁出入. 蠶既鋪葉餧矣, 待其循葉而上, 乃始進火.

火須在外燒令熟, 以穀灰

누에섶과 누에발 아래 화로(《천공개물》)

110《齊民要術》卷5〈種桑柘(養蠶附)〉《齊民要術校釋》, 333쪽).
111 별도로……한다 : 이러한 화로를 '이동식 화로[擡爐, 대로]'라 한다. 권4, '3) 대로'에 자세히 보인다.

의 겨를 태운 재로 불을 덮으면 불이 격렬하지 않고, 불꽃도 생기지 않는다. 누에가 뽕잎 먹기를 마치자마자 바로 잠실에서 불을 뺐다가 뽕잎을 펼쳐 놓은 후에 불을 들인다. 매번 이와 같이 하면 누에가 불에 상할 염려가 없다.

만약 누에가 배고픈 상태에서 불을 들이면 불에 상하게 된다. 만약 뽕잎을 이제 막 펼쳐 놓아 누에가 아직 뽕잎 아래에 있어 뽕잎을 타고 뽕잎 위로 올라오지 못했는데도 불을 들이면, 누에는 아래로는 누에똥[糞薙]에 훈증되고, 위로는 뽕잎에 가려지게 된다. 그리하여 마침내 누에가 열에 훈증될 염려가 있다. 진부《농서》[112]

蓋之, 卽不暴烈生焰. 纔食了, 卽退火, 鋪葉然後進火. 每每如此, 則蠶無傷火之患.

若蠶飢而進火, 卽傷火. 若纔鋪葉, 蠶猶在葉下, 未能循援葉上而進火, 卽下爲糞薙所蒸, 上爲葉蔽, 遂有熱蒸之患. 陳氏《農書》

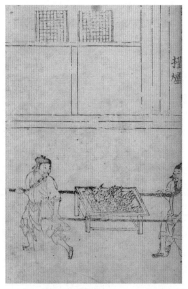

이동식 화로[攊爐, 대로](《왕정농서》)

---

112 《農書》卷下〈用火採桑之法〉(《叢書集成初編》1461, 23쪽).

봄에 누에를 칠 무렵 하루 낮과 밤의 사이는, 비유하여 말하자면 대개 또한 사계절로 구분할 수 있다. 아침과 저녁의 날씨는 봄이나 가을과 상당히 유사하고, 한낮은 여름과 같으며, 한밤중은 겨울과 같다. 이렇게 하루의 추위와 더위가 일정하지 않기 때문에, 비록 숙화(熟火, 은은한 숯불)가 있더라도 각각 불의 양을 시간에 맞도록 합당하게 헤아려야지 일률적으로 해서는 안 된다.

개미누에가 처음 부화했을 때부터 차례로 2번 잠을 잘 때까지 잠실 안은 반드시 따뜻해야 한다. 누에 치는 여인은 홑옷만 입고 자신의 몸으로 온도를 비교해야 한다. 만약 자신의 몸으로 추위를 느끼면 누에도 반드시 춥다. 이때는 바로 숙화(熟火)를 더해야 한다. 만약 자신의 몸으로 더위를 느끼면 누에도 덥다. 이때는 불의 세기를 대략 헤아려 불을 빼야 한다.

누에가 첫잠[一眠, 한 번 잠을 잠]을 잔 후에는 다만 날씨가 맑은 날 사시(巳時, 오전9~11시)·오시(午時, 오전11~오후1시)·미시(未時, 오후1~3시) 사이에 문 위의 발을 잠깐 말아 올려서 바람과 햇볕을 통하게 한다. 이것은 누에가 막잠[大眠]에서 일어난 후에 3번 먹이주기를 마치고 나서 창문에 붙여 둔 종이를 잘라 창문을 열었을 때 갑자기 바람과 햇볕을 쐬는 일을 면하게 하기 위해서이다.

너무 갑작스럽게 쐬면 누에가 반드시 놀라서 후에 대부분 병이 생긴다. 옛 사람들은 "가난한 집에서 자식 기르는 법을 깨닫는다."라 했으니, 대개 이것은

春蠶時分, 一晝夜之間, 比類言之, 大槪亦分四時. 朝暮天氣頗類春秋, 正晝如夏, 深夜如冬. 旣是寒暄不一, 雖有熟火, 各合斟量多寡, 不宜一體.

自蛾初生, 相次兩眠, 蠶屋內正要溫暖, 蠶母須著單衣, 以身體較. 若自身覺寒, 其蠶必寒, 便添熟火; 若自身覺熱, 其蠶亦熱, 約量去火.

一眠之後, 但天氣晴明, 巳、午、未之間, 暫捲起門上薦、簾以通風日. 免致大眠起後, 飼罷三頓投食, 剪開窓紙時, 陡見風日.

乍則必驚, 後多生病. 古人云"貧家悟得養子法", 蓋是多在露地慣見風日之故,

가난한 집 자식이 노지(露地)에서 바람과 햇볕을 쐬 는 경우가 많기 때문이다. 누에 또한 이와 같다.

누에가 막잠에 이른 후에 다 자랐으면 먹는 뽕잎 의 양도 10배 늘어나고, 누에깔개도 넓어지고, 누에 똥도 많아져서 자연스럽게 열이 난다. 여기에 날씨 의 열기까지 더해져서 온도가 올라간다. 그러므로 잠 실 안은 완전히 바람이 통하고 서늘하게 해야 한다.

3번 먹이주기를 마치면 드리운 발이나 거적을 말 아 올리고 창문에 붙여 둔 종이를 잘라 창문을 열어 야 한다. 잠실의 문 입구에는 항아리를 둔 다음, 수 시로 새로 길은 물을 갈아 주어서 서늘한 기운을 생 기도록 한다. 별안간 사나운 바람이나 폭우를 만나 게 되거나 밤기운이 너무 서늘하면 말아 올렸던 발 이나 거적을 잠시 다시 내려 둔다.《무본신서》[113]

온도를 가감해야 한다.

【누에가 개미누에가 된 때에는 몹시 따뜻해야 한 다. 그럼에도 이때 날씨가 항상 춥다. 막잠 이후에는 서늘해야 한다. 그럼에도 이때 날씨가 이미 덥다. 또 바람이 불고, 비가 내리고, 흐리고, 맑은 날이 예측 되지 않거나, 아침과 저녁, 낮과 밤의 온도가 같지 않 거나 하는 등의 이유로 한번이라도 온도의 적당함을 잃으면 누에의 병이 바로 생긴다. 오직 잠실에서는

蠶亦如此.

至大眠後, 蠶[34]十分, 葉 增十倍, 蓐廣沙多, 自然發 熱. 加之天氣炎熱, 蠶屋內 全要風涼.

三頓投食罷, 宜捲起簾、 薦, 剪開窓紙; 門口置甕, 旋添新水以生涼氣. 儻遇 猛風、暴雨, 或夜氣太涼, 却將簾、薦暫時放下.《務 本新書》

加減涼暖.

【蠶成蛾[35]時, 宜極暖, 是 時天氣尙寒. 大眠後, 宜 涼, 是時天氣已暄, 又風 雨·陰晴之不測、朝暮·晝 夜之不同, 一或失應, 蠶病 卽生. 惟蠶屋得法, 則可以 應之.

113 출전 확인 안 됨;《農桑輯要》卷4〈涼暖飼養分擡等法〉"涼暖總論"(《農桑輯要校注》, 136~137쪽);《農政 全書》卷31〈蠶桑〉"總論"(《農政全書校注》, 840~841쪽).
[34] 蠶:《農桑輯要·涼暖飼養分擡等法·涼暖總論》에는 "蠶長".
[35] 蛾:《農桑輯要·涼暖飼養分擡等法·涼暖總論》·《農政全書·蠶桑·總論》에는 "蟻".

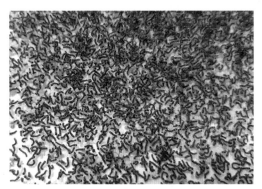

개미누에(농촌진흥청 농사로 현장정보)

제대로 된 법을 얻으면 적당한 온도를 맞출 수 있다.

잠실의 제도는 안에 두루 권창(捲窓)을 내고, 가운데에 숙화(熟火)를 감춰 둔다. 만약 누에가 따뜻해지려 하는데도 날씨가 추울 경우에는 점창(苫窓, 이엉으로 만든 창)을 막고 숙화를 뒤적거려 열기를 내게 하면, 바깥의 한기가 안으로 들어오지 못하고, 온화한 기운이 안에서 생긴다는 말이다.

만약 큰 추위를 만나면 숙화를 여러 번 뒤적거린다. 그럼에도 추위를 이길 수 없다면 밖에서 소똥으로 만든 날벽돌에 불 피웠다가 더 이상 연기가 나지 않으면 잠실 안의 사방 모퉁이에 놓는다. 온화한 기운이 자연스럽게 방을 훈증해서 추위가 물러나면 숙화를 제외한 남은 불을 뺀다.

누에가 서늘해지려 하는데도 날씨가 더울 경우에는 불을 막고 점창(苫窓)을 말아 올리면, 불기운은

屋[36]之制, 周置捲窓, 中伏熟火. 謂如蠶欲暖, 而天氣寒, 閉苫窓, 撥火則外寒不入, 和氣內生.

若遇大寒, 屢撥熟火. 不能勝其寒, 則外燒糞墼, 絕煙, 置屋中四隅. 和氣自然熏蒸, 寒退則去餘火.

蠶欲涼而天氣暄, 閉火而捲苫窓, 則火氣內息, 而涼

---

[36] 屋:《農政全書·蠶桑·總論》에는 "蠶屋".

안에서 줄어들고, 서늘한 기운은 밖에서 들어온다.

만약 큰 열기를 만났으면 점창을 모두 말아 올린다. 그럼에도 그 열기를 해소할 수 없으면 창문의 종이를 제거하고, 위로는 조명창의 발을 말아 올리고, 아래로는 바람구멍을 연다. 또 창문 밖과 누에시렁 아래에 새로 길은 물을 뿌려 주면 서늘한 기운이 자연스럽게 완전히 만들어질 것이다. 열기가 물러나면 풀로 창문에 종이를 붙여서 보수하고, 바람구멍을 막는다.

이런 식으로 누에가 처음부터 끝까지 추위와 열기의 괴로움을 모르게 한다면, 누에의 병이 적고 누에고치가 완성될 것이다. 이것이 잠실을 잘 관리한 효과이다.

그러나 추운 상태에서 갑자기 따뜻한 열기를 더하면 안 되고, 점차 불기운을 더해야 한다. 추운 상태에서 갑자기 열기를 더하면 누에가 누렇게 뜨고 흐물흐물해져서 질병이 많다. 또한 뜨거운 상태에서 갑자기 바람과 서늘한 기운을 더하면 안 되고, 점차 창문을 열어야 한다. 뜨거운 상태에서 갑자기 바람 불고 서늘해지면 누에가 변하여 굳어진다. 이것 또한 몰라서는 안 된다.

또 한창 열기가 맹렬할 때 한기에 닿으면 누에가 입을 다물고 먹지 않는다. 이때는 바로 번철[鏊子]¹¹⁴에 연기가 나지 않는, 소똥으로 만든 숙화(熟火)를 담

氣外入.

若遇大熱, 盡捲苫窓; 不能解其熱, 則去其窓紙, 上捲照窓, 下開風眼. 窓外, 槽下灑潑新水, 涼氣自然透達. 熱退則糊補其窓, 閉塞風眼.

使其蠶自初及終不知有寒熱之苦, 病少繭成, 一室之功也.

然寒不可驟加暖熱, 當漸漸益³⁷火. 寒而驟熱, 則黃軟多疾. 熱不可驟加風涼, 當漸漸開窓. 熱而驟風涼, 則變殭, 此又不可不知也.

又正熱猛著寒, 便禁口不食, 卽用鏊子盛無煙熟牛糞火, 用杈托³⁸火鏊, 于

---

114 번철[鏊子]: 전을 부치거나 고기를 볶을 때 쓰는, 둥글넓적한 철판.
③⁷ 益: 저본에는 "蓋". 《農桑輯要·涼暖飼養分擡等法·涼暖總論》·《農政全書·蠶桑·總論》에 근거하여 수정.
③⁸ 托: 저본에는 "扎". 《農桑輯要·涼暖飼養分擡等法·涼暖總論》·《農政全書·蠶桑·總論》에 근거하여 수정.

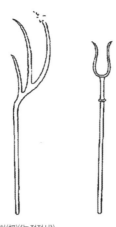

차(杈)(농정전서)

는다. 불을 담은 번철을 차(杈)[115]로 받쳐서 누에발을 둔 시렁 아래에서 이리저리 움직여 주며 한기를 물리치면 누에가 스스로 뽕잎을 먹는다】《사농필용》[116]

누에의 본성은 알이 알받이종이에 있으면 매우 추워야 한다. 개미누에가 되면 매우 따뜻해야 한다. 두잠[停眠, 누에가 2번째 자는 일]에서 일어났을 때는 따뜻해야 한다. 막잠 이후에는 서늘해야 한다. 누에가 익으려 할 때는 점차 따뜻해야 한다. 누에섶에 들어가면 매우 따뜻해야 한다. 맹기(孟祺)[117]《농상집요》[118]

搯箔下往來, 辟去寒氣, 蠶自食葉也》《士農必用》

蠶之性, 子在連則宜極寒, 成蛾[39]則宜極暖, 停眠起宜溫, 大眠後宜涼, 臨老宜漸暖, 入簇則宜極暖. 孟氏《農桑輯要》

---

115 차(杈): 농기구의 일종. 쇠스랑과 비슷하게 생겼다. 긴 막대기 끝에 U자 모양의 쇠를 꽂은 형태로 무기나 물고기를 찔러 잡는 작살 등으로도 활용되었다.
116 출전 확인 안 됨;《農桑輯要》卷4〈涼暖飼養分擡等法〉"涼暖總論"《農桑輯要校注》, 137쪽);《農政全書》卷31〈蠶桑〉"總論"《農政全書校注》, 848~849쪽).
117 맹기(孟祺): 1230~1281. 중국 원(元)나라의 농학자.《농상집요(農桑輯要)》를 저술했다.
118《農桑輯要》卷4〈養蠶〉"論蠶性"《農桑輯要校注》, 125쪽).
39 蛾:《農桑輯要·涼暖飼養分擡等法·總論》에는 "蟻".

12) 먹이고 기르기 총론

누에가 어렸을 때는 뽕잎을 따서 가슴에 품어 따뜻하게 한 다음에 썬다【주 누에가 어렸을 때는 이슬 기운을 쐬게 하면 안 된다. 뽕잎이 사람의 기운을 얻으면 뽕잎의 여러 나쁜 성질이 제거된다】. 누에에게 먹일 때마다 창문의 휘장을 말아 올렸다가, 먹이기가 끝나면 다시 내린다【주 누에는 빛을 쐬면 먹고, 많이 먹으면 잘 자란다】.《제민요술》[119]

누에가 밝은 날에 부화하면 뽕나무 혹은 산뽕나무 뽕잎에 바람을 쐬어서 먹인다. 0.1척의 뽕잎을 20등분 하여 낮밤으로 5번씩 9일간 먹인다. 그러면 하루 낮, 하루 밤 동안 먹지 않으니, 이를 '첫잠[初眠, 누에가 처음 자는 일]'이라 한다.

또 7일이 지나면 첫잠처럼 두잠[再眠, 누에가 두 번째 자는 일]을 잔다. 이때 0.1척의 뽕잎을 10등분하여 먹이되, 7일 동안 낮밤으로 6번 먹인다. 또 7일이 지나면 두잠처럼 세잠[三眠, 누에가 세 번째 자는 일]을 잔다.

또 7일 동안에는 5일은 이전과 같이 먹다가 2일은 먹지 않으니, 이를 막잠[大眠]이라 한다. 이때는 반으로 썬 뽕잎을 먹이되, 낮밤으로 8번 먹인다. 또 3일 동안 잘 먹인다. 그제야 자르지 않은 온전한 뽕잎을 먹이되, 낮밤으로 10번 먹인다. 그러면 3일이 지나지 않아 마침내 누에고치를 만든다.

일반적으로 누에가 자기를 마치고 처음 먹을 때

飼養總論

蠶小時採桑, 著懷中令暖, 然後切之【注 蠶小, 不用見露氣. 得人體則衆惡除】. 每飼蠶, 卷窓幃, 飼訖還下【注 蠶見明則食, 食多則生長】.《齊民要術》

蠶生明日, 桑或柘葉風戾以食之. 寸二十分, 晝夜五食九日, 不食一日一夜, 謂之"初眠".

又七日, 再眠如初, 旣食葉寸十分, 晝夜六食. 又七日, 三眠如再.

又七日, 若五日, 不食二日, 謂之"大眠". 食半葉, 晝夜八食. 又三日, 健食, 乃食全葉, 晝夜十食. 不三日遂繭.

凡眠已初食, 布葉勿擲, 擲

119《齊民要術》卷5〈種桑柘(養蠶附)〉《齊民要術校釋》, 333쪽).

충분히 익은 누에[老足]《천공개물》

누에고치 따기[繭取]《천공개물》

누에치기(김홍도의 《빈풍칠월도(豳風七月圖)》, 국립중앙박물관)

는 뽕잎을 펼쳐야지, 던지면 안 된다. 던지면 누에가 놀라 뽕잎 2장도 먹지 못한다. 진관(秦觀)《농서》[120]

먼저 엽실(葉室, 뽕잎 보관하는 방)을 관리해야 한다. 이때 반드시 매우 조용하며 서늘하고 건조하여 더위에 훈증되거나 습하지 않게 해야 한다. 아래에는 시렁을 만들되, 높이는 0.5~0.6척이다. 시렁 위에는 새로 만든 대자리를 깐 뒤에 뽕잎을 그 위에 둔다. 이때 바람이 통하지 않게 해야 한다. 바람이 통하면 뽕잎이 쉽게 마르기 때문이다. 항상 3일 정도 먹일 양의 뽕잎을 거두어 비로 인한 습기에 대비한다. 그러면 누에가 항상 습기가 있는 뽕잎을 먹지 않고, 게다가 배고픔을 겪지도 않는다.

밖에서 뽕잎을 따가지고 돌아오면 반드시 엽실(葉室) 가운데에다 성글고 널찍하게 펴 놓고서 열기가 없어질 때까지 기다려야 누에에게 뽕잎을 주어 먹일 수 있다.

만약 바로 누에에게 뽕잎을 주어 먹이면 누에의 위쪽에는 뽕잎의 열기가 있고, 아래쪽에는 누에똥의 습기가 있다. 누에가 그 가운데에 있으니 결국 누에가 뽕잎에 훈증될 것이다. 누에가 훈증되어 누렇게 되면, 비록 누에를 구제하려고 해도 누에의 절반을 잃게 될 것이다. 진부《농서》[121]

則蠶驚, 毋食二葉. 秦氏《農書》

須先治葉室, 必深密涼燥而不蒸濕. 下作架, 高五六寸, 上鋪新簟, 然後置葉其上. 勿使通風, 通風卽葉易乾槁. 常收三日葉以備雨濕, 則蠶常不食濕葉, 且不失飢矣.

外採葉歸, 必疏爽于葉室中以待其熱氣退, 乃可與食.

若便與食, 則上爲葉熱, 下爲沙濕, 蠶居其中, 遂成葉蒸矣. 蒸而黃, 雖救之, 亦失半. 陳氏《農書》

---

120 출전 확인 안 됨;《蠶書》〈時食〉《文淵閣四庫全書》730, 193쪽).
121《農書》卷下〈用火採桑之法〉《叢書集成初編》1461, 23쪽).

누에는 반드시 낮밤으로 먹여야 한다. 만약 먹이는 횟수가 많으면 누에는 반드시 빨리 익고, 먹이는 횟수가 적으면 천천히 익는다【누에가 25일 만에 익으면 1개의 누에발에서 실 25냥(兩)[122]을 얻을 수 있고, 28일 만에 익으면 실 20냥을 얻을 수 있다. 만약 1개월 남짓 혹은 40일 만에 익으면, 하나의 누에발에서 10여 냥을 얻는 데 그칠 뿐이다】.

누에에게 먹이는 사람은 잠을 탐하지 말도록 삼가야 하니, 나태해서 과실이 쌓이기 때문이다. 매번 누에에게 먹인 뒤에는 다시 누에발 둘레를 돌면서 두루 살펴보아야 한다.

만약 뽕잎이 얇게 펼쳐진 곳이 있으면 반드시 다시 그곳에 뽕잎을 뿌려 주어 다른 곳과 고르게 해 주어야 한다. 만약 비나 추운 날씨를 만나 누에에게 먹일 때가 되면 먼저 잎을 제거한 볏짚 1줌에 불을 붙인다. 이를 가지고 누에발 둘레를 돌며 사방을 비추어 춥고 습한 기운을 몰아서 제거한다. 그런 뒤에 누에에게 먹이면 누에가 병이 생기지 않는다.

누에가 첫잠[一眠]을 잘 때에는 누에가 모두 잠들기를 기다려야 겨우 먹이 주는 일을 멈출 수 있고, 누에가 모두 일어나야 비로소 먹이를 줄 수 있다. 만약 8/10~9/10의 누에만 일어났을 때 먹이를 주면 누에가 익을 때 모든 누에의 크기가 확실하게 고르지 않게 되고, 또 이로 인해 손실이 많아진다.

두잠[停眠]에서 막잠[大眠]까지 잠을 자려고 할 때,

蠶必晝夜飼. 若頓數多者, 蠶必疾老, 少者遲老【二十五日老, 一箔可得絲二十五兩; 二十八日老, 得絲二十兩; 若月餘或四十日老, 一箔止得絲十餘兩】.

飼蠶者, 愼勿貪眠, 以懶爲累. 每飼蠶後, 再宜遶箔巡視.

若有薄處, 必再摻令均. 若値陰雨、天寒, 比及飼蠶, 先用去葉稈草一把點火, 遶箔四向照過, 逼去寒濕之氣, 然後飼蠶, 蠶不生病.

一眠, 候十分眠, 纔可住食; 至十分起, 方可投食. 若八九分起便投食, 直到蠶老, 決都不齊, 又多損失.

停眠至大眠, 蠶欲向眠, 若

---

122 냥(兩): 두 가닥으로 꼬아서 만든 실의 무게를 재는 단위.

만약 황색 빛을 띠면 모여 있는 누에를 바로 옮겨 분산시키고, 먹이 주는 일을 멈춘다. 다만 누에가 일어날 때를 기다렸다가 천천히 먹이를 먹인다. 이때 뽕잎은 가볍게 뿌려 주어야 한다.

見黃光, 便合擡解, 住食. 直候起時, 慢慢飼. 葉宜輕摻.

만약 누에가 백색 빛을 많이 띠면 이는 피곤하고 배고프다는 뜻으로, 뽕잎을 잘게 썰어 먹여야 한다. 거칠고 큰 뽕잎을 주면 누에를 상하게 하는 경우가 많다.

若蠶白光多, 是困餓, 宜細細飼之, 猛則多傷.

만약 누에가 청색 빛을 띠면 이는 바로 누에가 뽕잎을 많이 먹을 때가 되었다는 뜻이다. 이때는 뽕잎을 적게 먹이지 말고 먹이는 데 서둘러 부지런히 힘써야 한다.

若蠶靑光, 正是蠶得食力, 勿令少葉, 急須勤飼.

【요즘 농가에서는 누에의 두잠[停眠]에서 막잠[大眠]까지 잠을 자고 있는 누에가 대부분일 때 잠모(蠶母, 누에치기를 맡은 여자)가 여전히 뽕잎을 뿌리는 경우가 있다. 모든 누에가 잠들었는지를 살피다가 잠에서 깬 누에가 일부 있으면 그때서야 겨우 먹이 주는 일을 멈춘다.

【今時農家, 停眠至大眠, 眠蠶太半, 蠶母猶自摻葉, 直候都眠, 或有起者, 纔方住食.

이는 먼저 자고 있는 누에가 뽕잎에 오랫동안 덮여 있어서 이로 인해 점점 허물을 벗기 어렵다는 사실을 알지 못하기 때문이다. 이렇게 하면 막잠에서 일어난 뒤에 누에는 대부분 이리저리 움직이다가, 누에섶에 들어갈 때 모든 누에가 섶에 들어가는 시간이 확실히 고르지 않게 된다】

不知先眠之蠶, 被葉罨蓋多時以漸不能退皮. 至大眠起後, 多是往來遊走, 直到入簇, 決都不齊】

뽕잎은 습기를 금하고, 열기를 금한다. 누에가 습기 있는 뽕잎을 먹으면 대부분 설사병이 생긴다. 열기 있는 뽕잎을 먹으면 배가 뭉치고, 머리가 커지며,

葉忌濕忌熱. 蠶食濕葉, 多生瀉病; 食熱葉則腹結, 頭大, 尾尖【當蓋小屋或趄

꼬리가 뾰족해진다【작은 지붕이나 경사진 시렁(차양)을 덮어서 비나 이슬이 뽕잎을 습하게 만드는 일을 방지하고, 습기를 제거한다. 그런 뒤에 누에에게 먹여야 한다】.《무본신서》[123]

누에에게 먹여서 기르는 절도는 오직 누에가 변화하는 색에 따라 먹이양을 조절하는 일에 달려 있다【뒤에 나오는 "누에발에 개미누에 나누기[擘黑]"[124]와 첫잠·두잠·막잠의 조목과 관련하여, 누에의 색에 따라 먹이양을 조절하는 법은 아래와 같이 이번 조목의 주석 안에 갖추어 놓았다】. 그러므로 지나침도, 모자람도 없게 해야 한다.

【개미누에가 부화했을 때에는 색이 검다. 3일 후에 누에가 점점 백색으로 변하면 처음으로 뽕잎을 먹으려고 하니[向食], 뽕잎을 약간 더하여 두껍게 준다. 누에가 청색으로 변하면 정상적으로 먹이되[正食], 뽕잎을 더욱 더하여 두껍게 주어야 한다. 이때는 비록 누에가 배가 부르더라도 누에를 상하게 하지 않는다.

다시 누에가 백색으로 변하면 누에에게 천천히 먹이니[慢食], 뽕잎을 약간 줄여 주어야 한다. 누에가 황색으로 변하면 누에가 먹이를 적게 먹으니[短食],

棚, 頓放雨露濕葉, 控去濕潤, 然後飼蠶】.《務本新書》

飼養之節, 惟在隨蠶所變之色而爲之加減厚薄【後"擘黑"及"三眠"條內, 隨色加減食法, 具此條註內】, 使無過不及也.

【蛾[40]生, 色黑. 三日後漸變白則向食, 少加[41]厚. 變靑則正食, 宜益加厚, 雖飽亦不傷.

復變白則慢食, 宜少減. 變黃則短食, 謂之"向眠", 宜愈減. 純黃則住食, 謂

123 출전 확인 안 됨 ;《農桑輯要》卷4〈涼暖飼養分擡等法〉"飼養總論"(《農桑輯要校注》, 137~138쪽);《農政全書》卷31〈蠶桑〉"總論"(《農政全書校注》, 849쪽).
124 누에발에 개미누에 나누기[擘黑] : 권2의 '15) 누에발에 개미누에 나누기[擘黑, 벽흑]'에 자세히 보인다.
[40] 蛾 :《農桑輯要·涼暖飼養分擡等法·飼養總論》에는 "蟻".
[41] 加 : 저본에는 "可". 오사카본·연대본·《農桑輯要·涼暖飼養分擡等法·飼養總論》에 근거하여 수정.

이를 '향면(向眠, 누에가 잠자려고 하는 행동)'이라 한다. 이 때는 뽕잎을 더욱 줄여야 한다. 완전히 황색이 되면 먹이주기를 멈춰야 하니, 이를 '정면(正眠)'이라 한다.

잠에서 일어나 황색에서 백색이 되고, 백색에서 청색이 되고, 청색에서 다시 백색이 되고, 백색에서 황색이 되면 또 첫잠[一眠]을 잔다. 일반적으로 잠에서 일어나 색을 바꿀 때는 규칙이 이와 같다.

먹이를 줄여야 할 때 과도하게 먹이면 누에가 상하고, 상하면 입을 다물고 먹지 않으며, 병이 생겨서 누에의 잠자기가 늦어진다. 정상적으로 먹어야 할 때 정량에 미치지 못하게 먹이면 누에가 굶주리게 되고, 굶주리면 기가 약해지고 병이 생겨서 또한 잠자기가 늦어지고, 또 누에고치가 얇아진다】《사농필용》[125]

간혹 누에가 자는 시간이 고르지 않아서 자주 먹임으로써 잠자는 시간이 뒤쳐지는 누에를 재촉하면, 자는 시간을 서로 맞추게 해서 각각 고르게 자도록 할 수 있다.

【누에의 자는 시간이 고르지 않은 사태는 그 병폐가 처음부터 비롯된 것이다. 지금 이미 그렇게 되었다면 마땅히 이 방법을 따라 관리해야 한다. 만약 완전히 황색이 된 누에 중에서 백색이 사라지면

之"正眠".

眠起, 自黃而白, 自白而靑, 自靑復白, 自白而黃, 又一眠也. 凡眠起變色, 例如此.

時當減食, 飼之過則傷, 傷則禁口不食, 生病而眠遲; 時當正食, 飼之不及則餒, 餒則氣弱而生病, 亦眠遲而又繭薄也】《士農必用》

或有不齊, 頻飼以督其後者, 使之相及而各取其齊也.

【蠶眠不齊, 病原于初. 今既然矣, 當從此治之. 如于純黃之中, 雜[42]見其退白而向黃者, 是與[43]純黃不

125 출전 확인 안 됨 ;《農桑輯要》卷4〈涼暖飼養分擡等法〉"飼養總論"(《農桑輯要校注》, 138쪽) ;《農政全書》卷31〈蠶桑〉"總論"(《農政全書校注》, 840쪽).
42 雜 : 저본에는 "雖". 《農桑輯要·涼暖飼養分擡等法·分擡總論》·《農政全書·蠶桑·總論》에 근거하여 수정.
43 與 : 저본에는 "如". 연대본·《農桑輯要·涼暖飼養分擡等法·分擡總論》·《農政全書·蠶桑·總論》에 근거하여 수정.

일제 강점기 양잠하는 모습(국립민속박물관)

서 황색이 되어가는 누에가 섞여 보이면, 이것은 완전히 황색이 된 누에와 자는 시간이 서로 많이 차이나지 않는 경우이다. 이때는 자주 먹임으로써 재촉하면 아직도 시기가 서로 맞추어질 수 있다. 먹이기를 자주 하면 빨리 자게 할 수 있기 때문이다.

그러나 만약 이미 완전히 황색이 된 누에가 보이는데, 또 청색·백색의 누에도 많다면 이것은 완전히 황색이 된 누에와 자는 시간이 이미 많이 차이가 난다. 이때는 비록 먹이기를 자주 하더라도 완전히 황색이 된 누에가 자는 시간에 맞출 수 없다.

대개 누에의 변색은, 변화 중에서 작은 일이다. 누에가 잠을 자면 먹지 않고 허물을 벗는 일은 변화 중에서 큰 일이다. 번데기가 되었다가, 누에나방이

相懸遠, 頻飼以督之, 則猶得相及. 飼頻則可速其眠故爾.

如已見純黃, 又多靑、白, 此與純黃旣遠, 雖飼之之頻, 則亦莫及.

蓋蠶之變色, 爲變之小; 其眠則絶食退[44]膚, 爲變之大也; 爲蛹爲蛾, 則變之尤

---

[44] 退 : 저본에는 "遇". 《農桑輯要·涼暖飼養分擡等法·分擡總論》·《農政全書·蠶桑·總論》에 근거하여 수정.

되는 일은 변화 중에서도 더욱 큰 일로서 완전히 변태하는 데 이른다.

일반적으로 누에가 완전히 황색이 되면 주둥이를 닫고 먹지 않으며 잠을 잔다. 이는 마치 사람이 큰 병에 걸림으로 인해 온몸에 도는 기혈이 한 번에 달라져서 바뀌는 일과 같다. 하루 낮밤 동안 고요하고 편안하며 시끄럽지 않게 하면 누에가 잠을 자기에 적당한 환경이 될 것이다.

지금 청색과 백색을 띠는 누에가 아직도 많음으로 인해 먹이를 주어 누에를 어지럽히는 경우가 있다. 이 과정에서 누에들이 움직이며 서로를 밟으면 잠을 자는 누에가 잠자기에 적당한 환경을 잃게 된다.

그러나 청색과 백색의 누에가 황색으로 변화하며 자려고 할 때가 되면 이 누에들은 이미 잠을 다 자고서 움직이며 일어난다. 움직이며 일어나는 초기에는 적게 먹으려고 한다. 이는 또한 병을 털고 일어난 사람이 적게 먹으면서 기혈을 이으려고 하는 일과 같다.

잠자는 시간이 뒤쳐진 누에가 막 잠들려고 한다는 이유로, 자고 일어난 누에에게 부지런히 먹여야 하는데도 뽕잎을 주지 않아 피곤하고 배고프게 한다. 또 반드시 뒤쳐지는 누에까지 움직이며 일어나기를 기다렸다가 뽕잎을 먹이면 누에에게 병이 많이

大而至于化也.

凡至純黃, 則結嘴不食而眠. 如人之大病, 周身之氣血, 一爲變換. 一晝夜靜安不擾, 則眠爲得所.

今以靑、白者尙多, 飼而亂之, 動以躞之, 則眠者失其所矣.

比其靑、白者變黃而向眠, 則此已過眠而動起. 動起之初, 欲得少食, 亦如人之病起, 欲得少食以接氣血也.

以後者方眠, 勤[45]其食而不投以困以餓, 又必待後者動起而飼之, 多病少絲, 端爲可惜. 故《蠶經》云 "眠起不齊, 絲減半", 良謂[46]

---

[45] 勤 : 저본에는 "勒". 연대본·《農桑輯要·涼暖飼養分擡等法·分擡總論》에 근거하여 수정(《농정전서》도 勒).
[46] 謂 : 저본에는 "爲".《農桑輯要·涼暖飼養分擡等法·分擡總論》·《農政全書·蠶桑·總論》에 근거하여 수정.

생기고 실이 적어지니, 그 사정을 애석해 할 만하다. 此也】同上④⑦
그러므로《잠경(蠶經)》126에 "잠자기와 일어나기 시간
이 고르지 않으면 실이 절반으로 감소한다."127라 했
으니, 진실로 이를 말하는 것이다】《사농필용》128

뽕잎 쓰기:

【누에가 먹을 수 없는 뽕잎에는 다음과 같이 3가
지가 있다. ① 비나 이슬 기운을 띠고 있는 뽕잎이
다. 습기가 있는데다가 차갑기까지 하니, 이 뽕잎을
먹으면 누에가 갈색으로 변하면서 설사병이 난다.
또 누에가 익으려 할 때는 이 설사가 실주머니에 스
며들어 실주머니를 터뜨리기 때문에 고치실을 뽑을
수 없다.

이런 뽕잎을, 먹을 수 있는 뽕잎으로 만드는 방법
은 다음과 같다. 뽕잎을 베어서 차곡차곡 쌓고, 이
엉자리로 덮는다. 조금 있다가 안에서 훈증되는 열
기가 나게 되었을 때 적당한 정도를 살펴 덮은 이엉
자리를 열고 뽕잎을 헤집어 놓는다. 그에 따라 습기
가 증발하게 하면 뽕잎도 차갑지 않아서 바로 누에
에게 먹일 수 있다.

② 바람이나 햇볕에 시들어 마른 뽕잎은 배가 뭉

用葉:

【蠶不可食之葉有三: 一,
承帶雨露. 旣濕又寒, 食則
變褐色, 生水寫. 臨老則
浸破絲囊, 不可抽繅.

製之之法, 芟葉實積, 苫
席覆之. 少時內發蒸熱,
審其得所, 啓苫覆而攤之,
濕氣隨化, 葉亦不寒, 卽可
飼之也.

二, 爲風日所蔫乾者, 生

---

126 잠경(蠶經): 누에 치는 일에 대해 기록한 책. 다만《당서(唐書)》〈경적지(經籍志)〉와《수서(隋書)》〈예문지
(藝文志)〉에《잠경》이 나오고,《회남왕잠경(淮南王蠶經)》도 있는데, 모두 일실되어 여기에서 말하는《잠
경》이 어떤 책을 가리키는 지 확실치 않다.

127 잠자기와……감소한다:《授時通考》卷73〈蠶事〉"飼養"(《文淵閣四庫全書》732, 1050쪽).

128 출전 확인 안 됨;《農桑輯要》卷4〈涼暖飼養分擡等法〉"分擡總論"(《農桑輯要校注》, 140쪽);《農政全書》
卷31〈蠶桑〉"總論"(《農政全書校注》, 850쪽).

④⑦ 或有……同上(이 기사 전체): 오사카본에는 없음.

치는 증상을 생기게 한다. ③ 젖어서 냄새가 나는 뽕잎은 바로 여러 질병을 생기게 한다. 이 2가지 뽕잎은 먹일 수 있는 뽕잎으로 만드는 방법이 없으니, 버려야 좋다】《사농필용》[129]

腹結. 三, 浥臭者, 卽生諸疾. 斯二者, 無可製之法, 棄之可也】同上

추사단면법(抽飼斷眠法)[130]: 누에가 자려고 할 때 황색과 백색을 띠는 누에의 비율을 헤아려 누에에게 먹이는[所飼] 뽕잎을 빼면서[抽] 줄여 나가야 한다. 이때 뽕잎을 점차 가늘게 썰고 얇게 뿌려서 자주 먹인다.

【만약 전체 누에 중 3/10이 황색 빛을 띠면 뽕잎의 양을 3/10 줄이고, 평소에 비해 뽕잎을 점차 잘게 썰어서 얇게 뿌려 주어야 하고, 먹이 주는 횟수도 점차 자주 해 주어야 한다.

만약 5/10가 황색 빛을 띠면 뽕잎의 양을 5/10 줄이고, 앞의 경우에 비해 또 뽕잎을 잘게 썰어서 얇게 뿌려 주며, 먹이 주는 횟수도 더욱 자주 해 주어야 한다.

만약 8/10이 황색 빛을 띠면 뽕잎의 양을 8/10 줄이고, 앞의 경우에 비해 뽕잎을 매우 잘게 썰어서 매우 얇게 뿌려 주며, 횟수도 매우 자주 해 준다】

抽飼斷眠法: 蠶向眠時, 量黃、白分數, 抽減所飼之葉. 漸次細切, 薄摻頻飼.

【如十分中有三分黃光者, 卽十分中減葉三分, 比尋常稍宜細切, 薄摻, 頓數亦宜稍頻.

如十分中有五分黃光, 卽減五分, 比先次又細切, 薄摻, 其頓數更宜加頻.

如十分中有八分黃光, 卽減去八分, 比先次切令極細, 摻令極薄, 其頓亦令極頻】

모든 누에가 황색 빛을 띨 때까지 기다렸다가 날씨가 흐린지 맑은지, 아침인지 저녁인지 상관없이 급히 누에를 옮겨야 한다【미리 누에발과 누에깔개

候十分黃光, 不問陰晴、早夜, 急須攤過【豫備箔、蓐, 可無失誤】.

---

129 출전 확인 안 됨 ;《農桑輯要》卷4〈涼暖飼養分擡等法〉"飼養總論"《農桑輯要校注》, 138쪽).
130 추사단면법(抽飼斷眠法) : 누에에게 주는 뽕잎을 빼면서 누에가 잠드는 데 걸리는 시간을 줄이는 법.

뽕잎 썰기(농촌진흥청 농사로 현장정보)

를 준비해야 실수로 그르치는 일을 없앨 수 있다】.

누에를 옮길 때는 먹이주기를 멈추었다가 누에가 모두 일어났을 때 먹이를 준다. 이것이 '먹이는 뽕잎을 빼면서 잠드는 데 걸리는 시간을 줄이는[抽飼斷眠]' 법이다. 이 말은, 잠자는 누에에게 주는 뽕잎을 빼면서 줄여 나가 뽕잎에 덮여 눌리지 않게 하고, 오로지 아직 잠들지 않은 누에에게만 뽕잎을 먹여 빨리 잠들도록 한다는 뜻이다.

이 법으로 누에가 잠자고 일어나는 시기를 고르게 할 수 있을 뿐만 아니라 누에가 뽕잎에 덮여서 생기는 열로 인한 병을 없앨 수 있다. 옛 사람들은 "추사단면법을 배워서 취하면 해마다 누에실의 양을 계획대로 얻을 수 있다."라 했으니, 반드시 잘 알아야 한다.《한씨직설》[131]

擿過時住食, 起齊時投食. 此爲 "抽飼斷眠" 之法, 謂抽減眠蠶之葉, 不致覆壓, 專飼未眠之蠶, 使之速眠.

不惟眠起得齊, 且無葉罨燠熱之病. 前人謂 "學取抽飼斷眠法, 年年歲計得絲蠶", 不可不知也.《韓氏直說》

---

131 출전 확인 안 됨 ;《農桑輯要》卷4〈涼暖飼養分擡等法〉"飼養總論"(《農桑輯要校注》, 138~139쪽);《農政全書》卷31〈蠶桑〉"總論"(《農政全書校注》, 849~850쪽).

13) 누에발에 나누어 옮기기 총론

누에를 옮길 때에는 여러 사람이 빠르게 옮겨야
한다. 만약 누에가 키[箕] 안에서 오랫동안 쌓여서
모여 있을 때에는 누에의 몸에서 땀이 나서 나중에
반드시 병으로 손상된다. 그러면 누에를 옮길수록
점점 누에의 수가 줄어들 것이다. 설령 누에가 익었
다 해도 누에섶 안에서 대부분 얇은 고치를 만든다.

누에똥은 자주 제거해야 한다. 제거하지 않으면
오래 되어 열을 발생시키고, 그 열기가 누에를 훈증
시켜 나중에는 누에가 대부분 하얗게 굳는다.

매번 누에를 옮긴 뒤에는 누에발 위의 누에를 듬
성듬성 펼쳐 놓아야 한다. 빽빽하면 건강한 누에는
뽕잎을 먹을 수 있지만 약한 놈은 뽕잎을 먹을 수 없
어서, 반드시 누에발 둘레를 돌며 돌아다닐 것이다.
또 바람이 통하지 않아야 하니, 갑자기 문을 열면
모르는 사이에 적풍(賊風)[132]을 만나서 이후에 대부
분의 누에가 붉게 굳는다.

누에를 펼쳐 놓을 때에는 손으로 가볍게 해야 한
다. 또 높은 곳에서 아래로 누에를 뿌려서는 안 된
다. 만약 높은 곳에서 뿌리면 누에의 몸이 번갈아서
서로 부딪치게 되고, 이로 인하여 누에가 대부분 왕
성해지지 않는다. 이후에 누에섶에 들어갔을 때 늦

分擡總論

擡蠶, 須要衆手疾擡. 若
箕內堆聚多時, 蠶身有汗,
後必病損, 漸漸隨擡減耗.
縱有老者, 簇內多作薄皮.

蠶沙宜頻[48]除, 不除則久
而發熱, 熱氣熏蒸, 後多白
殭.

每擡之後, 箔上蠶宜稀布,
稠則强者得食, 弱者不得
食, 必遠箔遊走. 又風氣
不通, 忽遇倉卒開門, 暗値
賊風, 後多紅殭.

布蠶, 須要手輕, 不得從
高摻下. 如或高摻, 其蠶
身遞相擊撞, 因而蠶多[49]
不旺. 已後簇內懶老翁、赤
蛹是也.《務本新書》

---

132 적풍(賊風):건강에 해를 끼치는 기운을 담고 있는 바람.

[48] 頻:저본에는 "頓".《農桑輯要·涼暖飼養分擡等法·分擡總論》·《農政全書·蠶桑·總論》에 근거하여 수정.

[49] 多:저본에는 "身". 오사카본·연대본·《農桑輯要·涼暖飼養分擡等法·分擡總論》·《農政全書·蠶桑·總論》
에 근거하여 수정.

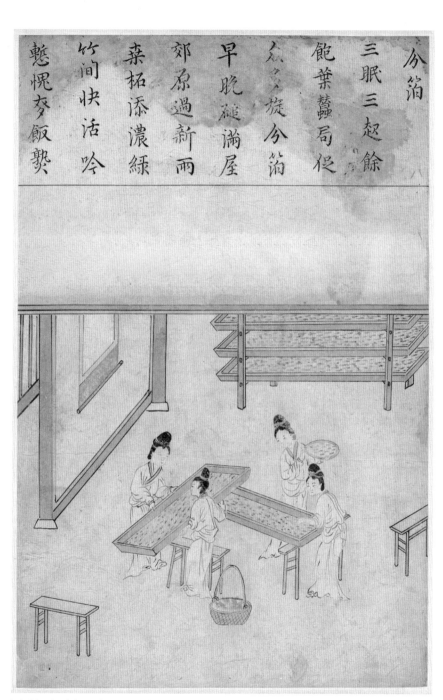

分箔

三眠三起餘　飽葉蠶局促
衆多旋分箔　早晚雅滿屋
郊原過新雨　桑柘添濃綠
竹間快活吟　憨憨麥飯熟

누숙경직도의 누에발 나누기(국립중앙박물관)

게 익은 누에나 적색의 번데기가 이러한 경우이다.
《무본신서》[133]

누에는 하얗게 굳는[白殭] 병증이 있다. 이것은 누에가 어렸을 때 음기에 훈증되어 손상되었기 때문이다. 이때는 날씨가 맑은 날 급히 키 3~4개로 누에를 마당 가운데로 옮겨서 따뜻하게 햇빛을 쬐게 한다. 누에발 1개에 옮기면 다시 다른 누에발 1개에 펼쳐 놓는다. 햇볕을 쬐면 이 병증은 모두 해소될 것이다. 《농상요지》[134]

蠶有白殭, 是小時陰氣蒸損. 天晴, 急用簸箕三四具, 轉蠶中庭, 使日氣煦照. 擡一箔則復布一箔, 得日氣則盡解矣. 《農桑要旨》

누에똥[蠶燠][135]이 건조하고 푸석푸석하면 그 누에에게 병이 없는 상태이다. 누에똥이 조각[片]이 나거나, 습기나 물기가 있거나, 하얗게 쌓여 있으면 누에에게 병이 있는 상태이다. 이때는 빨리 누에를 누에발에 옮겨 분산시켜야 한다.

蠶燠乾鬆者, 其蠶無病; 蠶燠成片、濕潤、白積者, 蠶爲有病, 速宜擡解.

만약 바로 누에를 옮겨야 하는데 비가 오거나 바람이 차면, 누에를 함부로 옮기지 않는다. 이때는 띠풀을 콩알만 하게 잘게 잘라 누에발 하나마다 1두(斗)나 2두씩 누에 위에 고루 뿌려 주고 그 위에 다시 뽕잎을 뿌려 준다.

如正可擡, 却遇陰雨風冷, 則不敢擡. 用茅草細切如豆, 每一箔, 可用一斗或二斗, 均撒蠶上, 上再摻葉.

잠시 뒤 누에는 뽕잎을 타고 올라온다. 그러면 띠

移時蠶因食葉沿上. 其茅

---

133 출전 확인 안 됨 ; 《農桑輯要》 卷4 〈涼暖飼養分擡等法〉 "分擡總論"(《農桑輯要校注》, 140쪽); 《農政全書》 卷31 〈蠶桑〉 "總論"(《農政全書校注》, 850쪽).

134 출전 확인 안 됨 ; 《農桑輯要》 卷4 〈涼暖飼養分擡等法〉 "分擡總論"(《農桑輯要校注》, 139쪽); 《農政全書》, 위와 같은 곳.

135 누에똥[蠶燠] : 《農桑輯要校注》의 "누에똥에 남은 잎의 찌꺼기[似乎是沾有蠶沙的葉渣]."라는 풀이에 근거하여 "누에똥[蠶沙]"의 의미로 풀이하였다.

풀은 누에똥에서 올라오는 열기를 막아 줄 수 있다. 날씨가 맑아지면 다시 누에발을 옮긴다. 만약 띠풀이 없다면 볏짚이 그 다음으로 좋다.《야어(野語)》[136]

草能隔燠熱. 天晴, 再擡. 如無茅草, 稈草次之.《野語》

누에를 나누어 옮기는 편리함은 오직 자주 하고, 정성스럽게 하고, 듬성듬성하게 놓고, 고르게 놓는 데 달려 있다. 이는 누에가 증기와 습기로 인해 손상되는 데 이르지 않게 하기 위해서이다.

分擡之便, 惟在頻、款、稀、均, 使不致蒸濕損傷也.

【누에가 점점 많아지면 반드시 누에를 나누어야 한다. 누에똥[沙燠]이 두툼해지면 반드시 누에를 옮겨야 한다. 누에를 나누어야 할 때를 놓치면 누에가 빽빽하여 겹겹이 쌓이는 상황을 감당할 수 없다. 누에를 옮겨야 할 시기를 놓치면 누에에 증기와 습기가 차는 상황을 감당할 수 없다. 그러므로 누에는 자주 옮겨야 한다.

【蠶滋多, 必須分之; 沙燠厚, 必須擡之. 失分則不勝稠疊, 失擡則不勝蒸濕, 故宜頻.

누에란 부드럽고 연한 생물인데도, 사람들은 손으로 만지작거리며 장난치는 일을 금하지 않는다. 그나마 어린 누에를 나눌 때에는 오히려 잘 아끼고 보호하려 하지만, 큰 누에를 옮길 때에는 잘 돌보며 소중히 여기는 이가 없다. 그러면 누에가 오랫동안 어지럽게 겹쳐서 쌓이며, 누에를 먼 곳에서 던지거나 높은 곳에서 떨어뜨리는 사태를 면하지 못한다. 누에가 병이 생기고 손상되는 일은 실로 여기에서부터 비롯된다. 그러므로 누에를 편안하게 하고, 정성

蠶者, 柔頓之物, 不禁觸弄. 小而分之, 猶能愛護; 大而擡之, 莫能顧惜也. 未免久堆亂積, 遠擲高抛, 生病損傷, 實由于此. 故宜安款而稀均】《士農必用》

---

136 출전 확인 안 됨;《農桑輯要》, 위와 같은 곳;《農政全書》, 위와 같은 곳.

스럽게 다루고, 듬성듬성하게 두고, 고르게 두어야
한다】《사농필용》[137]

누에발을 바꾸어 옮길 때에 쌀겨 갈아 태운 재를
누에에게 뿌리면 누에의 몸이 쾌적해지면서 질병이
없어진다. 혹은 누에에 그물을 펼쳐서 누에발을 바
꾸어 옮기기도 한다.《경리옥함》[138]

누에발을 바꾸기 위해서 누에를 옮길 때에 뽕잎
을 반만 먹이고 바꾸면, 들이는 공력은 줄고 누에에도
힘들어하지 않는다.《경리옥함》[139]

부지런히 누에똥[沙薙]을 제거해야 한다. 또 남풍
을 가장 두려워해야 한다. 만약 날씨가 찌는 듯이
습하면 불을 약간 피워 따뜻한 기운을 퍼트림으로
써 습기와 증기를 없애야 한다. 또 창문과 문으로 공
기를 약간 소통시켜 쾌적하게 한다. 누에똥은 반드
시 멀리 버려야 한다. 찌는 듯한 열기가 나쁜 기운을
만들기 때문이다.

누에는 습기와 열기 및 냉기와 바람을 가장 두
려워한다. 누에가 습기에 상하면 살진 듯 누렇게 붓

其替擡也, 用糠麭[50]之灰
摻焉, 則蠶體快而無疾,
或布網而替擡.《鏡理玉
函》

其[51]替蠶[52]也, 食半而替,
則功省而蠶不勞. 同上

須勤去沙薙. 最怕南風.
若天氣鬱蒸, 卽略以火溫
解之以去其濕蒸之氣, 略
疏通窓戶以快爽之. 沙薙
必遠放, 爲其蒸熱作氣也.

最怕濕熱及冷風. 傷濕卽
黃肥, 傷風卽節高, 沙蒸卽

---

137 출전 확인 안 됨;《農桑輯要》卷4〈涼暖飼養分擡等法〉"分擡總論"(《農桑輯要校注》, 139~140쪽);《農政
全書》, 위와 같은 곳.
138 출전 확인 안 됨;《農政全書》卷31〈蠶桑〉"總論"(《農政全書校注》, 854쪽).
139 출전 확인 안 됨;《農政全書》, 위와 같은 곳.
[50] 麭:《農政全書·蠶桑·總論》에는 "籠".
[51] 其:오사카본 두주(頭註)에 "기(其)자는 1자를 건너뛰어야 한다(其字跳一字)."라 적혀 있다.
[52] 蠶:저본에는 "擡". 오사카본·연세대본·《農政全書·蠶桑·總論》에 근거하여 수정.

고, 바람에 상하면 마디가 커진다. 누에똥에 훈증되면 다리가 붓고, 냉기에 상하면 머리가 반질거리면서 쏘인 듯 하얗게 되고, 불에 상하면 꼬리가 까맣게 타 버린다. 또 바람에 상하면 또한 살진 듯 누렇게 붓고, 차가운 바람에 상하면 흑색이나, 백색이나, 홍색으로 굳는다. 이러한 여러 가지 병을 피할 수 있어야 좋다. 진부《농서》[140]

누에를 기를 때에는 반드시 파리를 부지런히 내쫓아야 한다. 대개 파리는 누에의 등 위에 모일 때마다 파리주둥이로 누에의 등에 구멍을 뚫어 누에의 체즙(體汁)을 빨아먹는다. 또 거기에 파리알을 남기고 떠나 버린다. 뚫어 놓은 구멍은 아물지만 이내 점과 같은 흉터가 된다. 그러면 누에가 다 자라 고치를 만들 때 누에고치가 얇고 거칠어지고 곧장 파리구더기가 고치를 뚫고 나와 고치가 쓸모없어질 것이다.《증보산림경제》[141]

脚腫, 傷冷卽亮頭而白蜇, 傷火卽焦尾. 又傷風亦黃肥, 傷冷風卽黑、白、紅殭. 能避此數患乃善. 陳氏《農書》

育蠶, 必勤驅蠅子. 蓋蠅每集蠶背之上, 以啄穿穴吸汁, 又遺種而去. 其穴卽合, 仍成點瘢. 至蠶成, 繭薄劣, 旋有蛆穿繭而出, 繭卽無用矣.《增補山林經濟》

140《農書》卷下〈用火採桑之法〉(《叢書集成初編》1461, 23쪽).
141《增補山林經濟》卷5〈養蠶〉"育蠶總論"(《農書》3, 280쪽).

14) 개미누에 처음 먹이기

개미누에 처음 먹이는 법: 그때그때 뽕잎을 가늘게 썰고 가볍게 체로 쳐주어서【절도(切刀, 뽕잎 자르는 칼)는 날이 잘 들어야 한다. 날이 잘 들면 뽕잎의 굵기가 고르게 된다】쉬지 않고 자주 먹인다. 2시간 동안 약 4번 먹이면 하루 낮밤 동안 모두 49번 혹은 36번 먹이게 된다.[142]

게으른 사람은 이것이 번거롭고 쓸데없는 일이라고 상당히 의심한다. 이에 대해 나는 다음과 같이 말하겠다. "새로 부화한 개미누에에는 다만 뽕잎의 기름진 맥[脈, 진액]을 먹을 뿐이다. 만약 먹이는 횟수가 많지 않을 경우 영아에 비유하자면 어렸을 때 모유를 제대로 먹지 못할 경우 반드시 나약하여 병이 생기는 일과 같다."

개미누에가 처음 부화했을 때는 반드시 격일로 밤에 뽕나무의 동남쪽 가지에서 살진 잎을 채취해야 한다. 이를 항아리 안에 따로 담아 두었다가 바로바로 가늘게 썰어 주어야 한다. 《무본신서》[143]

개미누에에 먹이는 법:
【밤새 뽕나무에 물을 대어 두고 필요할 때마다

初飼蛾

初飼蛾[53]法: 宜旋切細葉, 微篩【切刀宜快, 快則麤細均停】, 不住頻飼. 一時辰, 約飼四頓, 一晝夜, 通飼四十九頓或三十六頓.

懶者頗疑煩冗. 子曰: "新蛾止食桑葉脂脈, 若頓數不多, 譬如嬰兒, 小時失乳, 必羸弱病生."

蛾初生, 須隔夜採東南枝肥葉, 甕中另頓, 旋取細切. 《務本新書》

飼蛾之法:
【當宿澆其桑, 旋摘其葉.

---

142 2시간……된다: 2시간 동안 4번씩 먹인다면 총 48번을 먹이게 된다. 49번과 36번은 각각 7×7과 6×6의 숫자로, 여기에 상수(象數)의 긍정적 의미가 담겨 있다. 따라서 2시간 동안 대략 4번씩 먹이면서 36회나 49로 횟수를 맞추라는 뜻으로 보인다.

143 출전 확인 안 됨;《農桑輯要》卷4〈涼暖飼養分擡等法〉"初飼蟻"(《農桑輯要校注》, 140쪽);《農政全書》卷31〈蠶桑〉"總論"(《農政全書校注》, 851쪽).

[53] 蛾:《農桑輯要·涼暖飼養分擡等法·涼暖總論》·《農政全書·蠶桑·總論》에는 "蟻". 이후에도 이와 같은 사례가 반복되나 교감기는 생략한다.

바로 뽕잎을 따야 한다. 밤새 물을 대어 두면 뽕잎에 수액이 많아지고, 뽕잎을 바로 따면 뽕잎이 마르지 않는다.

예리한 칼로 뽕잎을 가늘게 썰고, 성긴 체에 쳐서 얇게 펼쳐 놓는다. 예리한 칼이 아니면 뽕잎에 진액이 없어지고, 가늘게 썬 뽕잎이 아니면 개미누에를 덮어 버린다. 체가 아니면 뽕잎을 고르게 펼 수 없고, 고르게 펴지 않으면 한쪽 누에만 뽕잎을 먹게 된다.

그러나 가늘게 썬 잎의 가장자리 부분에 남아 있는 약간의 진액은 오랫동안 남아 있을 수 없어서, 잠깐 사이에 마른 잎이 된다. 그러므로 필요할 때마다 바로 잘라서 자주 체에 쳐야 한다】

부화한 첫째 날 뽕잎을 먹일 때에는 하루 밤낮[一復時] 동안 49번까지 먹인다. 둘째 날 뽕잎을 먹일 때에는 30번까지 먹인다【이때 뽕잎은 약간 두껍게 한다】. 셋째 날 뽕잎을 먹일 때에는 20여 번까지 먹인다【또 조금 더 두껍게 한다】.

이때 잠실은 매우 따뜻해야 하고, 어두워야 한다【대체로 처음 개미누에로 부화했을 때에는 어두워야 하고, 잠잘 때에도 어두워야 한다. 그러나 자려고 할 때와 일어날 때는 약간 밝아야 한다. 일어나고서 처음으로 뽕잎을 먹으려 할 때에는 밝아야 한다. 이후의 단계도 모두 이와 같다】.《사농필용》[144]

宿澆則多液, 旋摘則不乾.

利刃以細切之, 疏篩以薄布之. 非利刃則無液, 非細切則蓋蛾; 非篩則不均, 非均則偏食.

然葉楂之微液, 不能久存, 少頃之間, 卽成枯乾, 故須旋切而頻篩也】

第一日飼, 一復時可至四十九頓; 第二日飼, 至三十頓【葉微加厚】; 第三日飼, 至二十餘頓【又稍加厚】.

宜極暖, 宜暗【大凡初蛾宜暗, 眠宜暗. 將眠及眠起宜微明, 向食宜明. 後皆倣此】.《士農必用》

---

[144] 출전 확인 안 됨;《農桑輯要》卷4〈涼暖飼養分擡等法〉"初飼蟻"(《農桑輯要校注》, 140~141쪽);《農政全書》, 위와 같은 곳.

15) 누에발에 개미누에 나누기[擘黑, 벽흑]145

누에발에 개미누에 나누는 법: 부화한 지 셋째 날 사시(巳時, 오전9~11시)와 오시(午時, 오전11시~오후1시) 사이에 별도의 누에시렁 위에 3개의 누에발을 놓는다【앞에서 나온 대로 처음 누에시렁을 놓는 법과 같다】. 약간 따뜻한 상태에서 개미누에를 살짝 잡고 들어 정성스럽게 작은 바둑알크기만큼씩 손으로 떼어 가운데 누에발에 펼쳐 놓는다. 그러면 누에발에 가득 채울 수 있고【가장자리를 남겨 두지 않는다】, 뽕잎을 점점 더해서 먹일 수 있다.

맑은 날 아침에 동쪽 창문의 이엉과【누에는 동쪽의 볕을 좋아한다】해를 바라보는 쪽에 있으면서 바람을 등진 쪽 창의 이엉을 말아 올린다.

【이때 이후로 평상시에도 이와 같이 해야 한다. 하지만 날씨가 흐린 날 아침저녁에는 도리어 이와 같이 해서는 안 된다. 그리고 밤이 되면 이엉을 내려 창문을 닫는다.

일반적으로 바람이 들어오는 쪽 창의 이엉과 서쪽 조명창의 문은 열어서는 안 된다. 누에가 바람을 두려워하기 때문이다. 이후는 모두 이와 같게 한다. 비록 막잠 이후에는 누에가 서늘함을 좋아하더라도 사나운 바람을 피할 수 있기 때문이다】

누에의 색이 점점 변하면 색에 따라 뽕잎의 양을

擘黑

擘黑法: 第三日巳、午時間, 于別槌上安三箔【如前初安槌法】. 微帶燠, 薄揭蛾, 款手擘如小棋子大, 布于中箔, 可盈滿【不留楂也】, 可漸漸加葉飼.

早晴可捲東窓苫【蠶喜東照】及當日背風窓.

【自此後, 常日宜如此. 天陰早暮且不宜, 至夜則閉.

凡迎風窓苫及西照窓戶54 不可開, 蠶畏風也. 後皆倣此. 雖大眠後喜涼, 亦可以避其猛風也】

漸漸變色, 隨色加減食.

---

145 누에발에 개미누에 나누기[擘黑, 벽흑]: 누에가 부화한 지 3일째 되는 날에 개미누에를 누에발에 나누어 놓는 일.

54 戶:《農政全書·蠶桑·總論》에는 "苫".

가감한다. 완전한 황색이 되면 뽕잎을 먹이지 않는다. 이를 '두면(頭眠, 첫잠)'이라 한다. 이때는 아침이나 저녁에 누에를 옮기지 않는다.《사농필용》[146]

至純黃則不飼, 是謂"頭眠", 不以早晚攪過.《士農必用》

---

[146] 출전 확인 안 됨 ;《農桑輯要》卷4〈涼暖飼養分擡等法〉"擘黑"(《農桑輯要校注》, 141쪽);《農政全書》卷31〈蠶桑〉"總論"(《農政全書校注》, 851~852쪽).

16) 첫잠 잔 누에 옮기고 먹이기

첫잠 잔 누에 옮기기:

【누에가 잠을 자면 주둥이를 닫고 먹지 않으며, 허물[皮膚]이 벗겨지면서 바뀐다. 이것이 누에의 첫 번째 변화이다】

따로 누에시렁 위에 4개의 누에발을 펼쳐 놓는다【이중 위아래로 누에발을 1개씩 놓아 먼지와 습기를 막는다. 가운데 2개의 누에발에는 누에를 놓는다. 누에깔개를 쓰는 방법은 앞과 같다】.

누에똥이 얇게 붙어 있는 상태로 누에 옮기기: 큰 바둑돌크기로 나누어 가운데 2개의 누에발에 가득 펼친다【누에똥이 두터우면 훈증되어 누에에게 병이 생긴다】. 하루 밤낮 동안 뽕잎을 6번 줄 수 있다. 다음날 점점 뽕잎을 더하고, 권창(捲窓)을 절반 정도 열어도 좋다.

누에가 황색으로 처음 변해갈 때에는 매우 따뜻해야 한다. 잠을 잘 때에는 따뜻해야 한다. 누에가 모두 일어났을 때에는 약간 따뜻해야 한다.《사농필용》[147]

첫잠 잔 누에를 옮기고 배부르게 먹이기:

【정상으로 먹을 때에 누에 옮기는 일을 '대포식(擡飽食)'이라 한다】

頭眠擡飼

擡頭眠:

【蠶眠, 結嘴不食, 皮膚退換, 蠶之一變也】

別槌上鋪四箔【上下隔塵、潤, 中二箔安蠶. 用蓐如前】.

薄帶沙燠揭蠶: 分如大棋子大, 布滿中二箔【沙燠厚則蒸, 蠶生病】. 一復時可六頓. 次日可漸漸加葉, 可開捲窓一半.

初向黃時宜極暖, 眠定宜暖, 起齊宜微暖.《士農必用》

擡頭眠飽食:

【正食時擡, 名"擡飽食"】

---

147 출전 확인 안 됨 ;《農桑輯要》卷4〈涼暖飼養分擡等法〉"頭眠擡飼"(《農桑輯要校注》, 141쪽);《農政全書》卷31〈蠶桑〉"總論"(《農政全書校注》, 852쪽).

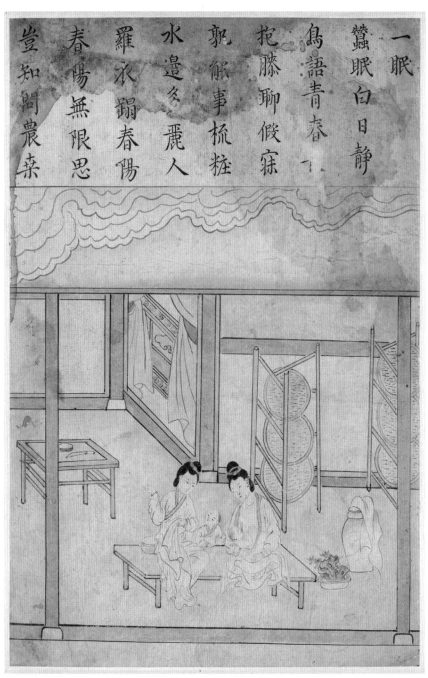

一眠

蠶眠白日靜
鳥語青春
抱膝聊假寐
郭黽事梳粧
水邊多麗人
羅水蹋春陽
春陽無限思
岂知餉農桑

누숙경직도의 첫잠(국립중앙박물관)

뽕잎을 먹는 누에들(농촌진흥청 농사로 현장정보)

작은 동전크기로 누에를 나누고, 3개의 누에발
에 가득 펼친다【누에의 색을 분별하여 뽕잎을 가감
한다】.《사농필용》[148]

分如小錢大, 布滿三箔【辨
色加減食】. 同上

---

[148] 출전 확인 안 됨;《農桑輯要》, 위와 같은 곳;《農政全書》, 위와 같은 곳.

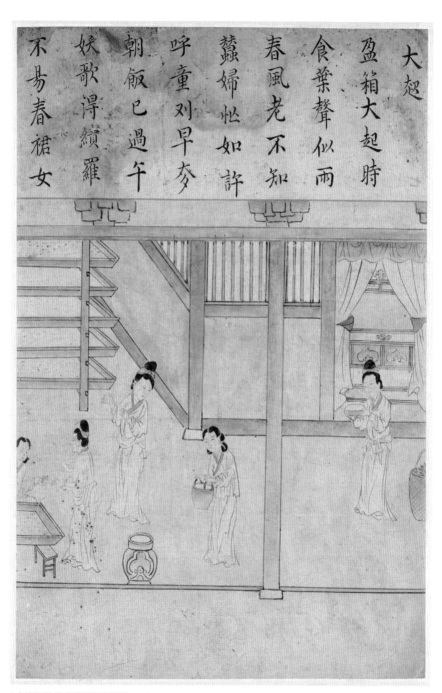

大起
盈箱大起時
食葉聲似雨
春風老不知
蠶婦惟如許
呼童刈早麥
朝飯已過午
妖歌得續羅
不易春裙女

누숙경직도의 잠 깨기(국립중앙박물관)

17) 두잠 잔 누에 옮기고 먹이기

두잠 잔 누에 옮기기: 작은 동전보다 약간 큰 크기로 누에를 나누고, 6개의 누에발에 가득 펼친다. 누에가 모두 일어나고 나서 처음 먹을 때에는 뽕잎을 얇게 뿌려 줘야 한다. 하루 밤낮 동안 4번 뽕잎을 줄 수 있다. 다음날 점점 뽕잎을 더한다【누에의 색을 분별하여 뽕잎을 가감한다】. 또는 권창을 완전히 연다【오직 바람을 정면으로 맞는 창만은 피한다】.

누에가 황색으로 처음 변해갈 때에는 따뜻해야 한다. 잠을 잘 때에는 약간 따뜻해야 한다. 누에가 모두 일어났을 때에는 따뜻해야 한다.《사농필용》[149]

두잠 잔 누에를 옮기고 배부르게 먹이기:
【앞의 방법과 같다】

이때는 누에를 뒤적거려도 되고, 뿌려도 된다. 그러므로 뽕잎 찌꺼기 등 이물질과 굳이 함께 통째로 들어 올려 나눌 필요는 없다. 12개의 누에발에 가득 펼칠 수 있다【그러나 높은 곳에서 누에를 떨어뜨리거나 먼 곳에서 던져서는 안 된다. 누에의 몸이 상할까 걱정되기 때문이다. 누에의 색을 분별하여 뽕잎을 가감한다】.《사농필용》[150]

停眠擡飼

擡停眠 : 分如小錢微大, 布滿六箔. 起齊, 頭食宜薄. 一復時, 可四頓, 次日可漸加葉【辨色加減】. 或全開捲窓【惟避當風窓】.

初向黃時宜暖, 眠定宜微暖, 起齊宜溫.《士農必用》

擡停眠飽食 :
【如前法】
蠶可撥可摻, 不須分揭. 可布滿十二箔【然不可高拋遠擲, 恐損蠶身, 辨色加減食】. 同上

---

149 출전 확인 안 됨 ;《農桑輯要》卷4〈涼暖飼養分擡等法〉"停眠擡飼"(《農桑輯要校注》, 142쪽);《農政全書》, 위와 같은 곳.
150 출전 확인 안 됨 ;《農桑輯要》, 위와 같은 곳 ;《農政全書》, 위와 같은 곳.

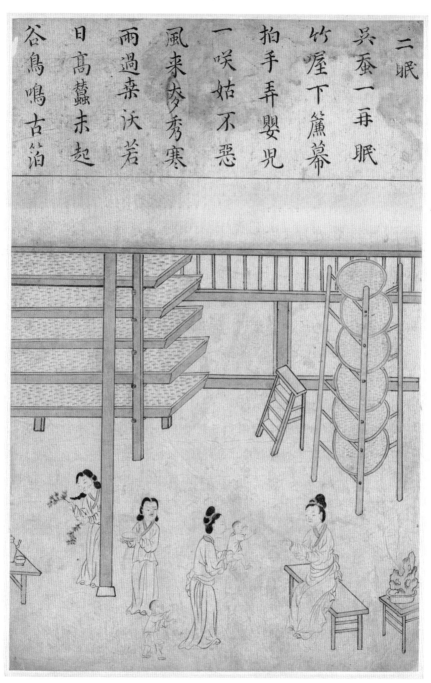

二眠
吳蠶一再眠
竹屋下簾幕
拍手弄嬰兒
一咲姑不惡
風來麥秀寒
雨過桑沃若
日高蠶未起
谷鳥鳴古箔

누숙경직도의 두잠(국립중앙박물관)

18) 막잠 잔 누에 옮기고 먹이기

누에가 막잠에서 일어나면 누에똥[燠]은 자주 제거해야 하고, 누에에게 자주 뽕잎을 먹여야 한다. 혹 서남쪽에서 바람이 불면 문과 창문의 발이나 거적을 내려야 한다. 이즈음에는 누에를 옮겨 분산시키지 않아야 한다. 누에발 위에 누에를 펼칠 때에는 손가락 1개 길이 정도로 서로 거리를 띄워서 누에 1마리씩 펼쳐야 한다.

12월에 저장해 둔 녹두를 물에 담갔다가 싹이 약간 나오면 햇볕에 말린다. 이를 갈아서 고운 가루를 만든다【12월에 저장해 둔 백미를 쪄서 익힌 다음 가루를 만들어도 좋다】.

4번째 먹이로 줄 때 이 가루를 뽕잎과 고르게 섞어서 먹인다. 그러면 누에의 열독을 풀고, 실도 많이 생산되며, 쉽게 고치실을 뽑을 수 있다. 또한 실이 단단하고 질기며 광택이 있다.

【만약 뽕잎이 적으면 지난 가을에 거둔 뽕잎을 다시 찧어 가루 낸다. 새 뽕잎에 물을 뿌려 약간 습기가 있으면 여기에 이 뽕잎가루를 뿌려 고르게 섞은 뒤, 부족한 뽕잎을 보충해서 누에에게 먹일 수 있다. 녹두가루나 쌀가루를 먹이는 것과 비교했을 때, 본식(本食, 뽕잎)과 같은 종류로 연계된 먹이이기 때문에 더 낫다. 또 상추도 부족한 뽕잎을 보충할 수 있다】

大眠擡飼

大眠起, 燠宜頻除, 蠶宜頻飼. 或西南風起, 將門窓簾、薦放下, 此際不宜擡解. 箔上布蠶, 須相去一指, 布蠶一箇.

取臘月所藏菉豆, 水浸, 微生芽, 曬乾, 磨作細麵【臘月所藏白米, 蒸熟, 作粉亦可】.

第四頓投食, 拌葉均飼, 解蠶熱毒, 絲多易繅, 堅靭有色.

【如葉少, 去秋所收桑葉, 再擣爲末, 水灑新葉微濕, 摻末拌均, 接闕飼蠶, 比[55]食豆、麵, 係本食之物. 又萵苣亦可接闕】

---

[55] 比 : 저본에는 "此". 《農桑輯要·涼暖飼養分擡等法·大眠擡飼》·《農政全書·蠶桑·總論》에 근거하여 수정.

278   전공지·권제 2

잠실 남쪽 처마 밖에 먼저 시렁을 세우고 그 위에 들보[樑]와 기둥을 올린다. 이때 누에가 막잠을 자면 덮개를 쳐 준다.《무본신서》[151]

막잠 잔 누에 옮기기: 절이전(折二錢)[152] 크기로 나누어 25개의 누에발에 가득 펼친다. 누에가 모두 일어나면 먹이를 주되, 하루 밤낮 동안 3번 줄 수 있다.

1번째는 얇게 뿌려 주어야 한다【다만 누에의 흰색을 덮을 정도면 된다】. 2번째는 앞과 비교하여 더 얇게 뿌려 준다【누에의 흰색을 덮지 않는다】. 3번째는 1번째와 같다【누에의 흰색을 덮는다. 이 3번째 먹이가 부족하지 않다면 누에는 익을 때까지 먹는 속도가 느릴 것이다】.

다음날 점점 뽕잎을 더할 수 있다【누에의 색을 분별하여 뽕잎 주는 횟수를 가감한다】. 권창과 조명창을 완전히 열 수 있다【잠실이 과열되면 창문에 붙여 둔 종이를 잘라 창문을 연다. 다만 매우 덥지 않으면 굳이 이 예시대로 하지 않는다】.

처음 누에가 황색으로 변해갈 때에는 약간 따뜻해야 한다. 잠잘 때에는 따뜻해야 한다. 누에가 모두 일어나면 서늘해야 한다.《사농필용》[153]

蠶屋南簷外, 先所架立搭棚樑、柱. 此時搭蓋.《務本新書》

擡大眠: 分如折二56錢大, 布滿二十五箔. 起齊投食, 一復時可三頓.

第一頓宜薄【但可覆白】. 第二頓比前又薄【不57覆白】. 第三頓如第一頓【覆白. 此三頓食如不短, 則其蠶至老食慢】.

次日可漸加葉【辨色加減頓數】. 可全開捲窓、照窓【過熱則更劙開窓紙. 但不至熱, 則不拘此例】.

初向黃時宜微暖, 眠定宜溫, 起齊宜涼.《士農必用》

---

151 출전 확인 안 됨;《農桑輯要》卷4〈涼暖飼養分擡等法〉 "大眠擡飼"(《農桑輯要校注》, 142쪽);《農政全書》 卷31〈蠶桑〉 "總論"(《農政全書校注》, 852~853쪽).

152 절이전(折二錢): 1개당 이문(二文)의 가치를 갖는 동전. 평전(平錢, 보통의 동전)보다 크기가 약간 크다. 당이전(唐二錢)이라고도 한다.

153 출전 확인 안 됨;《農桑輯要》卷4〈涼暖飼養分擡等法〉 "大眠擡飼"(《農桑輯要校注》, 142~143쪽);《農政全書》卷31〈蠶桑〉 "總論"(《農政全書校注》, 853쪽).

56 折二: 저본에는 "二".《農桑輯要·涼暖飼養分擡等法·大眠擡飼》에 근거하여 수정.

57 不:《農政全書·蠶桑·總論》에는 "仍".

상평통보 당이전(국립중앙박물관)

누에깔개 제거:

【막잠에서 일어나 먹이를 준 이후 5·6번째는 누에깔개를 제거해도 된다. 이때 누에똥과 깔개풀[蓐草]을 모두 제거하며, 바로 누에를 옮겨서 뽕잎을 배불리 먹인다】

누에발 30개까지 나눌 수 있다【누에의 색을 분별하여 뽕잎을 가감하여 먹인다】.

정상적으로 먹을 때 매번 뽕잎을 먹이고 난 후에 뽕잎을 담은 광주리를 끼고 누에시렁 주위를 돌 수 있다. 이때 다만 누에발 위를 보다가 누에가 뽕잎을 먹어서 뽕잎에 얼룩덜룩하게 검은 구멍처럼 빈 곳이 있으면 뽕잎을 뿌려서 보충하여 합해 준다.

【누에가 막잠에 이른 후 정상적으로 먹을 때에 1/10의 뽕잎을 모자라게 했다면 1/10의 실을 감소시킨다. "이때 다만 누에발 위로 보다가 누에가 뽕잎을 먹어서 얼룩덜룩하게 검은 곳이 있다."는 말은 누에가 먼저 뽕잎을 먹어서 뚫어 놓았다는 뜻이다. 따

落蓐:

【大眠起投食後第六七頓可落蓐, 全去沙燠、蓐草也, 卽是撐飽食】

可分至三十箔【辨色加減食】.

正食時, 每飼後, 可挾葉筐遶槌巡之, 但見箔上有斑黎處, 卽摻葉補合.

【蠶至大眠後正食時, 闕一分葉, 卽減一分絲也. 但見有斑黎處, 是蠶先食透葉也, 卽當補合. 不如此則後來多有薄[58]繭也】同上

라서 뽕잎을 바로 보충하여 합해 주어야 한다. 이와
같이 하지 않으면 나중에 대부분 얇은 고치가 된다】
《사농필용》[154]

쌀가루 섞기:

【쌀가루는 12월 내에 만든 것이다】

누에가 7~8번 먹고 난 뒤, 사시(巳時)와 오시(午時)
사이에 뽕잎을 썰어 누에발 위에 펼친다【농정전서[155]
막잠 후에 아직도 뽕잎을 잘라서 먹이는 일은 지금
사람들은 모두 하지 않는다. 북쪽 지방에서는 어떻
게 하는지 잘 모르겠다. 상세히 물어보아야 할 것이
다. 또 지금 사람들이 막잠 후에 뽕잎을 잘게 썰어
주지 않는 방식이 누에에 해가 되는지 아닌지 잘 모
르겠다. 2가지 모두 시험해봐야 할 것이다】.

여기에 새로 길은 물을 뿌리고 매우 고르게 섞는
다. 잠깐 기다렸다가 흰 쌀가루를 곱게 체질하여 매
우 고르게 섞는다.

【뽕잎 1광주리마다 새로 길은 물 1승(升), 쌀가루
4냥을 쓴다. 만약 쌀가루가 없다면 다만 새로 길은
물만 쓴다.

拌米粉:

【臘月內成造者】

至第七八頓食後, 于巳、午
時間, 將切下葉攤在箔
上【農政全書 大眠後, 尚
切葉食, 今人全不爾. 不知
北土何如. 宜詳問之. 亦不
知今人不切無害否. 宜兩試
之】.

新水灑拌極均, 待少時, 細
羅白粉子, 拌令極均.

【每葉一筐, 用新水一升、
粉子四兩. 如無, 止用新
水.

---

154 출전 확인 안 됨 ; 《農桑輯要》 卷4 〈涼暖飼養分擡等法〉 "大眠擡飼"(《農桑輯要校注》, 143쪽); 《農政全
書》, 위와 같은 곳.
155 《農政全書》 卷31 〈蠶桑〉 "總論"(《農政全書校注》, 853쪽).
58 薄 : 저본에는 "蒲". 《農桑輯要·涼暖飼養分擡等法·大眠擡飼》에 근거하여 수정.

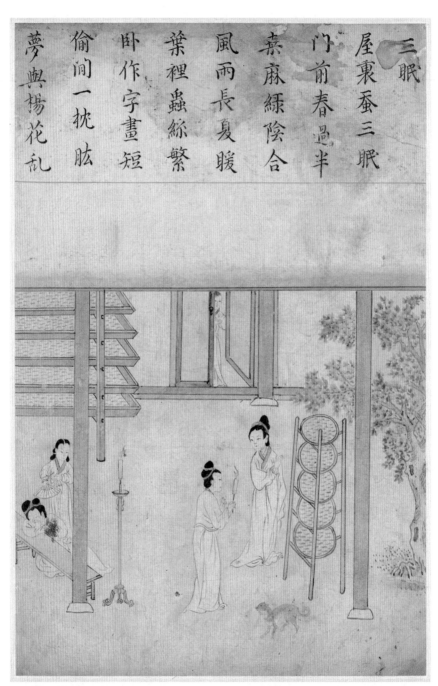

三眠

屋東蠶三眠
門前春過半
素麻綠陰合
風雨長夏暖
葉稀蟲絲繁
卧作字畫短
偷間一枕肱
夢與楊花亂

누숙경직도의 세잠(국립중앙박물관)

증보산림경제 [156] 뽕잎이 모자라면 감초 달인 물을 뽕잎에 뿌리고, 쌀가루를 뿌린다. 물이 마르기를 기다렸다가 누에에게 먹인다. 이로부터 하룻밤이면 고치를 짓고, 또 두터운 실을 만들 수 있다. 이를 '제잠(齊蠶)'이라 한다. 또 속방(俗方)에서는 누에가 만약 실하지 않고 익는 데까지 시간이 더딜 염려가 있으면 뽕잎에 고추[蠻椒]를 뿌린다】

한 광주리로 누에발 1개의 누에에게 먹일 수 있다【가지고 있는 누에에게 이렇게 만든 뽕잎을 모두 한번은 먹일 수 있다】. 《사농필용》[157]

뽕잎가루 섞기:

【누에의 몸이 충실하게 해야 고치가 견고하고 두터워지며, 실이 견고하고 질겨진다】

뽕잎을 잘라서 새로 길은 물을 뿌리고 매우 고르게 섞은 다음 여기에 뽕잎가루를 체질하여 고르게 섞는다. 막잠 이후에 간간히 이렇게 3~5번 먹인다【가령 매번 뽕잎 2광주리를 먹였다면 지금은 다만 1광주리를 쓸 뿐이니, 필요한 뽕잎이 절반으로 줄어든다. 만약 누에가 식욕이 왕성해서 뽕잎이 모자랄 경우 막잠 이후 간간히 뽕잎가루 섞은 뽕잎을 먹이되, 5번까지도 무방하다. 하지만 누에의 먹이가 모자라지 않으면 이를 사용해서는 안 된다】. 《사농필용》[158]

增補山林經濟 缺[59] 桑則以甘草水灑葉, 以米粉摻之. 候乾, 飼之, 可度一日夜成繭, 亦厚實, 謂之"齊蠶". 又俗方, 蠶若有不實退老之慮, 以蠻椒摻之】

一筐可飼一箔【所有之蠶皆可飼一頓】. 同上

拌葉麪:

【令蠶體充實, 爲繭堅厚, 爲絲堅靭也】

切葉, 灑拌新水極均, 羅桑麪拌均. 于大眠後, 間飼三五頓【假令每頓飼葉二筐, 今止用一筐, 減葉一半. 如蠶盛葉闕, 大眠後間飼之, 五頓亦無妨. 蠶食不闕, 不可用】. 同上

---

156 《增補山林經濟》卷5〈養蠶〉"飼蠶總論"(《農書》3, 276쪽).
157 출전 확인 안 됨 ; 《農桑輯要》, 위와 같은 곳 ; 《農政全書》, 위와 같은 곳.
158 《農桑輯要》卷4〈涼暖飼養分攤等法〉"大眠攤飼"(《農桑輯要校注》, 143쪽) ; 《農政全書》, 위와 같은 곳.
59 缺 : 《增補山林經濟·養蠶·飼蠶總論》에는 "觖".

똥 옮기기: 막잠 이후에 뽕잎을 11~12번 먹이는 사이에 누에똥을 옮길 수 있다【옮기는 방법은 앞의 법과 같다. 이 과정에서 누에똥을 완전히 제거한다. 이와 같이 하지 않으면 누에가 누에똥에 훈증되고 울결되는 일을 막을 수 없고, 누에가 익으려고 할 때 병이 생기게 되어 고치실을 뽑기 어렵다】.

누에가 익으려고 할 때 뽕잎을 먹이려면 가늘게 잘라서 얇게 뿌려 줘야 하고, 자주 줘야 한다【익은 누에를 기를 때에는 개미누에를 기를 때처럼 해야 하고, 또한 사람이 나이 들었을 때 봉양하듯이 해야 한다. 한꺼번에 먹이면 누에가 상한다. 만약 이와 같이 하지 않으면 뽕잎을 먹을 때에 뽕잎이 깨끗하지 않아서, 그 뽕잎에 훈증되고 습하게 된다. 그리하여 누에가 뽕잎을 붙인 상태로 누에섶에 들어감으로 인해 맺은 고치도 습기를 띤다. 그러면 이는 마치 소금물에 담갔던 상태처럼 된다. 이를 '족한견(簇汗繭)'이라 한다. 족한견은 고치실을 뽑기 어렵다】.

온도는 약간 따뜻하게 해야 한다.

【이는 마치 사람이 나이 들었을 때 추위를 견디지 못하는 일과 같다. 그러나 이 또한 당시에 날씨가 서늘한지 따뜻한지를 헤아려 적절하게 온도를 낮추거나 높여야 한다. 대강 막잠 후 아직 익기 전인 경우에는 약간 따뜻하게 해야 한다.

擡沙: 于大眠後, 飼食第十一二頓間, 可擡【擡如前法, 全去沙燠. 不如此則不禁蒸鬱, 臨老生病, 難以抽繅】.

蠶欲老飼之, 宜細薄, 宜頻【養老, 如養小, 亦如人老, 頓食則傷. 若不如此, 則食葉不淨, 其葉蒸濕, 帶葉入簇, 所結繭亦濕潤, 如經鹽水. 此名"簇汗[60]繭", 難抽繅】.

宜微暖.

【如人老不禁寒涼, 然亦可相度當時天氣涼暖, 消息斟酌, 大意比大眠後未老時, 宜微暖也.

---

[60] 汗:《農政全書·蠶桑·總論》에는 "汁".

이 법에 의거하여 살펴보면 누에는 개미누에일 때부터 익을 때까지 24~25일을 넘지 않는다. 이 기간을 넘어서 날수가 더욱 많아질수록 뽕잎은 더욱 소비되고 실은 더욱 적어진다】《사농필용》[159]

누에가 막잠을 잔 이후로부터 15~16번 먹으면 익는다. 실을 얻는 양은 전적으로 이 며칠에 달려 있다【뽕잎이 충분하면 실이 많고, 부족하면 실이 적다】.

어떤 노인이 '추사단면법'에 의거하여 누에를 먹이는 모습을 보았다. 10마리 누에 중 9마리가 익을 때까지 기다렸다가 그제야 누에발에서 누에를 꺼내 누에섶에 넣는다. 이와 같이 하면 족한(簇汗, 누에섶이 습한 상태)으로 인해 습하고 열에 훈증되는 걱정이 없고, 반드시 고치를 빨리 만들며 단단하면서도 많은 실이 나온다【누에를 치는 데에는 특별한 기술이 필요가 없고, 뽕잎이 충분하면 곧 익는다】. 《한씨직설》[160]

依按其法, 蠶自蛾至老, 不過二十四五日. 過此, 日數愈多, 桑愈費而絲愈少也】同上

蠶自大眠後, 十五六頓卽老, 得絲多少, 全在此數日【葉足則絲多, 不足則絲少】.

見有老者, 依 "抽飼斷眠法" 飼之. 候十蠶九老, 方可就箔上, 撥蠶入簇. 如是則無簇汗蒸熱之患, 繭必早作, 硬而多絲【養蠶無巧, 食足便老】.《韓氏直說》

---

159 출전 확인 안 됨;《農桑輯要》, 위와 같은 곳;《農政全書》卷31〈蠶桑〉"總論"(《農政全書校注》, 853~854쪽).
160 출전 확인 안 됨;《農桑輯要》卷4〈涼暖飼養分擡等法〉"大眠擡飼"(《農桑輯要校注》, 143~144쪽);《農政全書》卷31〈蠶桑〉"總論"(《農政全書校注》, 854쪽).

19) 누에섶에 넣기

누에가 익었을 때에 비를 맞으면, 누에고치를 훼손시킨다. 그러므로 이때는 누에를 잠실 안 누에섶에 두어야 한다. 누에발 위에 섶을 얇게 펼치고, 누에를 다 흩어 놓고 나면 또 섶으로 그 위를 얇게 덮는다. 1개의 누에시렁에는 10개의 누에발을 놓을 수 있다. 《제민요술》[161]

누에섶과 누에발은 삼나무로 만든 널빤지를 쪼개어 만들되, 길이 6척, 너비 3척으로 한다. 화살대[箭竹]로 말눈모양의 격자를 짠 다음 여기에 띠풀을 끼워 너무 느슨하지도, 너무 빽빽하지도 않게 엮는다. 이 위에 다시 이파리가 없는 대나무줄기를 가로세로 얹어 놓는다.

또 누에섶 뒤쪽에는 갈대누에발을 깔고 대껍질로 누에섶 뒤쪽 면을 통과하여 묶는다. 이렇게 하면 누에가 여기에 머물 수 있어 떨어질 걱정이 없다. 게다가 그 중간에는 깊숙하여 아늑하고 조밀하다.

바로 누에를 그 위에 놓은 다음 처음에는 누에발을 약간 기울여서 누에똥이 다 빠지기를 기다린다. 은은하게 달군 잿불로 잠심을 약간 따뜻하게 해 주었다가 누에가 그물에 들어가면 점점 불을 더해 준다. 이때 중간에 불을 빼면 안 된다. 온도가 약간이라도 차가워지면 누에가 실을 뽑다가 멈춰 버리기

入簇

蠶老時值雨者則壞繭, 宜於屋裏簇之. 薄布薪於箔上, 散蠶訖, 又薄以薪覆之. 一槌得安十箔. 《齊民要術》

簇、箔宜以杉木解枋, 長六尺, 闊三尺, 以箭竹作馬眼楄, 揷茅, 疏密得中, 復以無葉竹篠, 縱橫搭之.

又簇背鋪以蘆箔, 而以蔑透背面縛之. 卽蠶可駐足, 無跌墜之患, 且其中深穩稠密.

旋放蠶其上, 初略欹斜以俟其糞盡. 微以熟灰火溫之, 待入網, 漸漸加火, 不宜中輟, 稍冷卽游絲亦止, 繅之卽斷絕, 多煮, 爛作絮, 不能一緒抽盡矣.

---

161 《齊民要術》卷5 〈種桑柘(養蠶附)〉《齊民要術校釋》, 333쪽).

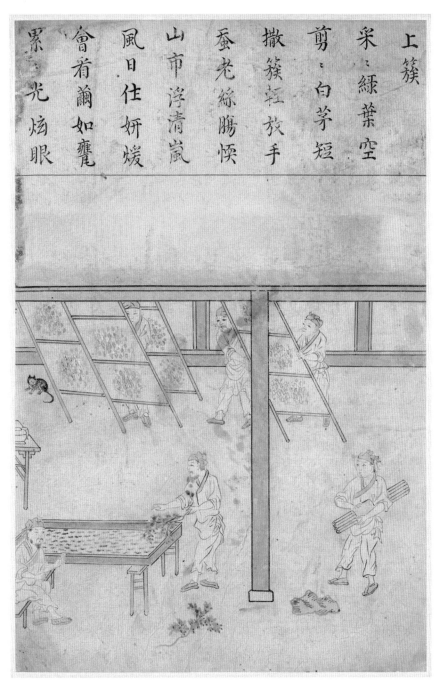

上簇

采采綠葉空
剪剪白芋短
撒簇輕放手
蚕老絲腸慌
山市浮清嵐
風日住妍煖
會着繭如甕
累累光炤眼

누숙경직도의 섶에 올리기(국립중앙박물관)

때문에, 실을 켤 때도 끊어지며 많이 삶으면 문드러져 솜처럼 되니, 하나의 실마리로 실을 다 뽑을 수 없다. 진부《농서》[162]

또 다른 법: 큰 흰쑥[蓬蒿][163]으로 섶을 만들어서 누에를 흩트려 두루 펼쳐지게 한 다음 들보나 서까래에 매단다. 혹은 새끼줄·갈고리창[鉤戈]·다양한 형태의 갈고리[164]를 늘어뜨려 위아래 여러 겹으로 하되, 걸 수 있는 곳이면 모두 괜찮다.

다 매달았으면 섶 아래에 은근한 숯불을 피워 따뜻하게 한다. 따뜻해지면 누에가 고치를 빨리 짓고, 추위에 상하면 고치를 느리게 짓는다. 여러 번 잠실에 들어가 살펴보다가 더우면 불을 뺀다.

흰쑥은 서늘한 기운을 생기게 하기 때문에 고치가 울결되어 눅눅해질 염려가 없다. 죽은 누에는 그때그때 떼어 내야 고치가 더러워질 걱정이 없다. 누에똥과 먹다 남은 뽕잎은 남기지 말고 치워야 고치

陳氏《農書》[61]

又法[62]：以大蓬蒿爲薪, 散置令遍, 懸之於棟梁、椽柱. 或垂繩、鉤戈、鴉爪、龍牙, 上下數重, 所在皆得.

懸訖, 薪下微生炭火以煖之. 得煖則作速, 傷寒則作遲. 數入候看, 熱則去火.

蓬蒿生涼, 無鬱浥之憂. 死蠶旋墜, 無汚繭之患. 沙葉[63]不住, 無瘢痕之疵【農政全書 妙法】. 鬱

162《農書》卷下〈簇箔藏繭之法〉第5《文淵閣四庫全書》730, 191쪽).

163 큰 흰쑥[蓬蒿]: 국화과의 흰쑥이다.《본초도경(本草圖經)》에서는 "흰쑥을 봉호라고 한다."라 했다.

164 다양한……갈고리: 원문의 '鴉爪'와 '龍牙'를 풀이한 것으로, 모두 당시에 사용하던 각종 갈고리를 가리키는 단어이다.《齊民要術校釋》卷5〈種桑柘(養蠶附)〉에 근거하면, 효조(鴉爪)는 부엉이발톱처럼 2~3개의 갈고리가 붙어있는 갈고리를 의미하고 용아(龍牙)는 한 줄기에 여러 개의 곁가지가 배열되어 있는 듯하여 용이빨과 같은 형태를 띠는 갈고리이다.

[61] 簇箔……農書: 오사카본에는 이 기사가 뒤쪽에 있었으나, 두주에서 "이 기사는 앞의 제민요술 기사 아래로 옮길 것(移付齊民要術下)."이라는 두주가 적혀 있어 다른 판본에는 모두 현재와 같은 순서로 기사가 배치되어 있다.

[62] 又法: 오사카본의 이 기사 위에 두주에는 "뒤의 진부《농서》기사를 이곳에 붙일 것(次付陳氏農書)."이라 적혀 있다.

[63] 葉: 저본에는 "榮".《齊民要術·種桑柘》에 근거하여 수정.

에 흔적이 생기는 흠이 없다【농정전서 165 빼어난 법이다】. 고치가 울결되어 눅눅해지면 실을 켜기 어렵고, 고치가 더러워지면 실이 헤지고, 고치에 흔적이 생기면 쓸모가 없어진다.

흰쑥으로 만든 누에섶 또한 좋다【농정전서 166 지금의 누에섶보다 나은 점이 상당함에도 사람들이 이를 쓰지 않는 이유는 어째서인가?】. 누에섶이 잠실 밖에 있는 경우에는 저녁때 추우면 모두 고치를 만들지 않는다.

불을 때면 실을 풀기 쉽고 실이 밝다. 햇볕을 쬐다 죽은 누에의 고치는 비록 흰색이더라도 무르고 연하다. 실을 합사한 생사와 숙사로 짠 의복은 거의 생산량의 절반도 못 미치고, 심한 경우에는 1년 동안의 노력이 헛수고가 된다. 실의 견고함과 연함에 따라서 현격하게 격차가 나므로 생활을 꾸려나가기 위한 요령을 어떻게 모를 수 있겠는가? 《제민요술》167

浥則難繰64, 繭汚則絲散, 瘢痕則無用.

蓬蒿簇亦良【農政全書 勝今簇遠甚, 而人不用之何也?】. 其外簇者, 晚遇天寒, 則全不作繭.

用火易繰而絲明. 日曝死者, 雖白而漕脆. 縑練長衣著, 幾將倍矣, 甚者, 虛實失歲功. 堅脆懸絕, 資生要理, 安可不知哉? 同上

누에를 누에섶에 올릴 때, 누에섶이 있는 땅은 높고 평평해야 한다. 누에섶 안은 바람이 통해야 한다. 누에섶에는 불쏘시개용 풀을 골고루 펼쳐야 한다. 누에를 펼칠 때에는 드문드문하게 해야 한다. 빽빽하게 하면 덥고, 더우면 고치를 짓기 어렵고, 실

簇蠶, 地宜高平, 內宜通風, 均布柴草. 布蠶宜稀, 密則熱, 熱則繭難成, 絲亦難繰.

165《農政全書》卷31〈蠶桑〉"總論"(《農政全書校注》, 838쪽).
166《農政全書》, 위와 같은 곳.
167《齊民要術》卷5〈種桑柘(養蠶附)〉(《齊民要術校釋》, 333쪽).
64 繰 : 저본에는 "練". 《齊民要術·種桑柘》에 근거하여 수정.

도 켜기 어렵다.

동북쪽이나, 아울러 육축(六畜)[168]을 기르는 곳이나, 나무 아래나, 구덩이 위나 분뇨 악취가 나는 곳이나, 물이 흐르는 땅에는 누에섶을 놓을 수 없다. 《무본신서》[169]

東北位, 幷養⑥⑤六畜處樹下, 阬上, 糞惡、流水之地, 不得簇.《務本新書》

누에섶을 관리하는 방법은 오직 건조하고 따뜻하게 하여 누에섶 안에 한기와 습기가 없게 하는 데 달려 있다.

治簇之方, 惟在乾暖, 使內無寒濕.

【누에섶 안의 누에고치에 생길 수 있는 병은 다음의 6가지가 있다. 첫째는 족한(簇汗, 누에섶의 습기 때문에 생기는 병)이고, 둘째는 낙족(落簇, 누에섶에서 떨어져서 생기는 병으로 추정)이고, 셋째는 유주(遊走, 누에고치가 움직여서 생기는 병으로 추정)이고, 넷째는 변적용(變赤蛹, 번데기가 붉게 변하는 병)이고, 다섯째는 변강(變殭, 딱딱하게 변하는 병)이고, 여섯째는 흑색(黑色, 검은색이 되는 병)이다.

【簇中繭病有六. 一簇汗, 二落簇, 三遊走, 四變赤蛹, 五變殭, 六黑色.

족한(簇汗) 병의 경우, 누에가 익었을 때 뽕잎을 깔끔하게 먹지 않아 남은 뽕잎이 훈증되어 습해진 상태에서 누에가 이러한 뽕잎을 붙이고서 누에섶에 들어가기 때문에 누에고치도 습기를 띠게 된다. 이것을 '족한(簇汗)'이라 한다. 이외의 5가지 병은 모두

簇汗之病, 蠶老食葉不淨, 其葉蒸濕, 帶葉入簇, 故繭亦濕潤, 此爲"簇汗". 其餘五病, 皆地濕、天寒所致.

---

168 육축(六畜): 소, 말, 돼지, 양, 닭, 개 등의 여섯 가축을 통틀어 이르는 말. 고대 중국의 제사에 쓰이는 희생(犧牲)이었으나, 오늘날에는 가축에 대한 범칭으로 사용된다.

169 출전 확인 안 됨 ;《農桑輯要》卷4〈簇蠶繅絲等法〉"簇蠶"(《農桑輯要校注》, 146쪽);《農政全書》卷31〈蠶桑〉"總論"(《農政全書校注》, 857쪽).

⑥⑤ 養 : 저본에는 "食".《農桑輯要·簇蠶繅絲等法·簇蠶》·《農政全書·蠶桑·總論》에 근거하여 수정.

땅의 습기와 추운 날씨로 인해서 생긴다.

농정전서 170 또한 땅의 습기와 추운 날씨뿐만 아니라, 누에알을 고를 때부터 누에섶에 올릴 때까지 병에 걸리지 않는 때가 없다】

누에가 익으려 할 때 누에섶을 둘 만한 땅에 불을 피워 매우 건조하게 한다. 이어서 재를 치우고 빗자루질하여 깨끗하게 한 다음 그 위에 누에섶을 둔다【농정전서 171 이는 북쪽 지방의 법이다. 남쪽 지방은 바로 장마철인 6~7월 즈음하여 누에섶을 두니, 온갖 어려움은 여기서 생긴다. 이것이 모두 잠실 안에 누에섶을 두고, 불을 잘 때야 하는 이유이다】. 《사농필용》172

둥근 누에섶을 안치할 때는 언덕 높은 곳에 족각(簇脚)173을 만든다. 1개의 누에섶에는 6개 누에발의 누에를 넣을 수 있다. 누에 중 9/10가 익으면 뽕잎을 약간 뿌린다【이를 '상마상(上馬桑)'이라 한다】.

누에발 위의 누에를 키[簸箕]로 옮긴다. 이를 정성스러운 손길로 누에섶 위에 살살 뿌려서【누에발의 동남쪽에서부터 누에를 옮기고, 땅에 떨어뜨려서는 안 된다】 듬성듬성하면서도 고르게 하도록 힘쓴다.

農政全書 亦不止爲地濕、天寒, 自擇種至上簇, 無時不可得病也】
蠶欲老, 可簇地盤, 燒令極乾, 除掃灰淨, 於上置簇【農政全書 此是[66]北法. 南方正值梅天, 萬難作此, 所以皆須屋內簇, 定須著火】.《士農必用》

安圓簇, 于阜高處打成簇脚, 一簇可六箔蠶. 十分中有九分老者, 宜少摻葉【名"上馬桑"】.
就箔上, 用簸箕般去, 宜款手摻于簇上【自東南起頭, 不令落地】, 務令稀均. 上復覆蒿、梢【或豆藋】, 復

170《農政全書》, 위와 같은 곳.
171《農政全書》, 위와 같은 곳.
172 출전 확인 안 됨 ;《農桑輯要》卷4〈簇蠶繅絲等法〉 "簇蠶"(《農桑輯要校注》, 147쪽) ;《農政全書》, 위와 같은 곳.
173 족각(簇脚) : 미상. 누에섶 바닥의 구조물로 보인다.
[66] 是 : 저본에는 "時". 오사카본·《農政全書·蠶桑·總論》에 근거하여 수정.

원족(圓簇, 누에섶)(《왕정농서》)

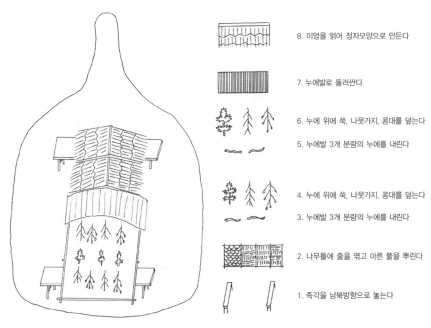

8. 이엉을 얽어 정자모양으로 만든다

7. 누에발로 둘러싼다

6. 누에 위에 쑥, 나뭇가지, 콩대를 덮는다

5. 누에발 3개 분량의 누에를 내린다

4. 누에 위에 쑥, 나뭇가지, 콩대를 덮는다

3. 누에발 3개 분량의 누에를 내린다

2. 나무틀에 줄을 엮고 마른 풀을 뿌린다

1. 족각을 남북방향으로 놓는다

원족(圓簇, 누에섶) 상세 설명도

누에섶 위에는 다시 쑥이나 나뭇가지로 덮어 주고【혹 콩대로 한다】, 다시 이전과 같이 누에를 옮긴다.

摻蠶如前.

누에발 3개의 누에를 옮기고 나뭇가지는 뿌리 부분이 위로 가도록 덮는다【이와 같이 하면 누에섶이 동그랗게 되고 또 안온하다】. 이후에는 누에가 위로 가도록 누에발 6개 분량의 누에를 마저 뿌린 다음 쑥으로 덮어 누에섶이 둥글게 되도록 한다. 위에는 누에발로 둘러싸고 이엉으로 얽되, 누에섶 꼭대기가 마치 정자 모양과 같게 한다【비를 막기 위해서이다】.

至三箔覆[67]梢, 倒根在上【如此則簇圓又穩】. 自後蠶可近上, 摻至六箔, 覆蒿令簇圓. 上用箔圍, 苫繳, 簇頂如亭子樣【防雨】.

저녁이 되면 또 이엉으로 누에섶의 아래쪽부터 위쪽까지 이엉이 서로 접하도록 얽어 놓는다. 해가 높이 떴을 때 이엉을 말아서 치웠다가 저녁이 되면 다시 얽어 놓는다. 3일이 지나 누에가 고치를 지으면 이 방법을 쓰지 않는다【마두족(馬頭簇) 또한 위와 같이 이엉으로 얽어 놓는다. 불쏘시개용 풀은 넓어야 한다. 누에섶은 또 영롱한 무늬모양[174]이어야 한다. 중간에는 시렁 난간을 두어야 한다. 누에가 많다면 마두족(馬頭簇)을 써야 한다. 족각(簇脚)은 남북으로 두어야 한다】. 《한씨직설》[175]

至晚, 又用苫, 將簇從下繳至上苫相接. 日出高時, 捲去, 至晚, 復繳. 三日外, 繭成不用【馬頭簇亦依上苫繳. 柴薪要廣. 簇又玲瓏. 中間宜架杆[68]. 蠶多宜馬頭簇. 簇[69]脚宜南北】. 《韓氏直說》

---

174 영롱한 무늬모양 : 영롱은 파도무늬, 이어진 고리 모양, 옛 노전 모양과 같은 구조를 띤다. 깊게 뚫린 굴과 같은 부분이 광채가 찬란하고 안팎이 서로 비추기 때문에 '영롱'이라 하였다. 이러한 무늬를 이용하여 쌓은 담장을 '영롱담(玲瓏墻)'이라고 하며 이에 대해서는 《섬용지》 권1 〈건물 짓는 제도〉 "담장" '영롱담'에 나온다.

175 출전 확인 안 됨 ; 《農桑輯要》 卷4 〈簇蠶繅絲等法〉 "簇蠶"(《農桑輯要校注》, 147쪽); 《農政全書》 卷31 〈蠶桑〉 "總論"(《農政全書校注》, 858쪽).

[67] 覆 : 저본에는 "復". 《農桑輯要·簇蠶繅絲等法·簇蠶》·《農政全書·蠶桑·總論》에 근거하여 수정.

[68] 杆 : 저본에는 "枰". 《農桑輯要·簇蠶繅絲等法·簇蠶》에 근거하여 수정.

[69] 簇 : 《農桑輯要·簇蠶繅絲等法·簇蠶》에는 없음.

마두족(馬頭簇)과 잠족(蠶簇, 누에섶) 만드는 모습(《왕정농서》). 《전공지》 권4에 원도 수록됨)

누에섶을 햇볕에 쬘 때는 누에를 누에섶에 올린 뒤 3일째가 된 날 진시(辰時, 오전7~9시)에서 사시(巳時, 오전9~11시) 사이에 이엉을 열어 누에발이 햇볕을 쬐게 했다가, 미시(未時, 오후1~3시)가 되면 다시 이전과 같이 이엉을 덮는다. 만약 그날 햇볕이 너무 뜨거우면 누에섶 위에 홑겹의 누에발을 괴어 햇볕을 가린다. 《한씨직설》[176]

曬簇, 上蠶後, 第三日辰、巳時間, 開苫箔日曬, 至未時, 復苫蓋如前. 如當日過熱, 上搘單箔, 遮日色. 同上

영롱담(玲瓏墻)(수원 화성)

---

[176] 출전 확인 안 됨 ; 《農桑輯要》, 위와 같은 곳 ; 《農政全書》, 위와 같은 곳.

누에섶을 뒤집을 때는 누에를 누에섶에 올리는 시기에 비를 맞아 물기가 있고 습할 경우이다. 비가 그치고 날씨가 맑아지자마자 바로 누에섶을 둘 만한 땅을 고른다【만약 비로 습하다면 건조한 담장 밑의 흙을 가져다가 두텁게 덮는다. 누에섶을 관리하는 법은 이전과 같다】.

翻簇, 上蠶時, 被雨霢濕, 雨纔止纔晴, 卽選一簇地盤【如雨濕了, 則取乾牆土厚覆, 治簇之法如前】.

누에가 고치를 완성했는지 완성하지 못했는지에 상관없이 누에섶을 뒤집고 옮겨서, 별도의 누에섶에 놓고 이전과 같은 방법으로 이엉으로 봉한다. 비가 약간 내리면 굳이 이렇게 하지 않아도 되고, 다만 햇볕을 쬐게 한다.

不以成繭不成繭, 翻騰遷移, 別簇封苫如前. 小雨則不須, 但可曬曝.

【또 다른 한 가지 법: 누에를 누에섶에 옮기려고 할 때 비가 오면 다만 잠실 안에 원래 누에시렁 아래의 지면 위에 누에섶을 안치한다. 그리고 문과 창문을 열어서 바람이 통하게 한다. 간혹 하루 종일 비가 내려 날씨가 추워지면 문과 창문을 닫고, 소똥 태운 불을 더한다. 이는 누에섶을 뒤집는 법과 비교했을 때 효과가 더욱 빼어나다.

【又有一法: 臨簇有雨, 只于蠶屋中本槌下地面上安簇, 開了門窓, 使透風氣. 早夜或陰雨變寒, 則閉門窓, 添牛糞火. 比翻簇之法, 又爲妙也.

또 다른 법: 누에시렁의 누에발 위에 쑥을 드문드문 뿌린다. 이어서 누에시렁의 주위를 누에섶의 나뭇가지와 쑥으로 둘러싸고, 누에발과 이엉으로 이를 둘러싼다. 그러면 누에가 저절로 고치를 짓게 되니, 오히려 비가 내리는 와중의 누에섶보다 낫다】 《한씨직설》177

又一法: 槌箔上, 虛撒蒿, 槌周圍簇梢與蒿, 箔苫圍之. 蠶自作繭, 猶勝于雨中簇也】同上

---

177 출전 확인 안 됨;《農桑輯要》, 위와 같은 곳;《農政全書》, 위와 같은 곳.

만약 날씨가 무더우면 한낮에 누에를 누에섶에 두어서는 안 된다. 누에가 익으면 햇볕이 내리쬐는 열을 견디지 못하기 때문이다.《야어》[178]

북쪽 지방의 누에는 대부분 3번 자고, 남쪽 지방의 누에는 모두 4번 잔다. 익은 누에가 있는지 매일 살피면서 그 비율을 헤아려 먹이를 줄인다. 전체 누에의 9/10가 익어야 누에섶에 넣을 수 있다.

비를 만나면 누에고치를 망가트린다. 남쪽 지방의 사례는 모두 누에섶을 실내에 둔다. 북쪽 지방의 사례는 모두 누에섶을 외부에 둔다. 그러나 남쪽 지방의 누에섶이 내부에 있는 이유는 누에가 적어서 쉽게 관리할 수 있기 때문이다. 하지만 누에가 많으면 그런 방법으로 감당할 수 없다. 북쪽 지방은 누에가 많아서 누에섶을 외부에 드러내기 때문에 눌러서 손상되거나 고치 지을 공간이 막히는 경우가 많다. 그러므로 남쪽 지방과 북쪽 지방의 누에섶을 쓰는 법은 모두 적당하지 않다.

지금 누에를 잘 치는 사람은 남쪽 지방과 북쪽 지방의 방법 사이에서 절충한다. 즉, 누에가 적을 때에는 창문과 문을 열고 소통시켜서 실내에 누에섶을 만들더라도 괜찮다.

반면 누에가 많을 때에는 담장 안에서 적당한 장

如天氣暄熱, 不宜日午簇蠶. 蠶老[70], 不禁日氣曬暴故也.《野語》

北蠶多是三眠, 南蠶俱是四眠. 日見有老者, 量分數減飼. 候十蠶九老, 方可入簇.

值雨則壞繭, 南方例皆屋簇, 北方例皆外簇. 然南簇在屋[71], 以其蠶少易辦, 多則不任. 北方蠶多露簇, 率多損壓壅閼. 南北簇法俱未得中.

今有善蠶者, 一說南北之間. 蠶少, 疏開窓戶, 屋簇之則可.

蠶多, 選于院內, 搆長脊草

---

178 출전 확인 안 됨；《農桑輯要》卷4〈簇蠶繅絲等法〉"簇蠶"(《農桑輯要校注》, 146쪽)；《農政全書》卷31〈蠶桑〉"總論"(《農政全書校注》, 857쪽).

[70] 老：《農政全書·蠶桑·總論》에는 "光".

[71] 屋：저본에는 "外".《王禎農書·農桑通訣·蠶繅篇》·《農政全書·蠶桑·總論》에 근거하여 수정.

收績

麥黃兩初足
蠶老人愈忙
辛勤減眠食
顛倒著衣裳
絲腸映綠葉
練、金色光
松明照夜屋
杜宇呼東岡

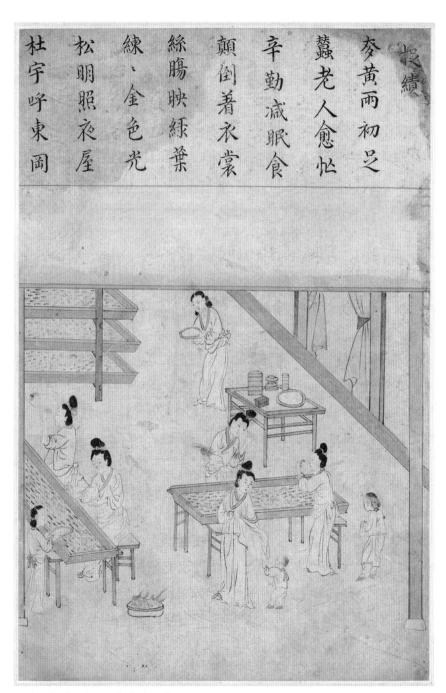

누숙경직도의 익은 누에고치 짓기(국립중앙박물관)

소를 고른 다음 등마루가 긴 초가 건물을 짓는다. 이 안에 누에섶을 만들되, 나무시렁을 둘러 세우고 여기에 쑥과 나뭇가지를 평평하게 펴 놓은 다음 그 위에 누에를 펼친다. 자리와 누에발로 이를 둘러싸서 보호하면 누에섶 때문에 생기는 병이 저절로 없으니, 실로 좋은 계책이다. 《왕정농서》[179]

廈, 內制蠶簇, 週以木架, 平鋪蒿、梢, 布蠶於上. 用席箔圍護, 自無簇[72]病, 實良策也.《王氏農書》

누에섶은 볏짚으로 만든다. 볏짚에서 이파리와 껍질을 떼고 반드시 깨끗하게 줄기만 추려내면 볏짚이 고치의 실을 여기저기로 잡아당기지 않게 된다. 이어서 볏짚을 한 줌씩 묶는다. 떼어 낸 벼이삭 껍질을 두텁게 깔아 주면 땅의 습기를 막을 수 있고, 떨어지는 누에를 받을 수 있다. 이어서 한 줌 가량씩 누에를 올리되, 종이로 덮지 말아야 한다. 다음날이 되면 볏짚을 약간 누에섶에 뿌려서 아직 연결되지 않은 누에섶을 이어준다. 이때 채기(菶箕, 미상. 키의 일종으로 추정)는 쓰지 말아야 한다.

잘 뒤섞어 흔들어서 누에고치가 겹치지 않고 얇게 펴지도록 한다. 7일이면 고치를 딸 수 있고, 15일이면 누에나방이 나온다【5월의 절기가 교차할 때 매풍(梅風, 여름바람)이 불면 누에나방이 나온다】. 누에가 누에섶에 있을 때 천둥이 치면 잠퇴지로 누에를 덮어 두려움으로부터 누에를 보호해 준다. 《경리옥함》[180]

簇以稻草爲之. 殺疏之必潔, 則不牽絲. 乃握而束之. 厚藉以所殺疏之草殼, 可以禦地濕, 可以承墜蠶. 乃以握許登之, 勿覆以紙. 至次日, 少以稻稈糝焉, 以屬其作綴之未成者. 勿用菶箕.

善拌[73]擾而薄繭, 七日而摘, 半月而蛾生【交五月節, 梅風吹之則生】. 其在簇而有雷, 則以退紙覆之以護其畏.《鏡理玉函》

179《王禎農書》〈農桑通訣〉集6 "蠶繅篇", 68쪽;《農政全書》卷31〈蠶桑〉 "總論"(《農政全書校注》, 841쪽).
180 출전 확인 안 됨;《農政全書》卷31〈蠶桑〉 "總論"(《農政全書校注》, 855쪽).
[72] 簇:《王禎農書·農桑通訣·蠶繅篇》에는 "蔟".
[73] 拌:《農政全書·蠶桑·總論》에는 "絆".

누에섶은 반드시 하나하나 시렁 위에 매달아 놓고, 층층이 거꾸로 늘어뜨리되, 땅에 닿지 않게 해야 한다. 또 땅 위에는 짚풀을 깔아 떨어지는 누에를 이어 받아야 한다.

땅 위에 마른 풀을 절대로 쌓아 두어서는 안 된다. 만약 누에를 해치는 쥐가 그 안에 들어가면 누에를 거의 전부 먹어 버린다. 쥐를 쫓고 싶어도 누에가 한창 실을 얽고 있어 누에섶을 움직일 수 없으니, 쥐가 제멋대로 숨어 있어도 어찌할 수가 없다. 그러므로 누에섶을 매달아 놓아서 쥐로 인한 걱정을 방비해야 하는 것이다. 《증보산림경제》[181]

簇必一一懸於架上, 層層倒垂, 使不着地. 又於地上藉以稻草, 接承墜下之蠶.

切不可積薪於地上. 若有賊鼠入其中, 則食蠶殆盡, 欲逐鼠則蠶方絡絲, 不可動簇, 任鼠隱伏, 無可柰何. 故須懸簇以防鼠患也. 《增補山林經濟》

누에가 누에섶에 있을 때, 천둥소리를 들으면 떨어진다. 이를 물리치는 법은 버드나무가지를 많이 베어다가 잠실 처마 주변에 빙 둘러서, 땅에 꽂아 놓는 것이다. 《경솔지(鵙蟀志)[182]》[183]

蠶之在簇也, 聞雷則墜. 禳法, 多斫柳枝, 環蠶屋之簷而挿之. 《鵙蟀志》

---

181 《增補山林經濟》卷5〈養蠶〉"育蠶總論"《農書》3, 280~281쪽).
182 경솔지(鵙蟀志) : 저자 서유구(徐有榘, 1764~1845)가 지은 길쌈 전문서. 원본은 전하지 않고 《전공지》에 그 내용이 간접적으로 전할 뿐이다.
183 출전 확인 안 됨.

20) 3광(三光)[184]·3희(三稀)[185]·5광(五廣)[186]

누에에게는 다음의 3광(三光)이 있다. 누에의 몸이 백색 빛을 띨 때는 뽕잎을 먹으려 할 때이다. 청색 빛을 띨 때는 뽕잎을 많이 먹으려 할 때로, 누에의 피부가 주름지면 배가 고프다는 의미이다. 황색 빛을 띠면 점차 먹이주기를 멈춰야 할 때이다. 《잠경》[187]

누에에게는 다음의 3희(三稀)가 있다. 개미누에를 누에자리에 내릴 때, 누에를 누에발에 올릴 때, 누에를 누에섶에 넣을 때이다. 《잠경》[188]

누에에게는 다음의 5광(五廣)이 있다. 첫째는 사람이고, 둘째는 뽕잎이고, 셋째는 잠실이고, 넷째는 누에발이고, 다섯째는 누에섶이다. 《잠경》[189]

三光、三稀、五廣

蠶有三光: 白光向食, 靑光厚飼, 皮皺爲飢, 黃光以漸住食. 《蠶經》

蠶有三稀: 下蛾[74], 上箔, 入簇. 同上

蠶有五廣: 一人, 二桑, 三屋, 四箔, 五簇. 同上

---

184 3광(三光): 누에가 자라는 동안 몸의 색이 3번 변하는 일.
185 3희(三稀): 누에를 누에발이나 누에섶에 올릴 때 드문드문 펼쳐 놓아야 할 3번의 때.
186 5광(五廣): 누에를 키울 때 넉넉하게 준비해야 할 5가지 일.
187 출전 확인 안 됨;《農桑輯要》卷4〈蠶事雜錄〉"三光"(《農桑輯要校注》, 145쪽);《農政全書》卷31〈蠶桑〉"總論"(《農政全書校注》, 856쪽).
188 출전 확인 안 됨;《農桑輯要》卷4〈蠶事雜錄〉"三稀"(《農桑輯要校注》, 145쪽);《農政全書》, 위와 같은 곳.
189 출전 확인 안 됨;《農桑輯要》卷4〈蠶事雜錄〉"五廣"(《農桑輯要校注》, 145쪽);《農政全書》, 위와 같은 곳.
[74] 蛾:《農桑輯要·蠶事雜錄·三稀》·《農政全書·蠶桑·總論》에는 "蟻".

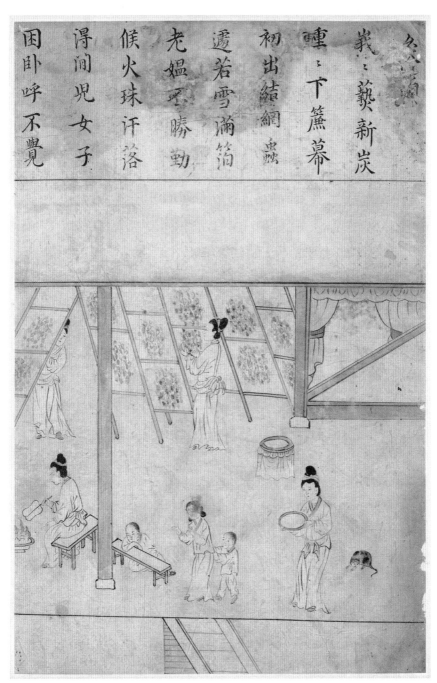

누숙경직도의 고치 굽기(국립중앙박물관)

義之藝新炭
煙々下簾幕
初出結綱蟲
遍若雪滿箔
老媼平勝勤
候火珠汗落
得間兒女子
困卽呼不覺

21) 8의(八宜)[190]·10체(十體)[191]

누에가 막 잠들었을 때는 어두워야 한다[宜暗].

누에가 잠에서 일어난 이후에는 밝아야 한다[宜明].

누에가 작고 잠들려고 할 때에는 따뜻해야 하고 [宜暖], 어두워야 한다[宜暗].

누에가 크고 잠에서 일어났을 때에는 밝아야 하고[宜明], 서늘해야 한다[宜涼].

누에가 먹으려고 할 때는 바람이 통해야 하고[宜有風]【이때는 통풍창을 여는 일을 피하고, 하풍창(下風窓)[192]을 열어야 한다】, 뽕잎을 더해 자주 먹여야 한다[宜加葉緊飼].

새로 일어났을 때에는 바람을 두려워하니, 뽕잎을 얇게 썰어 천천히 먹여야 한다[宜薄葉慢飼].

누에 칠 때 지켜야 할 이와 같은 사항을 반드시 잘 알아야 한다. 이와 반대로 한다면 반드시 양잠에 성공하지 못할 것이다. 《한씨직설》[193]

누에에게는 다음의 10체(十體)가 있다. 이는 추위·더위·배고픔·배부름·누에 간격의 드문드문함·조밀함·잠자기·일어나기·자주 먹이기·천천히 먹이기【뽕잎을 먹일 때 자주 먹이고 천천히 먹이는 일을 말한다】를 말한다. 《무본신서》[194]

八宜、十體

方眠時, 宜暗;

眠起以後, 宜明;

蠶小幷向眠, 宜暖, 宜暗;

蠶大幷起時, 宜明, 宜涼.

向食, 宜有風【避通[75]風窓, 開下風窓】, 宜加葉緊飼;

新起時, 怕風, 宜薄葉慢飼.

蠶之所宜, 不可不知. 反此者, 必不成矣.《韓氏直說》

蠶有十體: 謂寒、熱、飢、飽、稀、密、眠、起、緊、慢【謂飼時緊慢也】.《務本新書》

---

190 8의(八宜) : 누에를 키울 때 지켜야 하는 8가지 사항. 다만 본문에서는 "의(宜)"와 함께 언급한 사항이 9가지이다.
191 10체(十體) : 누에를 키울 때 중요한 10가지 근본.
192 하풍창(下風窓) : 잠실 사방벽의 하단에 있는 작은 창.
193 출전 확인 안 됨;《農桑輯要》卷4〈蠶事雜錄〉"八宜"《農桑輯要校注》, 145쪽);《農政全書》, 위와 같은 곳.
194 출전 확인 안 됨;《農桑輯要》卷4〈蠶事雜錄〉"十體"《農桑輯要校注》, 145쪽);《農政全書》, 위와 같은 곳.
[75] 通:《農桑輯要·蠶事雜錄·八宜》·《農政全書·蠶桑·總論》에는 "迎".

22) 금기사항

습한 뽕잎 먹이기를 금한다.

뜨거운 뽕잎 먹이기를 금한다.

누에가 처음 부화했을 때 잠실 안의 먼지 비질하기를 금한다.

생선이나 고기를 불에 지지기를 금한다.

연기 나는 불이나, 종이를 꼬아 붙인 불은 잠실 안에서 입으로 불어서 꺼서는 안 된다.

잠실 근처에서 절구질하기를 금한다.

문과 창문, 누에시렁과 누에발 및 소리 나는 물건 두드리기를 금한다.

잠실 안에서 울거나 소리지르기를 금한다.

욕이나 음란한 말 하기를 금한다.

밤사이에 등불의 빛이 갑자기 잠실의 창문 구멍으로 비추는 일이 없어야 한다.

아이를 낳고 아직 1개월이 되지 않은 산부는 잠모(蠶母)로 일해서는 안 된다.

잠모는 안색이나 옷을 자주 바꿔서는 안 되고, 손을 씻어 항상 청결하게 해야 한다.

술에 취한 사람은 절대 누에에게 뽕잎을 먹이거나 누에를 옮겨 펼쳐 놓는 일을 금한다.

누에가 부화해서 익을 때까지 연기에 훈증되는 일을 크게 금한다.

부뚜막 위나 누에발 위에 칼을 놓아서는 안 된다.

부뚜막 앞에서 뜨거운 물을 재에 뿌리는 일을 금한다.

산부(産婦)나 효자(孝子, 부모의 상중에 있는 사람)가 집

戒忌

忌食濕葉.

忌食熱葉.

蠶初生時, 忌屋內掃塵.

忌煎煿魚、肉.

不得將煙火、紙撚于蠶屋內吹滅.

忌側近舂擣.

忌敲擊門窓、槌箔及有聲之物.

忌蠶屋內哭泣、叫喚.

忌穢語、淫辭.

夜間, 無令燈火光忽射蠶屋窓孔.

未滿月産婦, 不宜作蠶母.

蠶母不得頻換顏色、衣服, 洗手長要潔淨.

忌帶酒人切桑飼蠶及擡解布蠶.

蠶生至老, 大忌煙熏.

不得放刀于竈上、箔上.

竈前忌熱湯潑灰.

忌産婦、孝子入家.

에 들어오는 일을 금한다.

가죽과 털·빗어 놓은 머리카락 태우는 일을 금
한다.

忌燒皮毛、亂髮.

술·식초·오신(五辛, 파·마늘·생강·겨자·후추)·누린내
나거나 비린내 나는 것·사향 등의 물건을 금한다.
《무본신서》[195]

忌酒、醋、五辛、羶腥、麝香
等物.《務本新書》

햇볕이 내리쬐는 영풍창(迎風窓)을 금한다.

忌當日迎風窓.

서쪽에서 비치는 햇볕을 금한다.

忌西照日.

한창 뜨거운 더위와 맹렬히 부는 바람으로 인한
갑작스러운 추위를 금한다.

忌正熱, 著猛風驟寒.

한창 춥다가 갑자기 지나치게 더워지게 하는 일
을 금한다.

忌正寒陡令過熱.

청결하지 않은 사람이 잠실에 들어오는 일을 금
한다.

忌不淨潔人入蠶室.

잠실에는 냄새나거나 더러운 것을 가까이 두는
일을 금한다. 《사농필용》[196]

蠶屋忌近臭穢.《士農必
用》

기름이 펄펄 끓는 가마솥의 증기를 받아서는 안
되고, 그을음이 섞인 기운을 받아서는 안 된다. 향
을 피워서는 안 되며, 향을 몸에 차서도 안 된다. 영
릉향(零陵香)[197]도 금하는 것에 해당한다. 금하지 않

不可以受油鑊之氣, 不可
以受煤氣. 不可以焚香, 亦
不可以佩香, 零陵香亦在
所忌. 否則焦黃而死.

---

195 출전 확인 안 됨;《農桑輯要》卷4〈蠶事雜錄〉"雜忌"(《農桑輯要校注》, 145~146쪽);《農政全書》卷31
〈蠶桑〉"總論"(《農政全書校注》, 857쪽).

196 출전 확인 안 됨;《農桑輯要》卷4〈蠶事雜錄〉"雜忌"(《農桑輯要校注》, 146쪽);《農政全書》, 위와 같은 곳.

197 영릉향(零陵香):앵초과에 속하는 여러해살이풀인 영릉향의 잎·줄기·뿌리로 만든 향. 영향초(靈香草)·훈
초(薰草)·혜초(蕙草) 등의 이칭이 있다. 풍석 서유구 지음, 임원경제연구소 옮김, 《임원경제지 이운지(林
園經濟志 怡雲志)》1, 풍석문화재단, 2019, 332쪽.

으면 누에가 누렇게 그을려서 죽는다.

낯선 사람을 잠실에 들여서는 안 되니, 그렇지 않으면 누에가 이리저리 돌아다니며 누에발에 안착하지 않는다. 잠실에서는 생강과 누에콩을 먹어서는 안 된다. 잠부(蠶婦, 잠모)의 손으로는 씀바귀[苦蕒]를 따서는 안 된다. 손에 씀바귀의 기운이 있으면 누에를 파랗게 문드러지게 하기 때문이다. 씀바귀를 먹은 사람도 잠실에 들어가서는 안 된다. 《경리옥함》[198]

不可以入生人, 否則遊走
而不安箔. 蠶室不可以食
薑曁蠶豆. 蠶婦之手不可
以摘苦蕒, 手有苦蕒之氣,
令蠶靑爛. 食之者亦不可
以入蠶之室. 《鏡理玉函》

누에는 북소리를 두려워해서 북소리를 들으면 엎드려 일어나지 않는다. 이는 또한 천둥소리를 두려워하기 때문이다. 《물류상감지》[199]

蠶畏鼓聲, 則伏而不起, 亦
畏雷故也. 《物類相感志》

잠실에는 모시풀을 금한다. 모시풀을 누에씨 가까이에 두면 누에가 부화되지 않기 때문이다. 《본초습유(本草拾遺)》[200]

蠶室忌苧, 以苧子近蠶種,
則蠶不生. 《本草拾遺》

---

198 출전 확인 안 됨 ; 《農政全書》 卷31 〈蠶桑〉 "總論"(《農政全書校注》, 855~856쪽).
199 《物類相感志》 〈禽魚〉(《叢書集成初編》 1344, 26쪽).
200 출전 확인 안 됨 ; 《本草綱目》 卷15 〈草部〉 "苧麻", 978쪽.

23) 제사와 푸닥거리

와종(臥種)[201]하는 날에는 향을 피워서 천사(天駟)[202]와 누에치기를 처음 가르친 선잠(先蠶)에 풍년을 빈다. 이때 닭을 잡고 맑은 술을 진설하여 원유부인(苑窳婦人)과 우씨공주(寓氏公主)[203]에게 풍년을 빈다. 이들은 대개 잠신(蠶神)이다.

이때는 둑을 쌓지 말아야 하고, 풀을 베지 말아야 하고, 재에 물을 뿌리지 말아야 하고, 잠실 안에 외부 사람을 들이지 말아야 한다. 이 4가지는 잠신이 실제로 싫어하는 일이다. 진관《잠서》[204]

잠신(蠶神)은 천사(天駟)이다. 천문(天文, 천체)에서

祈禳

臥種之日, 升香以禱天駟、先蠶也, 割鷄設醴以禱苑窳婦人、寓氏公主, 蓋蠶神也.

毋治堰, 毋誅草, 毋沃灰, 毋室入外人, 四者神實惡之. 秦氏《蠶書》

蠶神, 天駟也. 天文, 辰爲

일제 강점기 때 서울 선잠단 일대(국립중앙박물관)

---

201 와종(臥種): 천둥이 처음 칠 때 알받이종이를 눕혀 놓는 공정.
202 천사(天駟): 28수 중 동방칠사(東方七舍)의 넷째 별자리인 방수(房宿)의 이칭. 누에를 상징한다.
203 원유부인(苑窳婦人)과 우씨공주(寓氏公主): 중국에서 잠신(蠶神)으로 추앙받는 전설상의 인물. 《사문유취(事文類聚)》에서는 '원유부인우씨(苑窳婦人寓氏)'라고 하여 동일인물로 보지만, 《이아익(爾雅翼)》에서는 원유부인과 우씨공주를 2신(二神)이라고 표현하여 각각 다른 신으로 보고 있다.
204 《蠶書》〈禱神〉(《叢書集成初編》1471, 3쪽).

진(辰)은 용을 상징한다. 누에는 진(辰)의 기운을 타고 부화한다. 또 말과 같은 기운이므로, '천사(天駟)'라고 한다. 천사는 곧 잠신(蠶神)이다. 《회남왕잠경(淮南王蠶經)》[205]에는 "황제(黃帝)[206]의 원비(元妃)인 서릉씨(西陵氏)[207]가 처음으로 누에를 쳤다."[208]라 했다.

한(漢)나라에 이르러 원유부인(苑窳婦人)과 우씨공주(寓氏公主)에게 제사지냈다. 촉(蜀)[209] 지역에는 잠녀(蠶女) 마두랑(馬頭娘)[210]이 있었다고 한다.

이와 같이 역대로 제사를 지내던 잠신은 같지 않다. 그러나 천사(天駟)는 누에의 정화(精華)이고, 원비 서릉씨는 누에치기를 처음 가르친 선잠(先蠶)이 되니, 실로 중요한 의례(儀禮)이다.

옛 제도를 상고해보면 황후는 누에치기를 처음 가르친 선잠(先蠶)에 제사지낼 때 중사(中祀, 국가 제향의 일종)와 같은 수준으로 제단[壇壝]을 쌓고 희생과 폐백을 올렸다. 이는 황후가 몸소 누에를 칠 때 잠신에게 제사지내는 예이기 때문이다.

《잠서》에서는 "와종(臥種)하는 날에는 향을 피우

龍, 蠶辰生, 又與馬同氣, 謂"天駟", 卽蠶神也.《淮南王蠶經》云:"黃帝元妃西陵氏始蠶."

至漢, 祀宛窳婦人、寓氏公主, 蜀有蠶女.

此歷代所祭不同. 然天駟爲蠶精, 元妃西陵氏爲先蠶, 實爲要典也.

稽之古制, 后妃祭[76]先蠶, 壇壝牲幣如中祀, 此后妃親蠶祭神禮也.

《蠶書》云:"臥種之日, 升

---

205 회남왕잠경(淮南王蠶經):중국 전한(前漢)의 회남왕 유안(劉安, B.C. 179~B.C. 122)이 저술했다고 알려진 누에 양잠서. 송(宋)나라 초기에 지어진 위서(僞書)라는 설도 있다.

206 황제(黃帝):?~?. 중국 건국 신화에 나오는 최초의 제왕. 삼황오제(三皇五帝) 중 한 명이다.

207 서릉씨(西陵氏):황제의 정실부인. 누에에서 실을 뽑고 옷을 짜는 방법을 처음으로 발명했다고 전해진다.

208 황제(黃帝)의……쳤다:출전 확인 안 됨.

209 촉(蜀):현재 중국 사천성(四川省) 서남부 지역 일대.

210 마두랑(馬頭娘):중국 설화 속 잠신(蠶神). 설화에 따르면 원정을 떠난 아버지를 기다리던 딸이 아버지가 타던 말에게 아버지를 데리고 오면 말과 혼인하겠다고 말했다고 한다. 말은 그길로 아버지를 데리고 왔지만 아버지와 딸은 그 약속을 지키지 않고, 말을 죽이고 가죽을 벗겨 마당에 늘어 놓았다. 어느날 말가죽이 딸을 감싸고 사라졌다. 나중에 말가죽에 싸인 딸이 나무에 걸려 있는 채로 발견되었는데 실을 토하는 누에의 형상이었다고 한다. 이러한 설화를 바탕으로 마두랑은 잠신으로 숭상되었다.

[76] 祭:저본에는 "登".《王禎農書·農器圖譜·蠶繅門》·《農政全書·蠶桑·總論》에 근거하여 수정.

고 닭을 잡으며 맑은 술을 진설하여 누에치기를 처음 가르친 선잠(先蠶)에 풍년을 빈다."라 했다. 이것은 서인(庶人)의 제사이다. 천자의 황후로부터 서인의 부인에 이르기까지 잠신(蠶神)을 섬기는 예는 비록 같지 않지만 공경하고 받드는 마음은 한결같았다. 이는 진실로 근본으로 삼아야 할 일이 무엇인지 아는 것이다.

이에 기보(祈報)[211]의 말을 지어 다음과 같이 말한다.

"【기(祈, 기원하는 말)】

아, 누에의 신이시여

바로 사(駟)라는 별이라네.

아, 누에의 신이시여

바로 옛날부터 이름이 높이 드러나셨네.

기운 여기에 모으시고

알 잉태하고 낳게 하소서.

뽕잎 먹여 기르시고,

잠 재웠다가 깨우소서.

신께서 너에게 복 내리시니

누에발이 모두 가득차리다.

바라면 끝내 은혜 내리리니

신령함 밝게 빛내소서.

누에섶의 익은누에 상서로움 바친 결과이며

고치 동이는 정성의 완성이 되도록 하소서.

香, 割鷄設醴以禱先蠶."
此庶人之祭也. 自天子后
妃至于庶人之婦, 事神之
禮, 雖有不同, 而敬奉之心
一是, 諒爲知所本矣.

乃作祈報之辭曰:

"【祈】

惟蠶之神,

伊[77]駟有星.

惟蠶之神,

伊昔著名.

氣鍾於此,

孕卵而生.

旣桑而育,

旣眠而興.

神之福汝,

有箔皆盈.

尙冀終惠,

用彰厥靈.

簇老獻瑞,

繭盆效成.

---

211 기보(祈報) : 봄에는 한해 풍년을 기원하고[祈], 가을에는 풍년에 보답하는[報] 제사. 여기에서는 양잠이 잘 되길 기원하고 보답하며 지내는 제사를 의미한다.

[77] 神伊 : 《王禎農書·農器圖譜·蠶繅門》에는 "精天".

길한 점괘 공경히 얻어	敬獲吉卜,
마음속 맹세 새기길 바라도다.	願契心盟.
신께서는 흠향하소서	神宜享之,
향기로운 제사를.	祈祀惟馨.
【보(報, 보답하는 말)】	【報】
용의 정수 하나의 기운으로	龍精一氣,
그 효과 여러 방면에 미치었네.	功被多方.
이를 올해 이어나가니	繼當是歲,
신께서 뽕나무에 강림하셨네.	神降于桑.
누에 낳아 기르셨으니	載生載育,
복과 상서로움 왔도다.	來福來祥.
누에고치 실 하사하시어	錫我繭絲,
이 옷과 치마 만들었네.	製此衣裳.
이는 가문의 경사요,	室家之慶,
고을의 빛이네.	閭里之光.
어른과 어린아이를 경건히 인솔하여	敬帥[78]長幼,
다음날 아침 향 피웠도다.	詰朝升香.
제기에 안주 진설하며,	設肴于俎,
술잔에 맑은 술 바치네.	奠醴于觴.
공축(工祝, 축관)이 신께 고하니	工祝致告,
신의 덕 더욱 드러나리. 《왕정농서》[212]	神德彌彰. 《王氏農書》

청명일(淸明日, 양력 4월 5·6일경) 늦은 시간에 누에를　　淸明日晚, 育蠶之家, 設祭

---

[212] 《王禎農書》〈農器圖譜〉集16 "蠶繅門", 373~374쪽 ;《農政全書》卷31〈蠶桑〉"總論"(《農政全書校注》, 834~835쪽).
[78] 帥 :《農政全書·蠶桑·總論》에는 "率".

잠신(蠶神)(《농정전서》)

기르는 집에서는 백호문(白虎門, 서쪽문) 앞에 제사상을 차리고 제사를 지낸다. 이때 활시위를 당겼을 때의 활모양을 석회로 그린다. 이는 대개 누에에게 생길 수 있는 재앙을 떨치는 의식이다. 《오정현지(烏程縣志)213》214

3월 25일에 팥·대추·밤 등에 쌀을 섞어 끓인다. 이를 '잠화죽(蠶花粥)215'이라 한다. 이 죽을 먹으면 누

以禳白虎門前, 用石灰畫彎⑦弓之狀. 蓋祛蠶祟⑧也.《烏程縣志》

三月廿五, 赤豆、棗、栗之類, 和米煮之, 謂之"蠶花

---

213 오정현지(烏程縣志):중국 절강성(浙江省) 오흥현(吳興縣) 남쪽에 위치했던 오정현(烏程縣)의 옛 지방지.
214 《乾隆烏程縣志》卷13〈風俗〉(북경대학 도서관본 9책, 70쪽);《欽定授時通考》卷72〈蠶事〉(《文淵閣四庫全書》732, 1037쪽).
215 잠화죽(蠶花粥):《정조지》권7〈절식(절식지류)〉"부록 절식 보유(補遺, 빠진 것을 보충함)"'입오(廿五, 25일)의 잠화죽(蠶花粥)'에 동일한 내용으로 실려 있다.《정조지》에서는 안(案)의 내용과 같이 잠화죽 먹는 시기를 12월 25일이라 하여, 본문 기사의 3월 25일과는 차이가 있다. 풍석 서유구 지음, 임원경제연구소 옮김,《임원경제지 정조지(林園經濟志 鼎俎志)》4, 풍석문화재단, 2020, 238쪽.
⑦ 彎:저본에는 "灣".《乾隆烏程縣志·風俗》에 근거하여 수정.
⑧ 祟:저본에는 "崇". 오사카본·연세대본·《欽定授時通考·蠶事》에 근거하여 수정.

에를 치는 데 이롭다고 한다【안 다른 본에는 12월 25일이라 되어 있다】.《동양현지(東陽縣志)216》217

2월 상순 임일(壬日)218에 집의 네 모퉁이에서 진흙을 가져오면 누에를 길하게 하는 데 좋다.《잡오행서(雜五行書)219》220

집 북쪽에 느릅나무 9그루를 심으면 누에를 많이 얻는다.《옥력통정경(玉曆通政經)221》222

粥". 云食之, 利養蠶【案一本作臘月廿五日】.《東陽縣志》

二月上壬, 取土泥屋四角, 宜蠶吉.《雜五行書》

舍北種榆九株, 蠶大得.《玉曆通政經》

---

216 동양현지(東陽縣志):중국 강소성(江蘇省) 우이현(盱眙縣) 동양성(東陽城)의 옛 지방지.

217 출전 확인 안 됨;《御定月令輯要》卷20〈十二月令〉"二十五日"'蠶花粥'(《文淵閣四庫全書》467, 584쪽).

218 임일(壬日):일진(日辰)의 천간(天干)이 임(壬)으로 된 날.

219 잡오행서(雜五行書):중국 남조(南朝) 대에 간행된 저자 미상의 오행서(五行書).

220 출전 확인 안 됨;《農政全書》卷31〈蠶桑〉"總論"(《農政全書校注》, 837쪽).

221 옥력통정경(玉曆通政經):중국 당(唐)나라의 천문학자인 이순풍(李淳風, 602~670)이 저술한 천문음양서(天文陰陽書).

222 출전 확인 안 됨;《說郛》卷60上〈玉歷通政經〉(《文淵閣四庫全書》879, 242쪽).

24) 이른누에와 늦은누에의 장점과 단점

이른누에[植蠶]는 빨리 익고 병이 적다. 뽕잎을 적게 먹고 실을 많이 뽑는다. 올해에 누에고치를 거둘 수 있을 뿐만 아니라 내년에 뽕나무를 번성하게 한다. 이른누에는 곡우(穀雨, 양력 4월 20·21일경)에 부화해서 23~24일이 지나지 않아 익는다.

이때는 뽕잎이 한창 돋아 나고 진액이 위로 올라간다. 이러한 뽕나무가지를 잘라 내도 하지(夏至)에 이를 때까지【하지 이후로 낮이 점점 짧아지면 진액이 위로 올라가지 않는다】1개월 남짓 자랄 수 있다. 이 뽕나무의 가지와 잎의 번성함이 작년보다 뛰어나다.

내년 봄이 되면 뽕잎이 나는 시기가 더욱 빨라지게 될 것이다. 해가 갈수록 그 뽕잎은 더욱 무성해지니, 누에도 저절로 일찍 부화한다.《한씨직설》[223]

늦은누에[晚蠶]는 느리게 익고 병이 많다. 뽕잎을 많이 먹으면서도 실을 적게 뽑는다. 올해의 누에가 늦어질 뿐만 아니라 또 내년의 뽕나무에도 손해를 입힌다. 세상 사람들은 오직 많이 기르는 일이 이익인 줄만 알지 일찍 기르는 일이 큰 이익이 됨을 알지 못한다.

누에알받이종이를 눌러 덮어 놓고 부화를 안 시키면서 뽕잎이 무성해지길 기다리면, 그 누에의 생

早、晚蠶利害

植蠶, 疾老少病, 省葉多絲, 不惟收却今年蠶, 又成就來年桑. 植蠶生于穀雨, 不過二十三四日老.

方是時, 桑葉發生, 津液上行. 其桑斫去, 比及夏至【夏至後一陰生, 津液不上行】, 可長月餘, 其條葉長盛, 過于往歲.

至來春, 其葉生又早矣. 積年旣久, 其葉愈盛, 蠶自早生.《韓氏直說》

晚蠶, 遲老多病. 費葉少絲, 不惟晚却今年蠶, 又損却來年桑. 世人惟知嬰多爲利, 不知趨早之爲大利.

壓覆蠶連以待桑葉之盛, 其蠶旣晚, 明年之桑, 其生

---

223 출전 확인 안 됨;《農桑輯要》卷4〈蠶事雜錄〉"植蠶之利"(《農桑輯要校注》, 144쪽);《農政全書》卷31〈蠶桑〉"總論"(《農政全書校注》, 856쪽).

장이 이미 늦었을 뿐만 아니라 내년의 뽕나무도 그 생장이 더욱 늦어질 것이다. 《한씨직설》[224]

也尤晚矣. 同上

224 출전 확인 안 됨 ; 《農桑輯要》 卷4 〈蠶事雜錄〉 "晚蠶之害"(《農桑輯要校注》, 144쪽); 《農政全書》 卷31 〈蠶桑〉 "總論"(《農政全書校注》, 854쪽).

25) 넉잠누에(사면잠) 기르기

이 누에는 별도의 다른 한 종류이다. 봄에 치는 누에(봄누에)와 기르는 방법은 같다. 다만 세잠 때에는 15개의 누에발에 옮겨서 자리나누기를 할 수 있다. 옮겨서 배부르게 먹인 후에는 20개의 누에발에 옮긴다. 막잠 이후에는 30개의 누에발에 옮긴다. 《상잠직설(桑蠶直說)²²⁵》²²⁶

養四眠蠶

此蠶別是一種, 與養春蠶同. 但第三眠, 止擡開十五箔. 擡飽食, 二十箔; 大眠, 擡三十箔.《桑蠶⑧直說》

---

225 상잠직설(桑蠶直說):누에치기에 관한 서적 중 하나. 현재 일실되었으나,《농상집요》에 2회 인용되었다.

226 출전 확인 안 됨;《農桑輯要》卷4〈涼暖飼養分擡等法〉"養四眠蠶"(《農桑輯要校注》, 144쪽);《農政全書》卷31〈蠶桑〉"總論"(《農政全書校注》, 854쪽).

⑧ 桑蠶:저본에는 "韓氏".《農桑輯要·涼暖飼養分擡等法·養四眠蠶》에 근거하여 수정.

26) 여름누에 기르는 법

일반적으로 여름누에를 기를 때에는 약간 적게 길러야 한다. 가을누에씨를 고려해야 하기 때문이다. 많이 기르면 뽕나무의 새 가지를 훼손시켜 내년 봄누에에 기를 뽕잎을 망칠 수 있음이 우려된다.

요새는 열잠(熱蠶, 여름누에)을 기를 때에 종이에 풀을 발라 창문에 붙인다. 그러면 이로 말미암아 날벌레를 막기는 하지만 드나드는 바람을 완전히 차단하게 된다. 이렇게 되면 날씨가 맑은 날에는 열에 덮여서 누에에 병이 생기고, 흐린 날이면 습기가 생겨서 누에에 백강병[白殭]이 생기니, 날씨가 흐리거나 맑거나 모두 불편하다.

그러므로 이제는 가는 사(紗, 얇고 성근 견직물)에 풀을 발라 창문에 붙이고, 묵은 볏짚으로 누에깔개를 만들어야 한다【길쭉한 종이조각의 일부를 먼저 가는 사(紗) 가장자리에 붙이고, 붙인 곳의 나머지 종이에 풀을 발라 창문에 붙인다. 사(紗)의 가운데 부분에는 창살 위에다 실로 사(紗)를 꿰매어 묶는다. 누에치기를 마치면 풀로 붙인 종이를 물에 적셔서 사(紗)를 떼어 내고 내년에 다시 쓴다】. 또는 갈대로 만든 발을 쓴다【발은 거친 삼실[麻線]을 얽어서 짠다】. 이를 창문에 마주보게 묶어서 고정시키면 날벌레를 막으면서도 바람을 통하게 한다.

따로 방 하나를 나누어서 누에치기와 관계없는

養夏蠶法

凡養夏蠶, 止須些小, 以度秋種, 慮恐損壞萌條, 有惧明年春蠶桑葉.

今時養熱蠶, 以紙糊窓, 因避飛蠅, 遮盡往來風氣. 天晴罨熱病生, 陰則濕, 生白醹, 陰晴俱不便.

當以紗糊窓, 陳稈草作蓐【紙條先貼紗邊, 餘紙就糊窓上. 中間以線繫紗在窓櫺上. 蠶罷, 以水潤紙, 揭下, 明年再用】. 用[82] 荻簾【麤麻線繫織】. 當窓繫定, 遮蔽飛蠅, 透脫風氣.

另擗[83]一房, 不令雜人出

---

[82] 用 : 저본에는 "有". 오사카본·연세대본·《農桑輯要·夏秋蠶法》·《農政全書·蠶桑·總論》에 근거하여 수정.

[83] 擗 : 저본에는 "闢". 《農桑輯要·夏秋蠶法》·《農政全書·蠶桑·總論》에 근거하여 수정.

사람들은 이곳에 출입하지 못하게 한다【이 방에는 반드시 남쪽과 북쪽에 창을 안치한다】. 가위로 뽕잎을 잘라 주고, 아침저녁으로 누에를 옮겨 나눠 주며, 아울러 밤에도 뽕잎을 자주 먹인다. 《무본신서》[227]

入【決安南北窓】. 以剪剪葉, 朝暮擡分, 兼夜頻飼. 《務本新書》

여름누에:

【이는 별도로 하나의 종류로, 민간에서는 '삼생잠(三生蠶, 3번 허물 벗는 누에)'이라 한다. 봄누에가 여름누에씨를 낳고, 여름누에가 가을누에씨를 낳고, 가을누에가 내년 봄누에씨를 낳는다. 그러므로 누에를 키우는 시기에 공백기를 두어서는 안 된다. 공백기를 두면 종자를 끊어지게 한다.

夏蠶:

【此別是一等, 俗謂"三生蠶". 春養出夏種, 夏養出秋種, 秋養出來春種, 不可間闕, 闕則絶其種.

농정전서[228] 지금 사람들이 '이잠(二蠶)'이라 부르는 누에로, 그 종자가 매우 잘다. 그러나 우리 집안에서는 봄누에씨를 여름에 길러서 좋은 고치를 얻었다.

農政全書 今人呼"二蠶", 種甚細. 然余家用春蠶種, 夏月養之, 仍得良繭也.

안 우리나라 사람들은 단지 봄누에씨를 알받이 종이에 거두어 저장했다가 이듬해 봄이 되면 알맞은 법으로 개미누에를 부화시켰다. 비록 여름누에와 가을누에를 기르는 방법은 알지 못했지만 또한 누에종자를 끊어지도록 하지는 않았다】

案 東人只將春蠶種連藏去[84], 待來春, 如法變蟻. 不知養夏、秋兩蠶, 然亦不曾絶種也】

---

227 출전 확인 안 됨 ; 《農桑輯要》卷4〈夏秋蠶法〉(《農桑輯要校注》, 151쪽) ; 《農政全書》卷31〈蠶桑〉"總論"(《農政全書校注》, 862쪽).
228 《農政全書》卷31〈蠶桑〉"總論"(《農政全書校注》, 862쪽).
84 去 : 저본에는 "奔". 오사카본·연세대본에 근거하여 수정.

개미누에부터 익은누에까지 모두 서늘해야 하고, 파리를 꺼린다. 먼저 누에가 부화하기 전에 보릿겨를 잠실 담벽의 밑에 모아 놓고 태운다【습기와 여러 해충의 알을 제거하기 위함이다】.

개미누에를 누에발에 나눈 뒤에는 매일 이른 아침에 1번씩 누에를 옮긴다. 그 나머지는 모두 봄누에 기르기와 동일하다【이 누에는 많이 길러서는 안 된다. 다만 가을누에씨를 거둘 수 있을 정도로만 해야 한다. 많이 기르면 뽕잎을 손상시킨다. 그러나 단지 잎을 딸 뽕나무 중에서 쓸데없는 가지를 잘라 내서 잎을 채취할 수 있다】.《사농필용》[229]

열잠(熱蠶)을 기를 때는 누에시렁 밑에서 보릿겨와 보릿대를 태워야 한다. 또 대로(大路) 위의 밟힌 마른 먼지흙을 3~4석(石) 거두었다가 누에가 부화한 날 누에시렁 밑에 평평하게 깔아 두면 더위와 습기를 피할 수 있다.《농상요지》[230]

自蛾至老俱宜涼, 忌蠅蟲. 先于蠶生前, 用麥糠擁于蠶房壁脚燒之【去濕氣及諸蟲子】.

擘黑後, 須一日早晨一擡. 其餘竝與養春蠶同【此蠶不可多養. 止欲收秋蠶種, 多則損葉. 然只可科採桑中冗條取葉也】.《士農必用》

熱蠶, 槌底宜用麥糠、麥藋燒之. 又大路上踏踐起乾塵土, 收三四石, 生蠶日, 于槌底攤平, 可辟暑濕. 《農桑要旨》

---

[229] 출전 확인 안 됨 ;《農桑輯要》卷4〈夏秋蠶法〉(《農桑輯要校注》, 152쪽) ;《農政全書》卷31〈蠶桑〉"總論"(《農政全書校注》, 862~863쪽).

[230] 출전 확인 안 됨 ;《農桑輯要》, 위와 같은 곳 ;《農政全書》卷31〈蠶桑〉"總論"(《農政全書校注》, 863쪽).

27) 가을누에 기르는 법

《회남자》에 다음과 같이 말했다. "원잠(原蠶)231은 1년에 2번 익어서 고치를 만들기에 이익이 되지 않는 것은 아니다. 하지만 천하를 다스리는 왕[王者]은 이를 법으로 금지했다. 원잠을 기르면 뽕나무를 훼손시키기 때문이다."232《제민요술》233

가을누에가 처음 부화했을 때는 삼복더위가 지나간 지 아직 가까울 때라 더운 기운이 그대로 남아 있다. 따라서 잠실에는 습기가 많이 생기니, 바로 문과 창문을 사방팔방으로 통하게 하여 바람이 왕래하게 해야 한다. 대개 누에가 처음 부화했을 때에는 도리어 서늘하고 쾌적하게 해 주어야 하므로, 묵은 볏짚으로 누에깔개를 만든다. 이때 보릿짚은 사용하지 말아야 한다. 하루에 1번 누에를 옮겨야 한다. 누에를 옮겨야 할 때를 놓치면 백강병이 많이 생긴다.

누에가 첫잠을 잘 때에는 따뜻하게 해야 한다. 두잠을 잘 때에는 봄과 같이 해서 문과 창문에는 모두 거적이나 발[簾]을 걸어야 하고, 잠실 안에서는 연기가 나지 않는 숙화(熟火)를 써야 한다. 막잠을 잘 때에는 완전히 따뜻해야 하고, 북풍의 찬 기운을 크게 금하며, 비나 이슬을 맞아 차가워진 뽕잎을 먹이

養秋蠶法

《淮南子》曰: "原蠶一歲再登, 非不利也. 然王者法禁之, 爲其殘桑也." 《齊民要術》

秋蠶初生時, 去三伏猶[85]近, 暑氣仍存. 蠶屋多生濕潤, 正要四通八達, 風氣往來. 蓋初生, 却要涼快, 以陳稈草作蓐, 勿用麥稭. 一日一擡, 失擡, 多生白殭.

一眠宜溫, 再眠如春, 門窓俱挂薦、簾, 屋內須用無煙熟火. 大眠全要暄暖, 大忌北風寒氣, 勿飼雨露冷葉.

---

231 원잠(原蠶) : 보통잠종을 만들기 위한 누에씨. 1년에 2번 부화한다.
232 원잠(原蠶)은……때문이다 : 《淮南子集釋》 卷20 〈泰族訓〉 《新編諸子集成》 1, 1431~1432쪽).
233 《齊民要術》 卷5 〈種桑柘〉 《齊民要術校釋》, 326쪽).
[85] 猶 : 저본에는 "惟". 오사카본·연세대본·《農桑輯要·夏秋蠶法》·《農政全書·蠶桑·總論》에 근거하여 수정.

지 말아야 한다.

봄누에와 가을누에를 키우는 법은 서로 정반대이니, 이 점을 깊이 헤아려야 한다. 《무본신서》[234]

春、秋蠶法, 首尾顚倒, 深宜體測. 《務本新書》

누에를 누에섶에 놓을 때가 되면 점점 가을 하늘이 높아져서 밤에 춥고 바람이 찬 날씨를 만나 고치를 지을 수 없을까봐 걱정된다. 이때는 누에섶 서북쪽에 기둥을 묻어서 세우고, 서까래에 누에발을 매어 북풍의 차가운 기운을 막는다. 이렇게 하면 2~3일 밤 사이에 누에가 곧 누에고치를 지을 수 있다. 《무본신서》[235]

簇蠶時, 相次秋高, 恐値夜寒風冷, 不能作繭. 可于簇西北埋柱, 繫椽箔, 遮禦北風寒氣. 三兩夜之間, 便可作繭. 同上

가을누에:

【일명 원잠(原蠶)이다. 가을에 뽕잎을 따면 뽕나무의 손상이 없을 수 없다. 봄누에가 불행히 자연의 재앙을 만나면 어쩔 수 없이 가을누에를 길러서 1년 예상수입을 보충해야 한다. 그러나 가을누에는 이른누에를 길러서는 안 되고, 늦은누에를 길러야 한다】

秋蠶:

【一名"原蠶". 捋葉不無傷桑, 春蠶不幸遇天災, 不得已養之以補歲計. 然不宜植, 宜稙也】

처음에는 서늘하게 해야 하고, 점점 따뜻하게 해야 하니, 봄누에를 기르는 방법과 정반대이다【그 사이에는 온도를 몸으로 느껴보아서 적당하게 맞춰주려 해야 한다】.

初宜涼, 漸漸宜暖, 與養春蠶正相反【其間體候, 須欲得所】.

---

234 출전 확인 안 됨 ; 《農桑輯要》 卷4 〈夏秋蠶法〉 《農桑輯要校注》, 151~152쪽); 《農政全書》 卷31 〈蠶桑〉 "總論"(《農政全書校注》, 862쪽).

235 출전 확인 안 됨 ; 《農桑輯要》 卷4 〈夏秋蠶法〉 《農桑輯要校注》, 152쪽); 《農政全書》, 위와 같은 곳.

처음에는 뽕잎을 한 장씩 따도 되지만 누에가 커지면 뽕잎을 훑어서 딴다. 처음에는 가는 사(紗)에 풀을 발라 창문에 붙였다가, 점점 추워지면 그 위에다 다시 종이에 풀을 발라 붙여서 권창(捲窓)을 내준다. 누에섶에 누에 올리는 법과 누에가 고치실을 잘 뽑게 하는 법은 앞과 같다. 《사농필용》236

가을누에를 칠 때 대부분은 누에섶으로 둘러싸인 가운데에 숙화(熟火)를 쓴다. 그러다가 숙화가 누에섶을 태울 수 있다. 이 방법은 다만 북풍이 부는 곳에 누에섶을 만들고 누에섶 아래에는 보릿대를 고르게 펼쳐 주는 것만 못하다. 누에섶은 마른 뽕나무가지로 중심대를 삼고, 새로 마른 기장대를 누에깔개[蓐草]237로 삼으면 자연스럽게 따뜻한 기운을 얻을 수 있어 불을 쓸 필요가 없을 것이다. 비가 오면 누에섶을 뒤집는다. 《잠상요지》238

初可摘葉, 蠶大則捋葉. 初用紗糊窓, 漸漸天寒, 上復用紙糊, 留捲窓. 簇與繅絲法如前. 《士農必用》

秋蠶, 多于簇心用熟火. 或致焚燒, 不若止于映北風處爲簇, 簇底用麥虆均鋪, 簇則用乾桑柴爲梢, 新乾黍虆爲草, 得自然溫暖之氣, 不須用火矣. 經雨則倒簇. 《蠶桑要旨》

---

236 출전 확인 안 됨;《農桑輯要》, 위와 같은 곳;《農政全書》卷31〈蠶桑〉"總論"(《農政全書校注》, 863쪽).
237 누에깔개[蓐草]:《농상집요교주》에 근거하여 원문의 '草'를 "蓐草"로 풀이하였다. 깔개풀은 본래 가축의 우리에 까는 마른풀을 의미한다.
238 출전 확인 안 됨;《農桑輯要》, 위와 같은 곳;《農政全書》, 위와 같은 곳.

28) 부록 산누에[山蠶] 기르는 법

상수리나무로도 누에에게 잎을 먹일 수 있다. 그 나무에는 다음의 2종류가 있다. 일명 '청강(靑棡)'239은 잎이 얇은 반면, 일명 '곡력(槲櫟)'240은 잎이 두껍다. 그 종자는 모두 무리로 모여 나며 상수리(도토리)는 작은 대추와 같다.

상수리나무 심는 법: 늦가을에서 초겨울 사이에 종자를 거두어 불에 가깝지 않은 곳에 둔다. 겨울에 그 씨를 흙 속에 움집을 만들어 저장하고 항상 물을 부어 주어 촉촉하게 한다. 봄을 맞아 싹이 트면 땅이 비옥하건 척박하건 상관없이 고르게 심을 수 있다.

심은 지 3년이 되면 그 잎으로 누에를 기를 수 있다. 늦봄의 잎을 누에가 먹고 나면 그 다음해에 이어서 봄누에를 기를 수 있다. 혹은 가을누에 치기도 되지만 그러면 1년을 건너뛰어야 한다. 4~5년 뒤에는 그 그루를 벨 수 있다. 베어 낸 그루에서 새 가지가 떨기져 나오면 또 누에를 기를 수 있다.

그 누에 기르기의 적당함에는 5가지가 있다.

① 늦봄에 누에 기르는 법:

한 해 걸러서 소양월(小陽月, 10월) 중순 뒤에 고치 가운데 무겁고 실하며 번데기가 있는 것을 골라 작은 대바구니[篾籯, 멸루]에 담는다. 다음해 입춘(立春,

附 養山蠶法

橡樹可以飼蠶, 其樹有二: 一名"靑棡", 葉薄; 一名"槲櫟", 葉厚. 其子俱房生, 實如小棗.

植法: 於秋末冬初收子, 不令近火. 冬月將子窖於土內, 常澆水滋潤. 逢春發芽, 無論地之肥瘠, 均可種植.

三年卽可養蠶, 春季葉經蠶食, 次年仍養春蠶. 或養秋蠶亦可, 須隔一年, 四五年後, 可伐其本, 新芽叢發, 又可養蠶.

其養蠶事宜有五:

一, 春季養蠶之法:

於隔年小陽月旬後, 揀其繭之重實有蛹者, 以篾籯盛之. 迨次年立春後, 紙

---

239 청강(靑棡) : 떡갈나무(상수리나무)의 일종. 낙엽교목으로 잎이 긴 타원형이다. 목질은 굳고 단단하여 건축에 쓰인다. 청강(靑岡)으로도 쓴다.

240 곡력(槲櫟) : 떡갈나무(상수리나무)의 일종. 낙엽교목으로 잎이 긴 타원 모양의 뒤집어진 계란형부터 뒤집어진 계란형까지이다. 목재는 건축·가구에 쓰인다. 세피청강(細皮靑岡)·대엽청강(大葉靑岡)으로도 불린다.

양력 2월 3·4일경)이 지나면 밀실에 종이를 풀로 바른다. 이어서 고치 대바구니[繭簾, 견루]를 밀실 한가운데에 두고 섶나무불로 은은하게 쬐어 준다.

糊密室, 將繭簾置于中央, 以柴火微烘.

밤낮으로 그치지 않고 점점 조금씩 불을 더한다. 그러다 춘분(春分, 양력 3월 20·21일경) 전후가 되어 번데기가 꿈틀거리는 것을 느끼면 실에 고치를 꿰어 꿰미를 만든다. 꿰미를 4위간(四圍竿)²⁴¹에 올려서 그대로 불로 쬐어 준다. 그곳의 기온을 헤아려, 추우면 은은한 불로 서서히 나방이 나오게 하고, 따뜻하면 센 불로 급하게 나방이 나오게 한다.

晝夜無間, 漸略增火, 至春分前後, 覺蛹稍動, 用線穿繭成串, 搭於四圍竿上, 仍以火烘. 量其地之寒燠, 寒則微火緩爲出蛾, 燠則甚火急爲出蛾.

나방이 나오는 대로 주워서 광주리에 넣고 암수가 짝짓게 한다. 눈썹이 굵은 놈이 수컷이고 눈썹이 가는 놈이 암컷이다. 다음날 숫나방을 집어 내서 따로 쌓아 두면 며칠이 지나 저절로 죽는다. 암나방만 들어서 조심스럽게 손으로 잡고 오줌을 제거한다. 그렇게 하지 않으면 알을 까지 않는다.

隨拾入筐, 雌雄配合, 眉麤者雄, 眉細者雌. 次日摘取雄蛾另貯, 數日自僵, 止提雌蛾, 微以手捏去溺, 否則不卵.

암나방을 광주리 안에 두고 은은한 불로 따뜻하게 하면 비로소 알을 낳을 수 있게 된다. 광주리에 있는 동안에는 아직 불을 빼지 않거나, 햇볕을 이용하여 따뜻하게 한다. 10일 남짓이 지나면 개미누에가 나오는데, 굵기는 바늘만 하다. 청강(青橿) 여린 잎을 광주리 안팎에 두면 개미누에가 스스로 청강 가지와 잎으로 올라온다. 그러면 곧 가지 위의 개미누에를 나무 위에 두고 먼저 여린 잎을 먹인다.

置筐中, 微火暖之, 始能生子, 在筐猶不斷火, 或借陽光. 旬餘蠶出, 大如針. 以青橿嫩葉置筐內外, 其蠶自上枝葉, 卽將枝上蠶置樹上, 先食嫩葉.

5~6일이 지나면 첫잠을 잔다. 이때는 2~3일간

五六日初眠, 不食葉二三

---

²⁴¹ 4위간(四圍竿) : 장대 4개를 직사각형 모양으로 연결한 도구를 가리키는 듯하다.

청강잎을 먹지 않는다. 그러면 검은 껍질을 벗고 색이 청색과 황색으로 나뉜다. 또 5~6일이 지나면 두 잠을 잔다. 이어서 세잠과 네잠을 잔 뒤에 청강잎을 열흘 동안 먹으면 입을 다물고 살이 빠지면서 실을 뱉어 내어 고치를 만든다.

3일이 지나 장(漿)이 굳었는가를 살펴서[242] 청강 잎째로 따낸 다음 잎은 제거하고 고치에서 실을 켠다. 만약 바로 실을 뽑지 않고 10여일을 넘기면 결국 번데기가 변해서 누에나방이 나오기 때문에 실을 뽑지 못한다. 만약 고치를 남겨 두어서 나중의 실 뽑는 공정에 대비해 불로 훈증한다면 번데기가 되지는 않는다.

매번 누에가 잠을 잘 때는 청강가지를 잘라서 옮기면 안 된다. 잠에서 깨어난 뒤에 잎을 다 먹어치우면 그제야 은가위로 가지가 붙은 채 잘라서 다른 나무로 옮겨 준다. 누에가 일단 산으로 들어가면 사람이 살펴서 새를 막아 줘야 한다. 그 누에광주리[蠶筐, 잠광]는 황형(黃荊, 광대싸리)의 여린 가지로 만들어 쓴다. 대개 황형을 제외한 나머지의 대나무나 나무로 만든 누에광주리는 누에알을 잘 부착시킬 수 없기 때문에 다음해에 꼭 새로 만들어야 한다.

② 늦가을에 누에 기르는 법:
단오절(5월 5일) 전후로 봄고치를 거두어들일 때

日, 脫去黑殼, 色分靑黃. 又五六日二眠, 繼三眠、四眠後, 食葉旬日, 噤口退膘, 吐絲成繭.

閱三日漿固, 連葉摘下, 去葉繰絲, 如不卽抽絲, 越十餘日, 遂變蛹出蛾, 不堪抽絲, 如留[86]備抽絲, 以火爊之, 卽不成蛹.

每遇蠶眠時, 不可翦移, 俟起眠後葉盡, 用銀翦連枝翦移他樹. 蠶一入山, 須人看禦禽鳥. 其蠶筐,以黃荊嫩條爲之, 用. 蓋其餘竹木所爲則不能粘子, 次年定須新製.

一, 秋季養蠶之法:
於端午節前後, 收入春繭

242 3일이……살펴서 : 누에가 싼 물똥과 오줌이 다 말랐는지 확인하는 과정.
86 留 : 《經世文編·戶政·農政》에는 없음.

는, 고치 꿴 꿰미를 4위간(四圍竿) 위에서 볕에 말려야지, 덮어두어서 상하는 일이 없도록 한다. 10여 일이 지나 번데기가 되었다가 누에나방이 나오면 작은 대바구니에 거두어 넣고 암수가 짝짓게 한다.

다음날 오후에 어미누에나방만 들어 오줌을 제거한 뒤, 0.4척 길이의 실로 양끝에 각 1마리의 누에나방을 묶는다. 이를 청강나무 위에 얹어서 누에나방이 잎을 다 먹어치우면 가지를 잘라서 다른 가지로 옮겨 준다.

가을누에는 나무꼭대기에 조금씩 흩어 놓아 여린 청강잎으로 시작하여 늙은 청강잎까지 먹도록 한다. 가을에는 숲속에 살진 메뚜기[蚱蜢, 책맹]가 많기 때문에 야간에 그 소리를 듣고 잡아야 한다.

③ 실 얻는 법:

큰 솥에 냉수를 담고 매번 2,000~3,000개의 고치를 1시간 삶은 뒤 뒤집어 주고, 또 45~60분 삶은 뒤 다시 뒤집어 준다. 고치가 연해지려고 하면, 당아욱[葩草, 수초]재 내린 즙을 고치의 양을 헤아려 솥에 부어 준다. 다시 15~30분을 삶은 뒤 그것이 잘 익었는지 살핀다. 아직 익지 않았으면 다시 재 내린 즙을 더하고 살짝 삶는다.

짧고 작은 대나무막대로 떠 있는 실을 펴서 실타래를 만든다. 이때 여러 가닥으로 나누어서 만든다. 이를 그대로 솥 안에 두되, 불을 꺼서는 안 된다. 실마리가 나오지 않으면 불을 약간씩 더해 준다. 물이 뜨거우면 실을 쉽게 뽑을 수 있다. 실의 굵기는 들

時, 將繭穿串, 晾于竿上, 不使罨壞, 旬餘成蛹出蛾, 收入篾簍, 雌雄配對.

次日午後, 只將母蛾去溺, 以四寸長線, 兩頭各繫一蛾, 搭于靑槓樹上, 葉盡翦易.

秋蠶宜少撒樹巔, 由嫩食老. 秋天林中多油蚱蜢, 宜夜間伺聲以捕.

一, 取絲之法:

以大鍋盛冷水, 每次二三千繭, 煮半時, 翻轉, 又煮三四刻, 再翻. 俟繭將頓, 用葩草灰所淋之汁, 量繭多寡, 酌傾入鍋, 再煮一二刻, 視其生熟, 試如不熟, 再加灰汁, 略煮.

以短小竹棍攄其浮絲成緒, 分作數提, 仍存鍋內, 不可斷火, 若絲不順, 稍加以火, 水熱則絲易抽. 絲之麤細, 視提絲縷之多寡, 由

어올리는 실오라기의 양을 살펴가며 정한다. 사롱 (絲籠, 실을 사리는 대그릇) 위의 차(車)[243] 곁에 큰 차(車)를 가로로 댄다.

남은 껍질인 '탕견(湯繭)'과 '파구견(破口繭, 나방이 빠져나가 입이 터진 고치)', 실을 얻을 수 없는 고치 등을 취하여 따로 실을 뽑는다. 물속에서 자아 뽑은 실이라서 이를 '수사(水絲)'라 한다. 풀솜[244]을 짜서 연하게 한 다음 다시 합하여 실로 만든다. 짜서 합하여 실로 만들었으므로 '합선주(合線紬, 실을 합한 명주)'가 된다. 이렇게 만들면 실이 더욱 튼실하다. 건져 올린, 뜬 실도 깨끗이 씻어 솜을 만들 수 있다.

絲籠上車旁, 以大車柮之.

取剩餘殼名曰"湯繭", 及"破口繭", 不堪取絲者, 另作紡線, 墜絲水中所抽, 名曰"水絲". 織綿頓, 再合成線, 織爲合線, 爲"合線紬", 尤爲結實. 所提浮絲, 亦可洗淨作絮.

④ 고치의 질이 가볍고 얇기 때문에 실을 켜서 뽑을 수 없는 고치를 '혈견(血繭)'이라 한다. 이 고치 및 누에나방이 나간 껍질, 그리고 탕견을 아울러 돼지기름 약간에 물을 고루 섞어서 적시고 쪄서 습기가 배어들게 한다. 이를 물로 깨끗이 씻어 볕에 말리고 실가닥을 뽑아 내 명주를 짜면 새로 번잡한[繁] 과정을 거쳐 생산한 고치와 거의 비슷하므로 '번견(繁繭)'이라 한다.

一, 繭質輕薄不堪繰絲者, 名"血繭", 曁出蛾之殼, 幷湯繭, 均用猪油少許, 和水浸濕蒸透, 以水洗淨晾乾, 扯絲織紬, 彷彿新繁所産, 故名"繁繭".

또 다른 법: 당아욱 잿물에 고치를 삶은 뒤에 실 뭉치를 연하게 하여 주먹크기로 만든다. 여기서 실가닥을 끌어 내 실을 뽑아서 모주(毛紬, 털명주)를 짠다. 그 과정에 필요한 기구들은 집 안에서 실을 뽑

又法: 以茷灰水煮後, 罨頓套如拳, 扯絲墜線織爲毛紬. 其需用器具, 如抽家絲法.

---

243 차(車): 누에실을 뽑아 감는 도구. 우리나라에서는 '왕챙이'라 한다. 물레와는 용도가 다르다.
244 풀솜: 변색되거나 망가진 허드레 고치로 만든 솜.

는 법에서 쓰는 기구들과 같다.

⑤ 상수리를 거두고 파종하는 법:

일반적으로 청강(靑桐)과 곡력(槲櫟) 두 나무는 9월
즈음이 되면 상수리가 익어 저절로 떨어진다. 상수
리를 거두어 보관할 때는 반드시 움을 파고 깊이 묻
어 바람과 햇볕을 보지 못하게 해야 한다. 만약 집
안 여기저기에 흩어서 두면 햇볕을 보고 벌레가 생
겨서 모두 빈 껍질이 되기 때문에 흙에 넣어도 싹이
나지 않는다.

상수리를 심는 법은 산량(山糧, 산의 양식으로서의 도
토리)을 얻기 위해서 파종하는 법과 다르다. 준의(遵
義)245 등의 곳에서는 모두 길이 2척 정도의 큰 쇠가
래를 메마른 땅 가운데에 마치로 때려 흙에 0.3~0.4
척 깊이로 박아 넣는다. 이렇게 만든 구멍에 거름흙
조금을 넣은 뒤 이어서 상수리 1~2알을 놓고 흙으
로 덮는다. 봄이 되면 곧 발아한다. 이렇게 하면 그
노동력은 매우 절약되고 일은 쉽게 이루어진다.《경
세문편(經世文編)246》247

一, 收種橡子之法:
凡靑桐、槲櫟二樹, 至九月
間, 子熟自落. 檢收時, 必
須挖窖深埋, 毋使見風日.
若散置房屋, 則閱日生蟲,
盡成空殼, 入土不生.

其種植之法, 與種山糧異.
遵義等處, 俱用大鐵鍬長
二尺許, 於瘦土中用椎擊入
土三四寸, 少著糞土, 隨置
橡子一二顆, 以土蓋之. 春
卽發生, 其功甚省而易成.
《經世文編》

---

245 준의(遵義) : 중국 귀주성(貴州省) 준의(遵義)에 있는 현(縣).
246 경세문편(經世文編) : 중국 청나라 말기인 1826년에 하장령(賀長齡, 1785~1848)·위원(魏源, 1794~1857)
등이 시무경세론(時務經世論)을 집대성한 실용서. 1827년에 총 120권으로 간행했으며, 2236편의 문장을
학술(學術)·치체(治體)·이정(吏政)·호정(戶政)·예정(禮政)·병정(兵政)·형정(刑政)·공정(工政)의 8부류로
나누고 부류 아래에 세목을 두었다.
247《經世文編》卷37〈戶政〉12 "農政" 中 '勸種橡養蠶示'(《皇朝經世文編》, 162~168쪽).

2. 고치에서 실켜기(소견)

繰繭

1) 고치 골라서 손질하기[擇治]

고치는 여러 사람이 일손을 모아서 분주히 고른 다음 서늘한 곳에 얇게 펴 두어야 한다. 그러면 나방이 저절로 천천히 나오므로 고치에서 실을 뽑는 일과 겹치는 급박한 상황을 면할 수 있다. 《무본신서》[1]

고치는 누에발에서 분리해 내자마자 즉시 신속하게 고치보풀[繭衣, 견의][2]을 벗겨 내야 눅눅하게 훈증되어 썩는 일을 피할 수 있다. 고치가 많으면 소금으로 보관한다. 그러면 누에나방이 바로 나오지 못한다. 게다가 실이 부드러우면서도 질기고 윤기가 난다.

고치를 보관하는 법은 다음과 같다. 우선 고치를 햇볕에 쪼여서 말린다. 또 땅 위쪽에 큰 항아리를 묻고 항아리 안에 먼저 대자리를 편다. 다음에 큰 오동잎으로 대자리를 덮는다. 그제야 여기에 고치 한 켜를 깔되, 10근(斤)을 기준으로 소금 2냥을 뿌린다. 그 위에 또 오동잎을 평평히 깐다. 이처럼 켜

擇治

繭宜併手忙擇, 涼處薄攤, 蛾自遲出, 免使抽繰相逼.
《務本新書》

繅柝下箔, 卽急剝去繭衣, 免致蒸壞. 如多卽以鹽藏之, 蛾乃不出, 且絲柔韌潤澤也.

藏繭之法: 先曬令燥. 埋大甕地上, 甕中先鋪竹簀, 次以大桐葉覆之, 乃鋪繭一重, 以十斤爲率, 摻鹽二兩, 上又以桐葉平鋪. 如此重重隔之. 以至滿甕, 然

1　출전 확인 안 됨;《農桑輯要》卷4〈簇蠶、繰絲等法〉"擇繭"(《農桑輯要校注》, 148쪽);《農政全書》卷31〈蠶桑〉"總論"(《農政全書校注》, 858쪽).

2　고치보풀[繭衣, 견의]:누에가 고치를 만들 때 누에발에 고치를 안정적으로 짓기 위해 고치 밖을 싼 보풀실. 발에서 누에를 꺼낼 때 이 부분을 빠르게 제거해야 한다.

누에고치(국립민속박물관)

켜이 층을 나누어 항아리를 가득 채운 뒤에 뚜껑을 꽉 덮고 진흙으로 밀봉한다.

7일 뒤에 고치를 꺼내서 실을 켠다. 이때 자주자주 물을 갈아 주면 실이 깔끔해진다. 이어서 불에 쬐어 말리면 실에 얼룩이 생기지 않고 색이 선명해진다. 진부《농서》[3]

後密蓋, 以泥封之.

七日而[1]後, 出而繅之, 頻頻換水, 卽絲明快. 隨以火焙乾, 卽不黯黮而色鮮潔也. 陳氏《農書》

고치가 많아서 실을 켜지 못하고 남으면 즉시 소금으로 보관한다. 그러면 누에나방이 바로 나오지 못한다. 이는 남쪽 지방의 고치를 소금에 담그는 법으로, 항아리를 사용하는 경우가 매우 많다.

일찍이 북쪽 지방의 농법을 설명한 《농상직설(農桑直說)》[4]을 읽어보니, 그 내용은 다음과 같았다. "생

爲繭多不及繅取[2], 卽以鹽藏之, 蛾乃不出. 此南方淹繭法, 用甕頗多.

嘗讀北方《農桑直說》云: "生生[3]繭卽繅爲上. 如人

---

3 《農書》卷下〈簇箔藏繭之法〉第5(《文淵閣四庫全書》730, 191쪽);《王禎農書》〈農器圖譜〉集16 "蠶繅門" '繭甕', 385쪽.
4 농상직설(農桑直說):중국 북쪽 지방의 농사와 양잠에 관한 책으로 추정된다.《王禎農書》에 8회 인용되었다.
[1] 而:《農書·簇箔藏繭之法》에는 "之".
[2] 取:저본에는 "故".《王貞農書·農器圖譜·蠶繅門》에 근거하여 수정.
[3] 生生:《王貞農書·農器圖譜·蠶繅門》에는 "生".

擇繭

大繭至八蠶
小繭止獨蛹
繭衣繞抬妻
收拾擬何用
冬來作漂㑋
與兒禦窊凍
衣帛非不能
債多租稅重

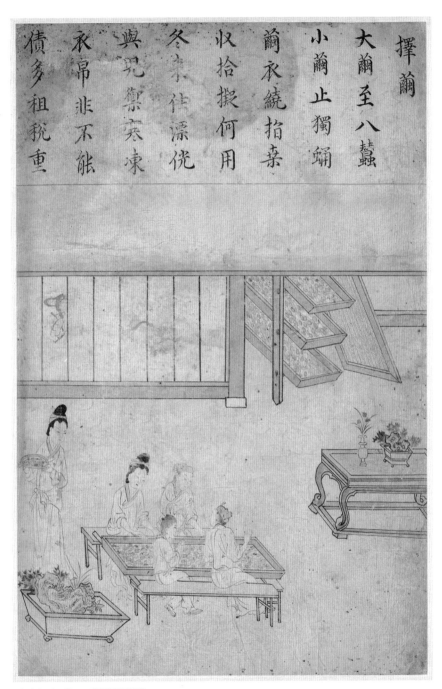

누숙경직도의 고치 고르기(국립중앙박물관)

누에고치 항아리(《왕정농서》. 《전공지》 권4에 원도 수록됨)　누에고치 찌기(《왕정농서》. 《전공지》 권4에 원도 수록됨)

기가 있는 고치를 바로 실켜기 하면 가장 좋다. 사람의 일손이 미치지 못한다면 고치를 죽여 천천히 실켜기를 한다. 고치를 죽이는 법에는 다음의 3가지가 있다. 첫 번째는 햇볕에 말리는 법이고, 두 번째는 소금에 담그는 법이며, 세 번째는 대바구니에 찌는 법이다. 이중 대바구니에 찌는 법이 가장 좋다. 그러나 사람들은 대부분 이 방법을 잘 알지 못한다. 햇볕에 말리면 고치를 상하게 한다. 소금에 담가서 항아리에 보관하는 법은 온당하다."[5]《왕정농서》[6]

手不及, 殺繭慢慢繅者. 殺繭法有三. 一曰日曬, 二曰鹽浥, 三曰籠蒸. 籠蒸最好, 人多不解. 日曬損繭, 鹽浥甕藏者穩."《王氏農書》

모양이 길고 색이 밝은 흰색 고치는 가는 실이 나　長而瑩白者, 細絲之繭; 大

5　생기가……온당하다 : 출전 확인 안 됨.
6　《王禎農書》, 위와 같은 곳.

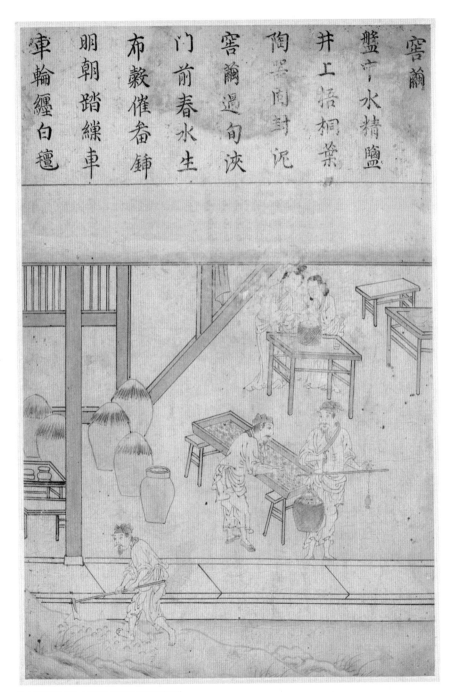

窖繭

盤亍水精鹽
井上梧桐葉
陶器周封泥
窖繭過旬浹
門前春水生
布穀催畚鋪
明朝踏繰車
車輪繼白璽

누숙경직도의 고치 소금물에 담그기(국립중앙박물관)

오는 고치이고, 크고 어두운 청록색 고치는 굵은 실
이 나오는 고치이다. 흐트러진 보풀[蒙戎之衣]을 모두
떼어 낸다.[7] 그 안이 문드러지고 물이 배어 축축해
진 고치를 '음견(陰繭)'이라 하고, 얇고 얼룩진 고치를
'면견(綿繭, 가벼운 고치)'이라 한다. 이와 같은 고치들로
는 거친 실을 뽑을 수 있다.

而晦色青蔥者, 粗絲之繭.
皆擇去其蒙戎之衣. 其內
潰而漬濕者, 謂之"陰繭";
及薄而雜者, "綿之繭", 可
爲粗絲.

고치를 켤 때는 날을 넘겨서는 안 되니, 날을 넘
기면 실이 문드러져 뽑아 내기 어렵기 때문이다. 또
향을 피워서는 안 되니, 향을 피우면 번데기가 구멍
을 내어 실을 뽑아 내기 어렵기 때문이다. 고치 중
에 큰 것은 '추공(麤工)'[8]이라 한다. 《경리옥함》[9]

不可以經日, 經日則絲爛
而難抽; 不可以焚香, 焚香
則蛆穴而難抽. 大者謂之
"麤工".《鏡理玉函》

고치를 켜다가 일손이 미칠 수 없는 고치는 항아
리에 담그고 진흙으로 밀봉한다【큰 항아리마다 소
금 4냥을 연잎으로 싸서 넣는다. 항아리의 아가리에
는 또 연잎을 가득 채운다】. 7일이 되면 누에나방이
되기 전 번데기가 죽는다. 진흙으로 밀봉할 때에는
자주자주 살펴보아야 한다. 약간이라도 틈이 있으
면 누에나방이 생기기 때문이다.

繅之不可及也, 淹而甕之
泥之【每大缸, 用鹽四兩荷
葉包之. 於缸甕之口, 又
塞實荷葉】. 至七日而蛾
死. 泥之也, 仍數視之, 有
少罅則蛾生.

풀솜을 만드는 데는 아구(蛾口)가 가장 좋고, 상
안(上岸)이 다음이며, 황견(黃繭, 병적으로 변색된 누런 고
치)은 또 그다음이다. 견의(繭衣)는 가장 아래이다.

其爲綿也, 蛾口爲最, 上岸
次之, 黃繭又次也. 繭衣者
爲最下. 蛾口者, 出蛾之繭

---

7 흐트러진……낸다:고치를 짓기 위해 누에는 섶에 스스로 고정되도록 실을 뽑아 낸 다음 고치를 만든다. 고
   치가 완벽하게 지어지면 사람은 고치를 고정하고 있는 섶에서 빼 낸 뒤 이 보풀을 떼어 내야 한다. 이 보풀
   을 견면(繭綿)·겉풀솜·고치솜이라 한다.
8 추공(麤工):큰 고치는 실을 가늘게 뽑아 낼 수가 없기 때문에 추공이라 하여 부족한 작품에 비유했다.
9 출전 확인 안 됨;《農政全書》卷31〈蠶桑〉"總論"(《農政全書校注》, 855쪽).

아구는 누에나방이 나온 고치이다. 상안은 고치를 끓인 물에서 실마리가 없을 때 엉킨 채로 건져 올린 것이다. 견의는 고치의 바깥에 있는 보풀로, 누에가 처음 고치를 지을 때 토해 내어 둘러싼 실이다.《경리옥함》[10]

소금이 고치에 닿으면 고치의 속까지 스며들어 축축해진다. 지금 사람들은 항아리 안에 고치를 보관하기만 하는데, 따로 종이나 댓잎이나 연잎에 소금 1~2냥을 싸서 고치 위에 두어도 괜찮다. 다만 항아리아가리를 반드시 밀봉하여 소금 기운이 밖으로 나가지 않게 해야 한다. 이때 반드시 염니(鹽泥, 소금 섞은 진흙)를 사용해야 좋다.《농정전서》[11]

也;上岸者, 繰湯無緒, 撈而出者也; 繭衣, 繭外之蒙茸, 蠶初作繭而營者也. 同上

鹽著於繭, 到底浥濕. 今人只於甕中藏繭, 另用紙或箬或荷葉包鹽一二兩, 置繭上亦可. 但只須甕口密封, 不走氣耳. 此必用鹽泥乃可.《農政全書》

---

10 출전 확인 안 됨 ;《農政全書》, 위와 같은 곳.
11《農政全書》卷33〈蠶桑〉"蠶事圖譜"'繭甕'(《農政全書校注》, 921쪽).

Ⅱ. 누에치기와 길쌈(하)　333

2) 고치 찌는[蒸餾, 증류] 법

【누에가 단단하게 고치를 지어서 주름[紋理]이 굵은 고치와 같은 경우는 틀림없이 실켜기가 잘된다. 이런 고치들은 쪄서 차가운 동이에서 실을 켤 수 있다. 반면 얇고 주름이 가는 고치는 결코 실켜기가 잘되지 않기 때문에 찌지 않아야 한다. 이런 고치는 다만 따뜻한 동이에서 실을 켜야 한다】

고치 찌는 법은 다음과 같다. 대바구니 3개를 이용하되, 먼저 연한 풀로 만든 발 1개를 솥아가리에 올리고, 대바구니 2개를 그 위에 앉힌다. 대바구니는 크기에 상관이 없다. 대바구니 안에 고치를 균일하게 편다. 이때 두께는 손가락 3~4개 포갠 높이 정도이다.

고치 위에 자주 손등을 대고 열기를 확인해본다. 만약 손등이 뜨거움을 견디지 못할 정도이면 아래쪽의 대바구니 1개는 꺼내도 된다. 바로 이어서 세 번째 대바구니 1개를 솥에 찌던 대바구니 위에 첨가한다.

이때 또한 고치가 지나치게 쪄지면 안 된다. 지나치게 쪄지면 고치의 실마리가 연해지기 때문이다. 또 덜 쪄져도 안 된다. 덜 쪄지면 누에나방이 반드시 고치를 뚫고 나오기 때문이다. 손등이 뜨거움을 견디지 못할 정도면 고치가 거의 알맞게 쪄진 것이다.

잠실 시렁의 누에발 위에는 그 한쪽 끝에서부터 대바구니의 쪄진 고치를 놓은 다음 손으로 살살 펴준다. 누에발 위에 고치가 가득차면 곧바로 다시 하나의 발을 편다. 열이 다 식으면 위에 가는 버드나무

蒸餾繭法

【如蠶成繭硬紋理麤者, 必繅快. 此等繭, 可以蒸餾, 繅冷盆絲. 其繭薄紋理細者, 必繅不快, 不宜蒸餾. 此止宜繅熱盆絲】

其蒸餾之法: 用籠三扇, 用軟草札一圈, 加于釜口, 以籠兩扇坐于上. 其籠不論大小. 籠內均鋪繭, 厚三四指許.

頻于繭上, 以手背試之. 如手不禁熱, 可取去底扇, 却續添一扇在上.

亦不要蒸得過了, 過了則軟了絲頭; 亦不得蒸得不及, 不及則蛾必鑽了. 如手背不禁熱, 恰得合宜.

于蠶房槌箔上, 從頭合籠內繭在上, 用手微撥動. 如箔上繭滿, 打起更攤一箔. 候冷定, 上用細柳梢

가지로 살짝 덮어 둔다.

그 고치는 바로 당일에 모두 쪄야 한다. 만약 모두 찌지 않으면 다음날 반드시 누에나방이 나오게 되어 있다.

솥의 끓는 물에 소금 1냥과 기름 0.5냥을 넣으면 쪄지는 고치는 그 실마리가 마르지 않는다【만약 찔 고치가 많으면 기름과 소금을 필요할 때마다 그때그때 넣어 준다】.《한씨직설》[12]

微覆了.

其繭只于當日都要蒸盡.

如蒸不盡, 來日必定蛾出.

釜湯內, 用鹽一兩、油半兩, 所蒸繭, 不致乾了絲頭【如餾繭多, 油、鹽旋入】.《韓氏直說》

---

12 출전 확인 안 됨 ;《農桑輯要》卷4〈簇蠶、繅絲等法〉"蒸餾繭法"(《農桑輯要校注》, 150~151쪽);《農政全書》卷31〈蠶桑〉"總論"(《農政全書校注》, 861~862쪽).

3) 실켜기 전체 비결

실켜는 비결은 오직 실이 가늘면서 둥글고 고르면서 팽팽함에 있다. 따라서 납작하고 약하며 마디지고[節] 뭉치며[核]【실마리를 이은 곳이 절(節)이고, 부스럼처럼 뭉친 곳[疙疽]이 핵(核)이다】, 거칠고 균일하지 않은 곳이 없게 해야 한다. 《사농필용》[13]

繅絲總訣

繅絲之訣, 惟在細圓均緊, 使無褊慢節核【接頭爲節, 疙疽爲核】, 麤惡不均也. 《士農必用》

---

13 출전 확인 안 됨 ;《農桑輯要》卷4〈簇蠶、繅絲等法〉 "繅絲"(《農桑輯要校注》, 148쪽);《農政全書》卷31〈蠶桑〉 "總論"(《農政全書校注》, 858쪽).

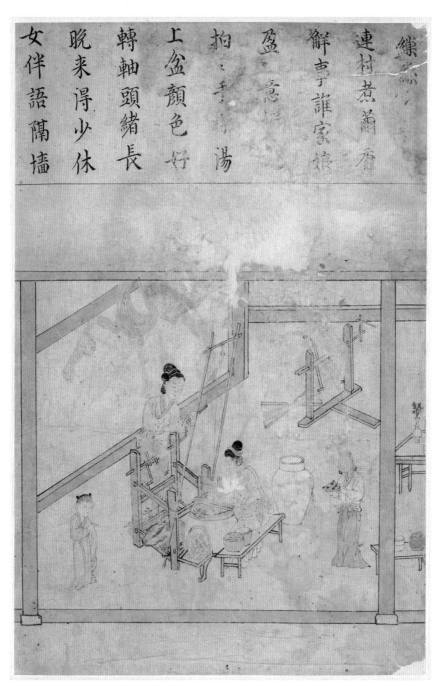

繅絲
連村煮繭香
辮手于誰家娘
盈盈意□
拍拍手□□湯
上盆顏色好
轉軸頭緒長
晚來得少休
女伴語隔墻

누숙경직도의 고치 소금물에 담그기(국립중앙박물관)

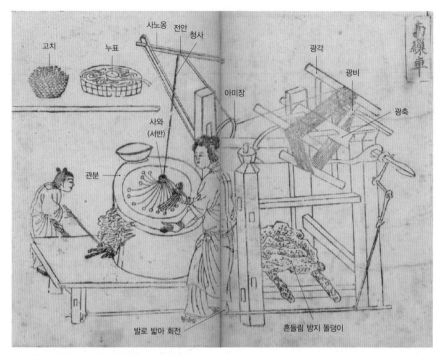

남소차(南繅車)(《왕정농서》. 《전공지》 권5에 원도 수록됨)

4) 실마리 물리기[餵頭, 외두]

고치를 삶는 솥의 물이 항상 게눈과 같은 거품이 일도록 끓인다. 그런 다음 반드시 젓가락으로 그 실마리를 먼저 끌어 낸 실에 붙인다. 이를 '실마리 물리기'라 한다. 실마리를 물릴 때는 고치실이 3가닥을 넘지 말아야 한다. 3가닥을 넘으면 켜는 실의 가닥이 굵어지고, 3가닥이 되지 않으면 가닥이 약해진다. 따라서 3가닥인지를 잘 살피면서 실마리를 올려야 한다.

일반적으로 실가닥은 솥에서 시작하여 전안(錢眼)을 거쳐 쇄성(鏁星)으로 올라간다. 쇄성이 차(車)의 움

餵頭

常令煮繭之鼎, 湯如蟹眼, 必以筯, 其緒附于先引, 謂之 "餵頭". 毋過三系, 過則系麤, 不及則脆, 其審擧之.

凡系自鼎道錢眼, 升于鏁星. 星應車動, 以過添梯,

직임에 맞추어 실을 옮겨서 실이 첨제(添梯)를 지나　　乃至于車. 秦氏《蠶書》
비로소 차(車)에 이른다.[14] 진관《잠서》[15]

---

14 전안(錢眼)을……이른다 : 전안·쇄성·첨제는 솥에서 실을 끌어 올려 차(車)까지 이르게 하는, 3단계의 명칭이다. 자세한 내용은《전공지》권5〈그림으로 보는 길쌈〉"소차(繅車, 실켜는 차)" 참조.
15 《蠶書》〈化治〉(《文淵閣四庫全書》730, 193쪽).

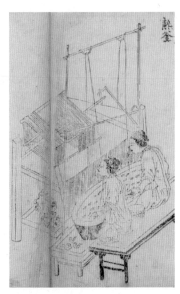

열부(《왕정농서》, 《전어지》권5에 원도 수록됨)

5) 열부(熱釜, 따뜻한 가마솥)로 실켜는 법

열부:

【굵은 실을 단교(單繳, 1번 꼬기)[16]로 실켜기 할 수 있는 가마솥이다. 쌍교(雙繳, 2번 꼬기)로도 실켜기 할 수 있다. 다만 냉분(冷盆, 차가운 동이)에서 실켜기 한 것처럼 깨끗하고 빛나지는 않는다】

가마솥은 커야 하며 부뚜막 위에 설치한다. 가마솥 위에 큰 시루를 올려 솥의 아가리와 시루를 맞붙인 뒤 물을 부어 시루 안에 8/10을 채운다.

시루 가운데 하나의 판으로 칸을 나누면 두 사람이 마주하여 실을 켤 수 있다. 고치가 적으면 작은

熱釜繅法

熱釜:

【可繅麤絲單繳者. 雙繳亦可. 但不如冷盆所繅者, 潔淨光瑩也】

釜要大, 置于竈上. 釜上大盆甊接口, 添水至甊中八分滿.

甊中用一板欄斷, 可容二人對繅也. 繭少者止可用一

---

16 단교(單繳) : 여러 가닥의 고치실을 모아 주는 장치인 아미장(蛾眉杖)에서 실을 1번 꼬는 일. 실을 2번 꼬면 쌍교(雙繳)라 한다. 최덕경 역주, 《농상집요역주(農桑輯要譯註)》, 세창출판사, 2012, 352쪽, 주 115번 참조.

시루 하나만 사용해도 된다. 물은 뜨거워야 하며, 고치를 수시로 넣어야 한다【고치를 한 번에 많이 넣으면 미처 실을 다 켤 수 없기 때문에 고치가 너무 삶아져 손상된다】.《사농필용》[17]

小甌. 水須熱, 宜旋旋下繭【多下則繰不及, 煮損】.《士農必用》

---

[17] 출전 확인 안 됨;《農桑輯要》, 위와 같은 곳;《農政全書》卷31〈蠶桑〉"總論"(《農政全書校注》, 858~859쪽).

Ⅱ. 누에치기와 길쌈(하)　341

6) 냉분(冷盆, 차가운 동이)으로 실켜는 법

냉분:

【전교(全繳, 실을 여러 차례 꼬기)로 가느다란 실을 켤 수 있다. 중간 등급의 고치는 쌍교로 실을 켤 수 있다. 열부에서 켠 실과 비교하면 생기[精神] 있으며 또 질기다. 비록 냉분이라고는 하지만 이 역시 아주 따뜻하다】

동이는 커야 한다. 반드시 먼저 그 바깥쪽을 진흙으로 발라야 한다【아가리의 지름이 1.5척 이상인 경우에는 미리 동이를 뒤집어 차져서 잘 붙는 진흙을 밑바닥에 바르고 아울러 냉분의 사방과 전(조금 넓적하게 벌어진 동이 위쪽의 가장자리) 부분까지 손가락 4개 두께로 바른다. 전 부분에 이를 즈음에는 점점 얇게 바른다. 이렇게 바른 동이를 햇볕에 쬐어 말린다. 이를 '관분(串盆)'이라 한다】.

냉분을 사용할 때 물은 8/10~9/10 채운다【물은 항상 일정하게 따뜻해야지 갑자기 차가워지거나 갑자기 뜨거워지게 해서는 안 된다】. 솥은 작아야 한다【솥아가리의 지름은 1척 이하이다. 솥이 작으면 여기에 넣는 고치가 적어 고치를 자주 넣게 된다. 고치를 한 번에 많이 넣으면 너무 삶아지고 또 실이 균일하지 않게 된다】.[18]

冷盆繅法

冷盆:

【可繅全繳細絲. 中等繭, 可繅雙繳. 比熱釜[4]者, 有精神而又堅韌. 雖曰冷盆, 亦是大溫也】

盆要大, 必須先泥其外【口徑尺五寸之上者, 預先翻過, 用長粘泥泥底, 幷四圍至唇, 厚四指, 將至唇漸薄, 日曬乾. 名爲"串盆"】.

用時, 添水八九分滿【水宜溫暖[5]常均, 無令乍寒乍熱】. 釜要小【口徑一尺以下者. 小則下繭少, 繭欲頻下, 多下則煮過又不均也】.

---

18 냉분……된다:《農桑輯要》, 위와 같은 곳;《農政全書》卷31〈蠶桑〉"總論"(《農政全書校注》, 859쪽).

[4] 釜 : 저본에는 "盆".《農政全書·蠶桑·總論》에 근거하여 수정.

[5] 暖 :《農政全書·蠶桑·總論》에는 "煖".

냉분(《왕정농서》. 《전공지》 권5에 원도 수록됨)

굴뚝과 부뚜막:

벽돌을 반으로 깨서 쌓아 원루(圓壘, 동그란 보루) 하나를 빙 둘러 만들고 가운데는 비워 둔다【곧은 통모양이다】. 그 높이는 실을 켜는 사람의 키와 비교해 절반이며, 그 지름은 동이의 크기를 보아 정한다. 원루 가운데에는 작은 받침대[臺] 하나를 쌓아【받침대의 지름은 관분(串盆) 바닥에 비해 작게 한다】관분을 작은 받침대 위에 앉힌다. 그 관분은 원루와 비교하여 전의 두께 정도가 높아야 한다.

원래의 원루에 의지하여 실마리를 찾을 수 있도록 작은 솥을 앉힐 아궁이를 설치한다. 그 높이는

突竈:

半破塼坯, 圓壘一遭, 中空【直桶子樣】. 其高, 比繅絲人身一半 ; 其圓徑相盆之大小. 當中壘一小臺【徑比盆底小⑥】, 坐串盆于小臺上. 其盆要比圓壘高一脣.

靠元壘, 安打絲頭小釜竈, 比圓壘低一半, 撥火透圓

---

⑥ 小 :《農政全書·蠶桑·總論》에는 "大".

원루에 비해서 절반 낮게 한다. 또 이 작은 아궁이의 엄화(揜火, 부넘기)가 원루와 통하도록 한다【아궁이 뒤쪽으로 불과 연기가 지나가는 곳을 '엄화'라 한다】. 그리고 엄화와 서로 마주 통하도록 원루 둘레에서 위쪽에 가깝게 굴뚝구멍을 뚫는다.

와돌(臥突, 누운 굴뚝) 하나를 만든다. 그 길이는 7~8척 이상으로 한다. 이에 앞서 굴뚝 1면과 원루가 연결되는 곳에 받침대[臺] 1개를 앉히되, 받침대는 굴뚝입구와 비교해서 약간 낮게 한다. 또 여기에서 7~8척 떨어진 곳에 받침대[臺] 1개를 앉히되, 높이는 5척이다【담장을 이용하여 걸치거나 나무로 거치대를 만든다】. 길이가 10척인 가로대 2개를 받침대 2개 위에 올려 비탈길을 만든다.

가로대 2개의 거리는 벽돌 1장 너비 정도이다. 이렇게 벽돌과 진흙으로 와돌 1개를 만든다.

【가로대 2개 위에 벽돌을 1층 평평하게 깔고, 양쪽 가장자리에는 벽돌을 세운다. 이어서 그 위에 다시 벽돌을 평평하게 덮는다. 여기에 진흙을 바르면 와돌 하나가 완성된다. 이때 와돌은 아궁이입구와 서로 반대 방향이 되어야 한다. 이를테면 아궁이입구가 남쪽을 향하면 굴뚝구멍은 북쪽을 향한다는 말이다.

실켜는 관분을 원루 가운데에 놓으면 불길이 관분 밑바닥과 관분 아래 받침대로 치솟는다. 그러면

壘【竈子後, 火煙過處, 名 "揜火"】. 與揜火相對, 圓壘匝近上, 開煙突口.

做一臥突, 長七八尺已上. 先于安突一面壘一臺, 比突口微低. 又相去七八尺外, 安一臺, 高五尺【或就用牆, 或用木爲架子】. 用長一丈椽二條, 斜磴在二臺上.

二椽相去闊一塼坯許, 用塼坯、泥成一臥突.

【二椽上, 平鋪塼坯一層, 兩邊側立, 上復[7]平蓋, 泥了, 便成一臥突也. 須與竈口相背, 謂如竈口向南, 突口向北是也.

繅盆居中, 火衝盆底與盆下臺, 煙、焰遶盆過, 煙出

---

[7] 復:《農政全書·蠶桑·總論》에는 "覆".

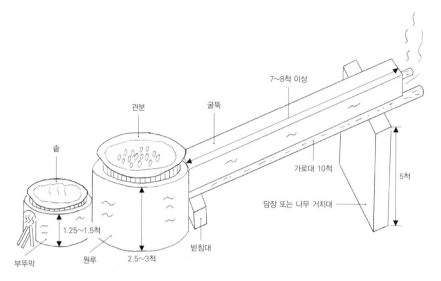

7~8척 이상

굴뚝

가로대 10척

5척

담장 또는 나무 거치대

관분

솥

부뚜막

원루

1.25~1.5척

2.5~3척

받침대

냉분 활용을 위한 굴뚝과 부뚜막의 구조

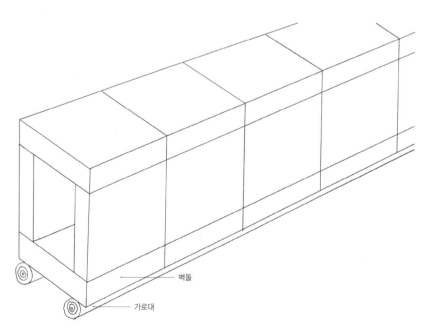

벽돌

가로대

진흙을 바르기 전의 굴뚝 모양

서 연기와 불꽃이 관분을 휘감고 지난 다음, 연기가 와돌 속으로 빠져나간다. 그러므로 관분 안의 물이 항상 따뜻하고 또 온도가 일정할 수 있다. 또 연기와 불이 실켜는 관분과 서로 떨어져 있어서 실켜는 사람이 연기와 불에 시달리지 않도록 할 수 있다. 그러므로 편안하게 실을 자세히 살필 수 있는 것이다】《사농필용》[19]

臥突中, 故得盆水常溫, 又均也. 又得煙、火與繅盆相遠, 其繅絲人, 不爲煙火所逼. 故得安詳也】《士農必用》

광차(軖車):

광상(軖牀, 광차의 받침대)의 높이는 냉분과 나란하다. 광축(軖軸, 바퀴축)의 길이는 2척이고, 축 가운데의 지름은 0.4척이며, 양끝의 지름은 0.3척이다【광축은 느릅나무나 회화나무를 사용한다】.

바퀴의 각(角)은 4각이거나 6각이며, 광비[臂, 바퀴살]의 전체 길이는 1.5척이다【6각은 4각만 못하다. 광각(軖角)이 적으면 실을 풀기가 쉽기 때문이다. 광비란 바퀴살[輻條]이다. 바퀴살은 2개이거나 1개이다. 그러나 바퀴살 2개가 더 온당하다】. 광차는 발로 밟아서 돌려야 한다.

또 소차(繅車)의 대나무통은 가늘어야 하며【가늘기가 명주실을 짤 때 쓰는 대나무통과 같다】, 쇠꼬챙이를 대나무통에 꽂는다. 그 대나무통 양쪽에 세워 꼬챙이를 끼우는 말뚝 역시 쇠를 써야 한다【말뚝을 양쪽에 세우고 쇠꼬챙이를 가로로 꽂는다. 쇠

軖車:

牀高與盆齊. 軸長二尺, 中徑四寸, 兩頭三寸【用楡、槐木】.

四角或六角, 臂通長一尺五寸【六角不如四角, 軖角少則絲易解. 臂者, 輻條也. 或雙輻或單輻, 雙輻者穩】. 須脚踏.

又繅車竹筒子宜細【細似織絹穗筒子】, 鐵條子串筒, 兩椿子亦須鐵也【兩竪椿子上, 橫串鐵條; 鐵條穿筒子, 旣輕又利也. 不如此則

19 출전 확인 안 됨 :《農桑輯要》卷4〈簇蠶、繅絲等法〉"繅絲"(《農桑輯要校注》, 148~149쪽);《農政全書》, 위와 같은 곳.

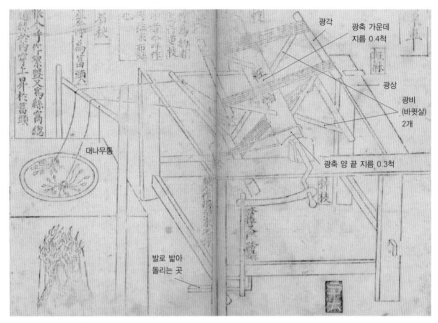

북소차의 광상((왕정농서), 《전공지》 권5에 원도 수록됨)

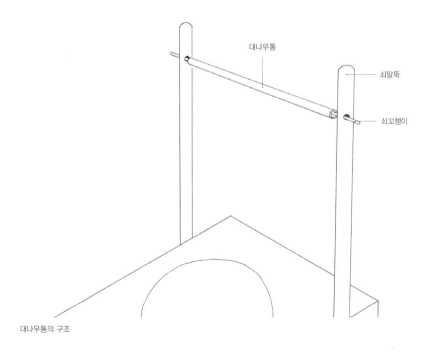

대나무통의 구조

전안

南繅事

전안이 정확히 그려진 그림(《농정전서》)

꼬챙이를 대나무통에 꽂으면 가볍고 또한 잘 돌아
간다. 이와 같이 하지 않으면 품질이 절묘하고 좋은
실을 만들 수 없다. 옛 사람의 말에 '장인이 그 일을
잘하고자 한다면 반드시 먼저 그 연장을 예리하게
해야 한다.'[20]라 했다. 나머지는 일반적인 방법과 같
다】. 《사농필용》[21]

【안 광차를 포함하여 아래의 내용은 열부와 냉
분의 경우가 같다】

不能成絶妙好絲. 古人有
言:"工欲善其事, 必先利
其器."餘如常法】. 同上

【案 以下熱釜、冷盆之所
同也】

20 장인이……한다:《論語注疏》卷15〈衛靈公〉(《十三經注疏整理本》23, 239쪽).
21 출전 확인 안 됨;《農桑輯要》卷4〈簇蠶、繅絲等法〉"繅絲"(《農桑輯要校注》, 149쪽);《農政全書》卷31
〈蠶桑〉"總論"(《農政全書校注》, 859~860쪽).

실마리 찾기:

【한 사람을 쓴다】

작은 솥 안에 물을 부어 9/10를 채운다. 부뚜막 아래에 굵고 마른 땔감을 땐다【땔감이 가늘면 바로바로 땔감을 더 넣게 되어 불이 고르지 않다】. 물이 매우 뜨거워지면 고치를 뜨거운 물에 넣는다【고치를 넣을 때는 적게 넣어야지 많이 넣으면 안 된다. 많이 넣으면 너무 삶아져서 켤 수 있는 실이 적어진다】.

젓가락으로 가볍게 뒤적이면서 물이 끓어오를 때 고치를 골고루 헤집는다.. 이 과정에서 낭두(囊頭, 실마리)²²가 드러나 젓가락에 엉겨 붙도록 한다【거친 실마리를 '낭두'라 한다】. 손으로 낭두들을 잡고 수면에서 몇 차례 가볍게 올렸다 내렸다 한 다음, 다시 들어 올린다. 그 낭두의 아래가 곧 청사(淸絲, 깔끔한 실)이다.

낭두는 떼어 내 버린다【만약 둔한 손놀림으로 낭두를 휘젓거나 손에 여러 번 감아서 길이 5~7척 정도 뽑히면, 고치의 좋은 실 중에서 2/10~3/10을 버리게 된다. 이는 진실로 아까워할 만하다. 만약 가벼운 손놀림으로 낭두를 뒤적이면서 적절하게 떼어 내면 떼어 낸 낭두의 길이가 1척을 넘지 않는다】.

한 손으로는 청사를 모아서 잡고, 다른 한 손으

打絲頭:

【用一人】

小釜內, 添水九分滿. 竈下燃龘乾柴【柴細, 旋添, 火不均停】. 候水⑧大熱, 下繭于熱水內【下繭, 宜少, 不宜多, 多則煮過, 繅絲少】.

用筋輕剔撥, 令繭滾轉瀴均, 挑惹起囊頭【龘絲頭名"囊頭"】. 手捻住于水面上, 輕提掇數度, 復提起. 其囊頭下, 卽是清絲.

摘去囊頭【如重手攪撥囊頭, 又于手拐子纏數遭, 可長五七尺, 將繭上好絲, 十分中去了二三⑨分, 實爲可惜. 如輕手剔撥起囊頭, 長不過一⑩尺也】.

一手撮捻清絲, 一手用漏

---

22 낭두(囊頭, 실마리) : '묵지실'이라고도 한다.
⑧ 水 : 저본에는 "火".《農政全書·蠶桑·總論》에 근거하여 수정.
⑨ 二三 :《農政全書·蠶桑·總論》에는 "三二".
⑩ 一 :《農政全書·蠶桑·總論》에는 "五".

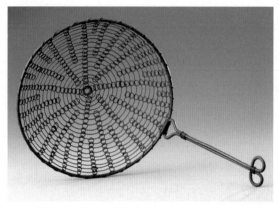

석자(국립민속박물관)

놋국자[銅杓](국립민속박물관)

로는 누표(漏杓)²³로 고치를 떠서 따뜻한 물이 들어 있는 관분 안으로 조심스럽게 옮긴다【국자[杓]²⁴ 바닥에 구멍이 많은 것을 '누표(漏杓)'라 한다. 표주박에 구멍을 뚫은 누표(漏瓢)는 더욱 좋다】.

   청사를 관분 바깥쪽의 사노옹(絲老翁, 자새) 위에 건다.

   【관분 가장자리에 말뚝 1개를 박아 청사를 걸 수 있게 만든 막대를 '사노옹'이라 한다.

 <u>농정전서</u>²⁵ 이와 같이 만들면 각 부분이 매우 균형을 이루어 편안하게 실을 자세히 살필 수 있다. 그

杓綽⑪繭, 款送入溫水盆內【杓底上多鏤眼子爲"漏杓". 漏瓢更好也】.

將淸絲挂在盆外邊絲老翁上.

【盆邊釘插一楲子, 名"絲老翁".

<u>農政全書</u> 如此, 分得極均爲安詳, 故卽熱釜, 亦宜如

---

23 누표(漏杓) : 석자. 놋국자에 구멍을 뚫거나, 철사를 엮어 바가지 모양을 만들고 손잡이를 달아서 내용물만 건지게 하는 도구. 풍석 서유구 지음, 임원경제연구소 옮김, 《임원경제지 섬용지(林園經濟志 贍用志)》 1, 풍석문화재단, 2016, 353쪽에 자세히 보인다.

24 국자[杓] : 국이나 술 따위를 푸는, 자루가 달린 용기. 풍석 서유구 지음, 임원경제연구소 옮김, 위와 같은 책, 347쪽에 자세히 보인다.

25 《農政全書》卷31 〈蠶桑〉 "總論"(《農政全書校注》, 860쪽).

⑪ 綽 : 《農政全書·蠶桑·總論》에 "窈".

러므로 열부로 실을 켤 때도 이와 같이 해야 한다】　此也】同上
《사농필용》[26]

실켜기:

【한 사람을 쓴다】

사노옹(絲老翁) 위의 청사 대략 15가닥 이상을【누런 실은 거칠므로 고치 수를 줄인다】 모두 한곳으로 합한 다음 전안(錢眼)으로 통과시킨다【전안 아래쪽에서 고치가 모이는 곳을 '사와(絲窩)'[27]라 한다. 또 '서반(絮盤)'이라고도 한다】.

실을 꼴 때는 복두(簹頭, 쇄성)를 지나게 한다. 그러면 실은 아미장(蛾眉杖)[28] 위에서 2번 꼬이고[繳], 아미장 아래에서 2번 꼬이게 된다. 이를 광차에 거는 것이다. 또 사노옹 위의 청사를 앞과 같이 광차에 건다【사와 2개는 그 머리를 나란히 하여 가게 한다】.

오른쪽 다리로는 광차의 발판을 밟아서 광차를 오른쪽으로 돌린다. 눈으로는 실이 잘 켜지는지 계속 절실하게 주시하고, 손으로는 두 사와 안의 고치를 뒤적인다. 고치실이 먼저 다 켜져서 그 번데기가 가라앉거나, 고치실이 끊어져 그 고치가 사와에서 빠져 떠다니면 그곳의 사와가 줄어든다. 이때는 곧 청사를 대략 헤아려서 더해 준다. 이때 사와 2개의

繅絲:

【用一人】

將絲老翁上淸絲約十五絲之上【黃絲麤, 減繭數】, 總爲一處, 穿過錢眼【錢下繭攢聚, 名"絲窩", 又名"絮盤"】.

繳過簹頭. 蛾眉杖子上, 兩繳; 杖子下, 兩繳. 挂于軠上, 又取絲老翁上淸絲, 如前挂于軠上【兩箇絲窩, 其頭齊行】.

右脚踏軠, 右轉; 長切照覷, 撥掠兩絲窩于內. 有繭絲先盡, 蛹子沈了者, 繭絲斷了, 繭浮出絲窩者, 其絲窩減小, 卽取淸絲約量添加. 務要兩絲窩大小長均.

26　출전 확인 안 됨 ;《農桑輯要》卷4〈簇蠶、繅絲等法〉"繅絲"(《農桑輯要校注》, 149~150쪽);《農政全書》, 위와 같은 곳.

27　사와(絲窩) : 뜨거운 물 안에 낭두를 제거한 청사를 모이게 하는 곳. 고치에서 좋은 실이 모여 엉겨서 나오므로 실켜는 사람은 항상 사와를 주시해야 한다.

28　아미장(蛾眉杖) : 전안(錢眼)을 통과한 여러 가닥의 고치실을 모아 주는 장치. 앞의 남소차(南繅車) 그림 참조.

크기와 길이가 균일하도록 힘써야 한다.

【눈으로는 눈동자를 굴리면서 사와를 뚫어지게 보고, 손으로는 고치를 자주 뒤적이면서 자주 청사를 끊어진 실에 더해 준다. 더해 줄 때는 실이 3~4가닥을 넘지 말아야 한다. 실 더해 주기를 놓치면 실이 가늘어지고, 너무 많이 더해 주면 굵어진다.

만약 손으로 청사 더해 주기를 제대로 하지 못하면서 다리로 광차의 발판을 약하게 밟으면 그 실은 비교적 굵어진다. 반면에, 손으로는 실을 많이 더해 주면서 다리로 광차의 발판을 세게 밟으면 그 실은 비교적 가늘어진다. 이렇듯 손과 다리가 서로 척척 맞아야 또한 실을 균일하게 켤 수 있다.

실을 더할 때 사와 위에다 얹어 놓기만 하면 바로 실마리에 이음새[接頭]가 생긴다. 반면에 청사를 손가락면[指面]으로 사와 안에서 먹이면[喂] 청사가 자연히 실가닥을 따라 올라가면서 이음새가 없어진다. 이처럼 이음새가 없는 실을 '전교사(全繳絲)'라 한다. 전교사는 실이 둥글고 팽팽하며 뭉침[疙疸]이 없어 상등이다. 이는 사(紗)29와 라(羅)30를 만들기에 적합하여 상등의 필단(疋緞, 필로 된 비단)이다.

아미장 위에서 2번만 꼰 실을 '쌍교사(雙繳絲)'라 한다. 이 실은 그다지 둥글고 팽팽하지는 않고, 뭉

【眼轉覷, 手頻撥頻添. 添不過三四絲. 失添則細了, 多添則麤了.

如或手添不迭, 脚慢踏軒, 其絲較爭麤; 如或手添得多了, 脚緊踏軒, 其絲較爭細. 手脚相應, 亦可取均也.

添絲, 搭在絲窩上, 便有接頭; 將清絲用指面喂在絲窩內, 自然帶上去, 便無接頭也. 此名 "全繳絲". 圓緊無疙疸, 上等也, 中作紗、羅, 上等疋緞 12.

如蛾眉杖上只兩繳, 名 "雙繳絲". 不甚圓緊, 有小疙

---

29 사(紗):날실 2올을 꼬아서 짜는 견직물. 공간이 생겨 얇으면서 비친다.
30 라(羅):날실 4올이 함께 꼬아 짜는 견직물. 직물의 구멍이 많이 생긴다. 꼬이는 날실과 꼬이지 않는 날실이 하나씩 날틀에 걸린 상태에서 규칙적으로 꼬이는 날실 2올과 꼬이지 않는 날실 2올이 꼬여져 결국 날실 4올이 함께 꼬인다. 심연옥, 《한국직물 오천년》, 2002, 고대직물연구소 출판부, 160쪽 참조.
12 緞:《農政全書·蠶桑·總論》에는 "段".

침이 조금 있어 중간 등급이다. 사와 라를 만들기에 적합하지 않아 중중(中中) 등급의 필단이다.

아미장 위에서 1번만 꼰 실을 '단교사(單繳絲)'라 하고, 또 '헐구사(歇口絲)'라 한다. 이 실은 납작하고 약하며, 뭉침이 크게 있어서 필단에 적합하지 않고 단지 견백(絹帛)[31]에 적합하다. 또한 튼튼하지도 않다. 이렇게 1번 꼰 헐구사는 대부분 열부에서 실을 켠 것일 뿐이다.

疤, 中等也, 不中紗、羅, 中中等疋緞[13].

如蛾眉杖上只一繳, 名"單繳絲", 又名"歇口絲", 褊慢, 有大疙疸, 不中疋緞, 只中絹帛, 亦不堅壯. 此單繳[14]歇口絲, 多只是熱釜中繅也.

사(紗)의 조직도(《김확묘 출토복식》, 121쪽)

구름무늬로 직조한 사(紗)
(국립민속박물관)

라(羅)의 조직도(《진주류씨 합장묘 출토복식》, 96쪽)

라(羅)로 만든 주머니(《한국
직물 오천년》, 165쪽)

---

31 견백(絹帛) : 주(紬) 조직과 같은 꼬임이 없는 평직물(平織物)을 말하는 것으로, 명주(明紬)가 대표적이다.

[13] 疋緞 : 저본에는 "緞疋". 《農政全書·蠶桑·總論》에 근거하여 수정.

[14] 繳 : 저본에는 "絲". 《農政全書·蠶桑·總論》에 근거하여 수정.

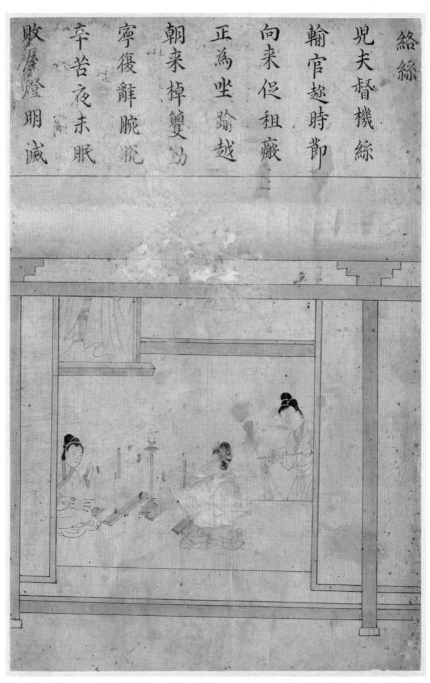

絡絲

兒夫督機綜
翰官趁時節
向来促租癖
正為坐踰越
朝来棹雙劭
寧復辭腕脫
辛苦夜未眠
敗屋燈明滅

누숙경직도의 실켜기(국립중앙박물관)

농정전서 [32] 위에서 광차의 발판을 세게 밟거나 약하게 밟아 실을 굵거나 가늘게 만들 수 있다고 했다. 그러나 이와 같은 이치는 없다. 게다가 지금 각지에서 실을 켤 때는 모두 2번만 꼬는 쌍교사로 만든다. 아미장 또한 없다. 그리고 진관(秦觀)과 왕정(王禎) 등 여러 전문가들 또한 모두 전교·쌍교·단교의 차이를 말하지 않았다.

대개 옛 법이 없어진 지가 이미 오래되었고, 지은 책도 단지 옛 문장을 베끼면서 필요한 내용만 적었을 뿐이다. 나는 지금의 북소차를 본 적이 없어서 거기에 아미장이 있는지 없는지 모르겠다. 북소차를 1대라도 찾아서 살펴보아야 할 것이다】《사농필용》[33]

農政全書 緊慢可爲粗細, 却無此理. 且今各處繅[15]絲, 皆只雙繳, 亦無蛾眉杖. 而秦、王諸家, 亦幷不言全繳、雙繳、單繳之異.

蓋古法之廢已久, 著書者亦只抄寫節略舊文而已. 未見今北繅車, 不知有蛾眉杖否. 宜索一具觀之】同上

---

32 《農政全書》卷31〈蠶桑〉"總論"(《農政全書校注》, 860~861쪽).

33 출전 확인 안 됨;《農桑輯要》卷4〈簇蠶、繅絲等法〉"繅絲"(《農桑輯要校注》, 150쪽);《農政全書》, 위와 같은 곳.

[15] 繅 : 저본에는 "繰". 오사카본·규장각본·연세대본에 근거하여 수정.

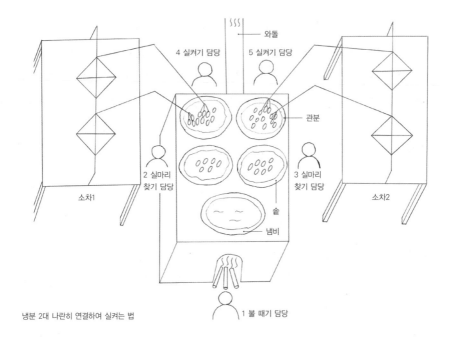

7) 냉분(冷盆) 2대 나란히 연결하여 실켜는 법

내 생각에는 냉분을 연결하여 만들어야 한다. 솥을 모두 옹기냄비 또는 구리냄비로 바꾸면 무쇠솥에 비하여 실이 반드시 윤기 나고 밝다. 냄비 1개로 삶기를 전담하여 실마리를 올린다. 솥 2개, 관분 2개, 소차 2대로 5명이 함께 작업한다.

냄비 1개, 솥 2개는 아궁이를 공유한다.

불과 연기가 와돌로 들어가면서 관분을 데운다. 1명이 불 때는 일을 맡는다. 솥 2개와 관분 2개에 물을 공급한다. 배수 도랑을 만들어 배수하되, 수문을 만들어 여닫는다. 2명은 솥을 맡아서 오로지 실마리만을 찾는다. 다른 2명은 관분을 맡아 실켜기를 주관한다.

連冷盆繰法

愚意要作連冷盆. 釜俱改用砂鍋或銅鍋, 比鐵釜, 絲必光亮. 以一鍋專煮湯, 供絲頭. 釜二具, 串盆二具, 繰車二乘, 五人共作.
一鍋二釜, 共一竈門.
火煙入於臥突以熱串盆.
一人執爨, 以供二釜二盆之水, 爲溝以瀉之, 爲門以啓閉之. 二人直釜, 專打絲頭. 二人直盆主繰.

그러면 한 부뚜막에서 5명이 30근의 고치에서 실을 켤 수 있다. 이는 2명이 소차 1대와 부뚜막 1개에서 실 10근을 켜는 작업보다 낫다. 이 방법이 5명으로 6명분의 일을 감당하고, 부뚜막 1개로 소차 3대의 땔감을 감당하는 것이다.《농정전서》[34]

卽五人一竈, 可繰繭三十斤, 勝於二人一車一竈, 繰絲十斤也. 是五人當六人之功, 一竈當三繰之薪矣.《農政全書》

---

[34]《農政全書》卷31〈蠶桑〉"總論"(《農政全書校注》, 861쪽).

3. 비단 길쌈[織絍, 직임]

織絍

1) 사(紗)·라(羅)·능(綾)[1]·단(緞)[2] 짜는 전체적인 법

【안】 우리나라에는 사·라·능·단이 없다. 비단 직조하는 법을 원래 알지 못했을 뿐만 아니라 또한 고치실의 품질이 뒤떨어지기 때문에 중국의 실 품질과 크게 다르다. 그러므로 지금 상의원[尚方][3] 장인이 혹 자색단을 본떠 만드는 경우에도 중국 실을 사용할 뿐이다. 따라서 지금 비단 직조하는 법의 대강을 간략하게 기록한다】

일반적으로 견직물[帛]은 능이나 라에 상관없이 모두 특히 식서(飾緖)[4]를 별도로 정경(整經)[5]한다. 식서는 각각 20여 올[縷]이고, 식서 올에는 반드시 풀

紗、羅、綾、緞總法

【案】我東無紗、羅、綾、緞, 不但素昧織法, 亦由繭絲薄劣, 大異中國絲品. 故今尚方工人或有倣造紫色緞帛者, 亦用中國絲耳. 今略載織緞梗概云】

凡帛不論綾、羅, 皆別牽邊, 兩傍各二十餘縷, 邊縷必過糊, 用筬[1]推移梳乾.

---

1 능(綾):씨실과 날실이 엇갈리는 조직점이 연속되어 직물 표면에 능선을 이루듯이 나타나는 견직물. 심연옥, 위와 같은 책, 94쪽 참조.
2 단(緞):씨실과 날실이 엇갈리는 조직점을 적게 하여 직조하는 견직물. 씨실과 날실이 만나는 지점이 길어지고 조직점이 분산되어 표면이 매끈하고 광택이 난다. 날실이 표면에 드러나게 짜는 경우와 씨실이 드러나게 짜는 경우가 있다. 심연옥, 위와 같은 책, 124쪽 참조.
3 상의원[尚方]:조선 시대에 임금의 의복과 궁중에서 쓰이는 일용품 및 보물을 공급하는 일을 맡아보던 관청이다.
4 식서(飾緖):올이 풀리지 않게 짠, 천의 가장자리 부분. 변폭(邊幅)이라고도 한다.
5 정경(整經):일정한 길이의 날실을 필요한 수만큼 가지런히 펴서 도투마리에 감는 일.
[1] 筬:《天工開物·乃服·邊維》에는 "筘".

바르기를 하고[過糊]⁶ 바디[筬]⁷를 움직여서 풀솔로 빗
어 말린다.⁸

　일반적으로 능과 라는 반드시 300척 길이 또는
500~600척 길이의 실을 바디 1개에 뀀으로써, 꿰
고 잇는 번거롭고 고된 일을 줄인다. 1필(疋)마다 끊
어서 식서실 위에 먹으로 표시하면 그 길이가 채워
지는지를 알 수 있다. 식서실은 적강(的杠, 도투마리)⁹에

凡綾、羅必三十丈或②五
六十丈一穿，以省穿接繁
苦．每疋應截畫墨于邊絲
之上，卽知其丈尺之足．
邊絲不登的杠，別繞機梁

능(綾)의 조직도(《파평윤씨 모자미라》, 157쪽)

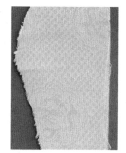
능직물 조각(《한국직물 오천년》, 106쪽)

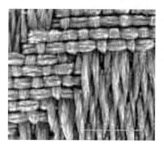
단(緞)의 조직도(《이진숭묘 출토복식》, 47쪽)

구름무늬로 직조한 단(緞)(국립민속박물관)

6　풀……하고[過糊] : 밀기울에서 얻은 고운 가루를 물에 섞어 사용한다.
7　바디[筬] : 베틀, 가마니틀, 방직기 따위에 딸린 기구의 하나. 베틀의 경우는 가늘고 얇은 대오리를 참빗살
　같이 세워, 두 끝을 앞뒤로 대오리를 대고 단단하게 실로 얽어 만든다. 살의 틈마다 날실을 꿰어서 베의 날
　을 고르며 북의 통로를 만들어 주고 씨실을 쳐서 베를 짜는 구실을 한다.
8　일반적으로……말린다 : 직조할 때 양쪽 끝에 실을 더 많이 넣고 촘촘하게 해 짤 때 양끝에서 직물의 올이
　풀리지 않고 뒤틀리지 않도록 잡아 준다.
9　적강(的杠, 도투마리) : 방직용 경축(經軸, 날실 감개).
②　或 :《天工開物·乃服·邊維》에는 없음.

베틀(국립민속박물관)

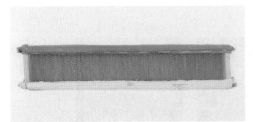

바디(국립민속박물관)

풀 바르기([過糊])《천공개물》

糊過　　架卬

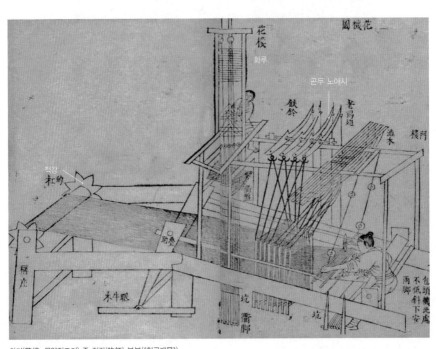

화기(花機, 문양직조기) 중 적강(的杠) 부분《천공개물》

올리지 않고, 따로 직기들보[機梁] 위에 감는다. 《천공개물》[10]

일반적으로 견직물[帛]을 짤 경우, 라와 사의 바디는 800살[齒][11]을 기준으로 하고, 능과 견의 바디는 1,200살을 기준으로 한다. 각 바디살 사이로 풀을 바른 날실들이 통과하면 4올이 합쳐져 1올이 된다. 라와 사의 날실은 모두 합해서 3,200올이고, 능과 주(紬)의 날실은 모두 합해서 5,000~6,000올이다. 고서에서는 80올을 1승이라고 하니, 지금 능과 견 중 두터운 직물들이 옛날에 말하는 60승포(升布)이다. 《천공개물》[12]

일반적으로 실을 잉아[綜, 종][13]에 꿰어 날실을 한 칸씩 건너 걸리게 하려면 반드시 네 사람이 줄지어[14] 앉아야 한다. 바디에 날실을 꿰는 사람은 한 손으로 바디살[篦耙]을 잡아 벌리고 먼저 손가락을 바디살에 집어넣은 다음 날실이 오기를 기다린다. 실이 바디에 꿰어지면 두 손가락으로 꽉 잡아 고정시킨다. 바디살 50~70개가 채워지면 바디에 꿰어진 올을 끈으

之上. 《天工開物》

凡織帛, 羅、紗篾以八百齒爲率, 綾、絹篾以一千二百齒爲率. 每篾齒中度經過糊者, 四縷合爲一③縷. 羅、紗經計三千二百縷, 綾、紬經計五千、六千④縷. 古書八十縷爲一升, 今綾、絹厚者, 古所謂六十升布也. 同上

凡絲穿綜度經, 必用四人列坐. 過篾之人, 手執篾耙先插, 以待絲至. 絲過篾則兩指執定, 足五七十篾, 則縧結之.

---

10 《天工開物》卷上〈乃服〉"邊維", 83~84쪽.

11 살[齒]: 창문이나 연(鳶), 부채, 바퀴 따위의 뼈대가 되는 부분. 여기서는 바디틀에 세운 가늘고 얇은 대오리를 말한다.

12 《天工開物》卷上〈乃服〉"經數", 84쪽.

13 잉아[綜, 종]: 직조할 때 필요한 날실을 들어 올려 개구하는 장치.

14 줄지어: 2열씩 서로 마주보고 앉는 것이다.

③ 一: 저본에는 "二". 《天工開物·乃服·經數》에 근거하여 수정.

④ 千: 저본에는 "百". 《天工開物·乃服·邊維》에 근거하여 수정.

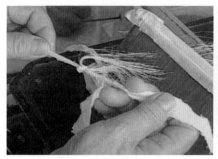

바디에 꿰고 끈으로 묶는 모습(문화재청 '명주짜기' 동영상 일부)

로 묶는다.[15]

　실이 엉키지 않게 하는 빼어난 비법은 모두 사침대[交竹][16]에 달려 있다. 끊어진 부분을 이을 때 실을 한 번 끌어당기면 곧 몇 촌이 늘어난다. 실의 끊어진 부분을 당겨서 늘이고 이어 준 뒤에는 원래의 길이로 되돌아간다. 이것은 실이 스스로 가지고 있는 빼어난 본래 성질이다. 《천공개물》[17]

不亂之妙, 消息全在交竹. 卽接斷, 就絲一扯卽長數寸, 打結之後, 依還原度. 此絲本質自具之妙也. 同上

15　실이……묶는다 : 그 모습은 위의 사진과 같다.
16　사침대[交竹] : 직조기의 비경이 옆에서 교착된 날실을 하나는 위로 하나는 아래로 가도록 하여 사이를 띄어 주는 손가락 굵기의 대나무막대 2개를 말한다.
17　《天工開物》卷上 〈乃服〉 "穿經", 89~90쪽.

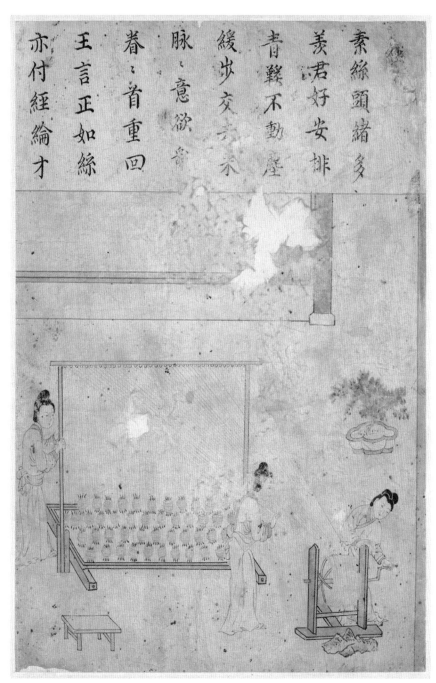

素絲頭緒多
羨君好安排
青鞁不動塵
緩步交去來
脉脉意欲骨
眷眷首重回
王言正如絲
亦付經綸才

누숙경직도의 날실 준비(국립중앙박물관)

곤두(袞頭)

양선(兩扇)

종(綜)

테두리 안이 평직과 꼬임조직을 뺄 수 없는 연종이다. 일반 직물을 짤 때는 연종을 내리고 광종을 걸어서 짠다.

중국 남송대 경직도(중국국가박물관 소장) 속의 사·라 직기(《神機妙算 : 世界織機與織造藝術》, 30쪽)

2) 사·라·능·단 각각의 명칭

일반적으로 라(羅)는 속이 빈 작은 구멍으로 바람이 통하여 착용감이 시원하니, 그 비법은 모두 연종(軟綜)[18] 안에 있다. 곤두(袞頭)[19] 양선에 달린 종광은, 하나는 연종이고 하나는 경종(硬綜)이다.

일반적으로 씨실[梭] 5올이나 씨실 3올【가장 많은 경우는 씨실 7올이다】을 짠 다음에 발로 밟아 연종을 들어올리면 저절로 모든 날실이 꼬이고, 이로 인해 빈 구멍이 생기면서 올 사이가 밀착되지 않는다.

紗、羅、綾、緞分名

凡羅中空小路以透風涼，其消息全在軟綜之中．袞頭兩扇打綜，一軟一硬．

凡五梭、三梭【最厚者七梭】之後，踏起軟綜，自然糾轉諸經，空路不粘．

18　연종(軟綜) : 면으로 꼰 줄[綫繩]로 만든 잉아. 교종(絞綜) 또는 반종(半綜)이라고도 한다.
19　곤두(袞頭) : 직기에서 꼬임을 주는 광종(桄綜)이 달려 있는 판. 노아시(老鴉翅, 베틀의 눈썹대에 해당)라고도 한다.

만약 날실의 좌우로 평이하게 왕래하여 작은 구멍이 생기지는 않지만 그대로 성글게 짜지면 이것을 '사(紗)'라 한다. 이때의 비법은 또한 곤두 2개에 달려 있다. 다만 문양이 있는 능(綾)이나 주(紬)를 직조할 때는 이 곤두 2개를 제거하고 나무잉아[桄綜]20 8개를 사용한다.

일반적으로 왼손과 오른손으로 각각 북[梭, 사] 1개씩을 교차시켜 짜는 비단을 '추사(縐紗, 주름직물)'라 한다. 일반적으로 날실 1올씩을 들어올렸다 내렸다 하며 짜는 비단을 '라지(羅地, 라조직)'라 한다. 날실 2올씩을 들어올렸다 내렸다 하며 짜는 비단을 '견지(絹地, 견조직)'라 한다. 날실 5올씩을 들어올렸다 내렸다 하며 짜는 직물을 '능지(綾地, 능조직)'라 한다.

일반적으로 무늬는 실지(實地, 평조직)21와 능지(綾地)22로 나뉜다. 능지는 광택이 나고, 실지는 어둡다. 먼저 실을 염색한 다음에 직조하는 경우를 '단(緞)'이라 한다【북쪽 지방의 둔견(屯絹)23 또한 먼저 실을 염색한다】.

직기 위에서 실로 직조할 때, 북 2번은 평문(平紋)으로 짜고, 북 1번은 연종을 들어올려 공간이 생기게 함으로써 조직이 성긴 직물을 짜는데, 이를 '추라(秋羅)'라 한다. 이 법은 또한 최근에 시작되었다.

若平過不空路, 而仍稀者曰"紗". 消息亦在兩扇衰頭之上. 直至織花綾、紬, 則去此兩扇, 而用桄綜八扇.

凡左右手各用一梭, 交互織者曰"縐紗". 凡單經曰"羅地", 雙經曰"絹地", 五經曰"綾地".

凡花分實地與綾地. 綾地者光, 實地者暗. 先染絲而後織者曰"緞"【北土屯絹亦先染絲】.

就絲紬機上織時, 兩梭輕, 一梭重, 空出稀路者, 名曰"秋羅". 此法亦起近代.

---

20 나무잉아[桄綜] : 날실을 아래위로 벌려서 씨실이 투입되는 개구를 만들어 주는 장치. 평직물은 하나의 광종만으로도 직물을 짤 수 있지만 문양을 만들기 위해서는 문양에 맞춰 들어 올리는 날실이 다르기 때문에 여러 개의 광종이 필요하다. 현대에는 종광이라고도 한다.

21 실지(實地) : 무늬의 바탕을 이루는 조직. 평문을 사용하고 비교적 어둡다.

22 능지(綾地) : 무늬를 이루는 조직. 사문(斜紋)을 사용하고 밝다.

23 둔견(屯絹) : 얇고 성긴 직물. 우리나라에서 '통견(通絹)'이라 부르는 직물로 추정된다.

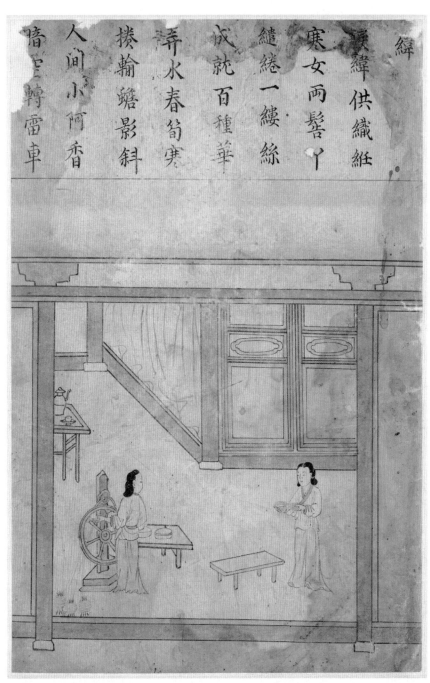

緯

緯供織紝
寒女兩鬢丫
繽綣一縷絲
成就百種華
弄水春筍寒
撚輪蟾影斜
人間小阿香
暗□韓雷車

누숙경직도의 씨실 준비(국립중앙박물관)

일반적으로 오(吳)[24]와 월(越)[25] 지역의 추라와 민(閩)[26]과 광(廣)[27] 지역의 회소(懷素)[28]는 모두 고위 관리들의 여름옷에 어울린다. 둔견은 고급스러운 자수를 사용하지 못하는 지방 관리나 하급 관리들을 위해 사용한다.《천공개물》[29]

凡吳·越秋羅、閩·廣懷素, 皆利縉紳當署服. 屯絹則 爲外官、卑官遜別錦繡用 也.《天工開物》

24 오(吳): 중국의 강소성 일대.
25 월(越): 중국의 광서성과 광동성 일대.
26 민(閩): 중국의 복건성 일대.
27 광(廣): 중국의 광동성 일대.
28 회소(懷素): 정련한 견사(絹絲)로 짠 무늬가 있는, 얇은 견직물. 숙사(熟紗)라고도 한다.
29 《天工開物》卷上〈乃服〉"分名", 90~91쪽.

3) 사와 단의 화본(花本)[30]

紗、緞花本

일반적으로 장인 중에 화본을 엮는 사람은 올을 계산하는 재능[心計]이 가장 정교하다. 화사(畫師)[31]가 먼저 어떤 종류의 문양을 종이에 그리면, 화본을 엮는 사람은 실[絲線]로 그림의 도수에 따라 세세한 올[分寸秒忽][32]의 수까지 계산하여 화본을 엮어 만든다.

凡工匠結花本者, 心計最精巧. 畫師先畫何等花色于紙上, 結本者以絲線隨畫量度, 算計分寸秒忽而結成之.

이 화본을 화루(花樓)[33] 위에다 펴서 매달아 두면 짜는 사람은 완성되었을 때 어떤 문양이 될지 알지 못한다. 하지만 종광에 날실을 끼우고 그 길이의 도수에 따라 구각(衢脚)[34]을 들어올려서 북이 지나가게 한 다음에야 또렷이 문양이 나타난다.

張懸花樓之上, 卽織者不知成何花色, 穿綜帶經, 隨其尺寸度數, 提起衢脚, 梭過之後, 居然花現.

대개 능과 견은 날실을 들어올려 문양을 내고, 사와 라는 씨실을 꼬아 문양을 낸다. 능과 견은 1번 북이 지나가면 구각을 1번 들어올린다. 사와 라는 북이 올 때는 구각을 들어올리지만 북이 갈 때는 들어올리지 않는다. 이는 직녀성[天孫][35]의 베틀과 북에 사람의 솜씨가 갖추어진 것이다.[36] 《천공개물》[37]

蓋綾、絹以浮經[5]而見花, 紗、羅以糾緯而見花. 綾、絹一梭一提, 紗、羅來梭提往梭不提. 天孫機杼, 人巧備矣. 《天工開物》

---

30 화본(花本):문양을 표현하기 위해 문직기에서 문양을 저장하는 장치.

31 화사(畫師):그림을 그리는 일을 하는 사람. 여기서는 직물에 넣을 문양의 밑그림을 그리는 사람을 가리킨다.

32 세세한 올[分寸秒忽]:푼(分)과 촌(寸)은 매우 짧은 길이이다. 초(秒)는 1촌의 1/10,000이고, 홀(忽)은 1초의 1/10이다. 이 부분은 화사가 문양을 넣는 데 필요한 올들 하나하나까지 다 헤아려야 함을 뜻한다.

33 화루(花樓):문직기의 상부에 있는 사람이 올라가 앉는 자리. 무늬를 담당하는 작업자가 여기에 앉아서 무늬 직조에 필요한 날실을 들어 올리는 역할을 한다.

34 구각(衢脚):직기의 날실이 원위치로 돌아가도록 하는 부분으로, 화본의 통사 아래 달려있는 대나무이다. 문침(紋針)이라고도 한다.

35 직녀성[天孫]:견우직녀 설화에 등장하여 한국, 일본, 대만 등 동아시아에 전해 내려오는 별자리 이름. 천제의 손녀이자 베를 잘 짰다고 알려진 직녀를 상징한다.

36 직녀성[天孫]의……것이다:하늘 황제[天帝]의 손녀로 길쌈을 잘하고 부지런한 직녀가 북과 베틀을 인간 세상에 내려 주고 솜씨 좋은 사람으로 인해 더욱 정교한 직물을 짜게 되었다는 뜻이다.

37 《天工開物》卷上 〈乃服〉 "花本", 88~89쪽.

5 經:저본에는 "輕". 《天工開物·乃服·結花本》에 근거하여 수정.

4) 삶아 정련하는 법

일반적으로 비단을 다 짰더라도 이것은 아직도 생사(生絲, 삶아 익히지 않은 명주실)이니, 삶아 정련해야 비로소 숙사(熟絲, 삶아 익힌 명주실)가 된다. 정련할 때는 볏짚재를 물에 넣고 달인 다음 돼지췌장기름[猪胰脂]에 하룻밤 재워 둔다. 뜨거운 물에 직물을 넣고 씻으면 아름다운 색으로 빛난다. 간혹 돼지췌장기름 대신에 오매(烏梅)[38]를 쓴 경우 아름다운 색이 약간 감소한다.

일반적으로 조사(早絲)[39]로 날실을 만들고, 만사(晩絲)[40]로 씨실을 만들면 정련할 때에 무게가 10냥마다 3냥이 가벼워진다. 날실과 씨실 모두 좋은 조사를 쓰면 무게가 2냥만 줄어든다. 이렇게 정련한 다음에는 햇빛에 말려 팽팽하게 펴 주고, 큰 조개껍질을 갈아 무디게 만든 다음 온몸의 힘을 다해 직물을 문지르면 아름다운 색이 된다. 《천공개물》[41]

먼저 빛깔이 진한 뽕나무재나 콩대 등의 재, 또는 아궁이 안 땔나무재를 사용해 견직물[絹帛]을 삶는다. 그런 다음에 돼지췌장기름으로 비단을 정련하는 법을 쓴다. 재가 팔팔 끓은 다음 비단을 넣고

熟練法

凡帛織就, 猶是生絲, 煮練方熟. 練用稻藁灰入水煮, 以猪胰脂陳宿一晚, 入湯浣之, 寶色燁然. 或用烏梅者, 寶色略減.

凡早絲爲經晚絲爲緯者, 練熟之時, 每十兩輕去三兩. 經、緯皆美好早絲, 輕化只二兩. 練後, 日乾張急, 以大蚌殼磨使乖鈍, 通身極力刮過, 以成寶色. 《天工開物》

先用釅桑灰或豆稭等灰或竈中柴灰, 煮熟絹帛[6], 然後用猪胰練帛之法, 俟灰大滾, 下帛俟沸, 不住手提

---

38 오매(烏梅):덜 익은 푸른 매실을 짚불 연기에 쬐어 말린 것.

39 조사(早絲):23~24일이면 익는 올누에[早蠶]에서 뽑은 실. 질병이 적고, 뽕잎을 절약할 수 있으며, 고치올의 생산량도 높다.

40 만사(晩絲):늦누에[晚蠶]에서 뽑은 실. 늦게 익고, 질병이 많으며, 뽕잎도 많이 먹고, 고치올의 생산량도 적다.

41 《天工開物》卷上〈乃服〉"熟練", 92쪽.

6 絹帛:규장각본에는 "練白".

끓어오를 때까지 기다렸다가 끓어오르면 쉬지 않고 손으로 뒤적여 준다.

　견직물을 삶을 때 지나치게 익으면 안 된다. 지나치게 익으면 비단이 물러지기 때문이다. 설익어도 안 된다. 설익으면 비단이 약해지기 때문이다. 견이 익은 정도를 확인하는 법은 삶아 정련한 견을 손으로 살짝 잡았을 때 손을 따라 조직이 이완되면 덜 익은 것이다. 그러면 손으로 잡았을 때 그대로 머물러 조직이 이완되지 않을 때까지 다시 삶는다.

　【돼지췌장기름 사용법: 돼지췌장 1개를 재를 넣고 찧으면서 떡모양을 만들어 그늘에 말린다. 이를 사용할 때는 견직물의 양을 헤아려 췌장기름떡을 적당히 자른다. 이어서 볏짚 1가닥을 손가락 4개를 포갠 길이만큼 잘라서, 이를 췌장기름떡과 비빈 다음, 끓이고 견직물을 담가 둔다. 만약 돼지췌장이 없으면 하눌타리[瓜蔞]42의 껍질을 제거하고 잘게 부수어 끓는 물에 넣고 녹인 다음 여기에 직물을 담가 둔다】《거가필용(居家必用)》43

轉.

不可過熟, 過熟則爛, 不可夾生, 夾生卽脆. 驗絹生熟法, 煮熟絹就手扭些, 隨手散開卽未熟, 再煮候扭住不散爲度.

【用胰法: 以猪胰一具, 用灰擣成餅廕乾. 如用時量帛多寡剪, 用稻草一條折作四指長條, 搓湯浸帛. 如無胰, 用瓜蔞去皮, 剁碎, 入湯化開, 浸】《居家必用》⑦

---

42 하눌타리[瓜蔞]: 박과에 속하는 다년생의 덩굴성 초본식물. 괄루근(括蔞根) 또는 천화분(天花粉)이라 하며 약재로 사용한다. 종자는 괄루인(括蔞仁)이라 한다.
43 《居家必用》〈庚集〉 "用胰法"(《居家必用事類全集》, 288쪽). 이 주석 부분은 오사카본과 연세대본에는 없음.
⑦ 先用……《居家必用》: 오사카본·연세대본에는 없음.

5) 우리나라의 명주[紬, 주][44] 짜는 법

우리나라 사람들의 누에 길쌈은 가장 형편없다.
무릇 뽕나무를 옮겨 심거나 산뽕나무를 파종하는
일부터 누에를 기르고 고치실을 켜는 데까지 전혀
제대로 된 방법이 없이 어설프고[苟且] 짜임새가 없
다[滅裂]. 그러므로 가지고 있는 고치실이 자잘하고
뒤떨어져, 광택이 있고 윤기 나며 탱탱하고 톡톡한
중국 실만 못하다.

우리나라 사람들이 사(紗)와 단(緞)을 짤 수 없는
이유는 오로지 누에 기르기에 제대로 된 방법이 없
는 데서 기인할 뿐이다. 우리나라 실로는 겨우 명주
만 짤 수 있다. 그중 평안도에서 나는 것이 가장 좋
다. 영변(寧邊)[45]이나 성천(成川)[46] 등의 지역에는 합사
주(合絲紬)[47]가 있다. 합사주는 광택이 있고 윤기 나
며 질기고 톡톡해 가장 좋은 상품으로 일컬어진다.

전라도 나주 사람들 또한 톡톡한 명주를 짤 수
있어서, 가격이 일반 제품보다 2배이다. 명주를 짜
는 법은 대개 삼베나 무명과 같으나 간혹 반문(斑文,
줄무늬)을 넣는 사람도 있다. 이를 '유문주(有紋紬, 문양
있는 명주)'라 부른다. 이런 명주를 짜는 사람은 또한
수백 명 중의 한 명 정도이다. 《경솔지》[48]

東紬織法

東人蠶績最爲鹵莽. 自夫
栽桑種柘, 以至養蠶繰繭,
一切無法, 苟且滅裂. 故所
有繭絲細瑣滷劣, 不如中
國之光潤圓厚.

東人之不能織紗、緞, 專由
養蠶無法耳. 東絲僅可織
紬, 産關西[8]者最佳. 寧
邊、成川等地有合絲紬, 光
潤堅厚, 最稱佳品.

湖南 羅州人亦能織厚紬,
價倍常品. 其織法, 大抵與
麻、綿布同, 或有就作斑文
者, 謂之"有紋紬", 亦千百
之一也.《鷓蟀志》

---

44 명주[紬, 주] : 명주실로 무늬 없이 짠 피륙.
45 영변(寧邊) : 평안북도 영변군 일대.
46 성천(成川) : 평안남도 성천군 일대.
47 합사주(合絲紬) : 명주실과 무명실을 겹쳐 꼬아서 짠 비단.
48 출전 확인 안 됨.
⑧ 産關西 : 저본에는 "關西産". 오사카본·연세대본에 근거하여 수정.

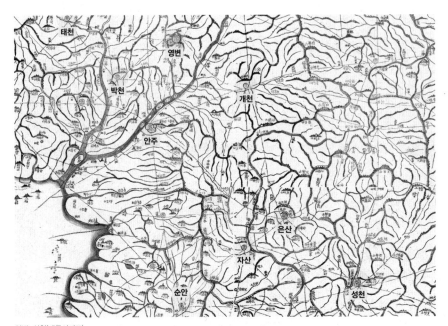

영변, 성천(대동여지도)

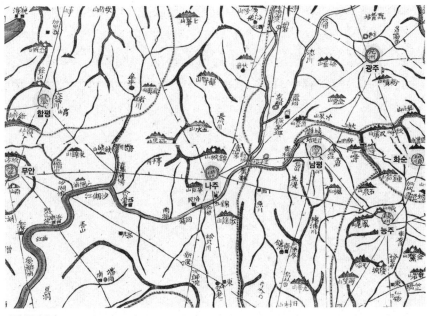

나주(대동여지도)

6) 토주(吐紬)[49] 짜는 법

누에 농가에서는 허드레 고치를 물에 헹궈 솜을 만든다. 민간에서는 이를 '풀솜[雪綿子, 설면자]'[50]이라 부른다. 연면축(燃綿軸, 꼬임을 주는 축)[51]으로 솜을 당겨 올[縷]을 만든 다음 날실과 씨실을 베틀에 올려 일반적인 법으로 짠다. 이를 '토주'라 한다. 토주는 질기고 따뜻하여 가격이 일반 명주보다 2배이다. 《경솔지》[52]

吐紬織法

蠶家退繭泲澼作絮, 俗呼 "雪綿子". 用燃綿軸, 引絮作縷, 經、緯上機如常法, 是名 "吐紬". 堅韌溫煖, 價倍常紬.《鶪蟀志》

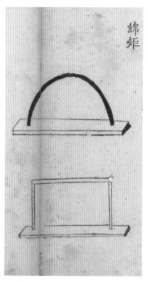

연면축(《왕정농서》.《전공지》 권5에 원도 수록됨)

면구(《왕정농서》.《전공지》 권5에 원도 수록됨)

---

49 토주(吐紬) : 바탕이 두껍고 빛이 누르스름한 명주.
50 풀솜[雪綿子, 설면자] : 실을 뽑아 낼 수 없는 허드레 고치. 풀솜을 늘이는 풀솜틀에 관한 설명은《전공지》권5〈그림으로 보는 길쌈[紡織圖譜]〉"면구(綿矩, 풀솜틀)"에 자세히 보인다.
51 연면축(燃綿軸, 꼬임을 주는 축) : 풀솜실을 꼬아 실올을 만드는 기구. 연면축에 관한 설명은《전공지》권5〈그림으로 보는 길쌈[紡織圖譜]〉"연면축"에 자세히 보인다.
52 출전 확인 안 됨.

7) 숙초(熟綃)[53] 짜는 법

상등급의 고치실을 정련하고 염색한 다음 날실과 씨실을 베틀에서 촘촘하게 짠[塡密] 비단을 '숙초(熟綃)'라 한다. 빛나고 윤기 나며 질기고 좋아 능(綾)직물과 같다. 상의원[尙方]의 장인들이 만드는 것이다. 숙초 가운데 속이 빈 작은 구멍이 있어 뚜렷하게 나문(羅紋, 나직물 무늬)을 만든 비단을 '쌍문초(雙紋綃)'[54]라 한다. 이것으로 관료들의 조복(朝服, 관료가 조정에서 입는 옷)을 만든다. 《경솔지》[55]

熟綃織法

用上等繭絲, 熟練染色, 經、緯塡密上機織成曰"熟綃". 光潤堅好, 與綾帛等, 尙方工人之所製也. 其中空小路, 宛作羅紋者曰"雙紋綃", 爲縉紳朝服. 《鷦蟀志》

---

53 숙초(熟綃) : 정련한 다음 직조한 초(綃). 평견직물의 한 종류인 초(綃)는 정련을 하지 않은 생사로 제직하여 견(絹)에 비해 촉감이 빳빳하고 까슬거리며, 조직이 치밀하고 얇으며 광택이 나는 직물이다.
54 쌍문초(雙紋綃) : 촘촘한 초(綃)를 구멍이 있는 라(羅)처럼 짠 직물로 추정된다. 초(綃)는 조직을 치밀하게 짜는 직물이며, 라는 날실 4올이 꼬이도록 짜므로 조직이 성기고 속이 비치는 직물이다.
55 출전 확인 안 됨.

4. 마전[1]한 직물 염색

湅染

【안 견직물·면·삼은 모두 염색할 수 있다. 그러나 빛깔을 받아들이는 천으로는 견직물이 더 나으므로 누에치기와 길쌈 항목 아래에 염색 조항을 붙여 놓는다】

【案 紬帛、棉、麻皆可染采, 而受采者, 紬帛爲勝, 故系之蠶績之下】

1) 대홍(大紅)[2]색

그 바탕이 홍색인 병(餠)[3] 1종을 오매수(烏梅水)[4]로 달여 내고 또 간수[鹹水][5]로 여러 차례 맑힌다[6]. 혹은 볏짚 태운 잿물로 간수를 대신해도 효과는 역시 같다. 맑히기를 여러 번 할 수 있다면 색이 매우 선명해진다.

염색방에서 편의를 도모하는 경우에, 먼저 노목

大紅色

其質紅色餠一味, 用烏梅水煎出, 又用鹹水澄數次. 或稻藁灰代鹹, 功用亦同. 澄得多次, 色則鮮甚.

染房討便宜者先染蘆木

---

1 마전 : 직물을 삶거나 빨아 볕을 쪼여 표백하는 일.
2 대홍(大紅) : 대홍의 대(大)를 진하다는 뜻이 아니라 명도가 밝다는 뜻으로 보는 견해(박영진)도 있다. 아래의 소홍(小紅)의 소(小)도 이와 유사한 사례이다. 1차 염색을 하면 은홍·수홍·도홍 정도의 연한 홍색이 나오고, 10여 차례 이상 물들여야 대홍색이 나온다.
3 병(餠) : 물에 우리거나 끓여 추출한 염료를 녹두가루 등에 거두어 떡처럼 반죽해 둔 염료덩이.
4 오매수(烏梅水) : 덜 익은 푸른 매실을 가열하여 정제한 액체. 기침이나 소갈병의 약재이기도 하고 매염제이다. 매염제란 물들이려고 하는 섬유와 염료를 연결시켜 염색이 잘 되도록 도와 주는 물질이다.
5 간수[鹹水] : 습기가 찬 소금에서 저절로 녹아 흐르는 짜고 쓴 물.
6 맑힌다 : 주로 홍화즙이 주재료인 홍색 병(餠)에서 먼저 추출되는 황색 색소를 제거하는 과정이다. 간수나 잿물로 3~4회 맑혀야 황색 색소가 다 빠져나가고 홍색이 나온다.

홍화(국립수목원)

(蘆木)[7]으로 바탕의 빛깔을 쳐 준다. 일반적으로 홍화(紅花)[8]는 침향(沈香)[9]과 사향(麝香)[10]을 가장 꺼린다. 옷가지들을 향과 함께 보관하면 10~30일 내에 그 색이 훼손된다.

일반적으로 홍화로 견직물을 물들인 후에 들인 물을 도로 빼려면 단지 물들인 견직물을 물에 담그

打脚. 凡紅花最忌沈、麝, 袍服與衣香共收, 旬月之內[1]其色卽毁.

凡紅花染帛之後, 若欲退轉, 但浸濕所染帛, 以鹼

---

7 노목(蘆木):노(櫨)나무, 검양옻나무. 옻나무과에 속하는 낙엽교목. 잎은 둥글고 나무의 색깔은 누르며 황색을 물들이는 데 쓰인다. 암수딴그루로 5, 6월에 황록색 꽃이 피고 10월에 열매를 맺는다. 따뜻한 저지(低地)에서 자라는데, 제주도와 전라남도 완도(莞島) 지역에 분포한다. 박봉순, 〈조선시대 검은색의 염색법 재현-임원경제지의 포두청색·청조색·현색을 중심으로-〉, 인천대학교 의류학과 박사학위 논문, 2018, 참조. 이 논문에는 아래 항목에 나오는 포두청색·청조색·현색에 대한 연구내용이 자세히 보인다.

8 홍화(紅花):잇꽃. 국화과의 한해살이풀. 붉은 색소뿐 아니라 황색 색소도 함유하고 있어 주로 염료로 많이 이용되며 약재나 먹의 재료로 쓰이기도 한다. 먼저 황색을 다 짜내야 홍색이 드러난다.《임원경제지 만학지》권4〈나무류〉"기타 초목류"에 자세히 보인다.

9 침향(沈香):침향나무에 천연으로 분비된 수지(樹脂)가 침착하여 침향나무의 심재부위에 단단한 섬유질 덩어리 모양을 이루고 있는 부분. 이것을 불 속에 넣으면 상쾌한 향기를 내며 탄다. 태우면 특유의 향기가 있고 맛은 쓰다. 침수향(沈水香)이라고도 한다.

10 사향(麝香):사향노루 수컷의 향선낭(香腺囊) 안에 들어 있는 분비물. 몸의 막힌 구멍들을 열어 주고, 예기(穢氣, 사기)를 막으며 경락을 통하게 하고 어혈(瘀血)을 푸는 효능이 있다. 향이 너무 강해 꽃들을 시들게 하므로 꽃나무 가까이에 두어서는 안 된다.《임원경제지 예원지》권2〈서향(瑞香)〉"주의사항"을 보면 서향이 특히 사향 가까이 심어서는 안 되는 식물이라 했다.

[1] 內:《天工開物·彰施·諸色質料》에는 "間".

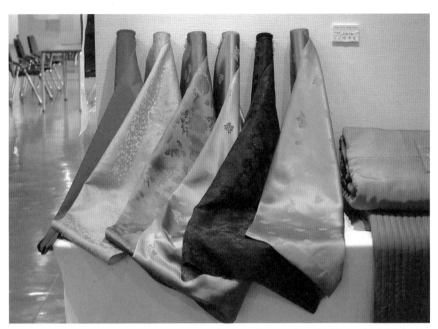

대홍색, 금황색, 갈색, 대홍관록색(아래 18번 참조), 조갈색, 타색 순(물꽃누리천연염색 박영진. 이하 '마전한 직물 염색'에서 출처표기 없는 사진은 박영진 대표 제공)

고 간수와 볏짚 태운 잿물을 수십 방울 그 위에 떨어뜨리기만 하면 된다. 그러면 터럭만큼의 붉은 빛이라도 다 빠져서[收轉] 원래의 바탕색 그대로 돌아간다.

거두어 낸 붉은 물을 녹두가루 안에 저장해 두었다가 필요할 때 붉은 물을 빼서 붉게 물들이면 반 방울의 즙도 소모되지 않는다. 염색하는 이들은 이를 비결로 여겨 남에게 알려주지 않는다. 《천공개물》[11]

우리나라의 방법: 홍화병을 찧어 물에 담갔다가

水、稻灰水滴上數十點, 其紅一毫收轉, 仍還原質.

所收之水藏于綠豆粉內, 放水[2]染紅, 半滴不耗. 染家以爲秘訣, 不以告人. 《天工開物》

東法: 紅花餠擣浸水, 移

---

11 《天工開物》卷3〈彰施〉"諸色質料" '大紅色', 113쪽.
[2] 水:《天工開物·彰施·諸色質料》에는 "出".

한참 후에 걸러서 베주머니에 담는다. 깨끗한 물속에서 황색 즙을 빨아 내되, 이와 같은 작업을 여러 번 하여 황색 즙을 다 짜 낸다. 이어서 콩깍지 태운 재 내린 물에, 베주머니를 적셔 힘껏 주무르면 선홍색의 물이 나온다.

　이와 같이 4~5회를 반복하고 깨끗한 그릇에 거두어 둔 다음, 그 양을 헤아려 오미자즙을 넣는다. 염색의 농도[深淺]는 오로지 염료에 담가 물들이는 시간에 달려 있다. 《경솔지》[12]

時漉盛布囊. 淨水中漂去黃汁, 如是數度, 絞去黃汁盡, 乃用豆莢灰淋汁, 澆囊痛挼, 則鮮紅出矣.

如是四五度, 收淨器中, 量入五味子汁, 染之深淺, 惟在浸染久暫.《鷦蟀志》

12 출전 확인 안 됨.

2) 소홍(小紅)색

물들일 마전한 견직물 10냥을 기준으로 한다. 소목(蘇木)[13] 4냥, 황단(黃丹)[14] 1냥, 괴화(槐花)[15] 1냥(향기 나게 볶고 갈아 가루 낸 것), 명반(明礬)[16] 1냥(곱게 간 것).

이상의 재료 중에서 먼저 괴화를 향기 나도록 볶아 곱게 간다. 이를 깨끗한 물 2승으로 1승 남짓이 될 때까지 달인 다음 걸러 찌꺼기를 제거한다.

여기에 백반(白礬, 명반)가루 약간을 넣어 고루 섞은 다음 끓는 물 1주발을 넣어 백반을 녹인다. 견직물[絹帛]을 넣고 1시간 정도 담가 둔다.

이에 앞서 소목을 물 2주발로 1주발 남짓이 될 때까지 달인 다음 걸러 찌꺼기를 제거한다. 이 소목즙을 그릇에 쏟아 두즙(頭汁, 처음 나온 즙)으로 남겨 둔다. 다시 물 1.5주발을 소목에 넣어 0.8주발이 남을 때까지 달인 다음 걸러 찌꺼기를 제거한다. 이 두 번째 소목즙을 두즙과 섞어 따로 쏟아 둔다.

小紅色

以練物帛十兩爲率, 蘇木四兩、黃丹一兩、槐花一兩(炒香研末)、明礬一兩(爲細末).

右件先將槐花炒香碾細. 用淨水二升, 熬一升之上, 濾去滓.

下白礬末些子攪均, 下入沸湯一椀化開, 下黃絹帛浸半時許.

先將蘇木, 用水兩椀, 熬至一椀之上, 濾去滓. 將汁頓起留頭汁, 再入水一椀半, 煎至八分一椀, 濾去滓. 再與頭汁相和, 別頓起.

---

13 소목(蘇木) : 콩과에 속하는 상록 교목. 혈액순환·지혈(止血)·소염 등의 효능이 있어서 한방에서는 심재(心材)를 약재로 사용했으며, 염료로도 쓰였다. 《본초강목》에 따르면 소방국(蘇方國)이라는 섬나라가 이 나무의 산지였으므로 그 이름을 따서 소방목(蘇方木)이라 부른다고 했다. 《본초강목》〈목부〉 "소방목"에 나온다.

14 황단(黃丹) : 납을 가공하여 만든 산화물. 이를 아주 곱게 수비(水飛, 물에 넣고 휘저어 이물질을 제거함)하여 약재나 염료로 쓴다. 《임원경제지 섬용지》 권3 〈색을 내는 도구〉 "채색"(풍석 서유구 지음, 임원경제연구소 옮김, 《임원경제지 섬용지》 2, 풍석문화재단, 2017, 290쪽)에 자세히 보인다.

15 괴화(槐花) : 회화나무꽃. 회화나무의 꽃이나 씨도 노랑색 염료로 쓰인다. 《임원경제지 만학지》 권4 〈나무류〉 "회화나무"에 자세히 보인다. 《임원경제지 이운지》 권4 〈서재의 고상한 벗들〉하 '종이' '여러 색종이 만드는 법'(풍석 서유구 지음, 임원경제연구소 옮김, 《임원경제지 이운지》 2, 풍석문화재단, 2019, 252쪽)에서도 아황색종이(노랑 색종이) 물들이는 법에 사용된다고 했다.

16 명반(明礬) : 광물인 명반석을 가공 정제한 결정. 응결제나 매염제 등에 사용된다. 천에 색이 잘 붙도록 접착제 역할을 한다. 특히 홍색을 낼 때 효과가 좋은 매염제이다. 손톱에 봉숭아물을 들일 때 백반을 사용하는 이유도 이 때문이다. 백반(白礬)이라고도 한다.

괴화(회화나무꽃, 국립수목원)

소목즙 내기

소목 염료

소목 찌꺼기에 다시 물 2주발을 넣고 1주발이 되도록 달여서 찌꺼기를 거른 다음 제2즙(第二汁, 두즙과 두 번째 즙을 섞은 소목즙)과 서로 합한다. 황단을 이 두 가지 즙 속에 넣어 고루 섞는다. 여기에 황색 견직물을 넣고 뒤적이며 고르게 물들게 하고, 잠시 담갔다가 건져 낸다.

두즙을 뜨겁게 하여 여기에 견직물을 물들이고 꺼낸다. 물들일 때는 손을 재빠르게 놀리며 견직물을 뒤적인다. 1시간 정도 담글 때는 5~7회 뒤적이는 게 좋다. 그렇게 하면 견직물을 건져 낼 때 물든

將滓再入水二椀, 煎至一椀, 濾去滓, 與第二汁相合. 下黃丹在二汁內攪均, 下入凡了黃帛提轉令均, 浸片時扭起.

將頭汁熱, 下染出帛, 急手提轉. 浸半時許, 可提轉五七次, 扭起顏色鮮紅可愛.

색이 선홍빛이 돌아 아낄 만하다.

다만 바람이 불어드는 곳에 걸어 두어야 하지만, 볕에 쬐어서는 안 된다. 그러면 물든 색을 바래도록 만들기 때문이다.

只當掛於風頭內, 不可令日曬, 卽退了顔色.

또 다른 방법: 괴화와 소목을 함께 볶아서 쓰면 염색 효과가 매우 빼어나다. 《거가필용》[17]

又法: 槐花與蘇木同熬用之極妙. 《居家必用》

3) 연홍(蓮紅, 연꽃의 분홍)·도홍(桃紅, 복사꽃의 분홍)·은홍(銀紅, 연분홍)·수홍(水紅, 회색빛을 띠는 분홍) 4색

蓮紅、桃紅、銀紅、水紅四色

모두 홍화병(紅花餅, 홍화를 넣은 염료덩이) 1종을 가지고 색의 농도에 따라 홍화병의 양을 더하거나 덜어서 물들인다. 이 4가지 색은 모두 황색 견사에 물들일 수 있는 색이 아니다. 반드시 백색 견사를 써야 발색이 잘 된다. 《천공개물》[18]

幷紅花餅一味, 淺深分兩加減而成. 是四色皆非黃繭絲所可爲, 必用白絲方現. 《天工開物》

4) 다홍(多紅)색

多紅色

아랑오(阿郞吾)[19]껍질 달인 물에 백반을 넣고 뜨거울 때 황색을 물들인 뒤에 다시 홍화즙으로 물들인다. 이때 백반을 넣어 물들인다. 《산림경제보》[20]

阿郞吾皮煎水入白礬, 乘熱染黃色後, 更以紅花汁, 入白礬染之. 《山林經濟補》

---

17 《居家必用》己集 〈染作類〉 "染小紅" 《居家必用事類全集》, 286쪽).

18 《天工開物》 卷3 〈彰施〉 "諸色質料" '大紅色', 114쪽.

19 아랑오(阿郞吾): 아래 소개된 논문에 근거하여 벽오동나무로 추정한다. 벽오동과에 속하는 낙엽활엽교목으로, 잎은 오동나뭇잎과 같고, 껍질이 초록색이라 벽오동이라는 이름이 붙었다. 벽오동나무껍질로 물들이면 연한 황색이 나온다. 유명님·안윤수·김미희·김은미, 《부존자원을 이용한 천연염색기술의 발굴 및 활용연구》, 국립농업과학원, 2015, 584쪽 참조.

20 출전 확인 안 됨.

산앵도나무(국립수목원)

오리나무즙

5) 번홍(番紅)색[21]

괴화 3냥, 소목 5냥, 산앵도나무[山杏木][22] 심 2냥을 각각 달여서 각각의 그릇에 담는다. 직물을 앞에 말한 즙 순서대로 담가서 물들인다.《산림경제보》[23]

番紅色

槐花三兩、蘇木五兩、山杏木二兩, 各煎各器貯, 次次浸染.《山林經濟補》

6) 정홍(丁紅)색[24]

늙은 산앵도나무의 심을 가늘게 썰어 물 3동이를 1동이가 되도록 달인다. 오리목(梧里木)[25] 얇은 껍질을 볕에 말려 가루 내고 이를 자루에 담아 앞에서 달인 물에 담근다. 오리목 우린 물에 다시 합[蛤, 조

丁紅色

老山杏木心細剉, 以水三盆煎至一盆, 梧里木精皮曬末, 盛袋浸之. 更入蛤灰二三合, 染之.《山林經

---

21 번홍(番紅)색: 염료를 섞지 않고 각각의 그릇에 따로 담아 괴화, 소목, 산앵도나무 순으로 물들이기 때문에 색깔의 명칭에 번(番, 갈마듦)자를 넣은 것으로 보인다. 대홍색이나 목홍색보다는 연한 홍색이다.

22 산앵도나무[山杏木]: 진달래목 진달래과의 낙엽관목. 한반도 고유종으로, 5~6월경에 종모양의 앙증맞은 꽃이 피고, 꽃 진 자리에 앵두모양의 붉은 열매가 열린다. 연한 홍색 색소를 함유하고 있다.

23 출전 확인 안 됨.

24 정홍(丁紅)색: 소목이 들어가지 않는 것으로 볼 때 번홍보다 더 연한 홍색일 것이다. 홍화·소목·꼭두서니 이 3가지 염료 외에는 진한 홍색을 내는 데 한계가 있기 때문이다. 홍색 앞에 천간(天干)의 순서인 갑(甲)·을(乙)·병(丙)·정(丁)·무(戊)·기(己)·경(庚)·신(辛)·임(壬)·계(癸)의 네 번째에 해당하는 정(丁)자가 붙은 것도 이런 뜻으로 보인다.

25 오리목(梧里木): 적양(赤楊). 자작나무과 물오리나무. 잎과 껍질과 열매에 탄닌 성분이 있어서 회색, 갈색, 흑색 염료로 사용된다. 위의 사진은 잎을 우려 내는 모습이다.

개]²⁶ 태운 재 2~3합(슴, 홉)을 넣고 물들인다.《산림   濟補》

경제보》²⁷

7) 목홍(木紅)색   木紅色

소목 달인 물에 명반과 오배자(五棓子)²⁸를 넣는   用蘇木煎水, 入明礬、棓
다.《천공개물》²⁹   子.《天工開物》

생오배자

목홍색

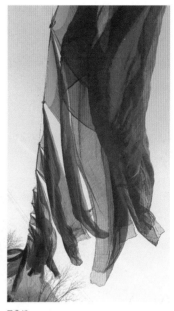

목홍색

---

26 합[蛤, 조개] : 모양이 긴 조개에 비하여 둥근 조개를 '합'이라 한다.《임원경제지 전어지》권4 〈물고기 이름 고찰〉 "민물고기" '껍데기가 있는 종류'(풍석 서유구 지음, 임원경제연구소 옮김,《임원경제지 전어지》2, 풍석문화재단, 2021, 468~469쪽)에 자세히 보인다.

27 출전 확인 안 됨.

28 오배자(五棓子) : 붉나무잎 사이에 생기는 벌레집. 벌레가 붉나무진액을 먹고 작은 공모양의 벌레집에 알을 까는데, 이것이 커지면 주먹만 해진다. 탄닌 성분이 50~70%로 많아 오배자를 이용하면 짙은 색을 얻을 수 있다. 아래에 나오는 염료 '백약전'을 만드는 재료이기도 하다.《임원경제지 만학지》권4 〈나무류〉 "붉나무[膚木]"에 자세히 보인다.《임원경제지 만학지》에는 붉나무즙의 수액을 취하여 물건을 칠하면 황금색 이 나며 모란에 접붙이면 꽃의 색이 아름답다고 했다.

29 《天工開物》卷3 〈彰施〉 "諸色質料" '木紅色', 114쪽.

소목 달이는 법: 양에 상관없이 소목을 두드려서 부수어 끓는 물에 4~6시간 담갔다가 짙은 색이 우러나도록 달인다. 그 다음에 백반을 더하고, 찌꺼기 걸러낸 즙을 동이에 넣고 저어 준다.《고금비원(古今秘苑)》30》31

煎蘇木法: 不拘多小, 搥碎, 用沸湯浸三兩時, 煎濃色, 次加白礬, 濾入盆攪.《古今秘苑》

8) 천홍(茜紅)색

꼭두서니[茜]32뿌리를 쇠로 된 용기에 닿지 않게33 찧고 간 다음 백반을 섞어 베나 견직물을 물들이면 매우 선명하고 오래 지나도 물이 빠지지 않는다.《경솔지》34

茜紅色

茜根勿犯鐵擣研, 和礬染布帛, 甚鮮而經久不渝.《鷓蟀志》

주미(塵尾)35를 꼭두서니로 염색한 견직물 안에 싸

塵尾置於茜帛中, 歲久不變

꼭두서니뿌리

---

30 고금비원(古今秘苑): 중국 송나라의 문인 증조(曾慥, ?~1155)가 고금의 비술(秘術)을 기술한 저서. 의약·천문·지리·인사·부적·양생법 등에 대한 여러 기록이 수록되어 있다. 증조는 도교의 이론을 집대성한《도추(道樞)》를 편찬하기도 했다. 전공지에서 참고한 본은 중화민국 60년(1971)에 편집된 본이다.

31 《古今秘苑》〈2集〉卷2 "煎蘇木法", 3쪽.

32 꼭두서니[茜]: 쌍떡잎식물 용담목 꼭두서니과 식물. 그 뿌리는 붉은색을 물들이는 염료로 사용되었다.

33 쇠로……않게: 쇠에 닿으면 염색한 천의 색깔이 어둡다고 한다.

34 출전 확인 안 됨.

35 주미(塵尾): 큰사슴[塵]의 꼬리를 막대자루에 매달아 만든 도구. 스님이나 청담가(淸談家, 속세를 초월한 말을 즐기는 사람)들이 손에 쥐고 이리저리 흔들며 이야기하는 도구이고, 먼지털이로도 쓰였다.

두면 세월이 오래되어도 색이 변하지 않는다.《만가
휘요(萬家彙要)36》37

색.《萬家彙要》

9) 규홍(葵紅)색(자색 접시꽃색)

자색 촉규화(蜀葵花, 접시꽃)38를 갈아 즙을 내고
명반을 섞어 홍색으로 물들인다.《성경통지(盛京通
志)39》40

葵紅色

蜀葵花紫者研汁, 和明礬,
染紅色.《盛京通志》

10) 적(赤)색

호장근(虎杖根, 범싱아)41으로는 적색(붉은색) 물을 들
일 수 있다.《본초강목》42

赤色

虎杖根可以染赤.《本草綱
目》

접시꽃(국립수목원)

호장근(범싱아)(국립수목원)

---

36 만가휘요(萬家彙要):미상.《임원경제지 유예지》권4〈그림(화전)〉"채색"(풍석 서유구 지음, 임원경제연
구소 옮김,《임원경제지 유예지》2, 풍석문화재단, 2017, 245~246쪽)에도 이 책의 내용이 인용되어 있다.

37 출전 확인 안 됨;《靑莊館全書》卷54〈盎葉記〉1(한국고전종합DB).

38 촉규화(蜀葵花, 접시꽃):아욱과의 꽃으로, 붉은색(자색)이나 흰색 꽃이 핀다. 붉은색 꽃은 향병(향가루를
떡처럼 뭉친 덩이)이나 천을 염색하는 데 쓰인다.

39 성경통지(盛京通志):중국 청(淸)나라에서 편찬한 만주 지역의 지리지. 성경(盛京)은 지금의 중국 요령성
(遼寧省) 심양(瀋陽)이다.

40 출전 확인 안 됨.

41 호장근(虎杖根, 범싱아):마디풀과에 속하는 다년생 초본식물. 적색을 내는 염료로 쓰인다. 그 뿌리는 혈
액 순환을 촉진하고 어혈을 없애는 등의 효과가 있는 약재이기도 하다. 감제풀이라고도 한다.

42 《本草綱目》卷16〈草部〉"虎杖", 1098쪽.

11) 토홍(土紅)색(붉은 흙색)

선명한 대자석(代赭石)[43]을 매우 깨끗하게 수비한다. 여기에 묽은 교수(膠水, 아교 달인 물)를 섞어 물들이거나 깨끗한 쌀가루를 섞어 물들인다.《경솔지》[44]

土紅色

取代赭石之鮮明者，水飛極淨，和淡膠水染之，或用淨米粉和染.《鷓蟀志》

12) 금황(金黃, 황금)색

노목(蘆木) 달인 물에 물들이고, 다시 삼대 태운 재 내린 즙이나 간수에 헹궈 준다.《천공개물》[45]

金黃色

蘆木煎水染，復用麻藳灰淋汁、鹼水漂.《天工開物》

금황색으로 물들인 두루마기

---

43 대자석(代赭石)：붉은 철광석(鐵鑛石)의 하나. 잘 부스러지고 흙과 같으며, 광택이 없고 어두운 붉은 흙빛이라 붉은색을 물들이는 염료로 쓰인다. 중국 산서성(山西省) 대현(代縣)에서 많이 나므로 대자석이라 이름한 것이다.《섬용지》권3〈색을 내는 도구〉"대자석"(풍석 서유구 지음, 임원경제연구소 옮김,《임원경제지 섬용지》2, 풍석문화재단, 2017, 287~288쪽)에 자세히 보인다.

44 출전 확인 안 됨.

45 《天工開物》卷3〈彰施〉"諸色質料"'金黃色', 114쪽.

선황색

13) 선황(鮮黃)색

괴화(회화나무꽃)를 누렇게 볶아 달인 물로 물들인다.《경솔지》[46]

괴화(회화나무꽃) 달이는 법: 괴화 0.5승을 초황색(焦黃色, 황흑색)이 되도록 볶아 물 3주발로 달인다. 물이 수차례 끓어올라 색이 진해지면 명주로 즙을 걸러 둔다. 여기에 백반 0.5냥, 해방[蚌, 바다긴조개][47] 1냥(갈아 가루 낸 것)을 넣고 함께 고루 섞어 준다.《고금비원》[48]

鮮黃色

槐蕋炒黃煎水染.《鵝蟀志》

煎槐花法: 槐花半升炒令焦黃色, 用水三椀煎. 數沸, 候色濃, 用絹濾汁. 入白礬半兩、蚌粉一兩(硏碎), 同攪均.《古今秘苑》

---

46 출전 확인 안 됨.

47 해방[蚌, 바다긴조개]: 방(蚌)과 동물로 펄조개라고 알려져 있다. 진주를 만들어 내는 조개라 한다. 그 껍질을 가루 내어 담(痰)을 삭이며 체한 것을 제거하며 열을 내리며 습(濕)을 제거하는 약재로 쓴다.《임원경제지 전어지》권4〈물고기 이름 고찰〉"바닷물고기" '껍데기가 있는 종류'(풍석 서유구 지음, 임원경제연구소 옮김,《임원경제지 전어지》2, 풍석문화재단, 2021, 468쪽)에 자세히 보인다.

48 《古今秘苑》〈2集〉卷2 "煎槐花法", 3쪽.

14) 아황(鵝黃)색(초록빛을 띠는 연한 황색)　　　　鵝黃色

황백(黃栢)⁴⁹속껍질 달인 물로 물들이고, 그 위에　　黃栢③煎水染，靛水蓋
청대(靑黛, 쪽)⁵⁰ 달인 물로 덧물을 들인다[蓋].《천공　　上④.《天工開物》
개물》⁵¹

청대(국립수목원)

황백속껍질

나무에서 분리한 황백속껍질

49　황백(黃栢) : 운향과에 속하는 황벽나무의 껍질을 말린 것. 껍질 속이 노래서 염료로도 쓰인다. 서유구의
　　형수 빙허각 이씨의《규합총서》에 따르면 황백껍질은 쇠붙이로 뜨면 물이 곱지 못해서 안 좋으므로 손으
　　로 뜯어 내야 한다고 한다.《임원경제지 섬용지》권3〈색을 내는 도구〉(풍석 서유구 지음, 임원경제연구소
　　옮김,《임원경제지 섬용지》2, 풍석문화재단, 2017, 323쪽)에 선지(扇紙, 부채종이)에 물들이는 법에도 황
　　백을 쓰는 내용이 보인다.
50　청대(靑黛, 쪽) : 십자화과에 속하는 숭람(菘藍). 또는 줄기와 잎을 가공하여 얻은 분말. 옛날 눈썹을 그리
　　는 데 사용하였으므로 이름에 대(黛)자가 들어가게 되었다. 전(靛) 또는 정(淀)이라고도 한다.《임원경제지
　　만학지》권5〈기타 초목류〉"쪽(청대)"에 자세히 보인다.《섬용지》권3〈색을 내는 도구〉"쪽물"(풍석 서
　　유구 지음, 임원경제연구소 옮김, 위와 같은 책, 296~297쪽) 참조.
51　《天工開物》卷3〈彰施〉"諸色質料"'鵝黃色', 117쪽.
③　栢 :《天工開物·彰施·諸色質料》에는 "檗".
④　蓋上 :《天工開物·彰施·諸色質料》에는 "套色".

금전화(국립수목원)   주황색

15) 당리황(棠梨黃)색

당리(棠梨, 팥배나무)⁵²속껍질을 물에 달여 백반을 섞어 물들이면 색을 선명하게 낸다. 《경솔지》⁵³

棠梨黃色

取棠梨皮煮水, 和白礬染, 出色鮮.《鷦蟭志》

16) 주황(朱黃)색

금전화(金錢花)⁵⁴ 짠 즙으로 물들인다. 《경솔지》⁵⁵

朱黃色

金錢花絞汁染.《鷦蟭志》

---

52 당리(棠梨, 팥배나무) : 장미과의 키 큰 나무. 흰 꽃이 피며, 줄기 속이 노란색이라 염료로 쓰이고, 그 열매는 기침과 가래를 치료하는 약재로도 쓰인다. 《임원경제지 만학지》 권2 〈과일류〉 "팥배나무"에 자세히 보인다. 《임원경제지 만학지》에서는 《본초강목》의 내용을 인용하여 같은 팥배나무에서도 그 열매의 맛과 색으로 팥배[杜]와 당리(棠梨)로 세분할 수 있다고 했다.

53 출전 확인 안 됨.

54 금전화(金錢花) : 쌍떡잎식물 아욱목 벽오동과의 한해살이풀. 가을에 담황색의 꽃이 핀다. 선복화(旋覆花)·하국(夏菊)·금불초(金佛草)라고도 한다. 황색으로 물들이는 데 쓰이는 염료이다. 《임원경제지 예원지》 권3 〈꽃류〉 "금전화"에 자세히 보인다.

55 출전 확인 안 됨.

두록색

17) 두록(豆綠)색(녹두색)

황백 달인 물로 물들이고, 청대 달인 물로 덧물을 들인다. 지금은 현람(莧藍, 쪽의 이칭)의 어린잎 달인 물로 덧물 들인 것을 '초두록색(草豆綠色)'이라 하는데, 색이 매우 선명하다. 《천공개물》[56]

豆綠色

黃栢[5]水染, 靛[6]水蓋[7]. 今用小葉莧藍煎水蓋[8]者, 名"草豆綠色", 甚鮮.《天工開物》

18) 대홍관록(大紅官綠)색[57]

괴화 달인 물로 물들이고, 쪽물로 덧물을 들이되, 그 농도를 조절하려면 모두 명반을 쓴다. 《천공개물》[58]

大紅官綠色

槐花煎水染, 藍澱蓋, 淺深皆用明礬.《天工開物》

---

56 《天工開物》卷3〈彰施〉"諸色質料" '豆綠色', 117쪽.

57 대홍관록(大紅官綠)색 : 아주 진한 녹색. 관록은 녹두 중에 진한 녹색이면서 알이 거친 종의 명칭. 녹색인데 이름에 왜 진한 홍색을 나타내는 '대홍'이 붙는지는 잘 모르겠다. 어쩌면 옛 사람들이 생각하는 색의 스펙트럼에서는 어두운 색 계열을 청으로, 밝은 색 계열을 홍으로 먼저 구분하고 이를 기준으로 더 세분해나가며 색에 명칭을 부여한 것이 아닐까 생각된다. 아래 '27) 포두청색'도 마찬가지이다.

58 《天工開物》卷3〈彰施〉"諸色質料" '大紅官綠色', 117쪽.

⑤ 栢 :《天工開物·彰施·諸色質料》에는 "檗".

⑥ 靛 : 저본에는 "靛". 《天工開物·彰施·諸色質料》에 근거하여 수정.

⑦ 蓋 :《天工開物·彰施·諸色質料》에는 "套染".

⑧ 蓋 :《天工開物·彰施·諸色質料》에는 "套染".

19) 유록(油綠)색[59]

괴화(槐花) 달인 물로 옅게 물들이고 청반(靑礬)[60]으로 덧물을 들인다. 《천공개물》[61]

油綠色

槐花薄染, 靑礬蓋[9]. 《天工開物》

20) 압두록(鴨頭綠)색[62]

늙은 갈매나무[63]속껍질을 짙게 달여 물들인다. 다시 메밀대[蕎麥稭] 태운 재 내린 물로 물들인다. 다시 감당나무 속껍질 끓인 즙에 백반을 넣고 물들인다. 《산림경제보》

鴨頭綠色

老葛梅皮濃煎染. 復以蕎麥稭灰淋汁染之. 又煮甘棠木皮, 入白礬染之. 《山林經濟補》

---

59 유록(油綠)색 : 관록색보다는 약간 연한 색. 유록은 녹두 중에 역시 진한 녹색이면서 껍질이 얇고 알갱이가 작은 종의 명칭.

60 청반(靑礬) : 황산제1철을 주성분으로 하는 광석. 홍반(紅礬)·녹반(綠礬)·흑반(黑礬)·조반(皂礬)이라고도 한다. 독성이 강해 청반 대신 철장(鐵漿, 아래 '38) 전갈(甎褐)색' 항목의 철장 각주 참조)을 사용하는 것이 더 안전하다.

61 《天工開物》卷3〈彰施〉"諸色質料" '油綠色', 117쪽.

62 압두록(鴨頭綠)색 : 청둥오리머리에 섞인 짙은 녹색.

63 갈매나무 : 갈매나무과에 속하는 낙엽활엽관목. 잎은 마주나고 긴 타원형이며, 높이는 5m까지 자란다. 열매를 건조시킨 뒤 물에 달여서 마시면 설사를 멎게 하고, 또 변비에도 효과가 있다. 열매를 건조시켜 생약으로 쓰는 것을 서리자(鼠李子)라 한다. 나무껍질과 열매에는 황색 색소가 있어 염료로 사용된다.

⑨ 蓋 : 《天工開物·彰施·諸色質料》에는 "染成".

천청색

21) 천청(天靑, 짙푸른 하늘)색

청대(靑黛, 쪽) 항아리에 넣어 옅게 물들이고, 소목 달인 즙으로 덧물을 들인다.《천공개물》[64]

天靑色

入靛缸[10]淺染, 蘇木水 蓋[11].《天工開物》

22) 포도청(葡萄靑, 청보라)색

청대 항아리에 넣어 진하게 물들이고, 소목 달인 물로 진하게 덧물을 들인다.《천공개물》[65]

葡萄靑色

入靛缸[12]深染, 蘇木水深 蓋[13].《天工開物》

23) 단청(蛋靑, 청록)색

황백 달인 물로 물들인 후에 청대 항아리 속에

蛋靑色

黃栢水染, 然後入靛缸[14].

---

64 《天工開物》卷3〈彰施〉"諸色質料" '天靑色', 117쪽.

65 《天工開物》卷3〈彰施〉"諸色質料" '葡萄靑色', 117쪽.

[10] 缸 : 저본에는 "碙".《天工開物·彰施·諸色質料》에 근거하여 수정.

[11] 蓋:《天工開物·彰施·諸色質料》에는 "染"

[12] 缸 : 저본에는 "碙".《天工開物·彰施·諸色質料》에 근거하여 수정.

[13] 深蓋:《天工開物·彰施·諸色質料》에는 "水染"

[14] 缸 : 저본에는 "碙".《天工開物·彰施·諸色質料》에 근거하여 수정.

넣어 물들인다. 《천공개물》[66]   《天工開物》

24) 남(藍)색   藍色

6~7月에 요람(蓼藍, 쪽의 한 종류)[67]잎이 살지고 진액이 왕성할 때 잎을 따다가 깨끗한 그릇에 담는다. 여기에 물을 붓고 주무르며 으깬 다음 즙을 취하여 물들인다.

六七月蓼藍葉肥津盛時, 取葉于淨器內, 澆水挼碎, 取汁染之.

쪽 염색은 매번 삼복[庚伏] 때에 하게 되는데, 더위에 쪄지고 습하여 쉽게 변색되므로 조빙궤(照氷櫃)[68]가 있어야 한다. 《경솔지》[69]

染藍每當庚伏, 易致蒸浥變色, 故須照氷. 《鵾蟀志》

남색

---

66 《天工開物》卷3〈彰施〉“諸色質料”‘蛋靑色’, 117쪽.

67 요람(蓼藍, 쪽의 한 종류):마디풀과에 속하는 1년생 초본식물. 잎이 여뀌와 비슷하고 청대보다 넓으며, 꽃은 옅은 홍색이며 열매도 여뀌와 비슷한 식물로, 푸른색을 물들일 때 뿌리와 줄기를 제거하고 쓴다. 《임원경제지 만학지》 권5〈기타 초목류〉“요람”에 자세히 보인다.

68 조빙궤(照氷櫃):생선과 같은 날것의 변질을 방지하기 위하여 얼음으로 속을 채워서 만든 궤.

69 출전 확인 안 됨.

청물 들이는 모습(김준근의 《기산풍속도》, 국립중앙박물관)

25) 취람(翠藍, 물총새의 색)·천람(天藍, 남색보다 좀
   더 진한 청색) 2색

翠藍、天藍二色

모두 청대 달인 물로 염색하며, 그 농도로 취람과
천람을 구분한다.《천공개물》[70]

俱靛水, 分深淺.《天工開
物》

26) 아청(鴉靑)색(검푸른색, 야청색)

鴉靑色

어린 쪽잎을 따서 깨끗이 씻은 다음 항아리에 넣
고 물을 붓는다. 사흘째 되는 날 아침에 걸러 찌꺼
기를 제거한다. 다시 쪽잎을 따서 넣고 물을 붓는
다. 사흘째 되는 날 아침에 또 앞에서와 같이 한다.

採嫩藍葉淨洗, 納甕注水,
三日朝漉去滓. 更納藍葉,
注水, 三日朝又如之.

동이로 항아리 속에 있는 물의 양을 헤아린 다
음, 1동이 분량마다 쑥대 태운 재 3주발을 섞어 저
어 준다. 3일 연속 사람을 바꿔가며 휘저어 준다. 이

以盆量甕中水, 每一盆和
蓬蒿灰三鉢動盪之. 連三
日易人揚之, 待一日後, 深

아청색 포(국립민속박물관)

---

70 《天工開物》卷3〈彰施〉"諸色質料"'翠藍·天藍', 117쪽.

어서 1일을 기다린 후에 우러난 즙이 진한 청색이면 서 적색을 띠면 이것으로 물들인다. 일반적으로 8번 물들이면 색이 매우 **빼어나다**. 《산림경제보》[71]

靑揚赤色, 染之. 凡染八 度極妙.《山林經濟補》

27) 포두청(包頭靑)색[72](흑갈색)

이 흑색[黑, 포두청색]은 쪽에서는 나오지 않는다. 밤껍질이나 연밥껍질을 1일 동안 달여서 걸러 낸다. 그런 뒤에 철사(鐵砂)[73]나 조반(皁礬)[74]을 이 즙이 담긴 노구솥 안에 넣고 다시 하룻밤 동안 끓인다. 이것으 로 물들이면 매우 진한 흑색이 된다.《천공개물》[75]

包頭靑色

此黑不出藍靛, 用栗殼或 蓮子殼煎煮一日, 漉起, 然 後入鐵砂、皁礬鍋內, 再煮 一宵, 卽成深黑色.《天工 開物》

포두청색, 주황색, 회색, 타색, 갈색, 대홍관록색, 대홍색, 금황색, 남색, 초갈색 순

---

71 출전 확인 안 됨 ;《山家要錄》〈染鴉靑色〉《고농서국역총서》8, 218쪽).
72 포두청(包頭靑)색 : 옛날에 머리에 쓰던 두건의 색. 포두청색은 본문의 염료로 물들이면 암갈색이 나온다. 그런데 그 명칭에 왜 청(靑)자가 들어가는지 잘 알지 못하겠다. 앞의 대홍관록색과 같이, 요즘의 색깔 개념 으로 전통의 색을 이해하려 해서는 안 될 듯하다. 본문에서 흑색이라 한 것으로 보면 우리가 요즘에 흑색 을 순수한 검정색으로 보는 것과 달리 검정에 가까운 흑갈색을 흑색으로 보았다고 할 수 있다.
73 철사(鐵砂) : 그림이나 자기그릇에 색이나 문양 등을 내는 데 쓰이는 안료. 붉은색과 검은색이 있다.
74 조반(皁礬) : 명반(明礬)을 구워서 만든 매염제. 지혈제로도 쓰인다.
75 《天工開物》卷3〈彰施〉"諸色質料"'包頭靑染色法', 117~118쪽.

물푸레나무 단면(이 단면의 가장자리 껍질을 사용한다)

28) 청조(靑皁)색[76]

　　오배자·녹반(綠礬)[77]·백약전(百藥煎)[78]·진피(秦皮)[79].
이상의 재료를 가루 내어 달인 즙에[80] 물들인다.
《거가필용》[81]

靑皁色

五倍子、綠礬、百藥煎、秦
皮. 右爲末, 湯煮[15]染.
《居家必用》

---

[76] 청조(靑皁)색 : 검은색에 청색이 감도는 색으로 추정된다. 여기에는 염료의 비율이 나와 있지 않다. 이 색을
연구한 아래 논문에서 서유구의 《전공지》 내용에 근거하여 본문에 나오는 세 가지 재료의 비율을 달리 해
서 염색해보고, 각 비율마다 구현된 색을 비교 분석한 내용을 볼 수 있다. 박봉순·장인우, 〈청조색(靑皁
色)을 활용한 조선후기 조대(條帶)의 재현〉-청주 출토 김원택(金元澤, 1683~1766)일가 조대 중심-, 《服
飾》, 한국복식학회, 2016 참조.

[77] 녹반(綠礬) : 청반. 연한 녹색의 결정으로 물에 잘 녹는다. 염색 후처리(색의 착상)를 위해 주로 쓰이는데,
독성이 강하여 많이 쓰면 천이 상한다.

[78] 백약전(百藥煎) : 오배자(五倍子)에 찻잎가루나 다른 한약가루를 섞은 다음 여기에 누룩을 넣고 발효시켜
햇볕에 말린 것. 녹반·진피와 함께, 쪽을 넣지 않고 검푸른색을 낼 때 쓰이는 염료이다.

[79] 진피(秦皮) : 물푸레나무껍질(위의 논문, 140쪽). 물푸레나무껍질이나 이를 태운 재로 승려들의 승복을 파
르스름한 잿빛으로 물들였다고 한다.

[80] 달인 즙에 : 원문의 '탕(湯)'자를 옮긴 것이다. 《거가필용사류전집》에는 '자(煮)'가 '침(浸, 담그다)'으로 되어
있다. 박봉순의 〈조선시대 검은색의 염색법 재현-임원경제지의 포두청색·청조색·현색을 중심으로-〉에
는 《전공지》의 '煮'와 《거가필용》의 '浸'을 반영하여 각각의 방법으로 재현한 결과가 자세히 보인다.

[81] 《居家必用》 己集 〈染作類〉 "染靑皁法"(《居家必用事類全集》, 287쪽).

[15] 煮 : 《居家必用·己集·染作類》에는 "浸".

양매(소귀나무. 국립수목원)

양매의 열매(국립수목원)

29) 현(玄)색(검은색)

먼저 청대 달인 물로 짙은 청색으로 물들이고, 노목껍질과 양매(楊梅)[82]껍질 같은 양을 달여 낸 물로 덧물을 들인다.

또 다른 방법: 쪽[藍]의 어린잎을 물에 담근 뒤에 청반과 오배자를 넣고 함께 담가 물들인다. 그러나 이 방법은 베나 견직물을 쉽게 상하게 한다. 《천공개물》[83]

玄色

靛水染深靑, 蘆木、楊梅皮等分, 煎水蓋.

又法: 將藍芽葉水浸, 然後下靑礬、棓子同浸, 令布帛易朽.《天工開物》

30) 자색(자주색)

소목 달인 즙으로 바탕색을 물들이고, 여기에 청반을 더하여 덧물을 들인다. 《천공개물》[84]

紫色

蘇木爲地, 靑礬尙之.《天工開物》

---

82 양매(楊梅): 소귀나무, 또는 그 열매. 나무껍질은 회색이고, 오랫동안 갈라지지 않으며, 청갈색 반점이 있다. 나무껍질은 검은색을 내는 염료 및 약용으로 쓰인다.
83 《天工開物》卷3〈彰施〉"諸色質料"'玄色', 117쪽.
84 《天工開物》卷3〈彰施〉"諸色質料"'紫色', 117쪽.

황회목(노린재나무)(국립수목원)

자초(국립수목원)

자초뿌리

우리나라 사람들은 자색으로 물들일 때 먼저 소목 달인 물로 바탕색을 물들인다. 이어서 지치[紫草, 자초][85]뿌리를 냉수에 담가서 오래 두었다가 걸러 찌꺼기를 제거한다. 이 물에 베나 견직물을 담가서 물들인 다음 다시 황회목(黃灰木)[86]잎 태운 재 내린 물로 빤다. 《경솔지》[87]

東人染紫, 先以蘇木煎水打脚, 乃以紫草浸冷水中停久, 篩去滓. 浸染布帛, 更用黃灰木灰淋水漂.《鷓蟀志》

---

85 지치[紫草, 자초] : 그 뿌리는 자색 물을 들이는 염료로 쓰인다. 자지(紫芝)·지초(芝草)라고도 한다. 우리나라에서는 영남에서 나는 지치를 최고로 쳤다. 《임원경제지 만학지》 권5 〈기타 초목류〉 "지치"에 자세히 보인다.

86 황회목(黃灰木) : 노린재나무. 가을에 단풍이 든 잎을 태워 얻은 잿물이 약간 누런빛을 띠어서 황회(黃灰, 노란 재)라는 이름을 얻었다. 주로 매염제로 쓰였고 우리나라의 이 황회목을 이용한 염색기술이 일본에까지 전해졌다는 기록이 일본의 고문헌 《대화본초(大和本草)》에 보인다.

87 출전 확인 안 됨.

31) 다갈색(말린 찻잎 같은 갈색)

연밥껍질 달인 물에 물들이고, 다시 청반 녹인 물로 덧물을 들인다.《천공개물》[88]

茶褐色

蓮子殼煎水染, 復用靑礬水蓋.《天工開物》

32) 우갈(藕褐)색(연밥껍질의 갈색)

소목 달인 물로 옅게 물들이고, 연밥껍질 달인 물과 청반 녹인 물에 넣어 덧물을 들인다.《천공개물》[89]

藕褐色

蘇木水薄染, 入蓮子殼, 靑礬水蓋.《天工開物》

33) 호두(胡桃)[90]갈색

호두의 푸른 껍질 및 호두나무껍질을 취하여 물들이면 갈색이 된다.《본초강목》[91]

胡桃褐色

取胡桃靑皮及樹皮, 染成褐色.《本草綱目》

호두

88 《天工開物》卷3〈彰施〉 "諸色質料" '茶褐色', 117쪽.

89 《天工開物》卷3〈彰施〉 "諸色質料" '藕褐色', 117쪽.

90 호두(胡桃) : 과육인 청피(靑皮)와 나무껍질은 물론 뿌리껍질까지 황색 색소인 유크론과 탄닌이 들어 있어 갈색이나 흑색 염료로 쓰였다.

91 《本草綱目》卷30〈果類〉 "胡桃", 1807쪽.

34) 조갈(棗褐)색(익은 대추의 갈색)

염료의 양은 견직물 10냥을 기준으로 한다. 소목과 명반의 분량은 소홍색 물들이는 비율과 같다.

이상의 재료를 명반으로 볶아 색을 낸다. 물들이는 법은 모두 소홍색을 물들이는 법과 같다.

두즙(頭汁)에 넣고 물이 다 들었을 때 건져 낸다. 두즙을 뜨겁게 하여 녹반을 넣는다. 이때 녹반을 많이 넣어서는 안 된다. 색의 농도를 봐가면서 녹반을 그때그때 더해야 한다. 녹반이 많으면 색이 검고, 적으면 색이 붉으니, 적당한 양을 쓰도록 힘써야 한다. 《거가필용》[92]

棗褐色

以十兩帛爲率. 蘇木、明礬分兩, 與染小紅同.

右件用礬熬色, 染法, 皆與小紅同.

至下了頭汁時, 扭起, 將汁煨熱, 下綠礬, 不可多了. 當旋旋看顏色深淺却加, 多則黑, 少則紅, 務要得中.《居家必用》

35) 초갈(椒褐)색(산초열매 갈색)

염료의 양은 명주 10냥을 기준으로 한다. 소목 4냥(잘게 썬 것), 상수리 1냥(간 것), 백반 2냥과 녹반 0.5냥.

이상의 재료들을 소홍색 염색법[93]과 같은 법으로 물들인다.

다만 녹반은 물드는 색의 농도를 봐가며 쓴다. 너무 많아도 안 되고 또 너무 적어도 안 되니, 적당한 양을 쓰도록 힘써야 한다. 녹반은 따로 냉수로 녹여 둔다. 물들인 명주를 건져 내서 말리고 턴 다음 녹

椒褐色

以絹十兩爲率. 蘇木四兩(剉碎)、橡斗一兩(研)、白礬二兩、綠礬半兩.

右件與染小紅法同.

其綠礬看顏色深淺用, 不可多, 亦不可少, 務要得中. 綠礬別用冷水化開, 將染出物扭乾抖開, 捺入綠礬

---

92 《居家必用》己集〈染作類〉"染棗褐"(《居家必用事類全集》, 286쪽).

93 소홍색 염색법: 앞에 나온 '2) 소홍색' 참조. 소홍색으로 염색할 때 괴화로 먼저 물들이고 소목으로 다시 물들이듯이 초갈색은 상수리 끓인 물로 먼저 물들이고 여기에 다시 소목즙으로 물들이면 소홍색과 비슷한 색이 나온다. 녹반 녹인 물로 덧물을 들이면 적갈색이 된다.

초갈색(가운데)

반 녹인 물속에 집어넣고 색을 보아가며 녹반을 더 하는 것이다. 《거가필용》[94]

水內, 看色加之. 《居家必 用》

36) 명다갈(明茶褐)색(말린 찻잎보다 밝은 갈색)

明茶褐色

염료의 양은 견직물 10냥을 기준으로 한다. 노란 노목속껍질 5.5냥(간 것), 백반 2냥(갈아 가루 낸 것).

以帛十兩爲率. 黃蘆五兩 半(研碎)、白礬二兩(研末).

이상의 노란 노목속껍질을 소목 달이는 법에 따 라 3차에 걸쳐서 달인다. 역시 물들일 견직물을 넣 기 전에 백반을 먼저 넣는다.

右件黃蘆依煎蘇木法, 作 三次煎熬, 亦將物帛先礬 了.

그런 뒤에 앞에서 달인 염료즙에 넣어 물들인다. 물들이기가 끝날 때 물들이던 즙을 뜨겁게 해 준다. 그런 뒤에 녹반을 즙 안에 넣고 고루 저어 준다. 물 들일 견직물을 넣고서는 항상 쉬지 말고 뒤적여 주

然後下顔色汁內染之. 臨 了時顔色煨熱, 下[16]綠礬 在汁內攪均. 下物帛, 常 要提轉不歇, 恐顔色不均.

---

94 《居家必用》己集〈染作類〉"染椒褐"(《居家必用事類全集》, 286쪽).
[16] 下: 저본에는 없음. 《居家必用·己集·染作類》에 근거하여 보충.

형개

어야 한다. 이는 색이 고르게 들지 않을까 염려되기 때문이다. 그 녹반은 물든 색의 농도를 보아가며 그 정도에 따라 그때그때 더하여 준다. 《거가필용》[95]

其綠礬用看顔色淺深, 逐旋加入.《居家必用》

37) 형갈(荊褐)색(형개잎 달인 갈색)

염료의 양은 물들일 견직물 10냥을 기준으로 한다. 형개[荊][96]잎 5냥, 백반 2냥, 조반 약간.

이상의 형개잎을 달여 진한 즙을 만든다. 또 미리 백반수에 물들일 견직물을 담가 두었다가 건져서 말린 다음 비로소 형개 달인 즙 안에 넣는다. 조반은 빛깔의 진한 정도를 봐가며 그때그때 쓴다. 《거가필용》[97]

荊褐色

以物帛十兩爲率. 荊葉五兩、白礬二兩、皂礬小許.

右將荊葉煎作濃汁, 亦先礬過物帛扭乾, 方下顔色汁內. 皂礬旋看顔色輕重用之.《居家必用》

---

95 《居家必用》己集〈染作類〉"染明茶褐"《居家必用事類全集》, 286~287쪽).

96 형개[荊]:꿀풀과 식물인 형개(荊芥)의 지상부를 건조한 것. 해열, 진통, 항염, 항알러지, 항병원미생물, 발한 등의 효능이 있고, 황록색 잎은 매염제로도 쓰였다. '가소(假蘇)'·'강개(薑芥)'라고도 한다.《임원경제지 관휴지》권4〈약류〉"형개(정가)"에 자세히 보인다.

97 《居家必用》己集〈染作類〉"染荊褐"《居家必用事類全集》, 287쪽).

옛 벽돌(국립중앙박물관)

38) 전갈(甎褐)색(옛 벽돌색)

홍차로 물들이고, 철장(鐵漿)[98]으로 착색한다.
《거가필용》[99]

甎褐色

用紅茶染, 鐵漿軋之.《居
家必用》

39) 침향(沈香)[100]색(어두운 황토색)

늙은 뽕나무의 뿌리에 가까운 쪽 밑동을 잘게 쪼
개서 진하게 달인다. 여기에 검금(黔金, 흑반)[101]과 명
반을 넣어 물들인다. 물들이기를 3~4번 해야 비로
소 견직물에 색이 충분히 물든다.《경솔지》[102]

沈香色

老桑木近根楂細析, 濃煎,
入黔金、明礬染. 染三四
度, 始色足.《鷦蟀志》

---

98 철장(鐵漿):농차(濃茶, 진한 차)에 태운 고철부스러기·술·엿·오배자가루를 넣어서 만든다. 또는 녹슨 철
   을 처마 밑에 놓거나 물을 부어 주어 시일이 지나서 빨간 녹물이 우러나면 식초를 1/10정도 섞어 일주일 후
   사용하기도 한다. 일본에서는 헤이안[平安] 시대 말기까지 15세 전후의 결혼 적령기의 여자가 철장으로 이
   를 까맣게 물들이는 풍습이 있었다고 한다.

99 《居家必用》己集〈染作類〉"染甎褐法"(《居家必用事類全集》, 287쪽).

100 침향(沈香):침향나무에 천연으로 분비된 수지(樹脂)가 침착하여 침향나무의 심재 부위에 단단한 섬유질
    덩어리모양을 이루고 있는 부분. 이것을 태우면 상쾌한 향이 나고 맛은 쓴다. 침수향(沈水香)이라고도 한
    다.《임원경제지 이운지》권2〈임원에서 즐기는 청아한 즐길거리(상)〉"향료"(풍석 서유구 지음, 임원경제
    연구소 옮김, 《임원경제지 이운지》1, 풍석문화재단, 2019, 355쪽)에 자세히 보인다.

101 검금(黔金, 흑반):앞에 나온 청반(靑礬)과 같다.

102 출전 확인 안 됨.

침향(블로그 한시앙)

석류나무껍질 달인 물에 엄초(釅醋, 진한 식초)와 명반을 넣어 물들인다. 《경솔지》[103]

石榴樹皮煎水, 入釅醋、明礬染. 同上

상수리나무껍질 달인 물로 물들인다. 《산림경제보》[104]

櫟木皮煎水染. 《山林經濟補》

40) 타(駝)색[105]

늙은 뽕나무의 붉은 속심을 가늘게 쪼개서 진하게 달이고, 명반을 넣어 물들인다. 2~3차례 물들여도 색이 나지 않을 때는 반드시 다시 볕을 쬐어 말렸다가 다시 물들여야 한다. 이와 같은 과정을 10여 차례 해야 비로소 타색이 된다. 《경솔지》[106]

駝色

老桑木中心色赤者細桥, 濃煎, 入明礬染. 二三次染, 未能出色, 必須又曬又染. 如是十餘次, 始成駝色.《鷴蟀志》

---

103 출전 확인 안 됨.
104 출전 확인 안 됨.
105 타(駝)색 : 어두운 황색. 《규합총서》에는 '駝色 약대빛'으로 표기되어 있다. '약대'란 낙타과 낙타속 짐승을 통틀어 가리키는 말이다.
106 출전 확인 안 됨.

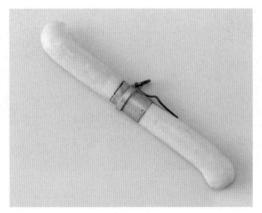
상아 장도(국립민속박물관)

41) 상아(象牙)색(코끼리엄니색)

노목 달인 물로 옅게 물들인다. 황토를 쓰기도 한다.《천공개물》[107]

象牙色

蘆木煎水薄染, 或用黃土.《天工開物》

42) 유록(黝綠)색(검록색)

늙지 않은 밤나무에서 겉껍질을 제거하고 속껍질만을 취한다. 이를 쑥대 태운 재 내린 물로 달여서 3번 물들인다. 색이 충분히 나지 않으면 4~5번을 물들인다.《산림경제보》[108]

黝綠色

栗木不老者去外皮, 只取中間皮. 蓬蒿灰淋水煎三染, 不足則四染五染.《山林經濟補》

43) 월백(月白)·초백(草白)[109] 2색

모두 청대 달인 물로 옅게 물들인다. 요즘의 법은 현람(莧藍) 달인 물로 물들이되, 반은 현람의 생즙으

月白、草白二色

俱靛水微染, 今法用莧藍煎水, 半生半熟染.《天工

---

107 《天工開物》卷3〈彰施〉"諸色質料"‘象牙色’, 117쪽.

108 출전 확인 안 됨.

109 월백(月白)·초백(草白) : 옥색 계열의 연한 청색, 두 색의 차이는 청탁의 차이이다.

로, 반은 달인 물로 물들인다.[110] 《천공개물》[111]

44) 회(灰)색(잿빛)

좋은 경묵(京墨, 소나무그을음으로 만든 먹)을 묽게 갈아 이 물을 떨어뜨리고 쌀식초와 섞어 물들인다. 또는 청대 달인 물과 면연지(綿臙脂)[112]를 맑은 물에 희석한 즙을 섞어 물들인다.[113]

다른 방법: 석류껍질을 쇠에 닿지 않도록 손질하여 습기를 고려하지 말고 장수(쌀뜨물)에 하룻밤 담갔다가 꺼내면 그 물이 검푸르다. 일반적으로 베나 견직물을 회색으로 물들이려면 먼저 요람(蓼藍)으로 물들이고, 석류껍질과 오배자를 달인 즙으로 물들인다. 그런 다음 숫돌로 쇠붙이 간 물에 하룻밤 담가두면 회색이 된다.《경솔지》[114]

전공지 권제2 끝

灰色

以好京墨淡磨水滴, 和米醋染成, 或和靛水及綿臙脂淡水染成.

一方: 石榴皮勿犯鐵, 不計乾濕, 以漿浸一夜取出, 其水黝黑. 凡染布帛者, 先染蓼藍, 用石榴皮、五倍子煎汁染, 漬砥水一宿成色.《鶪蜂志》

開物》

展功志卷第二

---

110 반은……물들인다 : 현람 달인 즙과 현람의 연한 줄기와 잎을 생으로 갈아 얻은 즙을 반씩 섞어 한 번만 들이는 방법이다. 만약 진한 색을 내려면 여러 번 물들인다.
111 《天工開物》卷3 〈彰施〉 "諸色質料" '月白·草白二色', 117쪽.
112 면연지(綿臙脂) : 잇꽃이나 산유화(山榴花) 즙, 또는 페르시아산 암석인 은광(銀鑛)에서 채취한 붉은 성분을 면에 흡착시켜 이용하기 편리하게 만든 색소로, 화장용이나 붉은색의 염료로 쓰였다. 《섬용지》 권3 〈색을 내는 도구〉 "연지"(풍석 서유구 지음, 임원경제연구소 옮김, 위와 같은 책, 285~287쪽)에 자세히 보인다.
113 청대……물들인다 : 잿빛이 나면서 동시에 푸르고 붉은빛을 띠게 해서 신비감을 더하는 비법이다.
114 출전 확인 안 됨.

저자 및 교정자 소개

저자

풍석(楓石) 서유구(徐有榘, 1764~1845)

본관은 달성(대구), 경기도 파주 장단이 고향이다. 조선 성리학의 대가로서 규장각 제학, 전라 관찰사, 수원 유수, 이조 판서, 호조 판서 등 고위 관직을 두루 역임했다. 그럼에도 서명응(조부)·서호수(부)·서형수(숙부)의 가학에 깊은 영향을 받아, 경학이나 경세학보다는 천문·수학·농학 등 실용학문에 심취했다. 그 결과 조선시대 최고의 실용백과사전이자 전통문화콘텐츠의 보고인 《임원경제지》 113권을 저술했다.

벼슬에서 물러나 있는 동안에는 고향인 임진강변 장단에서 술 빚고 부엌을 드나들며, 손수 농사짓고 물고기를 잡으면서 임원(林園)에서 사는 선비로서 가족을 건사하고 덕을 함양하는 데 필요한 전반적인 실용 지식을 집대성했다. 이를 위해 조선과 중국, 일본의 온갖 서적을 두루 섭렵하여 실생활에 필요한 각종 지식을 체계적으로 수집하는 한편, 몸소 체험하고 듣고 관찰한 내용을 16분야로 분류하여 엄밀하게 편찬 저술하기 시작했다.

서유구는 실현 가능한 개혁을 추구하는 조정의 최고위 관료였고, 농부이자 어부, 집 짓는 목수이자 원예가, 술의 장인이자 요리사, 악보를 채록하고 거문고를 타는 풍류 선비이자 전적과 골동품의 대가, 전국 시장과 물목을 꿰고 있는 가문 경영자이자 한의학과 농학의 대가였다.

전라 관찰사 재직 때에 호남 지방에 기근이 들자 굶주린 백성들을 위해 《종저보》를 지어 고구마 보급에 힘쓰기도 했던 서유구는, 당시 재야나 한직에 머물렀던 여느 학자들과는 달랐다. 그의 학문은 풍석학(楓石學), 임원경제학(林園經濟學)이라 규정할 만한 독창적인 세계를 제시했던 것이다.

늙어 벼슬에서 물러나 그동안 모으고 다듬고 덧붙인 엄청난 분량의 《임원경제지》를 완결한 그는 경기도 남양주 조안면에서 82세의 일기를 다했다. 시봉하던 시사(侍史)가 연주하는 거문고 소리를 들으며 운명했다고 한다.

교정자

추담(秋潭) 서우보(徐宇輔, 1795~1827)

서유구의 아들로, 모친은 여산 송씨(宋氏, 1769~1799)이다. 자는 노경(魯卿), 호는 추담(秋潭)·옥란관(玉蘭觀)이다. 서유구가 벼슬에서 물러난 1806년부터 1823년에 회양부사로 관직에 복귀하기 전까지, 약 18년 동안 부친과 임원에서 함께 생활하며 농사짓고 물고기를 잡는 한편, 《임원경제지》의 원고 정리 및 교정을 맡았다. 요절했기 때문에 《임원경제지》 전 권을 교정할 수 없었지만, 서유구는 《임원경제지》 113권의 권두마다 "남(男) 우보(宇輔) 교(校)"라고 적어두어 그의 기여를 공식화했다. 시문집으로 《추담소고(秋潭小藁)》가 있다.

🌿 임원경제연구소

임원경제연구소는 고전 연구와 번역, 출판을 주요 목적으로 하는 사단법인이다. 문사철수(文史哲數)와 의농공상(醫農工商) 등 다양한 전공 분야의 소장학자 40여 명이 회원 및 번역자로 참여하여, 풍석 서유구의 《임원경제지》를 완역하고 있다. 또한 번역 사업을 진행하면서 축적한 노하우와 번역 결과물을 대중과 공유하기 위해 관련 전문가 및 단체들과 교류하고 있다. 연구소에서는 번역 과정과 결과를 통하여 '임원경제학'을 정립하고 우리 문명의 수준을 제고하여 우리 학문과 우리의 삶을 소통시키고자 노력한다. 임원경제학은 시골살림의 규모와 운영에 관한 모든 것의 학문이며, 경국제세(經國濟世)의 실천적 방책이다.

번역, 교열, 교감, 표점, 감수자 소개

번역

정정기(鄭炡基)

경상북도 장기 출신. 서울대 가정대학 소비자아동학과에서 공부했고, 도올서원과 한림대태동고전연구소에서 한학을 익혔다. 서울대 대학원에서 성리학적 부부관에 대한 연구로 석사를, 《조선시대 가족의 식색교육 연구》로 박사를 마쳤다. 음식백과인 《정조지》의 역자로서 강의와 원고 작업을 통해 그에 수록된 음식에 대한 소개에 힘쓰며, 부의주를 빚고 가르쳐 집집마다 항아리마다 술이 익어가는 꿈을 실천하고 있다. 임원경제연구소 교열팀장과 번역팀장을 역임했고, 현재는 연구원으로 재직하며, 《섬용지》를 교열했고, 《유예지》·《상택지》·《예규지》·《이운지》·《정조지》를 공역했으며, 《보양지》·《향례지》·《전어지》를 교감·교열했다.

정명현(鄭明炫)

광주광역시 출신. 고려대 유전공학과를 졸업하고, 도올서원과 한림대 태동 고전연구소에서 한학을 공부했다. 서울대 대학원 '과학사 및 과학철학 협동 과정'에서 전통 과학기술사를 전공하여 석사와 박사를 마쳤다. 석사와 박사 논문은 각각 〈정약전의 《자산어보》에 담긴 해양박물학의 성격〉과 《서유구의 선진농법 제도화를 통한 국부창출론》이다. 《임원경제지》 중 《본리지》·《섬용 지》·《유예지》·《상택지》·《예규지》·《이운지》·《정조지》·《보양지》·《향례지》· 《전어지》를 공역했다. 또 다른 역주서로 《자산어보: 우리나라 최초의 해양생 물 백과사전》이 있고, 《임원경제지: 조선 최대의 실용백과사전》을 민철기 등 과 옮기고 썼다. 현재 임원경제연구소 소장으로, 《임원경제지》 번역 사업에 참여하고 있다.

김수연(金秀娟)

서울 출신. 한국전통문화대학교 전통조경학과를 졸업하고 한림대 태동고전 연구소에서 한학을 공부했다. 현재 임원경제연구소 연구원으로 근무하며 《섬 용지》를 교감 및 표점했고, 《유예지》·《상택지》·《예규지》·《이운지》·《정조지》 를 공역했으며, 《보양지》·《향례지》·《전어지》를 교감·교열했다.

서문

도올 김용옥(金容沃)

우리시대의 사유의 지표를 만들어가고 있는 사상가이다. 고려대학교 생물과, 철학과, 한국신학대학 신학과에서 수학하고 원광대학교 한의과대학, 대만대 학, 동경대학, 하바드대학에서 소정의 학위를 획득했다. 고려대학교, 중앙대 학교, 한국예술종합학교, 연변대학, 사천사범대학 등 한국과 중국의 수많은 대학에서 제자를 길렀다. 《동양학 어떻게 할 것인가》 등 90여 권에 이르는 다 양한 주제의 저술을 통해 끊임없이 민중과 소통하여 왔으며, EBS 56회 밀레 니엄특강 《노자와 21세기》를 통해 고전의 세계가 민중의 의식 속으로 전파되 는 새로운 문화의 혁명적 장을 열었다. 최근에는 우리나라 KBS1 TV프로그

램《도올아인 오방간다》(2019, KBS1 TV), 여수MBC 3부작《도올 말하다! 여순민중항쟁》(2018. 10)을 통하여 우리 현대사 100년의 의미를 국민에게 전했으며, 여순사건특별법이 제정되는 계기를 만들었다. 그가 직접 연출한《도올이 본 한국독립운동사 10부작》(2005, EBS)은 동학으로부터 해방에 이르는 다난한 민족사를 철학자의 시각에서 영상으로 표현한 20세기 한국역사의 대표적인 걸작으로 꼽히며, 향후의 모든 근대사 탐구의 기준을 제시했다. 역사에 대한 탐색은 여기에 그치지 않고, 국학(國學)의 정립을 위하여《삼국유사》·《일본서기》·《고려사》·《조선왕조실록》의 역사문헌과 유적의 연구에 정진하며, 고대와 근세 한국사에 대한 인식을 새롭게 하고 있다. 최근에는 광주MBC에서 마한문명을 고조선의 중심으로 파악하는 파격적인 학설을 주장하여 사계 학자들의 관심을 집중시켰다. 도올 김용옥 선생은 역사와 문학과 철학, 문화인류학, 고고학, 그리고 치열한 고등문헌학을 총체적으로 융합시킬 수 있는 당대의 거의 유일한 학자로서 후학들의 역사이해를 풍요롭게 만들어가고 있다. 최근 50년 학문 역정을 결집시킨《노자도덕경》주석서,《노자가 옳았다》는 인류문명 패러다임의 전환에 대한 새로운 시각을 제시하였으며 그 사상의 실천으로서 농산어촌개벽대행진을 감행하며 8개 도 19 시군에서 민중의 소리를 듣는 민회를 열었다. 동학의 성경을 온전히 주석한《동경대전》1·2권과《용담유사─수운이 지은 하느님 노래》는《임원경제지》국역작업과 함께, 국학의 역사를 새로 써나가고 있다.

교열, 교감, 표점

민철기(閔喆基)

서울 출신. 연세대 철학과를 졸업하고 도올서원에서 한학을 공부했다. 연세대 대학원 철학과에서 학위논문으로《세친(世親)의 훈습개념 연구》를 써서 석사과정을 마쳤다. 임원경제연구소 번역팀장과 공동소장을 역임했고, 현재는 선임연구원으로 재직하며《섬용지》를 교감 및 표점했고,《유예지》·《상택지》·《예규지》·《이운지》·《정조지》·《전어지》를 공역했으며,《보양지》·《향례지》를 교감·교열했다.

최시남(崔時南)

강원도 횡성 출신. 성균관대학교 유학과(儒學科) 학사 및 석사를 마쳤으며 동
대학원 박사과정을 수료했다. 성균관(成均館) 한림원(翰林院)과 도올서원(檮杌
書院)에서 한학을 공부했고 호서대학교에서 강의를 했다. IT회사에서 조선시
대 왕실 자료와 문집·지리지 등의 고문헌 디지털화 작업을 했다. 현재 임원경
제연구소 팀장으로 근무하며 《섬용지》·《유예지》·《상택지》·《예규지》·《이운
지》·《정조지》·《향례지》를 공역했고, 《보양지》·《전어지》를 교감·교열했다.

김용미(金容美)

전라북도 순창 출신. 동국대 철학과를 졸업하고, 고전번역원 국역연수원과
일반연구과정에서 한문 번역을 공부했다. 고전번역원에서 추진하는 고전전산
화 사업에 교정교열위원으로 참여했고, 《정원고사(政院故事)》공동번역에 참여
했다. 전통문화연구회에서 추진하고 있는 《모시정의(毛詩正義)》공동번역에 참
여했다. 현재 임원경제연구소 연구원으로 근무하며,《예규지》·《이운지》·《정
조지》를 공역했고, 《보양지》·《향례지》·《전어지》를 교감·교열했다.

김광명(金光明)

전라북도 정읍 출신. 전주대학교 한문교육학과를 졸업하고 한국고전번역원
에서 한학을 공부했으며, 성균관대 대학원 고전번역협동과정에서 석박사통
합과정을 수료했다. 현재 임원경제연구소 연구원으로 근무하며,《유예지》·
《상택지》·《예규지》·《이운지》·《정조지》·《향례지》를 공역했고, 《보양지》를 교
감·교열했다.

김현진(金賢珍)

경기도 평택 출신. 공주대 한문교육과를 졸업하고 한림대 태동고전연구소와
한국고전번역원에서 한학을 공부하고 성균관대학교 대학원 한문학과에서 석
사과정을 수료했다. 현재 임원경제연구소 연구원으로 근무하며 《섬용지》를
교열했고, 《유예지》·《상택지》·《예규지》·《이운지》·《정조지》·《전어지》를 공
역했으며, 《보양지》·《향례지》를 교감·교열했다.

감수

심연옥(한국전통문화학교 전통미술공예학과 교수)

교감·표점·교열·자료조사

임원경제연구소

🌐 풍석문화재단

(재)풍석문화재단은《임원경제지》등 풍석 서유구 선생의 저술을 번역 출판하는 것을 토대로 전통문화 콘텐츠의 복원 및 창조적 현대화를 통해 한국의 학술 및 문화 발전에 기여함을 목적으로 설립되었다.

재단은 ①《임원경제지》의 완역 지원 및 간행, ②《풍석고협집》,《금화지비집》,《금화경독기》,《번계시고》,《완영일록》,《화영일록》등 선생의 기타 저술의 번역 및 간행, ③ 풍석학술대회 개최, ④《임원경제지》기반 대중문화 콘텐츠 공모전, ⑤ 풍석디지털자료관 운영, ⑥《임원경제지》등 고조리서 기반 전통음식문화의 복원 및 현대화 사업 등을 진행 중이다.

재단은 향후 풍석 서유구 선생의 생애와 사상을 널리 알리기 위한 출판·드라마·웹툰·영화 등 다양한 문화 콘텐츠 개발 사업,《임원경제지》기반 전통문화 콘텐츠의 전시 및 체험교육 등을 목적으로 하는 서유구 기념관 건립 등을 추진 중이다.

풍석문화재단 웹사이트 및 주요 연락처

웹사이트

풍석문화재단 홈페이지 : www.pungseok.net

출판브랜드 자연경실 블로그 : https://blog.naver.com/pungseok

풍석디지털자료관 : www.pungseok.com

풍석문화재단 음식연구소 홈페이지 : www.chosunchef.com

주요 연락처

풍석문화재단 사무국

주 소 : 서울 서초구 방배로19길 18, 남강빌딩 301호

연락처 : 전화 02)6959-9921 팩스 070-7500-2050 이메일 pungseok@naver.com

풍석문화재단 전북지부

연락처 : 전화 063)290-1807 팩스 063)290-1808 이메일 pungseokjb@naver.com

풍석문화재단우석대학교음식연구소

주 소 : 전북 전주시 완산구 향교길 104

연락처 : 전화 063-291-2583 이메일 zunpung@naver.com

조선셰프 서유구(음식연구소 부설 쿠킹클래스)

주 소 : 전북 전주시 완산구 향교길 104

연락처 : 전화 063-291-2583 이메일 zunpung@naver.com

서유구의 서재 자이열재(풍석 서유구 홍보관)

주 소 : 전북 전주시 완산구 향교길 104

연락처 : 전화 063-291-2583 이메일 pungseok@naver.com

풍석학술진흥연구조성위원회

(재)풍석문화재단은《임원경제지》의 완역완간 사업 등의 추진을 총괄하고 예산 집행의 투명성을 기하기 위해 풍석학술진흥연구조성위원회를 두고 있습니다. 풍석학술진흥연구조성위원회는 사업 및 예산계획의 수립 및 연도별 관리, 지출 관리, 사업 수익 관리 등을 담당하며 위원은 아래와 같습니다.

위원장 : 신정수(풍석문화재단 이사장)

위 원 : 서정문(한국고전번역원 고전번역연구소장), 진병춘(풍석문화재단 사무총장)
　　　　안대회(성균관대학교 한문학과 교수), 유대기(공생사회적협동조합 이사장)
　　　　정명현(임원경제연구소장)

풍석문화재단 사람들

이사장	신정수 ((前) 주택에너지진단사협회 이사장)
이사진	김윤태 (우석대학교 평생교육원장) 김형호 (한라대학교 이사) 모철민 ((前) 주 프랑스대사) 박현출 ((前) 서울시농수산식품공사 사장) 백노현 (우일계전공업그룹 회장) 서창석 (대구서씨대종회 총무이사) 서창훈 (우석재단 이사장 겸 전북일보 회장) 안대회 (성균관대학교 한문학과 교수) 유대기 (공생사회적협동조합 이사장) 이영진 (AMSI Asia 대표) 진병춘 (상임이사, 풍석문화재단 사무총장) 채정석 (법무법인 웅빈 대표) 홍윤오 ((前) 국회사무처 홍보기획관)
감사	홍기택 (대일합동회계사무소 대표)
음식연구소장	곽미경 《조선셰프 서유구》 저자)
재단 전북지부장	서창훈 (우석재단 이사장 겸 전북일보 회장)
사무국	박시현, 박소해
고문단	이억순 (상임고문) 고행일 (인제학원 이사) 김영일 (한국AB.C.협회 고문) 김유혁 (단국대 종신명예교수) 문병호 (사랑의 일기재단 이사장) 신경식 (헌정회 회장) 신중식 ((前) 국정홍보처 처장) 신현덕 ((前) 경인방송 사장) 오택섭 ((前) 언론학회 회장) 이영일 (한중 정치외교포럼 회장) 이석배 (공학박사, 퀀텀연구소 소장) 이수재 ((前) 중앙일보 관리국장) 이준석 (원광대학교 한국어문학과 교수) 이형균 (한국기자협회 고문) 조창현 ((前) 중앙인사위원회 위원장) 한남규 ((前) 중앙일보 부사장)

417

《임원경제지·전공지》 완역 출판을 후원해 주신 분들